体育教学与体能训练

张前成　欧先亮　王子章　著

辽海出版社

图书在版编目（CIP）数据

体育教学与体能训练 / 张前成，欧先亮，王子章著．
-- 沈阳：辽海出版社，2019.4
ISBN 978-7-5451-5290-6

Ⅰ．①体… Ⅱ．①张… ②欧… ③王… Ⅲ．①体育教学—教学研究②体能—身体训练—研究 Ⅳ．① G807.01
② G808.14

中国版本图书馆 CIP 数据核字（2019）第 048161 号

责任编辑：丁　凡　高东妮
责任校对：丁　雁

北方联合出版传媒（集团）股份有限公司
辽海出版社出版发行
（辽宁省沈阳市和平区十一纬路 25 号 辽海出版社　　邮政编码：110003）
北京市天河印刷厂印刷　　　　全国新华书店经销
开本：710mm×1000mm　　1/16　　印张：22　　字数：400 千字
2020 年 1 月第 1 版　　　2022 年 8 月第 2 次印刷
定价：88.00 元

作者分工

本书由张前成、欧先亮、王子章所著，具体分工如下：

张前成（成都师范学院）负责第二章、第三章、第三章、第十四章内容撰写，共10万字；

欧先亮（海南软件职业技术学院）负责第一章、第五章、第六章、第七章、第八章、第九章内容撰写，共10万字；

王子章（宝鸡职业技术学院）负责第十章、第十一章、第十二章、第十三章内容撰写，共10万字。

前　言

“健康体魄是青少年为祖国和人民服务的基本前提，是中华民族旺盛生命力的体现。学校教育要树立健康第一的指导思想。”体育教育是教育的重要组成部分，学校体育是贯彻党的教育方针、实施素质教育、培养全面发展社会主义接班人的重要方面。学校体育是打好身体素质的基础，课堂教学是促进青少年身心全面发展的主要阵地。每位体育教师都肩负着教育、教养和教学的责任。体育教学方略是体育教师专业素养和专业能力在教学实践过程中的具体体现，反映教师在教学过程中的有效性和灵活性。开展体育课程教学，不仅可以促进学生的身心健康，还可以提高学生的综合能力和专业素养，对学生未来发展有着很大的作用和意义。

一本好的教材，其学术价值不逊于一本专著。因为任何学科的发展都赖于年轻学者队伍的不断壮大，而他们从教材中获得该学科的基本知识乃是不可或缺的成长环节。关于体能训练方面的教材，我国于21世纪初已有数种问世。但由于当前国内外在该领域的内容有较新的发展，也不断提出了新的要求，因此，我们编写这本书以备新的教学之需。随着我国运动训练科学化的探索不断深入，体能训练科学获得新的发展生机。于是，关于体能训练方面的中外著作与译作多有问世。本书就体育教学和体能训练，通过一系列的研究方法，探究了体育教学过程，从而提高学生的身体素质。着重强调了高效体育教学、体能训练以及体能恢复，以至于既能实现教学又能实现培养人才的目标，给体育工作者在教学中提供了借鉴。

由于编者水平有限，书中不妥之处在所难免，敬请广大读者批评指正。

contents 目录

第一章　绪　论

第一节　体育教学概述

体育教学活动是随着体育教学学科的建立而出现的，像其他的学科一样，也是由很多因素组成的复杂现象，我们今天所研究的无论是体育教学方法还是体育教学原则，都是建立在体育教学的基础上，本节将对教学、体育教学与教学论的基本概念做简要的介绍，帮助人们认识和了解体育教学，从而有利于对体育教学更好地掌握和研究。

一、教学的概念

众所周知，教学实际上就是教师的教学和学生的学习二者构成的一种人才培养活动，在这种活动的开展过程中，教师根据教学的计划和教学的目标，以及学科教学的特点，有组织地引导学生掌握某种知识和技能，促进学生多种素质协调发展，培养社会所需的人才。总结而言，教学具有以下几个方面的作用。

(一) 教学具有计划性和目的性

教学的过程就是有目的、有计划、有组织地安排人员进行经验传授的过程，保证教学的过程具备清晰的教学步骤和良好的教学环境，一方面使得教学更加规范化，另一方面也提高了教学的效率。在教学的过程中，为了保证教学过程的规范化，还制定了各种规章制度和纪律守则，规范了师生的行为，使教学活动更具规范性和程序性，使得教学过程成为一种专业性很强的教学活动。

(二) 教学具有逻辑性

在教学的过程中，一些从事本学科教学的工作者或是研究者，根据学科所教授的内容，经过科学的选择和分析，然后依据学科知识之间的逻辑性和学生在学习过程中对知识和技能掌握的特点，以及学生的认知规律，将学科的知识编写成教材，为教学过程提供科学的参考。这样一方面能够使得教学具有逻辑性，另一方面也能使得教师根据教学的内容选择合适的教学方法，保证了教学的效果。

（三）教学具有引导性

教学是在教师引导下精心安排教师教学与学生学习的过程，这样不仅能够避免学生在自学的过程中遇到难以解决的困难，减少并纠正学生的犯错经历，同时还能在教学的过程中不断优化教学的方法，保证教师能够选择最优的教学方法，科学完成教学任务，使得学生能够在教师的引导下，保证每一步学习的过程都能够顺利地进行。

（四）实现学生的全面发展

教学的过程不仅仅局限在对知识的传授过程中，它所体现的教学任务始终是多方面的，教师在教学的过程中不仅要提高学生的学科知识和技能，还承担着提高学生的思想品德、个性等方面的责任。除此之外，学生的社会适应能力、交际能力等各种社交能力，也需要特定的教学环境和教学手段的培养才能获得。因此，教学能够实现学生的全面发展。

二、体育教学的概念

虽然体育教学在我国的发展历程较短，但是体育教学对大多数人而言，并不陌生。体育教学是按一定的计划和课程标准进行的有目的、有组织的教学过程。体育教学的过程是由学生和教师共同参与的，其任务就是通过教师的教育，向学生传授一些体育教学方面的知识和技能，增强学生的体魄，并且通过某种教学活动和教学任务的开展，磨炼学生的意志，提升学生的交际能力，因此体育教学是体育教学目标的基本实现途径之一。体育教学具有教学的所有共性，但是体育教学又具有学科的独特性，这主要是因为体育教学是由不同的教学因素组成的，下面笔者根据对体育教学的研究，进行体育教学基本要素的分析以及“教学全景”的研究。

体育教学的基本组成要素：

在各级各类学校关于体育教学活动中，开展的体育教学活动都是一个较为复杂的教学活动的集合，体育教学也与其他教学一样，是由一些最基本的教学要素构成的，如果我们能认识这些最基本的因素，就能更清楚地了解体育教学的概念，并能更清晰的掌握体育教学地内部结构。

（一）教学目标

在进行体育教学之前，我们首先应该清楚一个问题，那就是“为什么要组织体育教学？”这是体育教学中涉及的目的和目标的问题，因此在进行体育教学的时候，首先应该确定的第一个因素就是体育教学目标。没有教学目标，任何一种教学活动的开展都不具备依据性，就不能保证体育教学过程有目标的开展。

(二) 教学主体

在进行体育教学过程中，要面对的第二个问题就是“体育教学是为谁组织的”？众所周知，体育教学的对象是学生，这也是体育教学中的重要因素之一。如果没有学生，体育教学就没有任何的意义，因此，学生是体育教学中的主体，是体育教学活动的接受者。

(三) 教学引导者

任何一种形式的教学活动，都是在教师的引导中才能有效进行，体育教学亦是如此，所以体育教学的开展过程中，要面对的第三个问题，就是“体育教学是由谁组织和实施的？”因此，体育教学的第三个重要的因素是教师，是体育教学活动的指挥者和实施者。

(四) 体育教学的内容

体育教学需要面对的第四个问题就是“在体育教学中，教师和学生之间所需传递的媒介是什么”？在教学的过程中，连接教师和学生之间的桥梁就是教学内容。教学内容是由教学的课程和教科书组成的，是体育教师和教学工作者根据社会的要求、学科的体系和学生的需要选编而成的。

(五) 体育教学过程

体育教学面对的第五个问题就是“体育教学沿着什么样的途径达到教学目标”？这个问题所要表达的是体育教学中涉及的第五个因素——教学过程。教学过程是体育教学过程中的时间和流程因素。

(六) 体育教学环境

体育教学需要面对的第六个问题就是“体育教学是在什么样的环境下组织的？”所要表达的也是体育教学中的第六个因素——体育教学环境。不良的体育教学环境会影响体育教学的质量，有时会严重影响体育教学的进行。

（七）体育教学方法

体育教学需要解决的第七个问题是“怎样更好地进行体育教学？”这实际上就是体育教学的方法。体育教学方法是实现体育教学目标的途径。好的体育教学方法能促进学生对教学相关知识和技能的掌握，因此体育教学方法也是体育教学中的重要组成要素之一。

三、学习体育教学的意义

掌握和学好体育教学导论，无论是对于体育教学专业的学生，还是已经身居一线教学的体育教师，都具有以下几个方面的重要意义。

（一）正确地掌握体育教学现象

体育教学本身就是一个较为复杂的教学现象集合体，由于体育教学大都来源于人们日常的生活之中，因此体育教学的现象比其他学科的教学现象更为复杂。正因如此，很多教学工作者和体育教育专业的学生无法认清体育教学的本质，严重影响了对体育教学作用的判断和评价等工作。研读本书，能够帮助更多的体育教学工作者辨别体育教学现象。

（二）规范体育教学的概念和术语

由于体育教学涉及的因素较为复杂，再加上新课标的不断改革和推进，使得长期以来，人们对于体育教学的概念和术语一直以来都不统一，也没有规范性，如对教材概念的混乱就是很好的例子。研读本书，能够使我们更清楚地理解和运用体育教学的概念和术语，提高人们的体育教学专业水平。

（三）把握基本要素并认识教学本质

由于体育教学中涉及的因素较多，常常会使人产生迷惑，作为体育教学工作者，必须在教学的过程中找到体育教学的主要构成要素，并通过这些要素，让人们认识到体育教学的本质。研读本书，能让读者更清楚体育教学的基本组成要素，更了解体育教学的本质规律，使得教学工作者能够紧紧抓住教学前沿问题，提高他们应对体育教学实际问题的能力。

（四）掌握教学规律，指导教学实践

无论是对体育教学研究的教师、体育教育专业的学生，还是对身处体育教学一

线的教师，掌握体育教学的概念，都能帮助他们更好地掌握体育教学的基本规律，提升体育教学事业的素质和能力，用在本书中所学习到的体育教学相关知识和技巧指导自己的体育教学实践。

(五) 掌握教学方法，提高教学技能

体育教学的根本目的就是增强学生的身体素质，提高学生的运动能力，因此，体育教学是一门对知识和技能的实用性要求很高的学科。体育教学概论不仅帮助学生更清楚地认识并掌握体育教学的方法，还能帮助提升体育专业学生和一线教师的能力。

(六) 推动体育教学研究，完善教学理论

随着新课改的推行，体育教学的内容发生了本质的变化，体育教学的现象也随着体育教学的改革，越来越趋于向复杂的方向转变。体育教学出现了很多的新现象和新特征，这些容易导致现存的体育教学思想和方法不严谨、不全面，因此应该根据社会的发展变化不断地进行体育教学相关方面的研究，完善体育教学理论。

第二节　体育教学的特点与功能

学校体育是教育的重要组成部分，在教学过程中，加强学校体育教学工作，帮助教师认识到体育教学在学校教育中的位置和作用，是推进体育基础教育改革的重要内容。因为学校体育在实现“素质教育”、提高国民体质方面有着不可替代的作用。学校体育的主要任务是增强学生的体质，促进学生身体及其机能的正常发展，体育专业的学生和教师要想更准确地掌握体育学科的相关知识，优化体育与教学过程，首先应该清楚地了解体育教学的特点，以实现体育教学的科学化。

一、体育教学的特点

我们已经了解到体育教学是学校教育的重要组成部分，但是由于体育教学较其他学科的教学而言，具有很强的实践性，并且在教学的过程中涉及的内容较多，较为复杂，因此体育教学的特点也较其他学科的教学特点有着本质的区别。因此，对于体育教学工作者而言，掌握体育教学的特点也成为必备的知识之一。笔者根据自己多年对体育教学的研究，现将体育教学的基本特点总结如下。

（一）身体参与的直接性

体育教学的根本目的就是增强学生的体质，其教学的本质就是通过肌肉群的运动，促进学生身体机能的发展，从而增强学生的运动技能。这就决定了体育教学这门课程是通过反复的教授和实践，让学生掌握锻炼的方法，直观地说，就是通过肌肉的感觉将信息传递到中枢，然后经过反复的条件刺激，建立起条件反射，最终经过分析、总结，达到对某种技能的理性认识，使得学生掌握某项体育运动的技能。因此体育教学的特点之一就是身体参与的直接性。所谓身体参与的直接性主要表现在两个方面：第一是教师身体参与的直接性，因为有些体育运动需要教师亲身示范，这是体育教学中最常见的一种教学方式；第二就是学生的身体参与的直接性，通过亲身参与练习，按照教师的示范，进行反复尝试和练习。

（二）认知活动的本体性

体育教学贯穿于学校教育的整个阶段，体育教学内容也较为复杂，因此在教学的过程中，要根据学生的认知规律和身心发展的特点，组织体育教学的内容，最大限度地促进学生对体育教学的知识和技能的掌握。如果所安排的教学内容与学生认知的本体性发展有一定的差距，那么就会降低学生对体育教学的兴趣和参与热情，让学生产生厌恶的情绪，不利于体育教学的开展。如对低年级的学生开展体育教学的时候，就应该多采用一些游戏式的教学方法，所选用的教学内容也应该较为形象、简单，这样易于学生掌握和接受。但是对高年级的学生进行体育教学的时候，就应该在教学的过程中多加入一些比赛活动，激发学生的热情，有利于学生学习兴趣的提高。因此在开展体育教学的过程中，要坚持认知活动的本体性的特点。

（三）体力和智力的结合性

体力和智力的结合性是体育教学的特点之一，这也是当今素质教育和全面发展教育的主要内容。众所周知，体育锻炼能通过各种调节人体机能的运动或是活动，达到强化骨骼、增强体质的作用。因为骨筋的生长需要不断吸收蛋白质和无机盐，人体必须有足够的维生素才能使钙和磷更好地吸收。在体育课上、进行户外锻炼的时候，日光中的紫外线能够释放一些物质，促进机体对钙和磷的吸收。促还能使肌体的纤维变粗，提高肌肉血液的供应，增加毛细血管的收缩程度，同时使肌肉强壮。除此之外，体育锻炼还能够促进人体大脑和神经系统以及其他各部分的生长发育。美国科学家对幼鼠的训练表明，适当地开展一些体力活动能有效地增加脑的重量、皮质的厚度和神经细胞的体积，使脑物质结构发生变化，延缓衰老，消除疲劳，提高大脑的工作效率，从而提高记忆能力。开展体育锻炼可以提高脑细胞的反应速度，有利于发挥脑的智力功能。

（四）教学内容的健身性

体育课程是通过教师的讲解和示范，带领学生进行各种锻炼活动，并且在活动的过程中引导学生掌握相关知识和技能的过程。如体育教师在体育课上组织学生进行各种体育锻炼活动，根据学生的体质特点，开展各种强度不同的体育练习使学生学习掌握运动技能，使身心得到运动负荷的刺激，增强了学生的体质，促进学生身心健康，达到健身性的作用。体育教学内容的健身性是教学的显性特点，这一教学特点是语文、数学等文化学科所不具备的。在开展体育教学的过程中，教师通过预设的活动和身体练习，以及循循善诱的教学方法，对学生的心理进行刺激，促进学生的心理健康，帮助学生养成良好的行为习惯。由此可以看出，体育教学内容具有健身性这一显性特点。

（五）学习者身体生理负荷性

体育教学中涉及很多的运动和锻炼，这些都是通过肌肉群的运动，促进身体机能的变化。从生理角度而言，很多体育运动、活动都会牵涉到身体做功的问题，学生在参与的过程中，由于肌肉群的运动，促进人体的新陈代谢，增加身体的生理负荷，最终达到强身健体的作用。如组织学生参加跑步活动，我们可以看到的是，跑步结束的学生会感觉到小腿肌肉和大腿内侧的肌肉有酸胀感，同时也会造成身体的劳累，这就说明了体育锻炼具有增加学习者的身体生理负荷性的特点。除了跑步这项运动之外，例如跳远、篮球、足球等能够带动机体肌肉群的运动，都能对机体产生负荷。在进行体育教学的过程中，教师通过引导学生反复进行体育运动的实践，完成教学任务。因此，体育教学具有增加学习性、身体生理负荷性的特点。

（六）人际交往的直接性

体育教学是一个实践性很强的教学，是开放式的教学，同语文、数学等文化课学科的教学有着本质的区别。因为体育教学大都是室外教学，能够促进学生之间的互动交流，通过与同学之间的自由式的交流、沟通，提升每一位学生自身的交际能力。如学生在进行跳远练习的时候，需要同学之间互相帮助测量跳远的成绩，学生的成绩是透明的，能促进学生之间的交流和讨论，促进跳远技巧的研究，在问题的发现与解决中促进学生交际能力的提升。除此之外，体育教学中会牵涉到很多的比赛项目，将学生分成小组，让小组之间进行比赛，小组成员之间相互配合，相互支持，形成团队凝聚力，培养学生的团队凝聚力。再加上任何一项体育锻炼和小组之间的比赛，都是由学生亲身参与进行的，这就是体育教学人际交往的直接性特点的表现。

（七）学习行为表现的直接性

前面我们已经提到，体育教学与其他学科最本质的区别就是，体育教学较注重对学生的实践知识和技能的培养，再加上体育教学的目的就是增强学生的体质，促进学生身心健康的发展，因此在教学的过程中，为了让每一位学生都能享受到体育锻炼带来的身体变化，达到通过体育课程的开展增强学生体质，提高学生身体免疫力的作用，在教学的过程中就必须强调学生的参与性，这也是体育教学的基本形式。如教师在教授学生立定跳远技巧的时候，首先由教师进行示范，学生在观察教师的示范后单独练习，并且在练习的过程中，由教师对其错误的动作进行点评和指正，然后不断地规范学生的跳远动作，最终使学生掌握立定跳远的技能和技巧。因此，可以看出，学习行为表现的直接性是体育教学的特点之一。

二、体育教学在学校教育中的地位

健康的体魄是国家对青少年的基本要求，是青少年实现自己理想，更好地为祖国、为人民服务的前提，同时也是中华民族生命力的表现，学校教育是培养社会所需人才的主要场所，因此学校教育要将学生的健康教育放在第一位，以增强学生体质、促进学生身心健康发展为教学目标。

文化课程所培养的是学生基本的文化知识、解决相关数据或者语言问题的能力，而体育教学以实践锻炼为主，丰富学生的业余生活，强健身心。由此可见，体育教学是学校教育的重要组成部分，也是国家教育事业的重要一员，它肩负着培养时代所需的“德、智、体、美、劳”全面发展人才的责任，承担着增强中华民族的生命力，促进社会精神文明的发展和进步的使命。

体育教学在学校教育中的重要地位，是由体育教育的作用以及社会对体育教学的要求所决定的，因为体育运动在人的社会生活中起着非常重要的作用。如儿童能够通过体育游戏中的角色变化，帮助他们认清社会的规律，适应社会生活，同时通过一些规范和规则，可以约束人们的行为，使得儿童在早期的体育游戏中，就已经形成遵守社会行为和道德的意识，引导他们逐渐养成合理健康的生活方式。因此体育教学在学校教育中具有非常重要的地位。

三、体育教学的功能和作用

随着教育理念的转变、教学的改革，素质教育已经成为当今时代教育的重要指导思想，体育教学在这种新的教学观念的影响下，也更加明确了其作为健康教育的一种手段，已经被赋予了更多新的内涵和功能。素质教育中所提倡的健康教育，并不仅仅是指身体上的健康，没有疾病，同时还强调对学生的心理健康的教育和社会适应能力的培养。

素质教育最关键的内容之一就是培养学生发现问题、解决问题的能力，在反复的实践中，逐渐培养学生努力实现自身价值的意识，在此教学目的的引导下，健康教育已然成为素质教育的手段和具体的体现。无论是在体育教学中开展的小组教学，还是游戏形式进行的体育教学，都能在实践中培养学生独立思考、团结合作、人际交往和适应环境的能力。笔者根据多年对体育教学的研究，将体育教学具有的功能总结如下。

（一）体育教学具有增强学生体质的功能

学校开展并组织学生学习体育这门课程，其最终的目的就是增强学生的身体素质，促进学生身心健康发展，从而更好地为祖国的未来服务。提升学生身体素质的手段是通过引导学生参与各种运动项目，并反复地锻炼。因此，体育教学这门课程涉及的主要内容是运动的技术，学生经过反复的实践锻炼，最终将这一种技术转变成技能，从而帮助学生更好地锻炼。同时，要使学生学习更多的体育运动以及相关的知识，完成体育教学的目的，教师就应该不断地指导学生进行身体锻炼，培养学生参加并养成坚持体育锻炼的习惯。

同时，体育教学在学校教学中是一门较为特殊的学科，因为它在教学过程中涉及的技术比重要远远大于体育理论知识。把体育课程与其他课程相比较，其他文化课程较为注重学生的文化知识，学生只有掌握这些文化知识，才能解决课程中涉及的相应问题，将来才能更好地用于生产实践和社会实践，但是体育课程涉及的所有的内容都是技术教学，主要是通过身体的运动完成的。从生理学的角度来说，文化课主要是通过思维活动帮助学生掌握科学知识，体育课程虽然也是通过思维活动，但是还需要在机体活动的过程中，通过肌肉群对运动的感觉，将相关的动作信息传递给中枢，中枢神经经过分析、综合，达到对体育技术、技能的理性认识。并且通过反复的条件刺激，在机体内建立起条件反射，帮助学生掌握体育技术，这就是进行体育学习的过程。并且机体通过反复的锻炼，不断增强学生的体质，提升学生的健康水平，因此体育课程具有提高学生体质的功能。

（二）体育教学具有教育的功能

体育运动有它自身的特点，体育运动中的竞赛性能够培养学生当代社会的竞争精神，体育运动中的一些规则，能够对学生起到约束作用，并培养学生诚实、守纪的品质。很多体育运动项目会增加人体机能的负荷量，同时还会受到自然环境以及身体素质的影响。如在一场体育运动中，学生要完成自己或是教学的目标，就必须学会克服自身生理负荷，以及环境、运动器具上带来的困难，借此培养学生刻苦耐劳、不断拼搏、勇于进取的精神，坚强学生的意志。同时体育锻炼还具有群体性和小组性的特征，再加上体育运动的互动性较强，因此能增加学生的人际交往能力，增强学生之间的团结力和凝聚力，培养学生的团队意识、集体主义和爱国主义精神。

（三）体育教学具有培养学生自主性的功能

培养学生学习的自主性是体育教学的目的之一。“自主学习”就是从根本上确立学生的主体地位，在学习的过程中充分发挥学生的主观能动性，培养学生学习的自主性，从而提高学生的认知水平，掌握各种运动技能和技巧，促进学生非认知因素的发展。因为在整个体育教学的过程中，经常采用小组教学的模式，如此一来，教师通过正确引导学生开展小组合作活动，指导学生在学习的过程中充分发挥自身的优点，在学习过程中形成“互帮互助，共同提高”的理念。在学生对某种体育相关知识和技能学习的过程中，教师会切实地对学生个体进行评价，使学生真正地意识到自己在小组中的身份和地位。

在传统的教学过程中，无论是文化课还是体育课程，都是坚持“学生跟着老师走”的教学，在这种教学模式下，学生脱离了教师就会觉得无所适从，但是新课改的推行，使得体育教学强调对学生的意志力的培养，克服了学生在学习过程中的依赖心理。

第三节　体育教学的任务与规律

一、体育教学的任务

（一）学习掌握体育的基础知识

使学生理解体育的目的任务和体育在教育中的地位和作用；学会基本实用的身体锻炼的技能和运用技术；使学生了解与掌握身体锻炼的基本原理和科学锻炼身体的方法，以适应终身锻炼身体的需要。

(二) 发展学生良好的思想品德

培养学生勇敢顽强和富于创造的精神，遵守纪律、团结协作和朝气蓬勃的体育道德作风；因势利导，全面地发展学生适应于社会和生活需要的个性；提高对体育的认识，养成经常参加身体锻炼的兴趣和习惯；陶冶美的情操。

(三) 全面发展学生的身体

根据学生的年龄特点，有计划地进行各项内容的体育教学，以促进学生身体的正常生长发育和生理功能的发展。

上述三项体育教学任务是互相联系的统一的整体，它是通过体育的实践活动和理论讲授完成的。这三项体育教学任务，必须协调一致，全面贯彻，不可偏废。但在具体教学中，根据课的具体任务、教学要求和教材特点，而有所侧重，也是理所当然的。

二、体育教学工作的完成

要想在课堂上圆满地完成体育课的任务目的，用传统的教学方式很难达到教学大纲和教材对学生的要求。从时间上说，一堂课学生锻炼和掌握动作质量的好坏，密度是关键的一环。如果将大量的知识技术传授给学生，而学生没有足够的时间去消化和掌握，那就很难使所传授的知识和技术，转换成有效的课堂质量。由于动作的难度与动作的特殊方面，以及教师对动作、体态、语言表达的差异，使得教师在教某些动作时，很难使学生通过视觉、听觉准确而完整地了解动作的全过程，给课堂教学带来了一定的困难。

在语言与动作的结合方面，体育课上有很多动作往往是教师一边做一边进行解说。这对于慢做和那些可以分解的动作来说还是能够办到的。但对那些只能在快速而连贯的情况下才能完成的动作，就很难做到两全其美了。

最后因为场地、队形、视角、环境等问题，教师在某一动作时，就要在不同的地点方向上反复多次的进行示范讲解，才能使所有的学生都能看清和听清动作的做法和要领。这就在无形中浪费了时间，加大了教师的工作量，减少了学生练习的时间。

为了解决体育课中存在的上述问题，很多体育老师都采用和总结出了许多有效的方法。随着电化教学在各学科中的运用与推广，电化教学也以它快速省时、生动直观、图文并茂、信息量大、容易接受的特点为体育教师所采用。在室内理论课中，电化教学一改过去那种教师在上边讲、学生在下边听的常规惯例，利用幻灯、投影、录像等电教手段将学生紧紧地吸引到了教材之中。如讲“什么是田径运动”时，学生很容易通过视觉、听觉在很短的时间里就能准确地掌握其特点和概念，既看到了感性东西也有了理性方面的认识。课堂上学生通过运动的画面和解说，在学知识的同时也感受到了运动的活力。在课堂上教师在连贯动作示范中无法做出停顿的一些动作，通过画面的定格处理，教师就可以很自然地加以解说。利用字幕和解说也可节省大量的板书和阅读时间，提高授课质量。

在新授课上采用电化教学，可以提高学生的学习积极性，集中学生的注意力，便于教师对学生的组织与管理。由于电化教学内容是事先制作好的，也就不会再出现教师在做示范动作时的失败和重复讲解要领做动作的现象。学生可以在最短的时间里就看到最标准最完整的技术动作，听到最简练的技术要领，建立起真实、完整、逼真、系统的表象认识过程，使学生减少和不产生错误的动力定形。

复习课是学生对已学过的动作进行联系改进和巩固掌握。在复习课上使用电教手段可以加深学生对技术动作的认识理解，将感性认识上升到理性认识的高度。既可以将所学过的动作逐一定格让学生对照动作进行有针对性的练习，也可以放录音或录像让学生集体进行复习练习。这样不但巩固了所学的知识而且培养了学生协同一致的良好习惯，对发扬集体主义精神也能起到好的作用（如进行广播体操和武术套路的练习）。

如果在上综合课时用“分组轮换”的形式进行组织教学，教师就可以集中精力辅导教授教材的一组，而进行复习的一组可以在电化教学的情景中进行自我学习。当教学中因动作本身的难度，教师无法亲身去做示范，学生对动作的方位距离、运动轨迹等空间概念产生疑问时，使用电教手段可以轻松地解决这一难题。如在跳跃练习中起跳后的腾空动作，电影、录像、幻灯都可以在不改变动作技术的情况下，运用慢放或定格的手法，将动作清晰地展现在学生面前，为教师在课堂中解决动作重点、难点，提供了行之有效的手段。运用电化教学可以帮助教师整理数据资料。（如用电脑对课堂教学的各项指标进行分析），还可以用摄像机将每位学生所做动作的全过程拍摄下来，然后放给学生看，让学生自我检查或互相找出优点和不足。这一方法也可以运用于复习课中，对纠正学生错误动作、提高学习积极性有很大益处。总之，要想使电化教学在体育课上运用得好，收效大，就需要做好以下几点。

（1）要根据教学内容、学生情况、课的类型、授课环境、场地器材、组织形式、教学程序、时间分配等条件，来选择电教设备、教学手段等。

（2）必须熟悉电教设备的性能、使用方法及实际操作，以确定选择内容和使用的具体时间。

（3）在备课时要将传统教法与电教手段相结合一同备入教案，要培养几名能够操作电教设备的学生做助手，以便在课堂上进行分组轮换时，学生能自己进行组织练习。

(4) 课前要教育学生爱护公共财物，爱护电教设备，遵守纪律，保证课堂秩序。

(5) 要充分利用电化教学的声响、画面、解说等手段对学生进行思想品德方面的教育，提高学生积极性，培养良好的自我锻炼习惯，使学生得到全面发展。

三、体育教学的规律

体育教学是通过体育课程完成的，体育教学内容的接受和教学目标的实现对象都是学生。不论是一节体育课还是一个课时的体育课，都是一个教学过程。任何一种学科的教学都有其需要遵循的一般规律，体育教学也不例外。为了帮助更多的体育教学专业的学生和教师更好地掌握体育教学的规律，笔者特将体育教学的一般规律和特殊规律总结如下。

(一) 体育课程应该遵循的一般规律

前面我们已经提到，任何一个学科的教学都需要遵循一定的规律，所谓体育教学过程中的一般规律，就是每一种形式的体育教学都应该遵循的规律。笔者通过多年对体育教学规律的了解，将体育教学的一般规律总结如下。

1.社会制约性规律

体育教学是一种社会性质的活动，因此在教学的过程中会受到社会中多种因素的影响，诸如社会物质、文化条件和社会发展趋势和需求，以及社会政治和经济的特点等。因此，各国的情况不同、人们的文化水平不同，体育教学的目标和内容也不尽相同。体育教学不仅仅是学校教育的组成部分，并且在学校教育中起到重要的作用。与此同时，体育教学的条件和手段对社会经济的发展和科技水平的高低以及社会文化水平都有不同程度的依赖性。因此，体育教学必须遵循社会制约性的规律，并且随着社会的需求不断地变化。

2.学生的身心发展的规律

学生是体育教学的主体，是教学目标的实现者和教学任务的承受者。学生的身心发展会随着年龄的不同而表现出一定的规律性因此，不同年龄阶段和教学环境下的学生的身心发展特点不尽相同。为了保证教学过程更符合学生身心发展的需要，在教学目标的制定、教学方法的选择、教学内容的安排的时候，都必须根据学生的特点出发，保证其符合学生接受能力和体质的状况，保证其符合学生的身心发展规律和特点，如此才能使体育教学过程具有针对性，才能保证教学目标的顺利实现。

3.认知事物的规律

进行体育教学的过程是学生掌握体育相关知识、技术和技能的过程，这个过程中需要体育教师正确的引导，才能保证教学顺利完成。为了保证教学目标的实现，在教学的过程中，必须遵循学生认知活动的规律，在此基础上，引导学生将感觉、思维、实践三个环节紧密的结合在一起。在学生接受知识和技能的过程中，感知是认识事物的基础，但是在不同的阶段，有着不同的感知能力；思维是学生对所学习事物的理性认识，学生思维的发展具有顺序性和阶段性；实践是对所学知识和技能的巩固和发展，以及不断提高的过程，同时也是增强学生体质、完成体育教学目标的必要途径。因此在进行体育教学的过程中，要严格遵守学生认知事物的发展规律。

4.体育和德育、智育相统一的原则

随着我国对体育教学研究的不断深入，我们逐渐认识到，体育教学承担着增强学生体质的作用，因为它是一种以小组、团队等集体为主的教学，因此某种教学活动对学生的思想道德、精神面貌、意志品质等也会产生一定的影响。教学过程也是学生的认识过程，要在此教学过程中，不断地提升学生的素养和认识，充分地发挥学生的体力和智力，使学生能够掌握正确的学习方法，并养成一些良好的习惯。体育教学的目的就是培养全面发展的学生，因此在教学的过程中，应该始终坚持德育、体育和智育完美结合的教学方法。

5.教、学相统一的规律

教学的过程是教师的教和学生学习的过程，要想促进教学质量的提高，必须正确地认识教学的过程。在教学的过程中，不仅要充分发挥教师的主导作用，同时还要十分重视学生的主体作用。在整个体育教学过程中，两者缺一不可，与此同时，两者之间还存在着非常紧密的联系。教师的教是学习过程的外因，学生的学是教学过程的内因，外因只有作用于内因，并且通过内因的变化，才能起到教学的作用，因此，教师的主导作用和学生的主体作用是相互联系、相互制约的。在教学的过程中，应该坚持教与学相统一的规律，这样才能取得更好的效果。

(二) 体育教学应该遵循的特殊规律

所谓的体育教学的特殊规律，实质上就是指体育教学过程中所特有的规律，主要包括以下几个方面。

1.动作技能形成的规律

体育教学是一门实践性较强的学科，在学习的过程中主要以运动为主，体育技能的学习和掌握的过程有自己的规律，这是个体在学习某种动作技能过程中的基本规律，主要包括粗略领悟阶段、改进和提高动作阶段、巩固和运用阶段。任何一种动作技能的习得都需要经过这三个阶段，这就是动作习得的规律。但是由于每一种动作的难易程度以及学生的熟悉程度的不同，因此在每个阶段所需要花费的时间也就有所不同，因此三个阶段的划分虽然是动作习得的必经规律，但是却没有严格的、明显的界限，对体育教学而言，只有在教学的过程中，按照动作内容的不同，严格遵循动作技能的形成规律，才能最大限度地提高教学的效率和质量。

2.人体机能适应性规律

人体在进行运动的时候，体内会发生一系列的变化，由于不同运动对机体造成的影响不同，因此，机体对每一个运动都有一个适应的过程，并且有一定的规律性。机体在运动的时候，由于运动动作的变化，会对机体产生一定的负荷，使得机体产生对能量的消耗，这一时期称为机体的工作阶段。经过一定时间的调整和休息，体内的能量逐渐恢复到之前的水平，成为能量的恢复阶段。再经过一段时间的休息，机体的体能量会超过运动之前的水平，这就是超量恢复阶段。因此在教学的过程中，要合理地利用这一规律，把握好运动的时间间歇，保证最佳的学习状态，提升教学的质量。

3.人体的生理、心理活动起伏变化的规律

体育教学的目标不仅仅是增强学生的体质，提高学生的运动能力，还注重学生的心理的发展，强调身心的共同发展，这就是当前体育教学中提倡的“促进学生全面发展”的目标。从体育教学的特点上看来，运动本身就是学生身心共同参与的过程，在反复的练习和休息的过程中，学生的生理机能变化具有一定的规律性。由于学生的年龄、身体条件、气候、社会环境以及接受训练的方法不同，教师选择的教材和所采用的组织教法也存在着一定的差异性。如对于少年儿童来说，机体的活动能力一般是上升的速度比较快，但是维持的时间较短，和身体活动相对应的是，学生的心理活动也呈现着相同的发展趋势。由此可见，体育教学过程中呈现着不同的变化趋势，这也是体育教学应该遵循的规律。

由于体育教学在学校教学过程中具有重要地位，再加上体育教学具有复杂性和实践性，因此在教学的过程中要围绕上述介绍的体育教学中所应该遵循的一般规律和特殊规律进行，从而提高教学的效果。

第四节 体育教学的发展趋势

随着社会的不断进步和人们对体育教学观点的不断改变，体育教学这一深受社会文化水平影响的学科，也将发生不同程度的改变。本节主要讲述了体育教学的发展趋势，阐述了21世纪体育教学在教学的目标、内容、组织形式、模式以及评价标准等方面的发展趋势。

在新世纪，中共中央结合社会对体育教学的需求，提出深化教学改革、在全国范围内推行素质教育的决定，明确指出在教学过程中要始终坚持“健康第一”和“全面发展”的指导思想。体育教学是学校教育的重要组成部分，在增强学生体质、促进学生身心健、促进国民素质提高方面有着非常重要的作用。因此，我们在教学的过程中，也应该从中华民族伟大复兴的战略高度，充分认识体育教学在学校教育中的重要作用，全面推行国家体育教学目标和教学方针，始终坚持“健康第一”和“全面发展”的原则，切实发挥体育教学在学校教育中的特殊作用。

“健康第一”“全面发展”的思想，是在社会需求和科学人文主义教育观的基础上提出的，是先进体育教学理念的体现，是体育教学发展的必然趋势。随着社会的不断进步和人们思想觉悟、社会文化水平的不断提高，人们更加追求健康，追求全面协调的发展，以达到增强学生体质、培养学生性情、塑造学生品质的教学目的，这也是社会的必然要求。

笔者经过对国内外学校体育教学的研究与经验总结得出，学校体育教育的发展趋势主要包括以下几点。

一、从体育教学目标的发展趋势看

随着体育教学的不断发展和变革，体育教学目标也发生了变化。通过对体育教学的理解，我们已经清楚地了解到体育教学的目标是随着需求、文化等条件不断地变化的，再加上教育的根本目的就是培养社会所需要的接班人，因此，体育教学的目标必须以社会的需求为依据。据此，笔者总结出体育教学目标的发展趋势有如下几点。

（一）将健康放在第一位

社会经济和政治水平的不断提高，人们生活水平和文化水平也发生了不同程度的变化，健康已经逐渐成为人们努力追求的一部分。人们也越来越认识到，健康的体魄是从事一切活动的前提和条件，因此“健康”也成功地取代“体质”和“体力”'

成为各国体育教学共同追求的终极目标，这成为体育教学目标发展的趋势之一。

(二) 终身体育成为长远目标

随着社会生活节奏的不断加快，影响了人们生活的各个方面，导致亚健康的普遍出现。同时，整个社会对身体健康的人才的需求程度越来越高。体育锻炼能够增强人们的体质，陶冶情操，并促进一些良好习惯的养成，促进肌体的健康发展，因此体育教学的目标逐渐向体育终身化转变。

(三) 注重学生的兴趣的培养

学生是体育教学中的主体，学生的兴趣强弱直接影响着体育教学的效果，只有培养学生的学习兴趣，才能最大限度地提高学生的积极性和主动性，促进教学目标的实现。基于此，各国体育教学更加强调尊重和培养学生的个性，满足学生的学习兴趣，促进学生愉快学习动机的形成。

(四) 注重学生的自主性的培养

体育教学是以学生为主体的教学，任何一种体育锻炼活动都只有在学生的参与下才能完成，因此在教学的过程中，要将培养学生的主体性作为教学的目标之一，培养学生的主观能动性，使学生主动地参与到运动中去，增强学生发现、并解决问题的能力。

(五) 追求身心健康共同发展

目前，随着社会发展的不断变化，以及人们生活方式的不断改变，社会对人才的需求也在原有的基础上有了进一步的提高。作为一名合格的社会主义建设者，不仅要具备专业的知识和经验，同时还应该拥有健康的体魄和身心，以便适应社会发展趋势的变化。因此，追求学生身心健康的共同发展成为体育教学目标的方向之一。

(六) 注重学生发展的全面性

随着人们文化水平的逐渐提高，越来越多的人逐渐地认识到体育教学的功能，体育教学的目标也随之发生改变。如较为注重其育人功能，在教学的过程中，引导学生感受体育教学的乐趣，通过各种各样的教学活动，促进学生身体、心理以及社会心理等各方面的协调发展。由此可见，当今的体育教学目标较注重学生发展的全面性。

二、从体育教学内容的发展趋势看

近年来，随着体育教学改革的不断推行，体育教学的内容也发生了很大的变化，笔者通过对体育教学内容的研究分析发现，体育教学内容呈现出如下几种发展趋势。

（一）侧重于健康知识教育

目前，我国体育已然成为学校教育中的重要组成部分，并受到足够的重视。为了突出体育教学在学生成长过程中的重要作用，加之国家新课改对体育教学目标的改变，体育教学逐渐将健康教育作为教学任务的重中之重。所谓的健康知识教育，不仅仅是指学生的身体健康，还包括其心理上的健康教育，这是由体育教学的目标以及教学的特点决定的。

（二）侧重于健身价值和终身体育性质

体育的根本作用就是增强学生的体质，提高学生的心理承受能力、社会交际能力，并促进体育教学终身化的实现，因此，在今后体育教学内容的安排上，较侧重于具有较高健身价值和终身体育性质的运动项目，并将其作为体育教学内容的主体。这是目前乃至很长一段时间内体育教学内容的发展趋势。

（三）注重竞技类运动项目

提高学生的学习兴趣对于任何一个学科而言，都是最关键的部分。随着终身体育教学目标的推行，如何在教学的过程中激发学生的主观能动性，提高学生的学习动机，帮助学生养成终身体育的习惯，成为体育教师责无旁贷的任务。在这种理论的影响下，竞技类运动受到了足够的重视，因此，在今后的体育教学中，竞技类运动项目将逐步地走向教材化，使得体育教学不再仅仅是追求技术技能，而是以培养学生形成终身体育的习惯为目的。

（四）注重教学内容的实用性

体育教学之所以能够成为学校教育中的重要组成部分，主要是其能够丰富学生的日常生活，增强学生的体质，帮助学生形成坚强的意志和健康的心理，提升学生的健康水平，并使得学生养成终身体育的习惯。因此，在教学内容的安排上，要保证教学内容的实用性，使得学生在学习的过程中，能够不断地丰富体育学科的知识、技能和经验，从而实现教学目标。

三、从体育教学组织形式的发展趋势上看

我们经过对体育教学相关概念的研究和学习，已经清楚地了解到，体育教学是随着社会的发展以及经济和科技的水平的不断变化而变化的，因此体育教学组织形式的发展也处于不断变化的过程中。

体育课程的时空受到社会需求的影响，正在不断地扩展，教学形势较为灵活，学生学习的主动性，以及学生在学习的过程中对于体育模块的选择性也在不断地提高。学生在学习过程中的兴趣培养、教学内容以及方法的实用性、教学的终身性已经成为体育教学不断发展和改革的目标，在教学的过程中，学生的个性也得到了充分的发展。体育教学的组织形式、活动的空间也越来越开阔，如从学校到社区、家庭的教学空间的延伸，从课堂到生活，使得体育教学的空间更加的开放，教学的形式也更加多样化。与此同时，还增加了体育选修课，并按照体育课程的特点、学生的特点以及社会的需求制定科学的选修课的比例，保证体育教学的组织形式逐渐跟上社会的发展步伐。

四、从体育教学的发展趋势上看

体育教学评价能够帮助体育教师认识到教学工作中的不足，注重对教学过程的反馈，提高教学效果，因此体育教学评价在教学中占据非常重要的地位。笔者通过对近几年来体育教学评价的不断变化和发展分析，得出体育教学评价有如下几个方面的发展趋势。

（一）侧重于过程性评价

只有注重体育教学过程的反馈，才能不断地优化体育教学进程，不断地提高教师的教学水平，从而提高教学效果。因此，为了不断地优化体育教学的过程，提高教学效果，体育教学评价逐渐从单一的终结性评价向过程性评价转变，并且更侧重于对教学过程的评价。

（二）侧重于学生的主体性

体育教学评价的目的就是提高教学质量，这一目标最终体现于学生，为了加快教学目标的落实，目前的体育教学评价较注重于人体评价，针对体育教学的发展和社会的需求，淡化了一般教学评价的标准，强调通过学生个体的变化评价体育教学，逐渐脱离传统的评价模式和方法。

（三）评价内容的多元化

体育教学是由多种教学因素组成的，这些因素对教学起着非常关键的作用，每一种因素都对教学效果产生一定的影响。为了保证体育教学评价的全面性，目前我国体育教学评价的内容逐渐朝向多元化的方向发展，注重对认知、态度、情感方面的评价，而不是单一的技术性评价，从而保证了教学评价的科学性。

（四）定性评价和定量评价的有机结合

从传统的体育教学评价中可以看出：定量评价不能全面地反映体育教学过程中人文目标和社会目标的达成情况；而定性评价又不能科学地、客观地反映教学状况。为了让整个教学过程能够得到及时的反馈和跟踪，在教学评价中，逐渐地采取定性评价和定量评价相结合的评价方式，保证教学评价的科学性和有效性。

（五）注重发展性评价

发展性评价集中体现了“以人文本”和“一切为了学生的发展”教育观念，较重视学生在教学过程中的主体作用。发展性评价的本质并不只是关注结果，也较为重视教学过程，保证为学生营造良好的学习环境，充分激发学生的潜能，帮助学生建立自信，充分发挥学生的特长，促进学生在教学过程中更加健康地发展。

总之，体育教学的评价将以体育教学为中心，以学生为主体，以“健康第一”的思想为指导，面向全体学生、教学过程和教学内容进行评价，旨在全面提高学生的综合素质，培养身心健康的新时代接班人。

本书主要从人本、科学、实用的角度，全方位地介绍了体育教学各相关因素的选择和安排，通过实例论证的方式，揭示了体育教学的本质，为体育教学工作者和体育教学专业的学生提供更多的参考。

第二章　体育教学研究

目前，随着我国素质教育的实施，体育教学作为提高学生健康教育的重要内容，受到广泛的关注。在这种形势下，人们对于体育教学的研究也越来越重视，并且随着素质教育呼声的不断提高，国家对青少年健康成长的呼声也相应提高，体育教学研究是提高体育教师的教学能力和提高体育教学质量必不可少的工作，在对学生的教学过程中承担着非常重要的作用。

根据目前教育行业对体育教学研究的成果分析，我们可以将体育教学研究分为体育教学研究的概述、目的、条件和方法几个方面。

第一节　体育教学研究概述

没有研究就没有创新，没有创新就没有体育教育事业更好的发展。因此体育教学研究是提高体育教学质量、完善体育教学的方法和策略的主要手段。失去对体育教学的研究，那么体育教学将失去不断进步的动力和条件，体育教学也终将失去其意义和生命力。

一、体育教学研究的概念

所谓的体育教学研究实际上就是借助科学的研究方法、研究手段，针对当前的体育教学的现状和存在的问题，不断地完善体育教学的方法和手段，从而提高教学质量，借此向更多的体育爱好者和研究者揭示体育教学现象背后的本质以及体育教学的一般规律而开展的一项具有研究意义的工作。

从体育教学研究的目的和内容来看，体育教学研究主要包括以下几个方面的内容。

（一）体育教学研究的目的

体育教学研究的根本目的就是提高当前体育教学质量，不断地完善当今体育教学的理论知识。就当前对学校教育中体育教学的调查和研究来看，很多学校受应试教育的影响，忽略对体育教学的重视。造成这种现象的主要原因在于学校没有健全的体育理论知识，对体育教学的认识存在不足，因此导致学校忽视对学生的体育教学以及对学生进行体育教学意识的培养。在这种现象的影响下，各学校体育教师都应该加强对学生的体育教学的研究，不断地完善体育教学的理论知识和教学质量，从而提高学生的身体健康教育。

（二）体育教学研究的对象

体育教学研究的根本目的就是提高教学质量，提高教学质量的根本途径就是解决体育教学实践中出现的一系列问题，因此可以将体育教学研究的对象定义为“体育教学实践中的问题”，而不是体育教学中的一些理论问题。这主要是因为体育教学是一个以教学实践为主的教学，体育教学中的理论知识只是实践教学的辅助，而体育教学实践是体育教学的最终表现形式，因此要想不断地提高体育教学的质量，体育教育学研究者首先应该对体育教学实践进行调研，从中找出体育教学实践中存在的问题，然后根据这些问题对体育教学进行针对性的研究。

（三）体育教学研究的方法和手段

体育教学研究是一项较为特殊的研究，其研究的对象是体育实践教学中存在的影响体育教学质量提高的问题，因此对体育教学进行研究方法的选择也应该从体育教学的实际和体育教学的本质出发，采用科学研究方法和教育实践研究方法两者相结合的研究。从科学的角度分析体育教学实践中所产生阻碍教育质量提高的主要原因，根据这些原因进行科学的分析和研究，然后将这些研究所得的结果以及分析的过程借助体育教学实践进行研究验证，这样才能联系实际地解决体育教学中存在的一些问题，不断提高体育教学的质量。

（四）体育教学研究的内容

体育教学研究主要就是研究体育教学现象背后的本质，并探索体育教学中存在的规律。体育教学是学生学习生涯中必不可少的一个环节，是学校对学生进行身体健康教育、陶冶学生情操、放松身心的主要方式。随着国家对青少年健康教育重视程度的不断提高，加之目前社会形势的不断变化，对学生进行健康教育是每一个学校必备的课程，也是学校加强学生健康教育的根本途径。对体育教学的研究者而言，只有清楚体育教学现象的本质，了解体育教学中存在的规律，才能将体育教学质量的提高落到实处，提升体育教学的质量。

二、开展体育教学研究的意义

通过对众多学校的学生进行体育调查可知，目前有很多的学生和教师认为体育教学是一个没有任何实质意义的学科。但是从学生的培养角度上看来，体育教育是不容忽视的，在体育课上，教师可以采用形式多样的教学方式，借助各种有利于学生成长的体育活动，加强对学生的身体锻炼，在活动中潜移默化地培养学生的心理素质、团队意识、沟通交际能力等，为学生的身心成长和发展打下了坚实的基础。笔者通过多年对体育教学的研究，将体育教学研究的意义总结如下。

（一）开展体育教学研究可以促进体育教学理论的发展

体育教育正式进入我国教育行业成为一门独立学科的时间还比较短，仅仅拥有100多年的发展历史，较其他的学科而言，体育教学无论是在教学理论还是在教学实践的过程中，都有待进一步的研究和发展。在当今体育教学的发展过程中，人们对体育教学的研究主要是进行一些运动、锻炼等活动的研究。但是体育作为一门独立的学科，与运动、锻炼等活动在目的、内容、性质、意义等方面都存在着很大的差别。因此，我国之前在体育教学过程中使用的理论和实施的方式和方法并不能真正满足当前社会对体育教学的根本要求。因此，为了更好地保证体育教学的实施，提升教学质量，我们应该从当前体育教学的实际情况出发，从体育这一教学的特殊性出发，结合学生成长的特点对体育教学进行深入的研究和分析，制定出一套符合体育教学的理论和方法，降低体育教师在对学生进行体育教学时的盲目性，让其更好地为体育教学服务。

（二）开展体育教学研究有利于体育教学的改革和发展

近年来，改革成为我国教育事业所面临的一个问题，在中国教育不断改革的政策和方针的约束和指引下，各个学段、各个学科的教学改革正在紧张地进行。受教学改革的影响，体育教学改革也如火如荼地进行。但是，我国体育教学的改革一直面临着以下几个方面的问题：第一，目前关于体育教学的理论研究不充分，因此无法把握体育教学改革的方向；第二，缺乏对体育教学方法的研究，无法寻找有利于提高学生体育教学质量的教学手段和方法，无法保证体育教学改革的进一步实施；第三，缺乏对当前情况下的体育教学改革过程中涉及的新理论和教学方法的可行性分析，无法衡量体育教学改革政策的适合与否。以上三种均是不利于我国体育教学改革的主要原因，严重制约了我国体育教学和教学改革课程的不断提高和深入的发展。因此，开展科学的体育教学研究有利于正确地把握我国体育教学事业的发展方向，有利于科学的体育教学方法的发现和实施，有利于可行性体育教学模式的发掘。因此，开展体育教学研究有利于我国体育教学的改革和发展。

(三) 开展体育教学研究有利于体育教学专业教师的能力的提高

随着社会的发展与不断进步，加上信息更新的速度不断加快，教学质量也在进一步地提高，在这种社会需求的影响下，社会对教师的教学能力和所具备的学科知识的要求也在不断地提高。因此，教学与研究互相渗透已经成为提高教学质量、完善教师自身素质的必经之路。目前许多体育教师也积极参与体育教学的研究，受到越来越多人的重视。从体育教学的方面来看，体育研究能够直接提高体育教师的教学能力，可从以下几个方面进行分析。第一，能够提高体育教师的教学设计能力。体育教师在研究体育教学的过程中，会增强教师的“问题意识”，更加清晰明了提高体育教学设计的思路，完善体育教学的方法。第二，能够不断地激发体育教师的创造性。体育教师在进行体育教学研究的时候，其所接触到的体育教学方面的知识也更加直观、全面，认识到的教学实践也更加客观和深入。第三，能够帮助体育教师获得更多的新知识，不断地拓展其知识面。第四，促进教师之间的交流和合作，更好地促进体育教学知识和教学实践经验的增长。因此，体育教学研究有助于体育教师教学能力的提高。

三、体育教学层次的研究

根据当前体育教学的特点以及体育教学研究的成果来看，体育教学研究并不是一个单一的研究层次，在体育教学的研究中，按照研究的内容的不同进行层次的划分，这样不仅有利于教学研究的有效进行，而且有利于全面、深入研究的开展。

(一) 描述现象层次的研究

描述现象层次的研究虽然是体育教学研究中最基础的研究工作，但也是最重要的工作。目前，我国体育教学正面临着不断的改革，但是我国体育教学事业较国外发达国家存在着明显的差距，这些差距是我国体育教学中存在的不足之处。体育教学研究者只有清楚这些不足，并找出导致这些不足的根本原因，才能有针对性地进行教学的改革，使教学研究具有现实针对性。但是，目前我国对体育教学中涉及的许多教育事实和现象认识不足，其主要的原因是我国体育教学研究者缺乏对体育教学现状细致而准确的描述。因此，在进行这一层次的研究时，首先应该保证研究的客观、准确、全面性，这样才能获取体育教学各个层次存在的可靠信息，这样才能为体育教学的继续研究提供充足的信息。

（二）对描述现象进行解释和归因层次的研究

所谓对描述现象进行解释和归因层次的研究，其实就是在描述现象层次研究的基础上，对所描述的现象结合体育教学的特点进行认真的综合分析，研究出阻碍体育教学质量提高的原因。解释的主要意义在于帮助人们理解体育教学现象之间存在的联系，归因的主要任务就是阐述这种现象发生的实际原因。这一研究属于体育教学研究的中级层次，但是，目前我国很多体育教学研究者对这一现象的研究存在着不深入、不全面的现象，主要是因为在进行这一层次的研究时，对产生现象的分析角度不够全面、深入，分析问题的方法不科学。对于体育教学研究而言，要想不断地提高体育教学质量，首先应该对目前体育教学中存在的现象进行正确、深刻的分析和归纳，这样才能正确地揭示体育教学中一些阻碍教学实施的现象，从中得到正确的因果关系。

（三）实证层次的研究

通过对体育研究层次中的第二层次的研究，我们可以清楚地把握目前体育教学现象所发生的因果关系，因此，实证层次的研究实际上就是对第二层次所获得的因果关系进行实证研究，其主要目的就是证明第二层次中所研究的因果关系是否能够在真实的体育教学环境中发生。因此实证层次的研究是体育教学研究中的中心环节，在这个环节中我们可以获得最可信的研究结果。因此实证层次研究的主要方法是实验法，通过实验让假设的命题在一次次的试验中获得永恒的规律，但是由于体育教学研究是由一个很多不确定的因素组成具有很强的社会性的学科活动，因此在研究的过程中不可能像一般的实验研究那样拥有很多的可控制因素。因此在进行实证研究的过程中，应该精心地进行命题的假设和推理，全面地设计实验，在对实验结果进行仔细分析的基础上，对实验所得出的结论进行恰当的总结和分析。

（四）理论和外推层次的研究

我国体育教学研究之所以没能得到更大的发展，一方面是因为我国对体育教学研究的关注度存在着很多的不足，另一方面就是从事体育教学研究的人员在研究的过程中，没有对研究所得的体育教学规律做出概括性的总结，也没有将这一理论进行及时的推广，应用到体育实践教学之中。对于体育教学研究而言，在对所研究的体育教学规律进行实证之后，就应该将其概括总结为理论知识，因此理论研究的主要目的就是说明体育实证层次研究中所得到的因果关系或体育教学规律的发生条件和原则。再加上，目前我国体育教学中缺乏理论方面的创新，因此这一环节对于体育教学质量的提高很重要。外推的本质意义就是将所得的理论知识应用于实践教学之中，所以在进行理论和外推层次的研究中，最重要的两点就是对理论知识进行高度概括，并找出合适的外推手段。

四、体育教学研究的特点

众所周知，体育教学与其他的学科教学有着很大的区别，因此，体育教学研究也不等同于其他学科的科学研究和教育理论研究。根据体育教学的特点，可知体育教学研究与其他学科研究的最大区别是：体育教学研究的学理性、复杂性、实践性。

（一）体育教学研究的学理性

体育教学本身就是以传递体育教学相关的知识和技能为过程的教学，所以其方方面面都是围绕着教与学进行的，无论是教师教授的过程还是学生接受学习的过程，都是围绕着教学的规律进行的，因此对体育教学的研究，也应该和其他的学科的教学研究一样，归根到底都是科学理性的研究，如果体育教学不具有这一特点，那么教学就无法科学、有效地进行。

（二）体育教学研究的实践性

体育教学的很多理论知识都是在实践的基础上产生，并且在实践中得到验证，使得教学理论能够在不断地实践中得到检验、修正、丰富和发展。因此，教学研究也应该围绕着教学实践进行，这样才能使体育教学研究成为真正有意义的研究。换言之，如果体育教学研究脱离了教学实践，那将失去研究的意义。

（三）体育教学研究的复杂性

体育教学活动是由多种因素和变量组成的，但是这些变量之间并不是孤立存在的，每一个变量都是与其他的变量相互约束、相互制约的。开展教学研究的根本目的，就是将这些变量之间相互作用的复杂的关系展现出来。笔者通过对体育教学的研究，提出体育教学变量主要由三类变量组成：第一是环境变量，主要表现在课堂环境和状态对学习效果的影响；第二是过程变量，是指师生的课堂行为、知识特点等对学习成果的影响；第三是结果变量，是指教师所期望的以及教师拟订的教学计划和教学目标和标准加以衡量的教育成果。

第二节 体育教学研究的目的

体育教学贯穿我国学校教育的始终，因此体育教学作为一门学科教学，在学生的成长和发展的过程中发挥非常重要的作用。但是根据目前对我国体育教学的现状进行综合分析可以看出：我国体育教学仍存在着很多的问题，这些问题严重制约了我国体育教学事业的不断进步。因此，如何提高体育教学的质量？如何增强体育教师队伍的整体素质？如何根据社会需求对体育教学进行改革？这些成为优化体育教学首先应该面对的问题，也是加强体育教学研究的根本原因。

一、体育教学中存在的问题

从我国目前体育教学的发展情况看来，体育教学中仍然存在着很多亟待解决的问题，这些问题一方面严重制约体育教学实践的进步和发展，另一方面降低了学生对体育教学的参与热情。关于体育教学中存在的问题，主要表现在以下几个方面。

（一）体育教学理论研究不充分

受素质教育的影响，为了全方面培养新世纪所需要的人才，我国对体育教学的重视的程度更高，但是受传统教学观念的影响，体育教学虽然一直贯穿学校教育的始终，但是并未受到足够的重视。因此，我国对于体育教学理论的研究不够重视，这也直接导致了我国体育教学中存在教学理论研究不充分的问题。对于体育教学而言，教学理论研究不充分，一方面导致体育教师在对学生进行体育实践教学的时候，没有充分的理论指导，导致体育教学没有统一的教学标准，另一方面，由于缺乏充分的教学理论研究，体育教师就缺少了提升自身专业知识和教学技能的方向，使他们无法不断地充实自己的专业知识储备，这严重制约了体育教师的成长和知识技能的完善。

（二）缺乏理论学理研究和方法研究

体育教学研究不同于真正意义上的科学研究，也不同于单纯的教育理论的研究，但是由于体育教学具有复杂性和实践性等特点，因此在对体育教学的过程中要注重对其中涉及的一些变量进行研究，以保证体育教学更加符合教学实际和学生的成长特点。由于体育教学中缺乏对教学方法的研究和学理研究，因此体育教师在教学的过程中遇到一些突发的事件往往处理不当。有些体育教师在教学的过程中常常出现教育方法使用不当的现象，这样的体育教育不仅不利于学生的健康成长，不利于社会教学目标的实现，同时还严重削弱了学生对体育教学的参与性，不利于体育教学的继续发展。

（三）简单照搬其他理论，缺乏可行性分析

体育教学与其他的学科最大的区别就是，体育教学更加注重教学的实践性，不同国家、不同学年段的学生所需要进行的体育教学的内容和方法有所不同。但是我国在对学生进行体育教学的时候，却照搬其他国家或是学校的理论，而且在对照搬的体育理论进行教学的时候，并未对这些理论所讲述的教学知识或是方法进行可行性的研究和分析，无法对借鉴的外来理论知识和方法进行吸收，没有根据自己的情况进行筛选整合，没有根据实际情况验证教学方法的可行性与否，因此最终导致我国在体育教学这条路上与社会的要求渐行渐远，严重影响了中国体育教学课程与教学改革的不断深入和发展。

二、开展体育教学的目的

众所周知，体育教学是学校教育的重要组成部分，而学校所开展的体育教育又是体育终身教学的前提和基础，是培养广大青少年健康体魄的重要课程，因此体育教育的质量高低直接影响了这个国家和民族的生命力旺盛与否，不仅如此，体育教学质量的高低也是社会文明进步的衡量标志。因此，作为一名体育教师，必须明确体育教学的目的，强化学生对体育教学重要性的认识，培养学生参加体育教学的积极性。从体育教学的成果来看，我国开展体育教学有以下几个方面的目的。

（一）提高青少年的体能以及综合素质

中国进入改革开放以来，体育教学工作便得到了蓬勃的发展，在这种环境之下，学校体育教学工作逐渐取得了突飞猛进的发展，青少年的身体素质和生长发育状况也在不断地提高。但是，我们也必须正视的是，受传统应试教育的影响，目前我国很多的学校出现重智育、轻体育的现象。这样直接增大了学生的学业负担，与此同时，也极大地剥夺了学生休息和体育锻炼的时间，因此导致目前我国青少年的体质状况不容乐观：学生的肺活量降低、肥胖、近视等情况越发严重，意志力等诸多方面均出现了下降。这些都是因为青少年缺乏必要的体育锻炼而造成的。因此，我国应该积极地开展体育教学，以保证提高青少年的体能以及综合素质。

（二）提高学生对体育锻炼的重要性的认识

学生在进行体育锻炼的过程中，能够不断提高自身的综合素质和身体素质，从

体育教学中获取社会对青少年的要求，也在体育教学中获得基本的交际沟通的能力，不断提升自己的社会认同感，从而让他们理解并认识到体育教学在青少年教育中的重要性。这样学生才能积极地学习一些体育知识，主动地参与到体育活动中去，这对于我国体育教学的不断深入和发展都起到很好的推动作用。与此同时，提高青少年对体育教学的重要性的认识，能够激发学生对体育锻炼的主观能动性，激发育少年的活力，提高整个国家和民族的生命力，推动我国体育教育事业的不断进步。

三、开展体育教学过程中对体育教师的要求

体育教师是体育教学活动的组织者和指挥者，是体育教学活动的主体，体育教师的能力和水平的高低直接关系到体育教学质量的好坏。因此，要想不断提高我国体育教学的质量，增强我国的综合国力，首先应该不断提高我国体育教师的知识水平和能力。经过对体育教学活动的调查和研究可知，开展体育教学过程中对教师有以下几个方面的要求。

(一) 丰富的体育教学知识和教学水平

学生是教育活动中的客体，在教学活动中承担着接受者的角色，所以对于这样的教学活动而言，体育教师的专业知识和教学水平直接影响着学生的学习，影响着教学质量。为了不断提高我国体育教学质量，增强我国的综合国力，积极响应新课改的要求，要求体育教师要具有丰富的专业理论知识和教学活动的组织和策划能力，这样才能才从根本上优化体育教学活动。

(二) 能够充分调动学生的学习积极性

体育教学是一门充满活力和创造性的学科，具有很高的灵活性和趣味性，能够帮助学生在体育锻炼中获得一些所需掌握的知识和技能。虽然体育教学相对于其他学科教学而言具有更多的趣味性，但是很多的青少年不愿意参加体育活动，这主要是因为体育教师在教学的过程中，没有重视对学生的引导，没有根据学生的特点和爱好，充分调动学生的积极性。作为一名体育教师，首先应该具备对教学方法的选择能力，根据学生的兴趣特点，策划一些有意义的体育活动，逐渐激发学生对体育运动和学习的兴趣。

四、体育教学研究的目的

根据以上对体育教学中存在的问题、开展体育教学的重要性以及当前体育教学对教师的要求可知，当前我国体育教学正处于积极探索的阶段、不断寻求进步的阶

段，这也是我国体育教学活动落后的表现。出现这种情况的主要原因在于，我国缺乏对体育教学的深入研究，对体育教学只停留在传统教学或是借鉴其他国家教学的基础上，没有制定出一套适合我国国情和学生特点的体育教学理论和方法，因此，开展体育教学研究成为提高我国体育教学质量的唯一出路。笔者通过多年对体育教学的研究可知，体育教学研究的目的主要表现在以下几个方面。

（一）提高我国在体育教学理论和知识上的不断深入和发展

虽然体育教学在我国已经有一百多年的历史，但是相对于其他学科而言，其起步的时间较晚，再加上受到传统教育观念的影响，许多学校忽略对学生进行体育教学，导致我国体育教学在理论知识上存在着很大的不足。我国很多的体育教学理论一方面来源于传统的体育教学理论的沿袭，另一方面来自对其他国家有关体育教学理论的借鉴。但是，沿袭而来的体育教学理论随着时代的发展，已经不适应当代对学生的体育教学要求，借鉴其他国家的体育理论由于所适用的学生群体不同，因此借鉴而来的理论与实际教学存在着很大的矛盾。开展体育教学研究，能够在充分了解当前体育教学存在的不足的基础上，对当前体育教学中存在的问题和不足进行深入的分析和研究，找出传统体育教学理论需要补充和修改的理论内容。将由国外借鉴而来的体育教学理论根据我国青少年成长的特点，进行科学的融合，这样才能完善我国的体育教学理论，提高我国在体育教学理论和知识上的水平。

（二）对体育教学进行改革

受到新课改的影响，各类学科都在根据社会的需求进行教学的改革，随着素质教育的不断推行，体育教学的改革也受到了更多的关注，但是对于体育教学改革而言，一直面临着理论研究不充分的问题。因此体育教学无法探明改革的方向，也无法把握改革的方法和手段，就是在借鉴外国的改革经验进行改革的时候，也缺乏对中国体育实际教学的可行性研究。由于对体育教学的研究不足，因此体育教学改革无法为体育教学活动带去更多的有利因素，也无法提高体育教学的质量。对体育教学进行研究，应根据学生的特点、社会的需求、社会的发展趋势等几方面的研究，确定体育教学的改革方向，不断优化体育教学的方法，并运用假设和实验的方法对所获得的新教学方法进行可行性的分析和研究，这样才能针对性地改革体育教学，实现体育教学的改革。

（三）有利于教师能力的提高

随着社会的不断进步，任何一个学科对教师的能力要求都在不断提高。从教师的职业发展来看，教师是一个需要终身学习的职业，要随着社会的变化不断更新自己的专业知识和技能。目前，教学与研究的相结合成为目前教师提高自身知识水平和教学能力，提高教学质量的必经之路。对于体育教师而言，他们在对体育教学问题的研究过程中，能够帮助自己发现和认识更多有关体育教学的知识，在不断地发现问题和解决问题的过程中，获得有关体育教学的新知识。而且通过研究，能够让体育教师对自己所从事的体育教学实践的认识也更加全面、深入、客观。与此同时，体育教师在不断的研究过程中，还能对所研究的问题进行不断的总结，从而激发体育教师在体育教学方面的创造性，同时体育教学研究能够促进体育教师之间的交流和互动，从而提升体育教师团队的整体水平。

（四）规范了体育教学的流程

体育教学研究，实际上就是对体育教学过程中涉及的各种教学因素，以及教学规律所进行的研究。因为任何一种教学都是从初步走向成熟，从适应走向规范。再加上体育教学本身相对于其他学科的教学活动而言，具有很多不确定的因素，因此在教学的过程中，难免会受到不确定因素的影响，最终导致教学过程的失败。教学实践和教学过程的规范实际上就是相辅相成的关系，教学流程在教学过程中起到指导性的作用，同时教学过程也在实际的进行中不断地影响着教学流程完善和规范。开展体育教学研究的根本目的之一，就是通过对教学过程的监督和分析，找出教学流程中导致教学效果不理想的原因，然后对其进行改正和优化，不断地规范体育教学流程。

（五）提升我国体育教学研究团队的整体水平

优秀的教学研究团队，需要在不断的研究、突破、创新中得到提高，如果一个国家或是团队，缺少对本职业的研究队伍，那么不仅会使得这一团队的整体水平下降，同时也失去了竞争力。在改革开放的今天，各国之间的教育、经济等都趋于透明的状态，即使是同一个地区或是学校的体育教学之间也存在着竞争的关系，在这种市场竞争逐渐激烈的环境中，如何不断地突破自己，提升整个团队的科研水平，提升体育教学研究者的专业能力，这不仅是每一个体育教学工作者应该面对的问题，也是市场竞争的必然趋势。从事体育教学研究，使得教育工作者在不断的研究过程中，提升自己的专业知识，优化自己的专业技能，同时增强自己在体育教学方面的能力，从而提高我国体育教学研究团队的整体水平，提升我国的体育教学质量。

通过以上对体育教学及其研究的目的以及重要性的介绍，我们可以看出，随着体育教学地位的逐渐提高，教学研究已经成为当前体育教学过程中的新课题，也是体育教学工作者必须面对和探讨的课题。无论处在何种地位的体育教学工作者，都应该积极地参与到体育教学研究的工作中去，不断地发现体育教学过程中的问题，创新自己的思路，以保证体育教学质量不断提高。

第三节　体育教学研究的条件

如前所述，体育教学研究是一个多因素的复杂的教育活动，其中有待解决的问题有很多。由此可以看出，体育教学研究所需要的条件也有很多，笔者通过对体育教学过程的研究和相关过程的观察得出，体育教学研究所需要的条件主要有以下几个方面。

一、对教学主体的了解

学生是体育教学的参与者，也是教学任务的接受者，没有学生，体育教学就失去了意义，因此，在对教学进行研究的时候，必不可少的条件之一，就是对学生的了解和掌握。但是，在体育教学研究中，除了学生这一学习主体之外，教师在教学的过程中也起到非常重要的作用，因此，要进行体育教学研究除了要充分地了解学生外，还要对体育教师进行充分的了解和研究，这是保证体育教学研究能够顺利进行的首要条件。关于体育教师的了解主要包括对新课标规定的体育教师的角色定位的了解、教师应该具备的知识结构和教学能力的了解、目前体育教师的教学水平的了解、教师在教学过程中存在的问题的分析和了解等，这样才能清楚地了解体育教师在教学过程中存在的不足之处以及需要改善的方向，为体育教学研究提供研究基础和材料。

对学生和体育教师的了解和分析是体育教学研究的研究对象之一，也是进行体育教学研究过程中其他方面研究必备的条件。体育教学研究中关于教学主体的了解和掌握具体包括以下几个方面。

（一）各个年龄阶段学生的身体发展状况

体育教学同其他学科的教学一样，是一种循序渐进的过程，具有阶段性。因此，在进行体育教学和研究的过程中，首先应该清楚各个阶段学生的身体和心理的发展状况，这样有助于体育教学研究者制定针对性的研究计划和体育教学改革的策略。

(二) 学生对体育教学兴趣的调查研究

对任何一种学科而言，兴趣绝对是提高这门学科质量的催化剂。要对体育教学研究，调查学生对体育教学的兴趣也是体育教学研究的关键条件，这样能从学生的角度出发，了解对体育教学的需求有助于体育教学研究的不断深入。

(三) 体育教学中教师的职业特点和能力结构的调查

了解体育教学中教师的职业特点和体育教师的能力结构，这样能够掌握我国体育教学过程中对教师的能力以及综合素质的要求，明确现实与要求之间的差距。这样才能明确体育教学研究中教师能力提高的方向，优化教师队伍。

(四) 体育教师所具备的基本条件

随着新课改的要求的不断深入，体育教学逐渐在学校教育中占据越来越重要的地位，也逐渐发挥其自身的重要作用。体育教学是一项较为复杂的实践性教学，因此在教学的过程中必须要求体育教师具备专业的体育教学知识和教学能力等。研究体育教师所应具备的基本条件，有助于明确体育教师能力研究的范围。

二、明确体育教学研究的思想和目标

体育教学研究是一项有意识、有计划、有组织的研究性活动，一切的体育教学类的研究活动都离不开对体育教学价值的判断和思考。明确体育教学研究的思想和目标从研究意义上说，实际上就是把握体育教学研究的方向，在研究的过程中极力地发掘任何有利于体育教学发展的体育教学理论和教育方法。体育教学研究的思想是指导体育教学研究者行动的主要依据，缺少体育教学研究的思想就无法顺利实现体育教学研究目标，因此明确体育教学研究的思想和目标是从事体育教学研究的重要条件。特别是在我国激励倡导教学改革的时期，体育教学受传统教学观念的影响，很难突破传统教学模式和教学方法的局限。在这种格局中，只有具有了明确的研究目标、坚定的研究思想的指导，才能将体育教学研究的目的落到实处，不断提高我国体育教学的质量。有关体育教学研究的思想和目标主要应该包括以下几个方面。

(一) 体育学科的功能与价值

体育学科的功能和价值是确定体育研究目标的前提条件，也是从事体育研究所必须掌握的条件，两者缺一不可。体育学科的功能与价值明确了体育教学在学校教育中的重要作用，为体育教学研究提供目标的参考和研究方向的借鉴。

（二）体育教学研究的指导思想

体育教学之所以能够上升到一门研究性学科的重要地位，这主要是因为我国已经认识到体育教学在学生成长和发展中的重要作用。体育教学研究的指导思想是保证体育教学研究顺利进行的前提条件，因此只有明确体育教学研究的指导思想，才能保证体育教学研究有条不紊地进行。

（三）体育教学目标的研究

体育教学研究目标是体育教学研究的指导，它为体育教学研究指明了研究的方向，奠定了坚实的基础。只有明确体育教学研究的目标，才能更加清楚体育教学研究的方向，明确体育教学研究的意义，因此，明确体育教学研究的目标是体育教学研究的前提条件之一。

（四）当前体育教学改革的方向

随着素质教育的推行，体育教学也正式纳入新课改的浪潮，新课改也因此成为体育教学研究的必经之路。与此同时，在从事体育教学研究的时候，也应该清楚体育教学改革的方向，这也是体育教学研究的方向。因此明确体育改革的方向也是开展体育教学研究必备的条件之一。

（五）世界各国体育教学研究的状况

改革开放在促进各国经济交流的同时也促进了各国教育事业的交流，体育教学作为一门学科被正式应用到教学过程之中，最根本的原因就是借鉴国外学校教育的模式。西方很多发达国家在体育教学中取得了突出的成就，但是由于我国体育教学的发展历程比西方发达国家短，因此很多缺乏教学研究的经验。关注世界各国体育教学研究的状况能为我国的体育教学研究提供更多的方法和内容的借鉴，这对于体育教学研究是有利而无害的。

三、明确体育教学的过程

体育教学是体育教育活动的主要表达形式，体育教学也是保证学生健康成长的主要方法。但是体育教学与其他学科的教学又有着很大的不同，因此明确体育教学的过程是体育教学研究的重要内容。它既是体育教学研究需要掌握的基本理论问题，也是组织体育教学研究活动顺利进行的前提条件。详细地了解和掌握体育教学的过程，明确体育教学过程中所涉及的一些基本步骤和内容，是正确认识体育教学的本质、特点和教学中所涉及的一系列教学规律的基础。体育教学过程对教育本身而言，是教育目标实现的根本途径，而教育研究的根本目的就是提高教学质量，教学质量的提高体现在教育过程中的每一步。因此，体育教学研究者必须明确体育教学的过程，这样才能保证体育教学研究具有教学针对性，起到实现体育教学质量改革的重要作用。

作为体育教学研究的前提条件之一，对体育教学过程的了解和掌握，主要包括以下几个方面。

（一）体育教学过程的特点

体育教学过程的特点是体育教学区别于其他教学的明显特征，也是了解体育教学过程时必须掌握的关键因素。体育教学过程是一个特殊的教学过程，也是一个十分强调实践性的教学过程，并且教学过程中会受到很多不确定因素的干扰。因此，对每一个体育教学研究者而言，要十分明确体育教学过程的特点，这样才能帮助他们更清楚地掌握体育教学过程。

（二）体育教学设计

体育教学的过程实际上就是体育教师对体育教学进行教学设计的过程，体育教学设计要根据不同阶段学生的特点，所设计的教学活动也要有利于学生的成长和发展。因此，体育教学设计是体育教学过程中的重要环节，是体育教育过程不断优化的有力保障。作为一名体育教学研究者，应该具备体育教学设计的能力，清楚教学设计的功能和作用，这样才能促进体育教学研究的不断深入。

（三）体育教学过程“三段式”的认识

体育教学“三段式”是最新的体育教学形式，这也是保证体育教学过程顺利进行、保证体育教学质量的主要形式。“三段式”教学过程是指将体育教学过程分为开始、准备和结束三个部分，体育教学研究中对体育教学过程的研究也要依照三个部分进行，因此体育教学研究者应该具备对教学过程中“三段式”的认识。

（四）体育教学方法的认识

体育教学方法是体育教学过程的重要组成部分之一，它是衡量体育教学过程是否有利于学生的成长和发展的主要依据。因此，在进行体育教学过程的研究时，应该清楚每一种教学方法，详细地了解每一种教学方法适应的学生群体以及他们的功能和价值，这样才能对教学方法进行可行性的研究。

四、了解体育教学的内容

体育教学是通过教师向学生传授体育运动这一技术载体而实现的。对于体育教学而言，体育教学活动的运动技术较为丰富多彩，而且每一种体育活动均有其特定的功能和作用。因此体育教学内容也是体育教学研究的方向之一，同时体育教学内容是体育教学活动的载体，是体育教学能够进行的保证。从某一方面而言，体育教学内容是体育教学的对象，因此对于体育教学研究而言，只有充分地了解体育教学的内容，才能更清楚地确定体育教学研究的方向。除此之外，目前我国体育教学的现状不容乐观，教育内容也存在着很多的不足之处，开展教育研究的目的之一就是找出这些不足之处，不断地优化教学内容，填补体育教学在教学内容上存在的缺陷，从根本上改变体育教学，不断地提高体育教学的质量。因此，了解体育教学的内容是体育教学研究尤为重要的前提条件之一。

体育教学内容包括很多方面，对于体育教学内容的了解主要包括对体育与健康知识的了解、体育运动文化知识的研究、体育教学内容的选择依据研究、体育教科书的研究、体育教学计划研究等诸多方面。在此，对当前一些所需要了解的较为常见的体育教学内容举例如下。

（一）体育教学内容的逻辑

通过前面关于体育教学的各个方面的分析，我们已经了解到，体育教学内容较为复杂，这就需要体育教学工作者理清各教学内容之间的特点和关系，这样才能明确各内容之间的逻辑，便于研究过程中的分类与整合，保证教学研究正常进行。

（二）体育教学内容的选择标准和程序

体育教学内容的选择标准和程序，是体育教学研究中必须明确的问题之一，这是进行体育教学内容研究和教学过程研究的前提。如果对体育教学内容选择的标准和程序不明确，那么就无法保证体育教学研究的科学性。

（三）对民族传统体育活动的了解

体育来源于生活，每一个地区的传统运动项目都有其背景和意义，但是随着社会的不断发展，一些具有地方特色的传统运动逐渐走向消亡。为了培养学生对地域传统运动的继承和发扬，保证该地区的体育教学项目能够凸显地域特色，因此，新课标强调体育教学必须具有当地民族传统特色，这是研究的一项任务之一。为了保证这项研究的正常开展，因此采用体育教学与地域特色相结合的教学方式。

第四节　体育教学研究的方法

体育教学研究是提高我国体育教学质量的方法之一，再加上目前学界对研究型教师的需求，因此，体育教学研究逐渐受到更多人的关注与重视。任何一种研究只有掌握先进的研究方法和手段，才能保证研究的效果，加之体育教育具有一定特殊性，因此在对体育教学研究的过程中尤其要注重研究的方法和手段的选择。笔者经过多年对国内外体育教学研究的了解和分析，将对体育教学研究所使用的一些常用的方法和手段做出简单的介绍。

一、问卷调查法

问卷调查法是从事体育教学研究以及其他学科的教学研究时常见的一种方法，它是由体育教学研究者在对研究目的认真分析的基础上，按照体育教学的特点和教学的要求设计的一些具有针对性的问题，然后确定调查对象群体，借助这些问题向调查群体了解更多有关体育教学中的详细情况，或者征询一些意见。在开展问卷调查法的时候，体育教学研究者在具备体育教学研究所需要的条件下，第一步就是设计调查问卷，选择调查对象，然后进行问卷的回收和审查。

（一）问卷的一般结构

任何一种调查问卷都是由题目、指导语、具体的内容和编号三个主要部分组成的，每一个部分都有其特定的目的和意义，下面将对体育调查问卷的三个组成部分进行简单的介绍。

1.问卷调查的题目

对于调查问卷而言，题目就是调查的主题，从某种意义上而言，它又是体育调查的目的，但是这类调查问卷直接面对的是调查对象。因此在设计体育问卷调查题目的时候，其题目的用语和表述的方式不能让调查对象产生反感。

2.问卷调查的指导语

指导语实际上就是对开展体育调查的目的和调查中有关事项的说明，因此指导语的主要目的就是让调查者更清楚地了解体育问卷调查的目的和意义，从而引起调查者对问卷调查中所包括的问题的重视和兴趣，争取得到调查对象的积极参与和支持。一般而言，体育调查问卷指导语的表达一般要从被调查者的角度出发，体现被调查者的希望和意愿，同时指导语的内容应该简洁、准确。

3.问卷的内容和编号

体育问卷调查的具体内容主要包括体育调查问题的内容、问题编排的次序、需要被调查者回答问题的方式等，这些都是体育调查问卷中所涉及的问题。标号实际上就是问卷中问题的编号，之所以设计问题的编号主要是为了便于问卷调查中数据的整理和搜集。

（二）问卷调查中问题设计的基本要求

问卷调查的主要内容就是问题，由于体育本身就是一个具有复杂性的学科，为了保证体育调查问卷更符合体育教学研究的需要，在进行问题设计的时候应该满足以下基本要求。

1.保证问卷中的问题符合客观的实际情况

由于体育教学具有很强的实践性，因此在设计体育调查问卷的问题时，也要保证所提出的问题符合体育教学的客观实际，再加上新课标的实施，又加大了不同地区和学校在体育教学方面的差异。因此，在设计体育调查问卷的问题时，要从实际情况出发，对调查对象进行分析和了解。

2.问题必须清楚且明确

在对问卷的问题进行设计的时候，要避免一些模棱两可的问题出现，这样会干扰被调查考的思绪，不利于调查的顺利进行。因此，要多设计一些客观实际的问题，以便被调查者做出回答和选择。

3.问题必须围绕调查目的

体育调查问卷原本就是体育教学研究者根据研究的目的所制定的，是为了使调查问卷更好地为体育教学研究服务，因此所设计的问题应该紧紧围绕调查问卷的目的进行。

4.问题必须与被调查者有关

被调查者是体育调查问卷的最终执行者，研究者根据他们对问卷的填写，获取一些有益于教学研究的知识和信息，以便体育教学研究能够继续深入地开展。因此，调查问卷的题目的设计要与体育调查者有关。

5.问卷的长度要适当

体育调查问卷的长度要适当，如果问卷设计的题目过多、过长，就会引起被调查者的反感，从而影响他们在填写调查问卷时的积极性。问卷的长度过短即问题过少的话，就会使研究者不能全面的获取一些所需要了解的信息。

(三) 问卷的回答方式及其设计

问卷调查的一般回答方式，无非是以下两种。

1.开放性回答

开放性回答就是某些问题没有特定答案，而是由被调查者根据自己的理解和内心的想法自由填写。开放性回答的灵活性较大，适应性较强，而且被调查者在回答这类问题的时候不受任何的限制，会拥有更多自由回答和自我表达的机会，同时在回答问题的过程中，被调查者还能获得一些较为丰富的具有较强启发性的材料，开放性问题的回答一般用于预测和估计等探索类问题。

2.封闭性回答

封闭性回答即研究者在设计这一问题答案的时候，首先应该将有可能作为问题的答案详细地列出，供被调查考选择。封闭性回答比较容易，一方面能够为被调查者提供更多参考内容，有利于打开被调查考思路，能为被调查者节约更多的作答时间。另一方面，对于研究者而言，有利于调查问卷的回收和答案的统计分析，封闭性问题的回答的方法主要包括填空式、选择式、表格式等。

为了更好地完善调查问卷，可以将两种问答的方式结合起来进行问卷的设计，以适应各种问题，便于研究者对体育教学信息的了解和掌握。

二、教学观察法

教学观察法实际上就是体育教学研究者对体育教学过程中所涉及的一些行为进行观察，从观察的过程中收集到一些研究性资料的方法。从教学的研究性来看，教学观察法是体育教学研究运用最多的一种方法。

(一) 教学观察法的特点

教学观察法之所以会成为教学研究领域普遍应用的方法，主要是因为其具有以下几个方面的特点。

1.主观针对性

观察法最大的优点就是它具有极强的主观针对性，观察者可以在观察的过程中灵活地选择被观察的对象，这样就能主动地排除一些与研究无关因素的影响，使观察具有针对性。

2.客观真实性

所谓的客观真实性是指，所观察的对象和内容都是一些客观存在的，具有真实性和可靠性，同时也使得所观察的内容具有科学性。

3.集体合作性

由于体育教学的特殊性和复杂性，往往在采用观察法进行研究的时候，往往会比较复杂，这就需要很多人的合作。在观察前期，对参加观察法的集体成员进行培训，培养他们的合作意识，这样才能保证研究过程中的观察的质量。

（二）体育教学研究中教学观察法的类型

根据笔者对教学观察法进行的研究，可以按照观察的方式将其分为临场观察法、实验观察法、追踪观察法等。

1.临场观察法

临场观察法实际上就是观察者直接处于观察对象所在的现场所进行的一种观察方式。这种观察方法能够使观察者及时地掌握观察对象的变化，以便对其做出快速的反应，同时这种现场观察的方法还能够使观察者身临其境地感受观察对象的所处环境，有利于体育教学的研究。

2.实验观察法

实验观察法就是通过观察者的亲身实验而进行的一种观察方法，实际上就是将观察与实验完美结合于一体，能够使观察者及时地测量和观察实验过程中的指标变化，从而获得有关实验的结果，为教学研究提供更多可供参考的研究条件。

3.追踪观察法

追踪观察法所观察的是一个事物发展变化的过程，所需要花费的时间较长。这种观察的方法虽然会花费观察者很多的时间和精力，最终需要长期的坚持才能完成。但是这种体育教学的观察方式能够使观察者得到更多有关体育教学的实际情况，为观察提供很多的实际信息。

（三）体育教学研究过程中采用教学观察法的计划制定

体育教学的观察计划实际上就是确定体育教学观察的步骤、程序的制定与安排，换言之，就是对体育教学观察法实行方案的研究。它在整个体育教学观察法中占据很重要的地位，是从事体育教学研究的工作人员进行观察的依据。根据笔者对观察计划制定的研究，将观察计划的内容分为以下几个方面。

1.观察的目标与任务

观察的目标与任务是从事体育教学观察的前提和基础，是观察过程的指导思想，在整个观察的过程中起到非常重要的作用。

2.选择观察的对象和指标

选择观察对象的时候要注意选取一些具有代表性的对象，这样所得到的结果也较具有代表性和说服力。确定观察的指标也是观察中非常重要的一部分，在观察指标的确定过程中要注意指标的有效性和客观性。

3.确定观察的步骤

确定观察的步骤就是梳理观察的操作环节，只有确立好观察的步骤才能保证观察的过程井然有序，保证观察的科学性和有序性。

三、教学实验法

教学实验法是在研究的过程中对所确定的研究假说进行可行性验证的方法。因为体育教学是一项对实践性要求极强的教学，因此每一种新的教学理论或是教学方法的推行都应该经过教学实验法的甄选和过滤，确保教学理论和方法制定的可行性。

(一) 教学实验的类型

在对体育教学进行研究的过程中，按照实验过程中所涉及的因素，可以将实验分为单项实验、综合实验和整体实验三个类型。

1.单项实验

单项实验实际上就是根据实验对象或实验因素而命名的，所以单项实验实际上就是对体育教学研究过程中的一个因素进行操作，以观测其行为效果的实验。单项实验在操作的过程中，实验者能够有效地控制实验的变量，把握实验进行的方向。

2.综合实验

综合实验就是在对体育教学研究的过程中，对其中有着共同特性或者有着密切联系的内容进行综合的一种实验。综合实验一般用于有着密切联系的几个因素之间，便于对实验整体性的控制。

3.整体实验

整体实验就是对体育教学中某一个独立的整体结构进行全面的、深入的实验操作。这样的实验相对而言是一个规模较大的实验，需要统一地区的体育教学研究者共同参与，并且在实验的过程中要兼顾体育教学过程中涉及的诸多因素。

(二) 教学实验的基本因素

任何一个完整的教学实验都是由自变量、调节变量、因变量、干扰变量四个变量共同组成的，每一种变量都在实验中发挥着重要的作用，在对教学进行实验的过程中也应该处理好这几个变量之间的关系，以保证实验的有效性。

1.自变量

所谓的自变量就是不固定的因素，它会随着外界环境的不同而发生变化。自变量虽然难以有效的控制，但是自变量的有效利用能为教学研究带来意想不到的效果，促进教学研究成果的不断优化与完善。

2.调节变量

调节变量一般也可称之为次变量，它在实验的过程中，会导致自变量发生改变。认识和研究调节变量具有重要的意义，因为它有助于研究者对自变量效能和性质的研究，促进教学实验的进行。

3.因变量

因变量实际上就是自变量的附属体，是在自变量不断地变化下而产生的一种变量。例如在体育教学的过程中，学生的发展会导致教学模式的变化。因此因变量是为了保证自变量更好地发展而存在的。

4.干扰变量

干扰变量是不利于教学实验研究的变量，其存在会对教学实验产生不同程度的干扰，影响研究者对教学实验的归纳和总结。因此在教学实验过程中，应该严格地控制这些干扰变量，以防对教学实验造成不利的影响。

（三）教学实验设计

教学实验设计是教学实验的中心环节，也是教学实验过程中最为重要的环节，教学实验设计的好坏直接影响到实验的效果，影响整个体育教学研究的效果。因此在教学实验的过程中，要注重对实验设计的掌握，对教学实验而言，其所涉及的实验设计一般包括以下几类。

1.单组末测实验设计

单组末测实验设计是教学实验过程中经常采用的一种实验设计方案，从所实验的对象中挑选一个班或是实验小组，对这个实验小组引入一个与体育教学研究有关的变量，在经历了一段时间之后，收集这个小组的测评结果，然后将这个测评结果与最初的状态相比较，这样就可以进一步证实实验效果的真实性。

2.单组始末测试实验设计

单组始末实验设计能够帮助研究者更清楚地了解小组在实验前后的水平，以确定实验效果的好坏，这样的教学设计一般用于较容易把握的教学变量，但是不适用于一些研究者无法把握的变量，这样的教学实验设计能够使实验效果更具有说服力。

3.单组纵贯重复始末实验设计

这样的实验设计实际上就是通过实验效果的反复对比，确定实验的效果。这样的实验设计十分强调充分对比的周期性，还应尽可能地保证被实验对象的稳定性。

四、测量法

测量法，顾名思义就是通过某种工具或是器材进行测量，进而得出测量数据，通过数据对教学进行把握和研究的方法，下面对测量法进行简单的介绍。

（一）测量的类型

由于体育教学内容涉及的内容和方面较多，因此对体育教学研究中的测量包括物理量的测量和非物理量的测量。所谓物理量的测量，实际上就是可以通过某种直观的器械，测量所得到具体数据的过程，如学生的身高、体重、血压等。非物理量的测量就是指通过简单的工具无法获得测量的结果，只能借助某种标准进行比较或是统计的测量方法获得，如心理承受能力、社会适应能力、人际交往能力等。

（二）测量的效度和信度

对于任何一种测量而言，测量的准确性和可靠性是保证测量质量的两个基本要素，下面对测量过程中的效度和信度进行基本的分析。

1.测量的效度

测量的效度实际上就是测量所得的数据的有效性，对任何一项研究而言，测量到的一定是研究过程中所需要进行测量和分析的数据，是研究的条件和依据。为了保证研究的科学性，就需要保证测量所得的数据的效度，主要包括以下几个方面。

（1）内容效度

内容效度指的是测量内容的有效性，主要是表现所要测量内容的特征，比如，我们要测量一个年级学生的体能特点，那么所应该测量的对象和内容就应该是学生的体能，这就是内容的效度。

（2）结构效度

结构效度是达成所测量内容的一种方法和构想，就是要检验测量是否真正测量到我们所要研究问题的理论构思，如成绩测量的结构效度，强调以成绩或是分数来解释测量过程和方法，而不是以学生的年龄或者是体能来解释。

（3）同时效度

同时效度是选用一种已经被认为有效的测量作为标准，在测量的过程中，由测试者在新测试和有效测量中分别获得的数据来估计效度的高度。如对学生表现成绩测量的时候，由学生和教师按照拟订好的测试标准进行打分，如果得分结果相差不大，那么就说明这一测试的效度较高。

2.测量的信度

测量的信度又被称为测量的可靠性，这是对测量结果和过程真实性的评价指标，如果测量的信度较高，那么不仅受到外界干扰的概率较小，同时测量的效度也会较高，能够准确无误地测量出测量对象的特征。测量过程中无关变量对测量结果的影响较小，那么测量的信度就会越高。为了保证测量结果的准确性，通常要对测量信度进行检测，检测的方法一般包括重测法、复份法、分半法和内部一致性法。

（1）重测法

重测法表示测量过程的重复性，为了更好地检测某种测量方法和标准的测量效度，在测试一段时间后，再用同样的方法和标准再次进行测试，如此反复，通过两次或是多次测量数据的对比，分析测量信度的高低。

（2）复份法

复份法就是在对统一测试对象进行测试的时候，用两份资料或者试题进行测试，然后计算并分析两种测量所得数据的关系。这样一方面能够避免重复测试给被测者带来精神上的疲劳，另一方面也能有效地提升测试的效度。

（3）分半法

分半法较前面两种测试而言较为简单，在测量的过程中将测试的全部试题分为奇数部分和偶数部分，经过一次测量之后，检测两边分数的关系。

（4）内部一致性的方法

内部一致性的方法，是目前较为流行的且效果较好的一种测量方法，经过对被测者和测试内容的分析，从测量的构思层次入手，使得测试的项目形成一定的内部结构，并根据内部结构的一致程度判断测试的信度。

（三）测量法的要求

测量法是体育教学研究中较为常见的一种方法，以数据为主导，因此在测量的过程中强调数据的真实性，其要求主要包括以下几个方面。

1.数量化

教学研究中的测量法与其他方法最本质的区别，就是把所研究事物的某种属性或是特征以数据的形式表现出来，并且用可以比较的数字计算结果。

2.测量的效度和信度

由于这种研究的方法主要是靠数据反映，因此，尤其强调测量的信度和效度，这是衡量测量科学性和有效性与否的关键因素之一，所以对于测试而言，测试的过程中应该尽量排除无关变量的干扰。

3.采用适宜的数据处理方法

测量法的数据是测量结果的参考、比较的依据，因此在测试的过程中，除了保证测试的效度和信度之外，还要强调数据单位的一致性。

第三章 体育教学方法

21世纪的教育是培养全面发展的“完整人”的教育，因此随着这种教学理论的不断发展，体育教学在学校教育中的地位也在不断地增强。由于体育教学内容是体育教学的载体和依据，因此在开展体育教学的时候尤其注重对教学内容的梳理和编排。除此之外，体育学科教学所涉及的内容素材很多，再加上这些素材主要是来自生活、军事、文艺等方面，因此体育内容素材具有多功能性，由于教学中涉及的因素较多，于是决定了体育教学又具有复杂性。从对体育教学内容的分析可知，虽然体育教学内容各素材之间缺少逻辑性的联系，但是由于它们均是来自实践的总结和归纳，因此各素材之间有着自己的层次和类别。本章将对体育教学的内容进行详细的论述和解说，以便帮助人们更清楚地了解体育教学内容，为体育教学工作提供科学的参考依据。

体育教学方法是体育教学的重要组成部分，是体育教学研究的中心环节，是衡量体育教学质量的标尺。但是，从社会对体育教学方法的研究以及取得的成果来看，由于教学方法是教学的载体和条件，再加上体育教学过程中涉及的内容众多，因此目前我国在体育教学方法的研究和应用上都存在着欠缺。出现这种情况的主要原因是，体育教学者实施体育教学时，对体育教学的方法、意义还缺少进一步的认识。加之，学生是体育教学的主体，并且每一位学生的特点和认知能力有所不同，因此要根据社会的需求和学生的特点，采取具有针对性的教学方法，保证教学质量。

第一节 体育教学内容与教学方法概述

上面我们已经提到，体育教学内容是体育教育工作者在进行体育教学时的主要参考，因此体育教学内容在体育教学中占据非常重要的地位。再加上体育教学内容所涉及的知识点较为繁杂、宽泛，因此，对于任何一名体育教学工作者而言，体育教学工作必须建立在对体育教学内容充分了解的基础上。

一、体育教学内容的概念

从教学内容在体育教学中的作用来看，也可以将其称为体育教材，两者之间唯一的区别就是体育教材是体育教学内容和体育教具、教科书等组成的。笔者根据多年对体育教学的研究与认识，并结合现存的有关体育教学内容的理解，将体育教学的内容做出如下定义：体育教学内容是依据当前国家总的教育分针，和社会对体育教学的需求选择出来的，根据对学生的条件和学校教学条件的深入分析和研究，在体育教学环境下传授给学生的一种体育锻炼活动。通过对体育教学内容的研究和分析来看，可以将体育教学内容的概念总结为以下几点。

（一）体育教学内容与其他教学内容的区别

由于体育教学具有实践性和复杂性的特点，这也决定了体育教学内容与其他教学内容之间有着非常大的区别，因为在体育教学过程中，对实践性要求较为严格，因此掌握体育教学内容与其他教学内容的区别，有助于体育教学研究者更好的掌握和理解体育教学的内容。关于体育教学内容和其他教学内容之间的区别主要表现在以下几点。

1.选择的依据

体育教学内容是根据体育教学的目标进行选择的，是根据学生在成长过程中的发展需要以及体育教学过程中必备的教学条件最终整理而成的，并且是根据社会需求的发展而不断变化的。

2.实践性较强

体育教学内容主要是以教学对象的大肌肉群的运动而进行的教学内容，其具有很强的实践性，主要包括身体的锻炼、运动型教学的比赛、运动技能的获取等需要肌体内的肌肉群不断地运动而产生的。

3.依靠体育运动传授

我们在课堂上所进行的诸如语文、数学、英语等学科的知识的传授可以在教室内完成，并且学生也可以通过对书本的反复研读，最终获得一定的知识和技能。但是对于体育教学而言，其所有的运动技能的传授，都必须在体育教学活动中才能完成。

（二）体育教学内容与体育运动内容的区别

众所周知，体育教学内容是保证体育教学正常进行地有力保障，但是其与体育运动内容之间却也有着非常细微的差别，作为一名体育教育者或是研究者，清楚地掌握两者之间的差别，有助于不断深入了解体育教学内容。经过深入的分析和研究，对体育教学内容和体育运动内容两者之间的区别介绍如下。

1.两者服务的目的不同

体育教学的内容是以教育为主要目的，其主要的目的是促进学生身心健康的发展，其内容偏于理论性，对教学活动具有指导的意义。而开展体育运动内容是以娱乐和竞技为主要的目的，其目的的倾向较偏重于教学内容的娱乐性和竞技性，对教学活动而言具有很强的实践性。

2.内容的改造要求不同

随着时代的不断进步，体育教学内容需要根据时代的变化和社会的需求不断地改变，以保证体育教学的内容能够满足社会培养人才的需要。因此需要对体育教学内容进行必要的改造、组织和加工。而体育运动内容，其主要目的就是娱乐和竞技，因此不必进行这种改造。

二、体育教学内容的发展

体育教学内容和其他教育的内容一样，是随着社会和教育事业的不断发展而发展的。但是，由于体育教育内容兴起的时间较晚，因此与其他学科教学内容相比，体育教学内容的形成和完善还处于发展的阶段。笔者根据多年对体育教学内容的研究可知，体育教学内容的发展主要来源于以下几个方面。

(一) 体操和兵式体操

早在古代时期，我国就出现了体育教学，但是由于古代的人们受科举制度的影响，并未将体育作为一门学科进行培养。古代体育的主要形式是兵式体操，由国家的专门机构指导所参加训练的士兵进行列队、射击、剑术等战术问题的操练。后来，随着兵式体操训练的不断改进和制度的不断优化，最终成为今天体育教学中的内容之一。

(二) 游戏和竞技性体育运动

我国早在学校出现的时候，就有了游戏的内容，如我国早期的骑技比赛、蹴鞠等，后来，随着市民对这类竞技运动游戏的兴趣不断激增，促进这种体育项目的发展日趋完善，最终成为一种正规的体育运动。工业革命以后，随着人们生活水平的不断提高，英美的体育游戏迅速地发展成为一种近代的体育项目，如足球、篮球、棒球等运动项目。而后随着殖民的不断扩张，最终传到世界各地，成为一种流行的运动项目，受到很多人的喜爱，并迅速地在各国的学校教育中开展。再加上这种类型的体育竞技活动中具有很高的娱乐性，因此深受广大青少年的喜爱，最终演变成体育教学活动中的重要内容之一。

(三) 武术和武道

在古代的学校教育中，体育教学多是以武术教育的形式体现的，体育教学的内容也大都是一些具有军事针对性的武术内容，这种运动不仅可以强身健体，而且还能防身，因此这种运动教学迅速地成为当下流行的一种体育教学活动，在社会中展现不可一世的魅力，这也构成了体育内容中“武术”和“武道”的基础。再加上这些运动在对人的精神的和意志方面的培养有其他所有的理论知识和教育学科所达不到的作用，因此，这种类型的体育活动深受人们的关注和喜爱。鉴于这种原因，由“武术”和“武道”原型构成的运动项目成为体育教学中的一种正式的教学项目，受到很多国家的关注。

(四) 舞蹈与韵律性运动

舞蹈起源于古代祭祀和举行各种隆重仪式的时候所举行的一种较为常见的活动，也是从古至今人们最喜爱的一种活动。在社会发展的历程中，随处可以见到舞蹈的影子，研究各国文化发展的历史可以发现，舞蹈是世界上很多国家民族文化的重要组成部分，在民族文化的形成、民族之间的交流之中占据举足轻重的地位。除了舞蹈之外，一些具有韵律性的运动，也因为很多体育爱好者追求美感和锻炼效果，逐渐登上体育锻炼的舞台。随着不断的创新和发展，在韵律体操的基础上又出现了艺术体操、健美操等。舞蹈也在传统舞蹈的基础上得到了不断的改进和提升，形成了多样的民族舞蹈、体育舞蹈等。因为舞蹈和韵律性体操不仅能够陶冶身心，并且在培养机体的美感和节奏感等方面也具有非常重要的作用。因此，舞蹈和韵律性的运动逐渐成为体育教学内容的重要组成部分。

研究表明，以上几类体育教学中所涉及的内容在体育教学中所占有的比例不同，并且每个国家在进行体育教学的过程中对其重视程度也有所不同。从以上体育教学内容的起源和发展简述中可以看出，体育教学内容有以下几个方面的特点。

1.体育教学内容的功能具有多样性

体育教学内容由于起源不同，又受到所处文化形态的影响，这就决定了体育教学内容具有不同的功能，这一特点使得人们对体育教学内容的判断也必然会受到其传统起源的影响。因此在进行体育教学的时候，要注重因材施教的原则，这样才能保证体育教学的顺利进行。

2.教学内容的更新速度较快

体育教学虽然涉及的内容较多，但是各内容之间并没有太多的联系和牵制，每个内容之间都是一种平行的关系。如跑步和跳远之间，就是相对平行的两种内容，在教学的过程中，两者之间没有太大的联系。体育教学内容的这一特点，有助于教师在进行教学时的选择。

3.被赋予的教学任务不同

体育教学内容具有很强的时代性，不同时代的人对于体育教学的要求不同，因此每一种教学内容所承担的教学目标和任务也就不同，如在体育教学中开展各种体育锻炼，是为了提升学生的体育素质，进行比赛是为了培养学生的团队精神、合作意识等综合素质。因此在进行体育教学或是内容的挑选时，应该仔细地分析教学目标，以便根据教学内容所具有不同的任务性，进行内容的梳理和选择。

三、体育教学内容与教学内容之间的关系

体育教学内容是教育内容的一个组成部分，它具有与教育内容共有的特点，这些特点主要表现在以下几个方面。

(一) 教育性

体育教学内容是对受教育者进行身体健康教育和心理陶冶教育的参考，当体育教学研究者和内容的组织者将众多的运动项目选为体育教学内容的时候，首先想到的就是这些运动项目本身所具有的教育性。体育教学内容的教育性主要体现在以下几个方面。

1.有利于学生身心健康

体育教学是通过指导学生身体的运动，和一些竞技性的小组活动，以促进学生的身心健康发展而进行的一种教学。因为体育运动本身就是一种肌肉群的活动，能够通过身体的锻炼，增强学生的体质，通过各种小组教学活动和竞技类活动的开展，培养学生的综合素质。

2.对学生成长的积极影响

体育教学内容主要是一些具有深刻影响意义的内容，能矫正学生的心态，培养学生坚强的意志，影响学生价值观的形成，对学生的成长具有积极的影响。

3.内容的设计具有普遍性

体育教学内容所面对的对象是教学活动中的全体学生，因此所选择的教学内容具有普遍性，所谓的普遍性就是指教学内容要保证适应大多数人群，这样才能达到教学的统一，有利于教学的开展和进行。

（二）科学性

因为体育教学本身就是一种以学校教育为主要形式，进行的一种有计划、有组织、有目的的教育活动，是以教育和培养青少年的健康发展为主要目的，因此体育教学内容也应该与学校教育范畴中的其他教学的内容一样，保证其具有很强的科学性和严谨性。经过多年对体育教学经验和对教学内容的研究和分析，将体育教学内容的科学性的表现划分为以下几点。

1.保证内容的内涵性

体育教学的对象是广大青少年，其目标就是培养社会所需要的身心健康全面发展的人才。再加上体育教学内容是对人类文明的反映和表现，同时体育锻炼的实践性也使得人们不得不重视这一过程，因为体育教学内容是从实践中逐渐总结积累而来的，因此具有很强的科学性。

2.教学内容符合学生的需求

在对体育教学内容进行筛选的时候，为了保证体育教学内容能够更好地为学生服务，因此，体育教学研究者对教学内容进行反复的筛选，注重体育教学内容能够符合学生的身体发展需求和社会需求，同时体育教学内容具有很高的指导性，为教学的过程提供参考和依据。

3.遵循体育教学的规律和原则

任何一门学科的教学都要遵循其特定的规律和原则，这是保证教学目的顺利实现的基本条件之一。再加上体育教学牵涉到的内容较多，较为复杂，为了保证教学过程能够按照目标的方向进行，因此在教学内容的选择时应该遵循体育教学中特定的科学规律和原则，保证体育教学的科学性。

（三）教学内容的系统性

体育教学是一门繁杂的学科，不仅所涉及的内容较为繁杂，范围较为宽泛，而且对教学的目标要求也较高。因此在进行教学内容的梳理时，应该根据知识之间的系统性进行组织和安排。通过对体育教学内容的研究可以发现，体育教学内容的系统性主要表现在以下几个方面。

1.教学内容本身的系统性

通过以上对体育内容的介绍，我们了解到，体育教学内容具有很大的复杂性，但是每一个知识内容之间又表现出一定的联系性和逻辑性。如安排低年级的学生学习体育的时候，首先应该培养学生的方向意识，先通过一些“向左转、向右转、立定、向后转”等一些简单指令培养学生的方向意识，然后对学生进行各种体育教学内容的训练。由此可知，体育教学内容本身就具有系统性。

2.体育教学目标的系统性

在体育教学的过程中，需要根据体育教学的特点、学生的成长特点和教学环境等，深刻地认识体育教学内在过程和教学内容之间的规律性。因此教学必须根据学生的成长过程系统地、有逻辑地安排各个学校、各个年级的教学内容，并处理好他们之间的相互关系，将体育教学贯穿于教学的始终，这就是体育教学目标的系统性。

四、体育教学内容的特性

体育教学内容除了具有与教育内容的共性之外，还具有很多专属于体育教学所有的特性，这些特性在体育教学过程中发挥着非常重要的作用，主要表现在以下几个方面。

（一）内容的实践性

众所周知，体育教学的内容主要是一些具有教育意义的运动项目，并且需要学生的肢体和肌肉群的共同作用才能完成，因此运动实践是体育教学中的一个较为突出的特点。一般学科都是通过教师的课堂讲授，加上听、说、读、写一系列训练完成的一种教学任务，而体育教学内容仅仅依靠听说读写这种相对静态的方式无法保证完成的，需要在特定的场地，通过一定的体育运动才能达成。虽然国家规定的体育教学目标中，包括对学生的心理健康的教育，但是这种教育也是通过某种体育活动的开展，在活动的过程中让学生体会到的。由此可见，体育教学内容具有实践性的特点。

（二）内容的娱乐性

通过之前对体育教学内容含义的文字介绍，我们了解到体育教学内容主要来源于生活、军事和艺术等方面，如武术来源于古代军营，体操、健美操、舞蹈来源于艺术行业，跑步来源于我们的日常生活。再加上运动学习和竞赛等一系列运动能使参与者从运动中获得更多的乐趣，或者借此磨炼自己的意志，使自己获得成就和满足，除此之外，适当的运动或者竞赛活动会让参与者获得身心上的放松，或者是身体上的改变，如篮球、足球、乒乓球等。这些运动能够丰富学生的业余生活，促进学生之间的交流，使学生在运动中获得快乐，这就是体育教学内容娱乐性的表现。

（三）健身性

体育教学的目的之一就是增强学生的体质，保证每一位学生都能拥有健康的体魄。因为体育教学内容有很大一部分是以肌体的大肌肉群运动为形式的技能传授与练习，所以很多能为身体带来动能的体育运动都会增加学生身体中的运动负荷。因此，学生在对体育教学内容进行学习和练习的过程中，都能通过肌肉群的运动对肌体产生锻炼的作用。再加上青少年正处于身体发育的关键时期，适当的体育运动能够促进他们身体成长，提高他们的肺活量和身体承重力，不断地激发他们身体内部的潜能，从而达到强身健体的作用。

（四）人际交流的开放性

体育教学内容和其他学科教学最大的区别就是体育教学内容具有很强的集体性，注重对学生的人际交流能力、团队合作能力等社会性能力的培养和提升。再加上体育教学内容中所涉及的很多运动项目都是需要小组或者是集体共同完成的，并且需要全体成员充分地发挥自己的作用才能更好地完成。从这一方面看来，其教学内容具有很大的人际交流开放性，有利于学生人际关系的培养。

五、教学方法和体育教学方法的相关概念

在教学论的诸多概念中，教学方法的概念内容最为复杂，加之体育是一门灵活性极强的学科，有着多种多样的训练与锻炼方法，因此，体育教学方法的相关概念比其他学科教学方法的概念内容更加复杂。

总的来说，教学方法是教师和学生为了实现共同的教学目标，完成共同的教学任务，在教学过程中运用的方式与手段的总称，它包括教师的教法和学生的学法两大方面，是教授方法与学习方法的统一。因此，需要教师根据教学的内容、学生的特点、学生的接受能力和学习方法等进行教学方法的选择。不难看出，教学方法本身就是一个内容复杂的概念，有着不同的层次。

在体育教学方法的概念中也有很多类似的问题，就体育教师而言，如果对体育教学方法没有清晰的理解，往往会因为在其内涵和外延认识上的不同而使认识体育教学方法的过程中产生诸多的问题，影响教师在教学过程中对教学方法的选择和使用。

（一）明确体育教学任务

探究体育教学的任务在体育教学中具有重要的地位和作用。教学方法实际上就

是为教学任务服务的，教师只有清楚体育教学的任务，才能根据其任务的类型和具体的要求、目标，确定体育教学的方向，从而制定具有针对性的体育教学方法。

（二）了解体育教学方法

因为体育教学本身就是一个复杂的教学，对其实践性的要求较高，所以教学方法的概念在教学理论中的各个概念而言，也是一个相对较为复杂的概念，从事学科教学方法的研究者和专家都在研究的过程中给予体育教学方法不同的解释，但是由于每一种解释的个体的主观性较强，所以即使关于体育教学方法的概念较多，却没能给人较为清晰的概念。

从本质来看，体育教学方法反映的是体育教学现状，再加上体育这门课程本身就有很多教学方法，比如体育锻炼法和运动训练法，而且每一种方法中还包括很多不同的实施方法，因此，体育教学方法的概念就变得更加复杂。

历年来，体育教学方法的研究者和专家对教学方法和体育教学法的不同见解如下。

彭永渭认为："教学方法是教师和学生为完成教学任务、实现教学目的，采用的工作方式或手段。"

李秉德认为："教学方法是为了完成教学任务而采取的办法，它包括教师教的方法和学生学的方法，是教师引导学生掌握知识和技能、获得身心发展而共同活动的方法。"

樊林虎在《体育教学论》中指出："体育教学方法是指在体育教学过程中，由教师指导学生，为达到一定的教学目标而进行的一系列活动方式、途径和手段的总和。"

张学忠在《学校体育教学论》中指出："体育教学方法是指在体育教学过程中，在一定的教学原则下，师生相互作用的，共同为实现体育教学目标，合理组合和运用体育场地、器材、手段的活动方式。它不但包括了师生在教学活动中内隐的思想、心理活动，还包括了器材的运用或演示和身体活动方式等。"

从上述各教学研究者和专家对教学方法和体育教学法两种概念的解释中我们可以看出：关于两个概念的定义仍然相当模糊；体育教学方法不仅是一个复杂的概念，而且还具有多层次性；专家和研究对这两个概念的理解出现多样化的主要原因是，每个人观察的角度不同，对教学方法的用途和在教学中发挥作用的认识也就不同。这不但给教学方法的研究带来了困难，同时也给教学方法的选择造成困难。

六、体育教学方法与教学行为之间的关系

体育教学行为是教师在教学活动中的行动特征，教学方法指的是教师在进行教学活动中运用的某种技术。如我们所说的“体能训练”是一种体育教学行为，而“体能训练法”则是体育教学的方法。

（一）教学方法和教学行为的区别和联系

为了帮助更多的体育教学工作者清楚地了解两者的区别与联系，笔者通过多年的教学实践经验和相关资料的分析，现将两者之间的区别和联系介绍如下。

1.合理性上的区别

教学方法是教师掌握的教学技能，一般来说，教学方法除了使用不当之外，都是合理的、科学的，能够为教学带来一定成效的。而教学行为有的是合理的，有的是不合理的，甚至有很多教学行为还是错误的，不利于学生身心发展的。

2.本质上的区别

教学方法是体育教师群体通过自己多年的教学实践，总结出来的一种有规律可循的教学技术；教学行为是教师个体在教学中的一种偶然行为，具有随意性。

3.两者之间的联系

教学行为是体育教师在教学课堂上所有动作和手段的集合，如某一学科的教师在教学的过程中采用多媒体进行教学，然后又通过课堂提问的方式让学生自由阐述自己对某一种教学内容的观点。在这个教学过程中，教师选用的每一种教学方法，每一个动作都属于教学行为。由此可见，教学行为是教学方法的表现形式。

（二）体育教学方法与体育教学行为区分不清的原因

无论是体育教师还是体育研究者，对体育教学方法与体育教学行为两者之间的区别仍存在不是十分了解的情况，出现这种情况的主要原因有以下几点。

1.体育教学活动的实践性较强

体育教学过程中对教学过程的实践性要求较高，因此在这种环境中，“行为”和“技术”两者之间的区别并不像其他学科那么明显，模糊了体育教学活动与教学行为之间的概念。

2.现实生活的干扰

随着我国经济水平的不断提高，人们对生活质量的要求也不断增加，体育锻炼成为人们日常生活中的一部分，再加上体育教学方法与人们日常生活中的一些行为较为接近，甚至没有什么十分明显的差别，干扰了对两者之间的概念的划分。

七、体育教学方法的层次

当前，我们很多体育教学专家和教育工作者对体育教学方法的概念理解混乱的原因还有一个，就是对“教学方法的空间界限定位不明”。他们甚至不清楚体育教学方法具体包含哪些内容。其实，体育教学方法是有很多层次的，本书通过对体育教学的研究和分析，认为体育教学方法主要包括以下几个层次。

（一）“教学方略”上的层次

“教学方略”上的层次是体育教学方法中的“上位”层次，也可以说是体育教学方法的指导思想，是指体育教师对学科专业和教学技能的理性思考、行动研究和实践反思。“教学方略”主要体现在对单元课程的设计上。例如，在体育教学过程中所采用的“发现式教学法”，它实际上就是一种广义的体育教学方法的组合，是由提问法、组织讨论法、总结归纳法、实地测量法等多种教学手段组合而成。

（二）“教学方法”上的层次

“教学方法”属于体育教学方法的“中位”层次，也可以称为教学技术，即狭义上的教学方法，指的是体育教师使用的一种主要的教学行为方式。这种层次的教学方法主要体现在教学活动中的某一个教学步骤上或者某一种特定的教学活动中。例如，我们常提及的“单项训练法”就是为了实现某种教学目的而采用的一种具有针对性的教学方法。

（三）“教学手段”的层次

“教学手段”是体育教师为了达到某种教学目的而采取的教学行为，也称为体育教学活动中的教学工具，属于传统定义上的教学方法的组成部分，是体育教师在确保教学行为的科学性和目的性的基础上，所采用的一种较为有效的行为方式，主要是通过某种教学工具的使用保证教学方法的效果的实现。在教学活动中，这种教学手段主要体现在某一个具体的教学步骤或者教学环节上。如体育教师在进行教学的时候，采用理论联系实际的教学方法的时候，通过自己亲身示范并让学生模仿和学习，“亲身示范”就是体育教学的手段。

八、体育教学方法的影响因素

科学的体育教学方法是保证体育教学目的能够实现的一种途径，体育教学方法涉及面较为广泛，并且十分复杂。分析体育教学方法的构造，能够更清楚地认识体育教学方法的组成，从而帮助确立体育教学方法的概念。根据对体育教学方法的分析可知，体育教学方法的组成主要包括以下几个方面。

（一）教学程序

同样的几个教学行为在不同的顺序之中会产生不同的效果。例如，对学生进行体能测试时，先测试再让学生进行锻炼，和先让学生进行一些简单的体育锻炼，然后再测试，这两种效果是完全不一样的。虽然所采用的方式基本一致，但是由于程序不同，所产生的教学效果是千差万别的。因此，在教学过程中，对教学手段的组合和顺序即教学程序，也是教学方法的重要组成部分之一。

（二）教学对象

虽然教学对象不属于体育教学方法的结构和组成之一，但是对体育教学方法的效果有着重要的影响。在体育教学中，教学方法是体育教育者制定的，只有作用于体育学习者，才能充分发挥其重要作用。由于各学校配置的硬件设备与软件设施不完全相同，且不同年龄阶段的学生身体发育程度、认知层面和接受能力存在较大差异，因此，在选用体育教学方法的时候，体育教育者应该充分结合体育教学条件、现状和体育学习者的实际情况，努力做到因地制宜、因材施教。

（三）教学主体的特点

由于体育教学也包括对学生认知层面的了解，因此学生在学习过程中的特点也是另外一个重要因素，任何体育教学方法的实施和教学的传授都是依托耳、眼、脑、肢体等几个身体媒介来进行的。如教师在讲解一些体育教学活动的规则和注意事项的时候，学生主要是依靠嘴巴和耳朵来进行接收学习的；教师在示范某种技能的时候，学生是通过肢体和眼睛进行观察和模仿的，所以教学方法与学生的特点也有着直接的关系。我们进行教学方法选择的时候，应该注意这方面的特点。

（四）教学内容的特点

教学方法和所传授的教学内容具有很强的对应性，因此传授不同的教学内容，就需要不同的教学方法与之对应，所以说教学内容也是影响体育教学方法的另外一个尤为重要的因素。因为不同的教材内容所要求学生掌握的知识和技能不同，不同的知识和技能的传授的方法也会有所不同，只有选择具有教材内容针对性的方法，才能保证教学目标的实现，从而提高教学质量。

（五）教学方法的使用频率

各个教学方法所针对的教学内容是不同的，因此虽然每个教学方法都在相应的体育教学中起到非常关键的作用，但是每个数学方法都不是万能的，都需要与其他教学方法结合起来运用。因为每一种教学方法都有其相对应的场景和使用的条件。因为体育存在于学校教育的各个阶段，不同年龄阶段的学生所使用的同一种体育教学方法的频率有所不同。在选用体育教学方法的时候，也要适当地考虑体育教学方法的使用频率，这样才能发挥体育教学方法的效果。

随着我国素质教育的不断兴起，体育教学逐渐受到更多人关注，如何才能有效发挥体育教学的优势，成为每一个体育教育工作者和教学专家都应该重点考虑的问题。体育教学方法是体育教学的重要组成部分，并在很大程度上决定着体育教学的质量，因此，是否能对体育教学方法展开深入研究，成为能否有效应用体育教学方法、提高体育教学质量的关键因素。

第二节　体育教学方法的设计理念和选用实施

我国体育教学起步较晚，再加上受当时政治环境和教学经验的影响，对体育教学的方法缺乏专业的研究和科学的总结。直到近代体育教育出现以后，体育教学方法才引起教育者们的重视，有关体育教学方法的设计理念和选用实施过程的研究才被提上教学研究的日程，并受到体育教学工作者的普遍关注。

一、体育教学方法的发展现状

从体育教学的发展历程可以看出，体育教学方法是随着时代的发展而不断进步的。由于体育教学方法的主体是体育教学中涉及的一些技术层面和技巧方面的问题，随着科学技术的创新和教学观念的更新，体育教学的方法也被逐步完善和优化。目前，体育教学方法的发展主要体现在以下四个方面。

（一）科学技术的不断进步促进了体育教学方法的发展

当前，由于计算机的使用，一些体育动作的规范性不断加强，准确性也在不断提高，且进行体育技术指导更加不受时间和地点的限制，示范性动作的播放快慢也可以任意地调整，因此，随着计算机的应用和普及，体育教学的讲解、示范和展示都产生了质的变化，并促进了教学方法的发展，提高了教学方法的科学性。

（二）体育教学内容的不断优化促进了教学方法的改进

教学内容和教学方法是相辅相成的关系，教学方法的正确运用可以更好地实现教学内容的传递和接收，教学内容的优化使得教学方法能够进一步完善和改进。如今，随着人们的生活水平逐渐提高，体育教学也日益受到重视，一些全新的体育教学内容被引入体育教学中去，因而相应的教学方法也得到了开发和应用。比如，野外生存训练课程的引进，使得野外活动的组织和教学的方法得到开发。由此不难看出，体育教学内容的不断更新，促进了体育教学方法的日益完善。

（三）体育教学理论的不断充实促进了体育教学方法的完善

体育教学理论是在近代体育教育中逐渐确立起来的，加之体育教学理论是保证体育教学科学进行的基础，也是体育教学方法确立的依据。因此，体育教学理论的进展有利于促进体育教学方法的改善。过去的体育教学理论存在一定缺陷，最为显著的问题就是缺乏针对性分析，因此，在面对很多的教学项目时，采取的是“以不变应万变”的措施，但是不同的体育运动项目有着不同的技术要领，随着人们对体育教学方法理论研究的不断深入，类似于“领会式教学法”的方法就应运而生了。

（四）学生群体的不断变化促进了体育教学方法的改善

信息时代的到来，不仅丰富了人们的日常生活，同时也使学生群体的日常发生了显著的变化。例如，随着信息技术的发展，学生接受新知识和新事物的途径越来越广泛；随着电子产品的运用，学生的日常作息规律和生活习惯越来越不同；随着学生思维方式的成熟，他们认识事物和分析问题的程度越来越高。因此，信息化时代下，学生的个性化发展越来越明显，传统的、单一的体育教学方法已经不能满足学生的成长需求，需要推陈出新，不断完善和改进体育教学方法。

二、体育教学方法的发展趋势

虽然较其他的学科而言，体育教学起步较晚、发展较慢，但是，随着人们的认知水平不断提高，对体育教学的重视程度也日益深化，今天，体育已经发展成了一个较为成熟的学科，其教学方法也随着学科的发展而不断发展、完善，并逐渐呈现出了明显的发展趋势。具体来说，主要体现在以下三个方面。

(一) 体育教学方法的现代化

随着科学技术的不断进步，体育教学方法也在不断完善和提高，其现代化也随着时代的发展表现得较为明显。体育教学方法的现代化主要表现在体育教学的设备上。为了更直观地向学生展示体育运动的魅力，体育教师会将录像带到体育课堂，以借此开阔学生的视野，增长知识。随着计算机的不断普及和应用，各种借助计算机完成的体育课件和体育活动，将学生对体育学习的感知提升至新的空间。

(二) 体育教学方法的心理学化

心理专家表示，任何一种形式的学习都伴随着心理变化的过程，而体育知识和技能的学习和获得更是一个复杂的心理变化过程。因此，在体育教学的过程中，对体育教学方法影响较大的学科包括学习心理学和体育心理学。为了更好地开展体育教学与体育活动，体育心理学家和运动心理学家运用心理学的研究方法，对学生在运动、学习过程中的心理变化情况进行了探讨，并希望能够将研究得出的结果应用到体育教学方法的改革中。

(三) 体育教学方法的个性化

在教学的过程中，重视个性化是体育教学方法发展的一大进步。因为任何一种教学方法的实施对象都是学生，而由于学生成长环境、自身条件的不同，其接受能力和学习情况具有较大差异，加之不同学校的教学条件和教学进度存在较大差距，因此，体育教学有必要根据实际情况，针对学生的个性化和学校的差异性做出合理调整。现阶段，随着这一教学理念在体育教学中的不断扩散和应用，个性化、民主化的体育教学方法得到了进一步发展。

三、设计理念和教学方法的选用

任何一种教学方法的设计都离不开特定的理论指导，做好体育教学方法的理念设计工作也是体育教学的目标之一。任何一种教学方法都有使用的范围和环境，因此，在设计好体育教学方法之后，还要确定其实施的范围和对象，如此才能保证体育教学方法的实用性和科学性，进而提高体育教学的质量。

(一) 以语言传送信息为设计理念的体育教学方法

语言在任何一门学科的教学过程中都要使用到，以语言传递信息为设计理念的教学方法，实际上就是教师运用口头语言向学生传授有关体育知识和技能的一种教学方法。由于语言是传递信息、人际交流的主要工具和途径，因此，语言讲解不仅是人们普遍使用的一种沟通方式，也是教师教授学生最重要的一种教学方法。

以语言传送信息为设计理念的教学方法主要分为讲解法、问答法和讨论法。

1.讲解法

讲解法是指，在体育教学过程中，教师运用一些简单、生动的口头语言向学生讲授体育运动相关知识的一种方法。有效运用讲解法，不仅能让学生在较短的时间内迅速掌握体育相关的知识和技能，还有助于对学生进行思想道德教育，建立自主参与体育运动的意识。

由于语言无处不在，语言的魅力更是不可小觑，讲解法自然而然是体育教学中普遍使用的一种教学方法。讲解法可以说是体育教学的基础，任何一种体育教学方法的实施都离不开讲解法的运用。同时，体育教学又是一个实践性较强的学科，在教学过程中，不能盲目地使用该教学方法，而要学会结合体育运动项目及其技能的特点进行实际操作的讲解。因此，在体育教学过程中，教师应该做到“精讲”，并且将讲解带到实践中去，这样才能实现教学目标，达到较好的教学效果。

2.问答法

问答法历史悠久、行之有效，也是人们广泛推崇与应用的一种体育教学方法。问答法的优点是便于培养学生的发散思维，能够在问答的过程中培养学生思考问题的能力，提高学生的语言表达能力。在运用这种方法进行体育教学时，应该注意以下几点：第一，尽量采用简短的语言进行问答；第二，在问答的过程中，不要给学生过长的时间进行思考或交流讨论；第三，将问答设定在技能教学的开始和结束，该方法的作用会更加明显。

除此之外，在使用问答法进行教学的时候，还应该注意提问的引导性，一般而言，提的第一个问题与体育教学知识和内容是没有太大关系的，其主要目的是引起学生的注意。紧接着的第二个问题则自在引导学生进行思考，例如，“想一想你们的动作和老师的动作有什么不一样的地方？”这种具有辨别性和归纳性的问题，能够引发学生对体育技能动作的思考。第三个问题通常属于价值判断和归纳性的问题，但是，比之前的问题更能引起学生深入性的思考。例如，“谁来回答一下，他的示范动作好吗？好在哪里？又有哪些不足？”这样逐层深入地提问，能够引导、帮助学生由浅入深、由表及里地思考问题。

3.讨论法

相较讲解法和提问法而言，讨论法的自由度更大。讨论法主要是在体育教师的指导下，以班级或小组为单位，围绕教材的中心问题进行讨论，让学生自由讲述自己的观点和意见。讨论法比其他的方法更能促进学生积极、主动地参加体育锻炼与学习活动，更有利于增强学生的团队合作精神和集体主义精神；由于在讨论的过程中学生能够自由发挥自身才能，有利于培养学生的发散性思维与协作意识，从而更有利于激发学生的学习兴趣，提高学生的学习积极性。值得注意的是，讨论法虽然能够调节课堂的气氛，调动学生的学习热情，但是，如果讨论的自由度过大，教师就很难掌控局面，从而难以保证教学效果与教学质量。因此，在讨论的过程中，体育教师应该适时参与其中，并对学生的讨论内容与讨论方向加以引导，以确保充分发挥讨论法的积极作用，及时消除讨论法的消极影响。

（二）以直接感知为设计理念的体育教学方法

以直接感知为设计理念的教学方法是体育教学中普遍使用的教学方法，通过教师对某种体育技能的演示和直观表达，使学生借助身体的感观获得体育教学相关知识和技术。这种教学方法因为具有直观性，而且便于学生接受和掌握，所以在体育教学中颇受欢迎。

根据对体育教学方法的研究，可将以直接感知为设计理念的体育教学方法分为：示范法、演示法、纠正错误与帮助法和视听引导法等。

1.动作示范法

动作示范法是教师在对学生进行某种技术教授的时候，为了能让学生清楚地了解技术的要领，以自身完成的动作作为示范，给学生提供参考的方法。动作示范法较为直观地向学生展示了体育动作的特点、技术要点、动作特征和要领等，具有非常独特的作用，而且教师优美的动作还能激发学生的学习兴趣，激发学生的学习热情。

教师在教学的过程中使用动作示范法进行教学的时候，要注意以下几点。第一，任何一种动作示范都要具有明确的目的性，应当根据体育教学的实际需要进行动作示范。第二，示范要正确、美观。所谓的动作示范要正确是指，教师在进行动作示范的时候，要严格按照教学的技术规范和要求完成，以保证学生正确地认识动作特征；美观是指动作要能引起学生的兴趣，从而激发学生的主观能动性。

2.演示法

演示法是近几年来体育教学中普遍使用的一种教学方法，是教师在体育教学过程中通过各种直观教具的展示，让学生获得对技术和知识的感性认识的一种方法。这种教学方法主要用于教授某些通过示范无法达到预定效果的知识和技术，以能使教学取得预期的效果。演示法能够让教学与生活中的实际相联系，增加学习某种技术和知识的直观性，便于学生接受和学习，而且还能激发学生的学习兴趣，便于学生了解和掌握所学知识。因此，对体育教学而言，演示法是一个十分重要的教学方法。

教师在使用演示法进行教学的时候应该注意的是：第一，要注意所演示动作或者事物的实际性，因为“演示教学法”最终目的是让学生更详细的掌握教师所教授的知识和技术，因此要结合体育教学实际进行；第二，要结合各种先进教具进行演示，计算机的普及和使用为体育教学提供了便利，同时也为演示法的实现提供了更多载体，这样既能激发学生的兴趣，也能保证演示的效果。

3.纠正错误动作与帮助法

纠正错误动作与帮助法是体育教学过程中体育教师为了纠正学生的一些错误的动作而采用的教学方法。众所周知，体育教学具有很强的实践性，因此在教学的过程中，由于体育活动和项目的动作较为复杂，再加上学生缺乏经验，难免会有一些错误动作的出现。这个时候就需要教师对学生的动作进行及时的纠正，规范学生的动作，加深学生的印象，从而提高教学质量。

在使用此方法时应注意的事项：第一，切勿挖苦学生，在指出学生错误之时，首先应该肯定学生的进步，然后用较为委婉的语气对学生进行错误动作的指导和纠正。这种纠正错误的教学方法更有利于学生接受，同时还能够鼓励学生不断地提升自己的专业知识和技能，同时也不会打击学生的学习自信；第二，把纠正的重点放在主要错误动作上，其实有很多错误的动作都是由主要的错误动作引起的，纠正主要的错误动作，能够带动整体动作的规范；第三，要有针对性地进行纠错，每一个错误动作的产生，都是由一个特定的原因导致的，只有根据这一特定的原因进行正确的引导，才能杜绝错误动作的出现。

(三) 以身体练习为主要设计理念的体育教学方法

以身体练习为设计理念的体育教学方法，是指通过身体锻炼和练习以及技能的学习使学生掌握和巩固某种运动技能，让学生的身体得到锻炼的方法。因为体育教学的本质就是以学生的实践活动为主要特征的教学，因此，以“身体练习为主”的教学是开展体育教学的主要方法和形式，也是教师进行知识和技能传递的主要手段。在体育教学实践中，以身体练习为主要设计理念的体育教学方法有：分解练习法、完整练习法、领会练习法等。

1.分解练习法

分解练习法是将原本复杂的动作分解成几个部分，然后针对每一个部分进行针对性体育练习的方法。这种教学方法将技术的难度适度降低，便于学生掌握和学习，同时，也提高了学生在学习中的自信。在使用这种方法进行教学的时候，首先应该保证分解步骤的合理性和科学性，使分解步骤能够连贯成整体动作。同时，还要保证分解动作的连续性，有利于学生掌握整体动作。如在进行篮球教学的时候，教师会先教授学生传球、投篮、运球等动作，这样能够将复杂的活动具体化、简单化。

2.完整练习法

完整练习法是指在整个运动项目传授的过程中，直接对整套动作进行完整的练习。这样的教学方法能够保证体育动作的完整性和连续性，易于学生在脑海中形成完整的动作概念。这样的练习方法适用于较为简单的运动项目，如仰卧起坐、跑步、扎马步等运动，动作组成较为简单，因此采用完整练习法。

在使用此方法进行体育教学的时候，首先应该考虑学生的接受能力。在教学之前，体育教师要进行实验和示范，并加以必要的语言描述，对重点内容进行讲解。同时，注意开发各种辅助性的练习，这样能不断完善教学效果，提高教学质量。

3.领会练习法

领会练习法是通过简单明了的语言、文字、图片或者视频，让学生对某一项运动有一个概括性的认识。这种教学方法使学生从体育教学的一开始就对教学动作有着一定的认识，有利于培养学生在运动方面的知识和技能，提高学习兴趣，激发学生的主观能动性。

教师在选用这种教学方法的时候，应该从项目的整体特征入手，然后引导学生对此项目进行具体的练习，最后再回到整体的认识和训练中去；同时教师应该注意培养学生的战术意识，使战术意识贯穿于整个教学始末。如在对学生进行排球比赛相关规则的讲解和技术的讲授时，首先让学生观看某场伴有现场解说的排球比赛，通过视频和文字介绍能让学生领会到比赛的规则，并且通过观看现场比赛，领会排球比赛战术和某一技能的重点注意方向。

第三节　体育教学方法的影响因素

正确的体育教学方法不仅是确保体育教学有序开展的基础因素，更是提高体育教学效率和质量的关键因素，在整个教学过程中有着不可替代的重要作用。因此，教师需要做到精心设计、合理选用和科学实施。同时，体育教学方法并不是一成不变的，有很多的影响因素，研究体育教学方法的影响因素，能够为体育教学方法的设计、选用和实施提供更多的参考依据。

体育教学方式有很多的影响因素，由于各个影响因素对体育教学方法的选择和实施都产生了一定的影响，因此，从某种程度上而言，它们决定了体育教学方法的发展。根据笔者多年对体育教学的研究，将体育教学方法的影响因素总结为以下几点。

一、教学的目标与任务

教学目标是体育教学的起点和重点，教学任务是实现教学目标的基础和保障，教学方法是完成教学任务的条件和媒介。因此无论是体育教学方法的设计还是体育教学方法的选择都离不开教学的目标和任务的指导。再加上不同的教学目标和任务对学生的要求不同，教学工作者应当根据这种要求设计具有针对性的教学方法。一般来说，体育教学目标可分为认知、情感和技术动作这几个方面，每个方面的教学，又可以根据对知识和技能要求的不同分为若干个层次，不同的层次需要学生掌握的内容、要求不尽相同，因此所需要的教学方法也就有所不同。例如：如果某一教学目标强调的是“培养学生对某种运动的理论了解”，那么，体育教师就可以选用讲解法进行教学；如果某一教学目标强调的是“提高学生某种运动的技能”，那么，就应该选择一些以实际操作为主的教学方法。所以，教学目标也是影响教学教学方法的因素之一。

总的来说，这要求体育教师要对教学内容进行深入的研究和分析，掌握每一种教学方法所对应的知识和技能，同时，还要能够将教学中抽象、宏观的教学目标转变成实际可操作的具体的教学目标，并清楚地知道何时选择何种教学方法最有效。

我们以篮球教学为例，如果教师将某一课时的教学目标定为“培养学生的运球能力”，那么在本节课的教学过程中，教师就会根据篮球运球的特点、要求设计数学方法。因为篮球运球技术的培养和获得并没有任何的捷径，因此教师首先对运球的动作要领和要求进行讲解，然后通过几次的示范，让学生能够简单地了解运球的技巧和要领，并通过反复地练习和教师的不断纠正，掌握篮球运球的技巧，从而促进教学目标的达成。

二、教学内容特点

教学内容是体育教学的重要参考，也是体育教学方法的服务对象之一。不同课程以及科目的教学内容不同，其教学任务也就存在着明显的差异，所需要的教学方法也会有所不同。由此可见，教学内容的特点是教学方法选择和实施的参考依据。如某一体育教师在进行体操课程的教学时，就需要根据体操对学生身体特点的要求和体操运动所需要的场地、器材、目标，选择适当的教学方法。

每一种教学内容都有其相适宜的教学方法，如果需要学生掌握的教学内容是一些纯理论性的知识，如体育教学的发展历史、体育教学的起源等，类似于这样的教学内容，就可以选择讲解法进行教学，或者借助多媒体教具，通过图片或是动画的形式向学生展示体育相关的理论知识。如果所教学的内容是一些技术性较强的知识，那么就需要运用实践法进行教学，有的体育运动例如篮球、足球、乒乓球，由于此类运动具有群体性，因此应该采取小组教学的方式进行。

综上所述，教师要认真研究教学内容，把握各个教学方法的适用范围和效果，然后结合具体教学内容的特点选择合适的教学方法。

三、学生的身心发展状况

体育教学是贯穿于学生整个学习过程的教学，具有持久性，而且学生的成长和身心发展状况主要包括学生现有的知识水平、智力发展水平、学习动机状态、年龄发展阶段的心理特征、认知方式与学习习惯等因素，因此，学生的身心发展状况对体育教学会产生一定的影响。心理学研究和教学实践都表明，学生的身心发展状况与教学之间存在着相互作用。所以，教学过程中教学方法的选择受到学生的个性心理特征和他们所具有的基础知识水平的限制。同一年级的不同学生对某种教学方法的适应性可能会有很明显的差异，同时，对于不同年龄阶段的不同年级的学生，对同样一种教学方法的适应程度也不相同。这要求教师能够科学而准确地分析学生的上述特点，有针对性地选择和运用相应的教学方法，使学生在学习知识、掌握技能的同时，身心得到健康发展。

如教师在对学生进行增强其体质训练的时候，体育教学所面对的是全体的学生，由于任何个体的成长发育都具有阶段性，如果在进行训练的时候对各个阶段的学生所采用的均是同一种训练方法，那么久有可能导致有些阶段的学生无法完成。如抛铅球的练习，高年级的学生能够轻而易举地将铅球举起，但是对于低年级的学生而言，则有些困难。如安排一些简单的体育游戏，如丢手绢、捉迷藏等，适于在低年级学生中进行，身心发展相对成熟的高年级学生就不愿意参与到这种活动之中。

四、教师自身的素养

教师是体育教学中的主导者，承担着培养学生身体素质和综合素质的使命，并有指导学生科学地学习体育教学中相关知识的责任。因此教师自身素养直接影响着教学方法的选用和实施，从而影响体育教学的质量。通过对教学的研究以及教学经验的积累分析，教师的素养主要包括学科知识、组织能力、思维品质和教学能力。体育教师只有拥有较高的自身素养，才能在教学的过程中选择科学的教学方法。这也是提高教学质量的关键，因此，教师在教学的过程中，除了关注学生的实际情况之外，还要不断地提高自身的素养和专业水平，这样才能根据自己的优势，选择适合自己的教学方法，并不断创新教学方法，逐步提升自己的教学水平。如某一教师缺乏实践教学的经验，并且在教学的组织上存在着严重的缺陷，导致其无法保证课堂教学的效果，也无法正确地引导学生进行相关知识的学习，无法保证教学方法的实施。由此可见，教师的自身素养对教学方法的选择存在着一定的影响。

如果一个从没有接触过篮球运动的教师，让他向学生传授一些篮球运动的相关知识和技能，那么无论是在教学方法的选择还是在实施的过程中，都会让该教师产生一种无从下手的感觉，甚至不能正确地选择体育教学方法，即使能够选择出适用于该运动的教学方法，也会因为自身经验的欠缺，导致教学的过程无法按照预期进行。再如，在进行游泳运动教学的时候，教师首先要对学生进行游泳要领的讲解，然后进行示范性教学，但是一个不会游泳的教师，就无法保证这种教学方法的教学效果和质量。

五、教学方法本身的特性

教学方法虽然是保证教学质量的关键，但是没有一种教学方法是万能的。每一种教学方法都有其相对应的人群和所适用的环境和条件，离开这种环境和条件，这种教学方法将无法充分发挥其作用。简单来说，教学方法本身具有特性，只在特定的环境和特定的内容中才表现出亲和性和功能性，而且不同的教学方法对教学设备、教学对象和学生的身心发展特点等方面均有影响。教学方法本身就是一种多因素的有机组合，既存在着促进的关系也存在着矛盾的关系，这些多因素同时也决定了每一种教学方法都有其相适应的范围和条件。

通过上面的文字叙述，我们清楚地了解到，教学方法本身所具有的特性，也是影响教学方法的因素之一，如在进行教学的过程中，需要采用因材施教的教学法进行教学，首先应该清楚学生的特点、教学内容的特点，这是此教学法的主要要求。由于这种教学方法较为耗费人力、物力，如果教学对象群体较为庞大，选用此种教学方法就不利于此教学方法的开展。

六、教学环境的要求

教学环境是教学实施的基本条件，也是保证教学正常进行的前提。任何一种教学方法都是在教学环境下产生和实施的，因此，教学环境是教学方法产生的土壤，也是教学方法赖以生存的养料。我们所指的教学环境包括教学硬件设备设施（比如教学器材和一些辅助仪器、教学所需的资料和书籍），教学空间条件（包括教学场地、实践场地）和教学所需的时间。在有利的教学环境中，会对教学起到一定的促进作用，反之，则会起到阻碍的作用。因此，在进行教学的时候，要进一步开拓教学方法的预期效果和适用范围。这样，教师在选用教学方法的时候，才能最大限度地利用教学环境，不断提升教学质量。

通过上面的文字介绍，我们了解到，教学环境也是影响教学方法的因素之一，如对一个相对落后，且没有足够教学场地的学校而言，在进行篮球、足球和乒乓球的教学时，由于相关设备的缺乏，就无法采取示范法进行教学。

七、体育教学的指导思想

体育教学方法的核心在于体育教学的指导思想，有什么样的指导思想就会产生什么样的教学方法。体育教学方法的选择不仅取决于对教学理论的了解程度，而且取决于已经形成的教学指导思想的时代性和科学性。

从上面介绍的影响教学方法的因素中可以看出，教学方法的选择并不是一个简单的过程，它涉及很多因素。虽然教学方法是依据教学活动中的很多因素为基本的准则确定的，但它并不是死板的教条，也不是一成不变的。在对学校教育和教学的研究中我们可以看到，使用教学方法，就是为了借助这些方法实现教学的目的。如某一个经济条件特别落后的学校，没有专业的教学设备和设施，并且也没有足够宽敞的室外场地，那么该学校就无法开展诸如足球、篮球等对教学场地和教学设备设施要求较为严格的体育运动。由此可见，体育教学是一种对实践性要求极为严格的教学，也是一种相对复杂的学科，因此在选用教学方法的时候，要根据教学中所涉及的各种因素，选择合理的教学方法。

体育教学方法的选择和应用，一直是体育教学工作中的重点和难点部分，本节自在帮助教师分析影响体育教学方法的因素，以便教师选择科学的体育教学方法，有效提高我国体育教学的质量。

第四节　体育教学方法的选择和运用

前面我们已经介绍了体育教学方法在体育教学中的重要作用，这也是体育教师提高教学质量的关键。因此，体育教学方法的选择和运用备受关注，成为每一个体育教学工作者不可回避的问题。

一、合理选用体育教学方法的意义

就目前体育教学而言，体育教学方法是十分丰富的，再加上随着体育教学改革的不断深入，很多新的体育教学方法被不断地开发出来。因而，在实际的体育教学中，体育教师能否正确地、有针对性地选择合适的体育教学方法，是衡量教学质量的重要因素，也是提高体育教学质量的基础。

在上一节我们已经介绍了体育教学方法的影响因素，所以，为了保证教学的质量，身处教学一线的体育教师，要根据体育教学的目标和各种教学因素，选择合理的体育教学方法，并在对教学过程中所涉及的各种因素认真研究的基础上，对所选择的教学方法进行合理的组合，这样才能不断地提高体育教学的质量。

教学方法是教师在进行体育教学时的手段，从这种观点上看，体育教学方法是教师行使教育权利和履行教育义务的工具。“磨刀不误砍柴工”，工具的选择决定了教学的质量。所以，每个体育教师不仅要学会各种体育教学方法，还要具备在工作实践中科学、正确地选择和应用教学方法的能力。这样才能够真正提高体育教学质量，更出色地完成体育教学任务。

二、选择体育教学方法的依据

体育教学方法的选择一直都是体育教学中的难点，因此，每一个体育教师都应该具备选择合理的体育教学方法的能力。再加上每一种教学内容都有其相对应的教学方法，每一种教学方法对其教学环境和主体都有着不同的要求，因此在进行教学方法的选择的过程中，要结合各方面的因素进行合理地选择和应用。笔者结合自己多年的教学经验，认为体育教学方法的选择有以下几种依据。

(一) 根据体育课程和教学任务选择教学方法

不同的体育课程，其教学目的和教学任务需要不同的体育教学方法，因此，体育教学的课程和任务是选择体育教学方法的依据之一。比如：如果向学生介绍一些体育运动项目的知识和要求，就可以选择一般教学所用到的“讲解教学法”；如果是教授学生一些运动的技巧和方法，就需要用到“示范法”和“演示法”；如果是需要学生进行锻炼或是练习的课程，就可以使用“练习法”；如果是为了提高学生的交际能力，就可以使用“游戏法”；如果想提高学生的竞争意识，就需要多使用比赛和竞争的方法。由此可见，在进行教学方法的选择时，应该将体育课程的目的和任务作为体育教学方法的选择依据。

（二）根据体育教学内容的特点选择教学方法

在数学教学过程中，我们知道不同类型的题目，需要采取不同的解题方法。对于体育教学也是一样，不同类型的体育教学内容，也需要采取不同的体育教学方法。如在进行器械的基本操作的教学时，就应该使用分解教学法；在进行类似于游泳、滑冰等技术和技能动作的讲授时，所采用的也是分解教学的方法；进行诸如跑步、投掷、跳跃等连贯性要求较强且动作发生较为短暂的运动项目的教学，需要采用完整教学法；而一些对技术要求较为严格的球类运动项目，则需要使用领会教学法；对于锻炼性较强的体育项目则需要使用循环教学法。因此，体育教师要在仔细分析教材的基础上，根据体育教学的性质和相关的教学特点创造性地选择体育教学方法。

（三）根据学生的实际情况选择教学方法

选择和使用体育教学方法就是为了学生更好地学习，促进体育教学目标的顺利完成，它不仅仅是体育教师在教学过程中的“展示”。因此体育教学方法侧重的不是教师，而是学生学习的效果和对知识的掌握情况。因此，在选择教学方法的时候，要看教学的方法是否符合学生的发展特点，是否有利于学生的理解和接受。所以在对教学方法进行选择的时候，要考虑学生的年龄、身体状况、智力和学习的能力等，从学生发展的实际出发、从学生的身体状况出发，选择最适应学生实际情况、选择最能促进学生对教学技能掌握的教学方法。

（四）根据教师自身的情况选择教学方法

教师是教学方法的实施者，任何一种教学方法只有和教师的自身特点紧密结合时，才能取得理想的效果。有的教学方法虽然能够达到很好的教学效果，但是如果教师的自身素质较低，无法很好地驾驭教学方法，也不能有效提高体育教学质量。因此，教师的自身素养对体育教学的方法也有较大影响。比如，有的教师的思维能力和语言表达能力较强，就应该多使用生动的语言描述体育教学的现状和问题；身体形象和运动技能较强的体育教师，就可以多采用一些演示和示范性的教学方法，在传授教学内容的同时，提高学生的学习兴趣，从而让学生更好地理解体育知识和技能。

（五）根据教学方法的使用范围选择教学方法

体育教学方法十分丰富，这主要是因为每一种体育教学方法都有自身的特点，有其所使用的范围和条件。在教学过程中，教师对每一种教学方法的功能和适用范围是否具有深刻的了解，选择的教学方法是否能达到理想的教学效果，教学方法所需的条件是否具备等都会影响教学效果。离开了上述条件，任何一种教学方法都无法得到更好的实施。如领会教学法适用与对高年级的学生进行教学，而不适用于对低年级的学生进行教学，因为高年级的学生的认知能力已经趋于成熟的水平，低年级的学生的认知能力和思维能力都尚未充分地发展。由此可见，在教学的过程中，应该根据教学方法使用的范围选择合理的教学方法。

（六）根据教学时间和效率选用教学方法

每一种教学任务的教学时间和效率是不同的，如实践法比讲解法花费时间，分解教学的方法比完整教学法更花费时间。针对一些技能和技术的问题的时候，实践法比讲解法的效率更高。所以，在选择教学方法的时候，也要相应地考虑每一种教学方法的教学时间的长短和效率的高低。一种合适的教学方法应该保证时间和效率上的完美结合，能保证在规定的时间内，完成指定的教学任务，并取得理想的教学效果。这就要求体育教师要对体育教学的方法有着全面的掌握和了解，从而选择一些既省时又有效的教学方法，以达到教学效果的最优化。

三、正确或者错误地选择体育教学方法的实例与分析

选择正确的体育教学方法，能够促进体育教学目标的实现，提高体育教学的质量：选择错误的体育教学方法，则会起到相反的效果。下面笔者将根据自己多年的教学经验，介绍选择体育教学方法时的几个实例，帮助教学工作者认识到正确进行体育教学方法选择的重要性。

（一）正确选用体育教学方法的实例与分析

案例一：

北京某中学的体育教师人很聪明灵活，个人身形和体育运动技能都较好，特别是体操技能非常突出，音乐、舞蹈的节奏感和组织能力也很强。他在对学生进行体育教学的时候，无论是在讲解还是在示范环节，经常利用各种节奏感很强的口哨和肢体动作帮助学生学习，而且在教学的过程中教学形式多样有趣并且组织非常严密。很多学生在学习的时候，受到他的感染，认真听讲并积极学习各种技能，教学效果尤为突出。

案例二：

北京朝阳区的特级教师，头脑很灵活，热爱学生和体育教学事业，虽然体育运

动运动技能一般，但是语言表达能力极强，讲起课来声情并茂，善于了解学生，同时具有很强的教学组织能力。他在教学的时候，常常用创新的思维对学生进行知识和技能的教授，在教学的过程中，语言生动有趣，能不断地激发学生的兴趣。而且，在讲解的时候也能贯穿教学的各个环节，有效调动学生的学习热情，提高教学质量。

案例三：

北京东城区一名体育教师，情商很高，聪明灵活，虽然体育技能一般，但是其模仿、舞蹈以及语言表达能力较强，反应很快，教学组织能力很强。他在教学中多运用故事化、情景化的教学方式，讲解时语言生动活泼，并且非常形象，能够充分地调动学生的学习兴趣，激发学生学习的主动性，从而提高教学的质量。

分析：

从以上几种实例可以看出：这些教师之所以能够提高教学质量，是因为他们都能够根据自身的特点和教学的环境选择科学教学方法，尤其是他们能够根据自己的能力和特长选择教学方法，从而有利于提高学生的学习积极性，提升教学效率。

（二）错误选择体育教学方法的实例与分析

案例一：

某省一位体育教师语言表达能力较弱，在一次五年级的体育公开课上有个小游戏，为了带动学习气氛，他给每一位学生都发了一枚动物的卡片贴在学生的胸口，并且在自己胸口也贴了一张小兔子的卡片，然后改变自己的讲话方式，用嗲嗲的声音和学生说话。学生看到自己的体育教师用这样的语气和自己说话，受到了感染，也都是用嗲嗲的语气讲话。顿时，课堂上乱作一团。

分析：

这位教师在教学的过程中，没有根据学生的特点使用合适的教学方法。小学五年级的学生，无论是身体的发育还是心智的发育都已经趋于成熟的水平，不属于小孩子的范畴。教师在教学的过程中，用这样的教学方式，是不符合学生的心理特征的，甚至会引起他们的反感，不利于教学活动的开展。

案例二：

某中学的一位体育教师，在向初一的学生进行排球课程的教学时，所讲授的内容是下手发球。由于学生对下手发球的知识了解不够，因此在教学的时候采用分解教学的方法更能达到教学效果。但是该教师只是进行简单的讲解，并很连贯地进行下手发球动作的示范，然后就要求学生分成两队，进行排球发球的练习。但是练习了一节课的时间之后，发球成功的学生依然寥寥无几。经过多次的失败之后，很多学生对排球的学习失去了兴趣，在练习的时候，也只是简单地应付教师所布置的任务，没能真正地学会排球发球的动作和技巧。

分析：

这位体育教师的这种体育教学方法是错误的，学生对排球的发球动作并不熟悉，但是在教学的过程中该教师却没有针对发球技巧进行分解训练，这样对学生而言，一方面加大了学生接受的难度，另一方面也增加了学生对排球发球动作学习的挫败感。类似于这种对专业要求较为严格的体育动作而言，要充分考虑学生的实际，选用分解法对学生进行技术动作的教授。

四、体育教学方法选择和应用的几个原则

体育教学方法作为体育教师在教学过程中的工具，发挥着非常重要的作用。再加上新课程对体育教学的要求，使得体育教学法逐渐受到越来越多的体育教学工作者的重视。但是体育教学方法的选择并不是盲目的，笔者通过对体育教学的研究得出，体育教学方法的选择和应用应该严格遵守以下四个基本原则。

（一）目标性

教学方法是为实现教学目标而服务的，教学目标为教学方法的选择提供参考依据，教学方法又促进了教学目标的实现。因此，在进行教学方法的选择和运用时，一定要保证教学方法的目标性。所以我们在选择和运用教学方法的时候，首先应该清楚其教学目标是什么，然后再去思考如何才能应用这种教学方法完成教学目标。只有保证教学方法具有目标性，才能保证教学的质量，顺利完成教学任务。

（二）有效性

我们在选择教学方法的时候，还要考虑其在教学目标完成中的有效性，实际上就是指利用这种教学方法提高教学质量，顺利完成教学目标的可能性。有些教学方法由于其所涉及的步骤较为复杂，所花费的时间过长，就会对其他的教学内容造成干扰，降低教学的效率，那么这种教学方法就失去了在教学中的有效性，不利于教学活动的顺利进行。如教师在进行跑步训练的时候，采用的是多媒体教学法和实践训练相结合的教学方法。但是由于跑步是一项较为简单的运动，仅仅需要理论结合实践的教学方法就能完成，不需要多媒体教学法。因此，采用多媒体和实践两种教学方法相结合的时候，就会降低两种教学方法的有效性。

（三）适宜性

每一种体育教学方法都有其相适应的教学环境和对象群体。所谓的适宜性可以

分为两个方面进行论述：第一是指教学方法和学生之间的适宜性，主要指教学方法是否符合学生的身心发展的特点；第二是指教学方法和教师之间的适应性，每一种教学方法对教师的自身素质都有要求，只有两者相适应，才能最大限度地发挥教学的优势。如在对低年级的学生进行教学的时候，就应该选择一些与该学段的学生的认知能力和身体发展状况贴合较为紧密的教学方法，如讲解法、示范法等。

（四）多样化

体育是一门较为复杂的学科，体育教学方法也十分丰富，每一种教学方法都有其相对应的功能和作用，只有多种方法相互结合才能发挥体育教学的优势。多样化的教学方法不仅可以让体育课堂更加生动和丰满，而且还能调节课堂的气氛，激发学生的学习热情和主观能动性，使学生集中注意力，实现教学效果，提高教学质量。

以上四种体育教学方法选择的基本原则，是根据体育教学的特点和多年对体育教学的研究总结的，是选择体育教学方法、提高体育教学质量的基础。

第四章　体育教学过程与模式

第一节　体育教学过程的含义与性质

一、体育教学过程的含义

体育教学过程是一种特殊的认识过程，也是一个促进学生发展的过程。在教学过程中，教师要有目的、有计划地引导学生能动地进行认识活动，自觉地调节自己的志趣与情感，循序渐进地掌握科学文化知识和基本技能，以促进学生智力、体力、品德和审美情趣的发展，为学生奠定科学世界观打下良好的基础。

二、体育教学过程的功能

教学过程是一种认识和实践相统一的活动过程，这一过程的目的在于促进学生的全面发展，也就是说，教学过程的功能在于促进学生身心诸方面的和谐发展。全面地认识和开发教学过程的功能，可以使教学更好地成为实现教育目的有效途径。

教学过程的功能主要表现在以下几个方面。

1.教育功能

在教学过程中，学生不仅知识增长、能力发展，并且思想情感、精神面貌、道德品质也同时受到熏陶、发生变化。教师应自觉地在教学过程中将教书和育人统一起来，使教学过程的教育功能得以充分发挥，给学生的思想和道德以有益的影响。

2.传递知识功能

通过教学过程，教师可以向学生传递系统的科学文化知识和基本技能技巧。因为教学过程是有目的、有计划、有组织地培养人的过程，所以它可以发挥出高效率、高质量的传递功能。

3.智能培养功能

培养智能是在传授知识和形成技能的统一过程中进行的，三者之间有着极为密切的联系，是互相促进，互相依存的统一体。其一，知识是智力活动的内容；其二，获取和运用知识的活动本身，就具有智力锻炼和能力培养的功能；其三，技能形成则能够大大简化智力活动过程，能更经济、更有效、更快地提高智力活动的水平。

4.审美功能

教学过程将“美”的因素作为教学手段或教学艺术贯穿于该过程的始终，渗透到教学活动的各个方面，使学生在“美”的形式中顺利吸收“教”所要传达的各类教育信息，并陶醉于教学美的享受之中，消除紧张学习带来的疲劳，形成一定的审美观念、趣味和能力。

5.发展个性功能

传授知识、形成技能和培养智能，也是发展个性的重要方面。每个学生都有可能在原有经验背景和生理条件的基础上，形成独特的知识、技能和智能结构，构建自己新的知识体系，进而也成为个性发展的基础。但是，学生个性的发展还取决于另外几个方面，即思想、品德、价值体系、情感、动机、态度、意志的培养，身体素质的健全。教学过程对决定学生个性发展的这几个方面，都有着积极的影响作用。

三、体育教学过程的性质

(一) 体育教学过程是学习知识和形成运动认知的过程

体育是涉及人文学科和自然学科的综合性课程，在以掌握运动技能为主的体育教学过程中，学生也会涉及许多的知识学习和运动认知获得，有时候，这些知识学习和运动认知获得还是掌握运动技能和提高运动素质的基础，因此体育教学过程也必是一个掌握体育知识和进行运动认知的过程。

(二) 体育教学过程是学生掌握运动技能的过程

体育教学过程首先是学生掌握运动技能的过程。知识类学科的教学过程主要是使学生识记概念以及运用判断、推理等思维方式去掌握科学知识并发展智力，而体育学科则是使学生在不断地身体练习中去掌握运动技能，并通过运动技能的掌握进行其他方面的养成教育，所以我们首先要把体育教学过程理解成为一个学生掌握运动技能的过程。

(三) 体育教学过程是体验运动乐趣的过程

学生学习体育的过程是一个在生理上伴随着苦、累、汗甚至伤痛的过程，是身体经受生物学改造的过程，但同时也是一个在身体和心理方面体验运动固有乐趣的过程，这种乐趣是体育运动生命力的体现，也是体育教学的学习目标与内容，更是培养学生的体育参与意识的途径与手段，是终身体育的重要基础。因此，我们还要把体育教学过程理解成为一个学生体验运动乐趣的过程。

（四）体育教学过程是集体学习和集体思考的过程

“集体学习”和“小集体学习”是体育教学的主要教学形式，这是由于大多数的体育运动项目是在集体和小集体的形式下完成的，因此体育的学习也需要在集体性学习和集体性思考的过程中进行。与此同时，当前的体育教学的目标也越来越指向学生的集体学习，以期获得集体教育潜在性作用。体育教学中的集体学习和集体思考也是加强师生、生生互动与沟通，是培养学生的社会交往与社会适应能力的途径，因此我们也要把体育教学理解成为一个学生集体学习和集体思考的过程。

（五）体育教学过程是提高运动素质的过程

掌握运动技能需要运动素质的提高，同时大肌肉群的体育活动也能有效地提高运动素质，运动技能和提高运动素质是相互促进的关系，因此体育教学过程也是一个不断提高学生运动素质并以此增强学生体能的过程。在体育教学过程中，不仅要注重学生对运动技能的掌握，而且要更加关注学生运动素质的提高，要在设计教学、安排进度和选编内容等方面将二者有机地协调起来。

第二节　体育教学规律

一、体育教学过程的一般规律

体育教学过程是一个运动、变化和发展的过程，是体育教学各要素本质的和必然的联系，这不但是客观存在的，并且具有一定的规律性，认识和驾驭这些规律，根据规律去确定教学原则、教学方法、组织形式和教学手段，是实现教学目标，提高教学质量的基本保证。体育教学过程的基本规律，可分为一般教学规律和特殊教学规律两类。体育教学过程的一般规律是指体育教学同其他学科一样，所共有的普遍规律。

（一）社会制约性规律

体育教学是一种培养人的社会活动，它要受一定社会的物质、文化条件，特别是一定社会教育目标及其内容的制约。不同的社会制度，不同的国情，体育教学目标和内容不尽相同。我国的体育教学是学校教育的组成部分，并和其他学科教学一道成为实现学校教育目标的基本途径与重要手段。同时，体育教学必须与社会发展的条件和需要相适应，并随着社会发展和需要的变化而变化。

（二）认识规律

教学过程以辩证唯物主义的认识论作为它的方法论基础。人们认识任何事物，首先是从对事物存在现象的感性知觉开始的。人靠着感觉器官，建立了与外部世界环境的联系，然后通过抽象思维，从感性认识提高到理性认识，找出事物的本质，揭示事物发展的规律，最后形成科学的概念，并通过实践去验证这些概念。

教学过程是学生的一种特殊认识过程。学生在学习和掌握体育知识技术与战术的过程中，必须遵循认识活动的规律。在体育教学过程中，教师要引导学生将感知、思维和实践三个环节紧密结合起来，缺一不可。感知是认识事物的开始，是形成表象的基础；思维是形成理性认识，掌握动作的关键；实践是巩固和运用知识，改进提高运动技术，发展身体，增强体质，促进健康，培养良好思想品德的途径。

（三）学生身心发展的规律

教学的对象是学生，学生的身心发展具有一定的规律性。在教学过程中，制定教学目标、安排教学内容、采用相应的教学组织形式、教学方法与措施等，都必须从不同年龄、不同性别学生的身心发展的特点出发，符合他们身心发展的实际，因材施教，才能获得理想的教学效果。

（四）教与学辩证统一的规律

教学过程是教与学的矛盾运动过程。为实现教学目标，必须正确认识和处理教与学的关系，既要充分发挥教师的主导作用，又要十分重视调动学生学习的积极主动性。

教学过程的实质，是教师采取有效措施，引导学生学习，由不知到知之，由知之到用之的转化过程。在这一过程中，教师起着主导的作用。但是，教师的主导作用只是教与学关系的一个方面，学生是学习的主体，只有教师的主导作用，而没有学生学习的积极性、主动性相配合，教师的主导作用也不能发挥。教师是否发挥了主导作用，其程度如何，主要看学生的学习积极性和主动性能否被调动起来。只有教师的努力与学生的努力积极地配合，协调一致，才能取得好的教学效果。

（五）教育、教养与发展相统一的规律

教学过程是学生受教育的过程，教师结合对学生知识、技术、技能的传授，对学生进行思想品德教育，使他们的思想感情、精神面貌、道德情操以及意志品质都

受到熏陶和提高，这是教学的教育目标；以一定的、系统的知识、技术、技能武装学生，这是体育教学的教养目标；在向学生传授知识，技术、技能的同时，还必须充分发展学生的体力和智力，这是教学的发展目标。教育、教养和发展是密切相关的统一整体。教学实践表明，三者之间相互联系，相互促进，相互渗透，互为因果，统一于教学目标之中。

（六）教学内容和教学过程相统一的规律

任何一门课程都是教学内容与进程的总和。在教学过程中，内容决定形式，如根据哪些原则，采用何种教法，运用哪种组织形式等都要考虑教学内容。教学内容也影响着教学的进程。这些说明教学内容在很大程度上支配着教学过程，而教学过程的其他规律也制约着教学内容的选择和体系的构成。

（七）教学效果取决于教学基本要素合力的规律

体育教学的基本要素对教学效果有着直接或间接的影响，但它们不是孤立、简单地产生的，而是在各要素相互制约、互相联系和作用下产生的，也就是说在体育教学过程中，每个要素都在产生一定的力，但导致教学效果的力并非各要素之力的简单相加，而是各要素之间在实际关系中形成的一种“合力”。因此，在体育教学中，起主导作用的教师如何把握和处理好其他要素的关系，选用适当的方法、手段与组织形式、精选教学内容、创造良好的教学环境和准确确定教学目标等，都应充分考虑学生的年龄、个性、心理、生理特征，以及已有的知识、经验基础、动机、兴趣、态度与学习方法等，从而组成一个动态、综合的“合力”，这是决定教学效果的关键，可见本规律是获得最佳教学效果的规律。

二、体育教学过程的特殊规律

体育教学过程的特殊规律是指体育教学过程中所特有的规律。

（一）动作技能形成的规律

体育教学要让学生学会和掌握一定的运动技能，而运动技能的形成要经历一个由不会到会、由不熟练到熟练、由不巩固到巩固的发展过程。动作技能的形成通常分为三个阶段，即粗略掌握动作阶段、改进与提高动作阶段和巩固与运用自如阶段。

第一阶段，粗略掌握动作阶段。这是在教某一个新动作的开始阶段，这一阶段的特点是，大脑皮层兴奋与抑制扩散，处于泛化阶段，条件反射联系不稳定，内抑制不够，表现为做动作很吃力，紧张，不协调，缺乏控制力，并伴随着一些多余动作和牵强的动作。这一阶段教学的主要任务是使学生建立动作的正确表象和概念，防止和排除不必要的多余动作和错误动作，使学生在反复练习过程中粗略地掌握动作。在这一阶段，应注意动作的主要环节的教学，不必过多地强调动作细节和规格要求。

第二阶段，改进与提高动作阶段。这一阶段的特点是，大脑皮层兴奋与抑制过程处于分化阶段，兴奋相对集中，内抑制逐步发展巩固，并初步建立起动力定型，能比较精确地分析与完成动作。在练习过程中，大部分错误动作得到纠正，能比较顺利和连贯地完成完整动作技术，但不熟练，遇到新的刺激，多余和错误的动作还可能会重新出现。因此，这一阶段教学的主要任务，是在粗略掌握动作的基础上，进一步消除牵强、紧张和错误的动作，加深理解动作各部分之间的内在联系，进而掌握动作的细节，建立动作的动力定型，提高动作的协调性与节奏性，发展学生的体力，使学生能够轻快、协调、正确地完成动作。根据这一阶段的特点，教师应引导学生在反复练习过程中，启发学生的思维，采用比较、分析等方法，使学生了解动作之间的内在联系，在保证动作质量的前提下，加大运动负荷，以改进和提高动作的质量。

第三阶段，动作的巩固与运用自如阶段。这一阶段的特点是，大脑皮层兴奋过程高度集中，内抑制相当牢固，形成牢固的动力定型。表现为能够很准确、熟练、省力、轻快地完成动作，并能够灵活自如地运用，达到自动化的程度。当然，随着动作的不断重复和动作细节的不断改进，动作的准确、熟练和自动化的程度还会不断提高。但是，如果长期中断练习，已形成的动力定型就又会逐步消退。因此，这一阶段教学的主要任务，是巩固发展已形成的动力定型，使学生能熟练、省力、轻快地完成动作，并能在各种复杂变化的情况下灵活自如地运用。

上述动作技能形成规律的三个阶段是有机联系的，这三个阶段的划分是相对的，没有严格明显的界限。它们反映在体育教学实践中，由于教学内容的难易程度、教师的教学组织水平以及学生的体育基础等条件的不同，三个阶段的具体特点和所需时间也各不相同。由此可见，三个阶段的划分也是相对的，没有明显的界线。尽管如此，动作技能形成的三个阶段是客观存在的，在不同的阶段中，动作技能的教学各有特点，以及与其相应的教学目标和要求。只有根据这些特点、目标和要求，采用相应的手段和方法，才能收到事半功倍的效果。

（二）人体机能活动能力变化的规律

在体育教学过程中，机体功能活动能力的变化与人体有关器官系统的功能是密切相关的。要组织学生进行反复练习，学生生理机能活动能力就会发生一系列的变化，这种变化是有一定规律的。

当人体开始运动时，由于机体惰性的影响，人体各器官统的机能活动能力从相对的较低水平逐步上升，这一过程称为逐步上升阶段。以后在一段时间内，人体机能活动的能力稳定并保持最高水平，即保持在一个起伏不大的范围内，此阶段称为稳定阶段。人体机能活动到一定的程度产生疲劳，身体机能活动能力下降，经过休息，身体机能能力又逐渐恢复到相对安静时的水平，这个阶段称之为下降和恢复阶段。身体机能活动能力从上升到稳定再到下降恢复的过程，称为人体生理机能活动能力变化的规律。

由于年龄特点、身体健康状况、体育基础水平、教材的性质、教学组织教法以及气候条件等不同，学生机能活动能力上升阶段所需要的时间、最高阶段的高度、稳定的时间，以及承担急剧变化负荷的能力均有所不同。学生的年龄不同，机能活动能力的特点也不同。少年儿童机能活动能力的特点，一般是上升时间短而快，最高阶段延续时间较短，承担急剧变化负荷的能力较低；青壮年的身体机能活动能力是最旺盛的阶段；壮年以后，随着年龄的增长，身体机能活动能力又将逐渐降低。随着身体训练水平的提高，身体机能能力上升阶段的时间可以缩短，保持最高阶段的时间可以延长，承担强度大的急剧变化负荷的能力也会提高。教材的性质不同，其上升坡度和最高阶段的高度就大不相同。另外，气候炎热，上升阶段所需要的时间就短，气候寒冷，上升阶段所需要的时间就应延长。

在体育教学过程中，必须遵循人体生理机能活动能力变化的规律，结合学生的具体情况，正确地组织与安排教学，循序渐进，以最佳状态完成教学任务。

(三) 人体机能适应性规律

在体育教学中，学生积极地进行身体活动，反复进行练习，促进体内物质能量不断消耗，以释放出能量供给运动活动的需要。身体强烈地消耗，必然引起疲劳和暂时的身体机能能力下降，但疲劳的过程同时也是刺激恢复的过程，促使能量储备加强，出现超量恢复，提高机体的适应能力。超量恢复是指练习以后，在恢复阶段人体内被运动时所消耗的能量物质，不仅恢复到原有水平，并且在一段时间内还超出原有水平。这一超出原有水平的恢复，称为超量恢复。这就是在体育教学中，学生承担一定负荷的刺激，促进新陈代谢和提高机体能力的过程，这个过程是有阶段性的。

工作阶段：学生承担一定的运动负荷（身体练习的量和强度），动员机体的潜在能力，身体内异化作用加强，能量储备逐渐被消耗。

相对恢复阶段：经过间歇和调整，各机能指标恢复到工作前的水平。

超量恢复阶段：经过合理的休息和能量补偿，物质和能量储备超过原来水平，从而提高机体的工作能力。

复原阶段：如果间歇时间过长，失去了超量恢复阶段的效果，机体工作能力下降到原来水平。

机体适应活动所产生的体内一系列变化的过程，是由工作阶段进入到相对恢复阶段和超量恢复阶段，最后到复原阶段，这就是人体机能适应性规律。在体育教学中，为了有效地提高学生机体能力，增进健康，最重要的是合理安排负荷与休息，超量恢复的状况将依赖于运动负荷的大小和人体新陈代谢能力的不同而有所变化。在一定范围内，肌肉活动量越大，消耗过程越激烈，超量恢复越明显，其结果使得一系列体育教学的效果得以积累，产生了机能适应性变化，学生的体质就会得到增强。

第三节　体育教学过程的层次与特点

一、体育教学过程的层次

体育与健康教育中，分层次教学效果较明显。学生的形态、身体素质与心理素质、体育基础、认知能力等各不相同，体育教学必须面对这些实际，提出不同的教学目标，采取不同的教学方法，才能使不同水平的学生都学有所得，符合体育教学中从实际出发的教学原则，有利于因材施教。

在教学论发展史上，对教学过程的层次划分曾有过不同的看法：如把一节课、一个单元的短时间范围看作微观过程，把周、月，甚至更长时间范围看作宏观过程。有人认为，教学过程在一学年，甚至在整个学校教育期间是一个连续的过程，整体上的宏观过程是由短时间单位的微观过程组成的。一般来说，一节课、一个单元的微观教学过程便于跟踪，周、月甚至更长时间的宏观教学过程却很难考察。因而造成教学实际工作者“只见树木，不见森林”，不能从整体上、发展上来规划教学过程、步骤和方式方法。为了改变这种情况，我国学者江山野以学生独立学习能力发展为线索，把整个教学过程分为四个层次五个阶段。一是从进入小学到大学毕业或完成一定阶段的学校教育为止，这一整个过程是一个总的教学过程，简称第一教学过程。在这个总过程中，按学生独立学习能力发展的程度又分为五个阶段：第一阶段学生学习完全依靠教师，相当于小学低年级；第二阶段学生学习依靠教师，相当于小学中高年级；第三阶段学生相对独立进行学习（相对独立阶段），相当于初中；第四阶段学生基本独立学习（基本独立阶段），相当于高中、大学低年级；第五阶段学生完全独立学习（完全独立阶段），相当于大学高年级、研究生。二是一门课程从开始到结束，简称第二教学过程。三是一门课程中的一章或一个单元的教学过程，简称第三教学过程。四是一点知识（如一个公式、定理、定律或法则之类）或一课时的教学过程，简称第四教学过程。

这四层教学过程，一层包含一层，从另一个方面也可以说是一层从属于一层，即第四教学过程从属于第三教学过程，第三教学过程从属于第二教学过程，第二教学过程从属于第一教学过程。

二、体育教学过程的特点

体育教学过程的特点与一般教学过程的特点有一定的相似性，但也有一些差异之处。体育教学过程的特点主要有以下几个方面。

（一）运动负荷为条件

体育教学过程中，由于是以传授操作性知识为主，教学内容必然是各种身体练习，因此教学过程是以运动负荷为刺激和条件的。这一运动负荷主要以生理负荷为主，是心理和生理负荷的统一。通过承受一定的生理负荷和心理负荷，产生相应的疲劳，身体会做出相应的调节，促进身体恢复以及超量恢复。这点也正是体育活动能促进身体发展、增进健康的生物学依据，即只有使机体适应一定生理、心理负荷的刺激过程，不断地经过适度的超量负荷锻炼，才能有效地发展身体、增进健康。

（二）宽松的教学氛围，严密的教学组织

体育教学多以室外课堂教学为主，所以说体育教学过程是在相对宽松的环境下进行的。宽松的教学环境对于学生社会性的培养具有非常重要的作用，但是宽松的教学环境容易使学生放松注意力。由于体育教学涉及一些体育器材，学生在学习过程中承受着一定的运动负荷，身心疲劳，难免在教学过程中会产生伤害，为了避免一些事故的发生，必须对教学过程进行严密的监控。

（三）身心发展为评价范畴

体育教学过程是以活动为主要内容，以运动负荷为条件的特殊过程，与一般教学过程有极大的差异，因此，在评价范畴方面也有所差异。体育教学过程是与学生的身体活动紧密相连的，学生通过感知、模仿练习来掌握体育的知识技能，促进自

身的身心和谐发展。学生也只有不断使机体适应一定生理、心理负荷的刺激过程，不断地经过适度的超量负荷锻炼和恢复的综合积累，才能有效地发展身体、增进健康。只有学生的身心得到发展，体育教学目标才能得到实现。这便是体育教学过程的评价范畴。

(四) 运动实践活动为基础

一般教学活动主要以理论性知识为主，多采用室内课堂教学的形式，学生以脑力学习为主要方式。体育教学多采用室外课堂教学，学生多以身体练习为主要方式。体育教学过程是学生在教师指导下进行运动实践活动的过程，教学内容以身体练习(运动动作)为主，达一内容的特殊性就成为体育教学过程的一个重要特点。

(五) 培养社会性突出

其他学科的教学主要是师生在相对稳定的团体中的静态交往，体育教学过程中的交往则是以充分发挥每一个个体能动性为主的动态交往。体育教学过程是教师的"教"与学生的"学"的双边活动的过程，学生要从事各种身体练习和活动，既需要教师的指导、帮助，又需要学生之间的相互合作、相互帮助、相互评价，客观上要求学生要进行多方面的交往。这一特点决定了体育教学过程不仅是一个身体活动过程，也是一个心理活动过程和社会活动过程。体育教学过程中的人际关系和交往是社会性和生活性的体现。

第四节　体育教学过程的静态与动态分析

一、体育教学过程的静态分析

(一) 体育教学系统的构成要素

以整体性观点来看体育教学过程，首先把体育教学本身看作一个完整的系统，这个教学系统是由许多相互联系的部分(要素)构成的。目前，学术界认为教学过程是由三个最基本的要素，即教师、学生、教材构成的。教师，包括教师的教学态度、教学能力、课堂管理能力、知识结构、技术、技能、个性品质等。学生，主要包括学生的身体发育水平、对于知识的理解掌握能力、运动技能水平、品德水平等。教材主要包括教学目标、教学内容、教学评价等。

(二) 现代体育教学过程的本质

体育教学过程的本质是指体育教学过程自身所固有的，由其内在矛盾的特殊性所规定的，是体育教学过程与其他学科教学过程进行区别的根本属性。所以，对于体育教学过程的认识应从多方面把握，从多元化的角度来进行探讨，体现体育教学的身体实践性特点，这样体育教学过程理论才能真正指导体育教学实践。

体育教学是体育教师教和学生学相互统一的活动过程。在这个活动中，存在着两种过程：体育教师教授各种体育技术活动过程和学生的学习活动过程。他们并不是孤立地存在于体育教学过程之中的，而是相互依存、相互作用，彼此之间紧密联系着的。体育教师的教授活动过程和学生的学习活动过程统一于教师教学生认识和实践的活动之中。由此可以说，现代体育教学过程的本质是一种特殊的认识过程与实践过程。原因主要有以下几个方面。

一方面，从教学的形态起源来看，教学起源于人类的交往活动。社会不是由一个个彼此之间丝毫不发生联系的个体积聚而成的，社会最基本的意义是人与人之间的交往关系。因此，交往是社会性个体的发展根源。在原始社会中，交往是人们生活和学习的基本方式，人们通过与家庭成员、氏族成员、巫师等人的交往进行学习。那时，人和人之间的交往隐含着教育构成中的基本要素(如交往主体、交往内容、交往客体、交往媒介等)。当交往双方相对特殊化，并形成一种以传递经验、影响人的身心为直接目的时，交往就会进一步发展为教育。教学是实现教育的根本途径，同时也是教育的核心部分，只有通过教学才能实现社会交往互动。

另一方面，从形态存在来看，教学是一种特殊的交往形式。马克思在分析人的本质时指出："在其现实性上，人是一切社会关系的总和。"从中可以看出，人的本质必须通过社会来体现，而社会的运行与发展必然离不开交往。

教学过程的本质是教师与学生相互作用的过程，没有这种相互作用就没有教学。换言之，教师与学生之间形成了一种特殊的社会关系，他们之间的交往也成了一种特殊的形式。其特殊性主要表现在以下几个方面：①它有独特的交往目的；②它有特殊的交往内容；③它有特殊的交往主体；④它有特殊的交往方式。

另外，从对话构成了师生间的主客体关系来看，教学这种特殊的师生交往是以对话为主要表现形式的，对话双方之间构成了师生间特殊的关系。在这种特殊的关系中，师生双方并不把对方看作一个对象，而是把彼此看作是为了实现教学目标，达到教学目的的合作者。通过对话，人与人之间相互沟通、交往，这样师生双方的关系便发生了变化。

二、体育教学过程的动态分析

(一) 课堂教学过程的动态生成性

教学过程的生成性是当前新课程在教学展开过程中提倡的新理念，它是针对传统教学的弊端而提出的。教学过程的生成性是在后现代教学论思想影响下产生的。教学论的发展从现代走向了后现代“西方的哲学由科学主义世界观向生活世界观、由本质主义向生成性思维转折”，而所谓的生成性思维的本质就是突出“过程性”，“重创造而反固化思维，重视个性反中心、统一”，因此后现代的教学论也突现出典型的特征：重视教学的过程，强调教学目标具有不确定性和非预设性；倡导教学方式方法的综合性和互动性；强调教学过程创造主体之间的交往（对话、合作、沟通）关系；重视教学过程中创造意识和个性培养。

动态生成教学过程观是我国著名教育家叶澜教授提出的。叶教授指出当前提倡的改革观念转变，脱离了教师的教学，没有真正在教学实践中实现内化。“课堂教学的中心或唯一目的”仍然是完成教学任务、课堂仍然是“教材为中心”，上课的过程就是执行并完成教案的过程。课堂成了演出“教案剧”，教师是“主角”，学习好的学生是主要的“配角”，大多数学生是“群众演员”和“观众”。因此，叶教授指出，一个真实的课堂教学过程是一个师生及多种因素间动态的相互作用的推进过程，由于参加教育活动有诸多复杂的因素，因此教育过程的发展有多种可能性存在，教育过程的推进就是在多种可能性中做出选择，使新的状态不断生成，并影响下一步发展的过程。

(二) 体育教学过程的动态生成性

体育课堂教学过程在内容和组织形式等方面不同于其他课程（语文、数学、英语等）教学过程，体育课堂教学的本质就是组织学生进行体育活动的教学过程。就学校体育而言，体育教学基本任务就是发展学生体质与传承和创造体育文化，实现体育教学目标的基本路径就是以学生体育活动为中心的体育知识和运动技能学习过程。学生的个性发展、思想品德形成和社会适应性提高等都蕴含于体育学习过程之中，这些目标都是渗透于学生体育教学过程的动态生成性。体育教学场地的广阔空间感、身体运动的体验、人际交流的自由感、运动素质或技能提高的成就感等，这些是其他课程难以达到的，这也是体育课魅力之所在。然而，体育教学课堂空间的广阔性、学生参与体育学习的运动性和运动技能学习的复杂性等因素，使得体育教学过程具有非线性和开放性等特征，这就是体育教学过程的动态生成性。体育教学过程的动态性主要表现在课堂教学非预设性、非线性、开放性等方面，要求教师以动态发展的眼光看待学生和课堂教学，强调课堂教学方式的非预设性，教学路径的非直线性和教学内容的开放性等。课堂教学活动本身作为课程资源的重要组成部分，在教学过程中生成了动态的课程资源。动态生成性资源对于教学的作用在于形成使教学活动开展和进行的生长点，使教学能够在这个生长点的基础上不断地动态生成，从而使教学过程中的师生得到不断地发展。因此，要使课堂教学具有生成性，特别需要强调教学的活动性、主体性和交互性。

（三）体育教学中动态生成的要素

1.师生课堂平等互动

教师与学生间的课堂互动，是课堂教学得以动态生成的必要条件。在一定程度上，动态生成也可以理解为互动生成，因为没有教师与学生间的互动，就不可能出现动态生成的课堂。对学生来说，互动意味着主体性的体现，个性化的发展与创造性的解放。对教师而言，教师与学生彼此沟通，真心交流，分享快乐，共同成长。例如，在不同形式的传接篮球练习中，有同学提出要求采用分组打比赛形式来进行传球练习。在学习篮球传接球技术阶段，如果采用篮球教学比赛，学生往往注重抢断球、运球、投篮等，传接球练习的机会就会减少。教师与学生一起讨论，最后师生达成共识：比赛中只能通过传接球、原地运球和投篮等方式进攻或攻防转换，不能运球。在比赛中，学生通过形式多样的传接球方式进行进攻，学习兴趣很高，有效地促进了传接球技术的掌握。师生互动，情景交融，学生在民主与平等的教学氛围中激发出了创造性学习的热情。教师组织学生一起进行讨论、比较、评价和修正，形成不同方案资源和更为丰富、综合、完善的新认识。师生间互动深化是体育课堂教学过程中对信息的重组，教师根据信息整合的结果制定教学策略，使教学过程真正呈现出动态生成的创生性质。

2.追求真实课堂情景

动态生成的课堂是真实的课堂，是丰富多彩的课堂，能够真实地反映学生的情况，呈现出教师课前未能设计的情况，而不是机械、僵化、一成不变地按照预设的方案教学。生成性教学是在动态的教学过程中实现的，因此教师要重视利用教学过程中的生成性资源。教师要有良好的教学发挥，将教学中出现的问题变成新的教学资源，把原先可能成为疑点的问题转化成教学的亮点。在体育教学中，对学生技能学习中产生的错误，教师可以不急于指正，相反将错就错，反而使活动过程更加精彩。例如，在篮球教学比赛中，由于学生篮球运动水平的局限性，使得比赛经常因“走步”和“两次运球”而中断比赛，使得活动断断续续，不能满足学生尽兴的需要。

在这种情况下，教师可以将错就错，适当降低要求和标准，为了让学生充分享受篮球运动的乐趣，这一两次“走步”和“两次运球”又算得了什么呢？学生会因为我们对“错误”的“宽大处理”，而在活动中更显生命的活力。学生在投篮的时候，双手将球直接砸向篮圈，球根本无法入筐。这时教师可以不急于纠正，让学生在多次“砸篮”不进之后再给予纠正，这样可以使学生通过充分的实践来认识自己的“错误”，然后在正确动作的学习中会更加积极主动、认真刻苦。

（四）教学过程的开放性与动态性

体育教学过程动态性，这就需要我们对课堂教学建立一种动态的、非线性的、综合的、整体的思维模型，而且这种复杂性、偶然性或不确定性有必要渗透进入教学设计理念中。教学过程设计实质是由教师内在的策略与外在的教学形式组成的。在动态生成的教学过程中，教师内在的策略就是能巧妙地将师生活动紧密围绕材料而产生互动。因此教学过程设计最终形成的是综合的、富有弹性的教学方案。教师在课前就对自己设计的方案思路、目标、过程娴熟于心。课堂上教师表现得很轻松，更多的是在倾听。

教学设计不只是教学过程的一个阶段。在教学前、教学中和教学后等各种场合都存在教学设计。课堂上教师的即时表现就构成教学设计的一个重要部分，而学生的临时发挥也成为设计的新起点。教师要在教学情境中及时对教学进行感知、判断和操作，按照在教学情境中产生的问题和过程特点实施教学设计方案。这个时候由于师生没有与教学情境相分离，就能进行体现出教学现场的方案设计。当然，在教学过程中教学设计并不否定课前设计的重要作用，相反，教师要根据情形随机变化，这也构成一种预设，不同的是这里的预设是一种多种策略的准备，并确保在教学过程中顺利实现。总之，重新认识了体育教学过程的动态性特征，在教学设计时就不能保持一种静态设计，而要积极体现一种动态设计的能力。另外，我们要坚持教学过程的动态生成与预设有机统一。课堂教学强调预设，强调严格按教案进行上课，这有利于课堂教学组织的系统性和计划性。但是，很多教师过分强调教学生成的重要性，从而导致体育课堂教学不重视课堂教学的设计，或者只需要一个粗线条的“软设计”。

（五）重视有效动态的时空性

动态生成不是盲目生成，它必须围绕“课程与教学目标”来生成，必须考虑教学时间的有限性。生成的“目标制约性”是判断课堂教学是否是有效生成的关键，任何课堂的有效动态生成都必须围绕课程与教学目标来进行，如果没有这一“目标制约性”，那么动态生成就很容易导致盲目生成。课堂教学是在有限制的时间进行的，如果一节课教学的大部分时间都处于“动态生成”的状态，而抛开了“教案”备课的具体内容，这会导致教学的系统性、累积性严重破坏，这也将有损于学生的最终发展。在现实的教学中，如果抛弃了“预设”，而一味地追求动态生成，将其视为一种教学的“时尚”，这就偏离了生成性的本质，也难于取得好的教学效果。例如，投掷实心球教学中，老师正在指导学生练习，另外一个班级的学生正在进行篮球教学比赛，学生的注意力被篮球比赛吸引，无心进行投掷实心球。这时，老师灵机一动，对学生说，今天我们就来投篮球吧。如果问这节课生成了什么，那唯一的答案就是生成了一个新的教学内容。因此，教学发挥行为并不都能带来“有意义”的教学生成。

教学过程的动态生成必须统一于教学课堂教学的时间性和空间性。从空间上来看，应该围绕预设的教学目标和教学内容；从师生互动的客观存在来看，必须有互动的载体即教学活动；从时间上看，教学目标何时动态生成，何时达到学生自主发展的目标，必须统一于体育课堂教学中。

第五节　体育教学模式

一、体育教学模式概述

(一) 教学模式的含义与分类

1.教学模式的含义

教学模式是活生生的教学论。它既不同于脱离实际、高高在上的概念化理论，又不满足于“甲乙丙丁”式的经验描述，它以生动鲜活的表现形式居于教育理论与教学实践之间，充当理论与实践相互转化的桥梁，推动理论和实践的双向发展。正因如此，教学模式的研究在教育改革的热潮中受到人们的特别关注，人们不仅关注它的过去与现在，也关注它持续发展的未来。

美国两位比较著名的政治学者比尔和哈德格雷夫在研究一般模式时，所下的定义有三个要点：第一，模式是现实的再现，是对现实的抽象概括，来源于现实，不是凭空捏造或闭门设想的；第二，模式是理论性的，它是一种理论的表达，代表着一种理论内容，不是简单的某种方法，如果把模式等同于方法，就降低了它的理论层次与价值；第三，模式是简化的形式，是对理论的精心简化，是最经济明了的表达。比尔和哈德格雷夫对模式的定义是比较有影响并被广为接受的。

我国在1984年以后才开始重视对教学模式的研究，对其定义众说纷纭，见仁见智。比较而言，我们认为华南师范大学教科院李方先生概括得比较精当。他认为教学模式是正确反映教学客观规律、有效指导教学实践的教学行为范型。这一界定简明扼要，正确反映了教学模式的本质特征。所谓“教学行为范型”，是指在一定的教学思想或理论指导下，所建立的比较典型、稳定的课堂结构框架和教学活动程序。它源于教学实践，又反过来指导教学实践，是影响教学质量的重要因素之一。教学模式的推广和应用，可以避免教师特别是青年教师走弯路。因此，教学模式的出现应当说是教学的进步。

教学模式不是教学理论，尽管它受教学理论的指导。教学理论是思想体系，是系统知识，是教学行为的指南和方向；而教学模式不仅仅指明教学活动的方向，还提供教学活动的结构、程序、步骤、方式等。由此可见，它远比教学理论具体、丰富，具有可操作性。

教学模式也不是教学方法。它比教学方法概括、抽象。教学方法侧重解决教学活动中的具体问题，带有个性色彩，是“这一个”；教学模式解决的是教学活动中某种类型的问题，带有共性色彩，是“这一群”。教学模式包含着教学方法的若干要素，教学方法体现教学模式的某些侧面，两者难以等同，不能混淆。

教学模式是教学理论与教学实践相结合的产物，有的是直接从教学实践经验中概括和提炼出来的，也有的是在一定理论指导下先提出一种假设，经过多次实验而后形成的，所以教学模式既是理论体系的具体化、现实化，又是教学实践经验的概括化、抽象化。一种有生命力的教学模式，从产生到逐步完善，先进的教学理论是它的灵魂，丰富的实践经验是它扎根的土壤。每位教师无论他是否意识到，实际上总是在某种教学模式的框架下来开展教学活动的。

任何教学模式都具备它特有的性能，有它特定的适用范围，放之四海而皆准的教学模式是不存在的。正如美国教育家埃根等人所著的《教师的策略》一书中指出的：教学中不存在一种可以适合于所有教学情境的模式或结构，不同的教学目标需要有不同的教学策略相适应，世界上不存在一种万能的教学模式。因此，在选用某种教学模式时，必须熟悉它特定的性能，不能随意照搬，要创造性地加以应用。

人们对教学模式的探讨由来已久，但由于对教学客观规律的认识存有差异，因而导致了教学模式千姿百态，名目繁多。怎样在总体上把握它？这必然涉及一个分类的问题。

教学模式的变化和发展往往要受到很多因素的制约，而各种模式又大都是从某个特定的角度去加以概括的，因此，至今很难找到一种十分理想的分类标准。如有的按教学模式所依据的理论来划分，有的按实现教学目标的功能来划分，还有的是从教学构成的要素来分的，如此等等。

众所周知，教师与学生是教学过程中主要的要素，正是由于教师的教与学生的学才构成了教学过程。现代教学论特别强调建立和谐的师生关系，良好的师生关系有助于学生智力因素和非智力因素的协调发展，也有助于教师充分发挥自己的聪明才智。

2.教学模式的分类

如果按师生活动的关系，可以将教学模式分为三大类别。

第一，教师活动为主的模式。这种模式处于低一级的水平。在这种教学模式中师生之间的关系是一种单向反馈的结构，它的表现形态就是记忆水平的教学。它单纯要求学生识记、再现教材，而不要求去进行独立思考。学生对教师只是简单地模仿，完全处于被动的地位。这种水平的教学由于忽视学生本身能动性的发挥，所以在教学中表现为“灌输式”或“填鸭式”，这正是现代教学中应当摒弃的。

第二，学生活动为主的模式。这种教学模式虽然是一种师生双向反馈的结构，其表现形态是理解水平的教学，但它强调学生主宰课堂，以学生的活动为主，充分发挥学生的主动性，突出了学生的主体地位，淡化了教师的主体作用。这种模式因片面强调直接经验，而不能使学生掌握系统知识。因此，虽较前一种模式尽管有所进步，但有矫枉过正之嫌。

第三，双主体活动相结合的模式。教学的主体是指教学活动的行为者。在教学活动中，从教的角度看，教师是施教者，是教的行为主体；从学的角度看，学生是学习行为者，是学的行为主体。双主体的概念在实践层面上强调教与学不可分割，如果把教与学分开来认识，会导致教与学相互脱离，使之不能协调运行。因此，双主体活动相结合这种模式处于高一级的水平，是一种师生之间、学生之间以及学生自身的多向反馈结构，其表现形态是一种思考水平的教学，即在教师的启发引导下学生积极主动解决问题的教学。教师的主要作用在于充分激发学生的主观能动性，创设能使学生进行自主、合作、探究学习的情境与条件，只是从旁略加点拨和引导，不做系统讲解，尽可能培养学生学习的独立性，依靠学生之间以及学生自我教育的能力去开展创造性的学习。这种模式目前正处于逐步普及阶段，它反映了当今课堂教学改革的方向。

从教学模式的实践层面考虑，为了一线教师的实际应用，我们主张将教学模式划分为两大类别，即综合型模式和学科型模式。所谓“综合型模式”，也称一般教学模式，是适宜各科教学通用的模式，体现教学模式的共性特色。又可将其细分为若干种类，诸如自主式、合作式、探究式、导学式、情境式、乐学式、异步式、对话式，等等，统称为综合型教学模式群。所谓“学科型模式”，也称特殊教学模式，一般是仅适用于本学科特有的教学模式。它揭示了教学模式内涵中的“学科性”和“独特性”，体现出个性特色。例如语文学科的语感教学模式：“感知—领悟—积累—运用”，四个环节，相互关联，形成一个统一的整体，反映了一种教学观——学习语言说。这是产生于本学科教学实践、唯本学科特有的一种学科教学模式，其他学科则不能。类似这样独具特色的学科教学模式，统称为学科型教学模式群。

（二）体育教学模式的概念与特点

1.体育教学模式的概念

体育教学模式是在某种体育教学思想和理论指导下建立起来的体育教学的程序，它包括相对稳定的教学过程结构和相应的教学方法体系，主要体现在体育教学单元和教学课的设计和实施上。

体育教学模式概念由三个基本的要素组成：即教学指导思想、教学过程结构、相应的教法体系。这三者的关系是：教学过程结构是支撑教学模式的“骨架”；教学方法体系是填充教学过程的“肌肉”；而教学指导思想则是内含在“骨骼”与“肌肉”中；并起到协调和指挥作用的“神经”。教学指导思想（神经）体现了教学模式的理论性；教学过程结构（骨骼）体现了教学模式的稳定性；教学方法体系（肌肉）则体现了体育教学模式的直观性和可操作性体育。举例来说，要建立一个“发现式教学模式”时，提倡启发学生发现、思考问题，发展学生认知能力的思想就是这个教学模式的指导思想，这一指导思想决定了这个教学模式的性质、研究方法和效果评价，起着指导的作用；然后要根据这个思想建立一个具有“让学生发现和解决问题”的教学过程结构，即“设定问题—提出假设—验证学习—集体讨论—提出答案”的教学过程，该过程是单元的过程，由相应的课来组成；其后，还需要用一些相应的教法来填充和丰满这个教学过程，如设问的方法、提问的方法、提供思考线索的方法，组织学生进行验证问题的方法，组织学生讨论的方法等。

当上述三个基本方面的要素都具备了，这个教学模式就基本形成了。也就是说，只有具备了体育教学思想的“神经”、教学过程基本结构的“骨骼”和教学方法的“肌肉”时，体育教学模式才算是真正建立起来了。

2.体育教学模式的特点

（1）理论性

体育教学模式是在体育教学实践中以一定的体育教学思想或理论做指导而建立起来的。例如，快乐体育教学模式就是在“快乐体育”教学思想的指导下逐步在体育教学实践中形成的。没有体育教学理论的指导，体育教学模式是不完整的，原因之一就是它缺乏科学基础。

(2) 独特性

任何体育教学模式都只表达特定的教学思想，针对待定的教学目标、教学内容和教学环境，适用于特定的教学对象和范围。这体现了体育教学模式的独特性特点。这就要求我们不但在把其他教学模式移植到体育学科中来的过程中，而且在体育教学模式的运用中不能盲目行事、囫囵吞枣，要考虑体育教学模式的独特性。

(3) 操作性

体育教学模式是抽象体育教学理论向实践转换的中介，不是空洞的思辨，而是抽象理论具体化，教学过程内在本质表面化。如果一个体育教学模式的操作性不强，无法运用于任何体育教学实践，那么这样的体育教学模式就没有使用价值，最终只能被较之先进的教学模式所取代。所以体育教学模式必须具有操作性，而且其操作性越强，越能较好地运用于教学实践。

(4) 开放性

体育教学模式是不断发展的，不会也不可能出现“终极模式”。一方面，体育教学模式必须接受和吸取新的教学思想或理论，这是其不断修补和完善的前提；另一方面，体育教学模式会随着体育教学改革的推进而不断更新和完善。因此体育教学模式是一个开放的、动态发展的位于体育教学理论与实践之间的中介物。

(5) 稳定性

体育教学模式和其他教学模式一样具有稳定性的特点。稳定性是体育教学模式在实践中得以运用操作的前提，因为任何教学模式，也包括体育教学模式，如果没有稳定性的特点，那么它将由于无法操作而被束之高阁。体育教学模式的稳定性是相对的，而不是绝对的。因为其所包含的体育教学方法和教学组织形式在体育教学实践中是不拘一格和灵活多变的。

(6) 优效性

体育教学模式的优效性表现在两个方面：一是它是在教学实践中总结构建出来的教学活动的简化程序，其形成过程也是教学活动的优化过程；二是它一旦形成并被实践所证实，其应用就会提高教学效果。但是体育教学模式要在教学实践中取得优良的教学效果，必须经过合理的选择和运用，其关键就在于要选择与一定教学目标相对应的教学模式。

(三) 体育教学模式的分类

按体育教学模式的功能目标分类，可以分为“三基型”体育教学模式、“发展型”体育教学模式、“情感型”体育教学模式三类。

1. “三基型”体育教学模式

“三基型”体育教学模式是指以传授体育基本知识、技术和技能为主要功能目标的传统的体育教学模式。它主要包括下面三种模式。

(1) 系统学习教学模式

是指通过教师的传授和学生的接受学习，以系统掌握“三基”为中心的一种体育教学活动策略。教学指导思想：强调以学习运动技术为中心，使学生在学习运动技术、提高技能的过程中，获得体育教学的综合效益。教学程序：讲解示范→学生练习→教师指导→技评达标。教学方法主要有讲解示范法、分解练习法、完整练习法等。

(2) 程序学习教学模式

是指把一个完整的体育动作技术分解成若干个适合学生学习掌握的步子，学生按步子去学习并及时反馈学习信息，经过强化练习达到预期目标的一种体育教学活动策略。教学指导思想：以顺利掌握运动技术为核心，通过及时的教学信息反馈和强化练习，以最少的时间取得最佳的教学效果。教学程序：讲解示范→操作练习→矫正反馈→操作练习→自动化。教学方法主要有讲解示范法、反馈教学法、完整教学法等。

(3) 掌握学习教学模式

是指以教学诊断和评价为突破口，遵循因材施教的原则，使学生都能掌握学习内容和取得优异成绩的教学策略。指导思想：教师要对全体学生负责，让所有学生都能获得优异成绩。教学程序：诊断性测验→学生明确学习目标和学习过程→操作学习→形成性测验→因材施教→终结性测验→全体完成学习任务。教学方法主要是目标教学法、个别辅导法、反馈教学法、系统教学法、程序教学法等。

2. “发展型”体育教学模式

“发展型”体育教学模式是指以培养能力、发展身心素质为主要功能目标的体育教学模式。该模式是针对传统体育教学模式中只重视技术和技能的传授，不注重学生能力的培养和主体地位的发挥这一弊端而在体育教学实践中逐渐孕育出来的，其主要有以下三种模式。

(1) 发现学习教学模式

是指学生在教师的引导下独立发现、积极探究的一种教学策略。教学指导思想：教师在有计划地安排“发现”学习的过程中，调动学生认识和探究的积极性，发展学生的创造性思维和分析解决问题的能力，使学生成为学习过程的主体。教学程序：设置疑问→启发诱导→探究发现→尝试练习→鉴别判断→做出归纳→引申扩展。教学方法包括启发式教学法、尝试教学法、学导式教学法、情境教学法和问题教学法等。

(2) 问题解决学习教学模式

是指将体育教学转化为“问题教学”，学生在教师引导下通过解决学习性问题来独立掌握知识和技能的教学活动策略。教学指导思想：以学生学习为中心，学生在独立的认知活动中探索学习，并通过实践练习解决问题，成为学习过程的主体。教学程序：设置问题情境→提出解决问题的各种假设→思考讨论→操作练习验证→解决问题→总结评价。教学方法主要是启发探讨法、情境教学法、研究讨论法等。

(3) 目标学习教学模式

是指在教师设计的目标情境下，学生根据自己的学习能力自主地选择目标进行学习的教学策略。教学指导思想：使全体学生达到教学目标，掌握实现目标的方法，发展学生思考和判断能力，提高掌握“三基”的能力。教学程序：目标设定→目标认定→探索方法→操作练习→矫正深化→达到目标→向新目标挑战。教学方法主要有小组学习法、个别指导法、分解练习法、完整练习法等。

3．“情感型”体育教学模式

“情感型”体育教学模式是指以培养学生的体育态度、兴趣情感为主要功能目标的体育教学模式。其主要有以下三种教学模式。

(1) 自主学习教学模式

是针对“教师中心”“强制式”教学而提出来的。是一种在教师指导下，由学生主动参与教学过程，自主选择教学目标，自我设计达到目标的途径，自由组合学习小组，选择练习手段，自主实践练习，自我评价的教学策略。教学指导思想：以学生为本，积极引导学生参与教学过程，发挥学生的主动性、积极性和创造性，培养学生对体育的认知能力、心理能力和实践能力，形成主动积极的体育意识和态度，满足学生对体育运动的心理需求。教学程序：明确学习目标和过程→创设学习情境→自主选择途径和手段→自由组合学习小组→主动向学习目标挑战→总结学习规律→自我评价与师生评价→体验学习成功的喜悦。教学方法主要是发现法、小组讨论法、尝试练习法、问题解决法、反馈法等。

(2) 小群体学习教学模式

是指在教师的指导下，学生按照某种联系组成学习群体，利用“互动、互助、互争”的群体功能，在学习过程中获取知识技能、陶冶性情、发展完善的人格和培养集体主义感的教学策略。教学指导思想：有计划地组织学生在小群体内担任不同的角色，通过彼此间体力、智力、情感的互动和交流，形成科学的体育价值观、正确的体育行为规范和良好的群体意识。教学程序：创设学习情境、激发兴趣→合理分组→制定计划→自主选择、相互交流→竞争协作、练习提高→心理需求满足与发展。教学方法主要有讨论法、情境教学法、自主学习教学法、目标教学法、反馈教学法、合作教学法等。

(3) 快乐体育教学模式

是指以体育运动为基本手段，采用适宜的教法，使学生在学习过程中得到快乐体验的一种教学策略。教学指导思想是近年来在国内外“快乐体育”思想下形成的，主张让学生在掌握运动技能和进行身体锻炼的同时，也让其体验到运动的乐趣，并通过快乐的体验逐步形成终身参加体育实践的志向和习惯。教学过程：由一个或几个体验运动乐趣的环节构成，且环节之间环环相扣、层层递进。教学方法主要为游戏法、挑战性练习法、集体性练习法、小群体学习法等。在快乐体育教学模式的教学实践中，较典型的是“成功体育”教学思想指导下的成功体育教学。

二、体育教学模式的基本属性

根据对各种先行研究进行归纳，提出体育教学模式的6个基本属性：理论性、稳定性、直观性、对应性、整体优化性以及可评价性。

(一) 理论性

所谓理论性是指任何一个比较成熟的体育教学模式都必定反映了某种体育教学指导思想，都是一种体现了某个教学过程理论的教学程序。只有以明确的教学指导思想和理论为基础的教学模式，才有可能比较完善和清晰。因此，体育教学模式与教学思想及理论的依存关系，形成了教学模式的理论性属性。

(二) 稳定性

一个体育教学模式的确立实际上是一个新型的体育教学过程结构的确立，既然是结构，就必然有相当的稳定性。所谓“教学模式”，就是指无论在什么时候运用这种模式教学，其基本的程序和主要的环节都不应有大的变化（当然根据学生的情况和教学条件变化做些细微的调整是可能的）。如果某个教学模式在不同人和不同时间运用时都要产生大的变化，那就说明该教学模式还没有真正地建立起来，还只是一个似是而非的教学程序模型。

(三) 直观性

直观性也可称为可操作性，任何一个新体育教学模式的建立，都意味着它和以往的任何体育教学模式是不同的，都具有某种显明的特点和独特的教学效果。如不具备这一点也就说明它是雷同于或相似于其他旧有教学模式的。所谓新的特点和独特的教学效果一般都体现在整个教程安排的特殊结构或某个特殊的教学环节上，因此应该是很显明的。这就使人们可以根据其特定的教学环节和独特的教程安排来判断是不是属于此种教学模式（直观性），这个特性还可以使人们通过设置其独特的教程或特定的教学环节来重现该教学模式（可操作性或可重复性）。

（四）对应性

任何一个体育教学模式都不是万能和绝对的，都是具有一定的特殊功能和特点的教学过程，因此它一般有一个大概的适应范围，如适应什么样的教材、什么样的学生、什么样的场地设施条件等。由于各个体育教学模式的特点不同，其对应的范围也会有大有小。

（五）整体优化性

一个新的体育教学模式的形成也意味着一个教学系统的改变，也就是指在某个新的教学思想的指导下，将教学过程设计、教学方法的选用以及教学评价方法的选定统合起来，组成一个全新的教程。因此一个新的体育教学模式的形成必然产生一个教学程序的整体优化，并由此产生更好的教学效果。如果只有某一局部的改变而没有整体的优化，也就还不能说已经形成一个理想的体育教学模式。

（六）可评价性

所谓可评价性是指任何一个相对成熟的教学模式确定，必有着与其整个过程相应的评价方法体系。评价既体现其教学思想的依据，又反映其教学过程结构的评价，也有对其相应的教学方法体系的客观评价。对体育教学模式的整体性评价，既体现教学模式的教学价值观，又体现体育教学组织过程的可行性。因此任何一个教学模式都应可以对实施这个教学模式的教师给予明确的教学评价，这不仅仅是对该教师对教学模式理解程度的评价，也是对教师参与、认识和学习能力进行系统评价，从而使体育教学模式的形成过程，更符合其自身的规律性。

三、体育教学模式的构建

教学模式是根据某些教育思想、教学理论而设计的可以操作、可以控制的结构性流程，掌握教学模式的意义就在于使教学理论落到实处，人们在运用某种教学模式时必然会体验到某种教学理论对实践的指导作用。我们学习先进的教学模式，明确其指导思想，熟练其操作技能，最终目的是由此建构自己的教学模式。别人的模式再好，不可能完全适应自己所教学科的实际、所用教材的实际、所教学生的实际。因此，应建构“为我所用”的教学模式系统。这不仅是必要的，也是可能的。因为教学结构中所包含的因素，由于其组合方式不同而具有多种不同的形态，并有各自独特的功能，体现各自的教育思想、教学理论。作为一线教师，通过学习他人先进的教学模式，在掌握其指导思想的前提下，根据自己教改实践的需要，对模式进行变通、组合、重构，就能达到创建新模式的目的。

如何建构教学模式？对于定性建模而言，大体过程如下：

第一，明确指导思想。先进的教学思想是建模的灵魂。如果不明确建模的指导思想，只注重一些步骤、环节的组合，就会成为毫无意义的拼凑，达不到建构模式的目的。

第二，选准典范课例。丰富的实践经验是建模的基础。通过调查研究，选出一个比较典范的教学案例，从理论上加以分析，总结、归纳出基本特征，并充分认识教学的基本过程。

第三，进行简要表述。在抓住特征、认识过程的基础上，通过语义比较，确定好关键词，对提炼出的教学模式给予简要的定性表述，或展现这一模式的运行图示。

第四，在实践中检验。在教学中具体实施这一模式，并充分体现其特征和运行过程，用严密的实验来证实其效果。

第五，形成子模式群。通过教学实践的检验，针对不同的学情，对相关环节要有所变换，或增或减，从而在基本模式的基础上形成一系列更为具体的子模式群。

第六，对建模的评价。对教学模式的整体设计和实践检验进行综合归纳，发现规律，从而获得建模成功与否的结论，以便改进，使之完善。

建构模式，掌握模式，最终是为了超越模式。我国古代学者就强调：教学有法，但无定法，贵在得法。教学建模也是一种方法，同样可以说：教学有模，但无定模，贵在得模。当年齐白石先生曾针对一些单纯模仿“白石技法”作画的人说过：“学我者活，像我者死。”意思是说，善于观察我作画的“门道儿”，领略我画中的“神韵儿”，并善于再创造的人，必定有艺术生命力；单纯模仿我作画，比着葫芦画瓢的人，肯定走进死胡同。我们应当很好地体味齐白石先生这两句极富哲理的名言，紧密联系本地、本校和本人的教学实际，以更新教育理念为先导，处理好“教学有模”与“教无定模”的关系，大胆进行改革创新，不断探索和总结出“为我所用”的教学模式，形成自己独特的教学风格。

四、体育教学模式案例分析

多年以来，随着体育教学研究的不断发展，在国内外的体育教学实践中已经形成了一些比较成熟的、可行的或具有新意的体育教学模式。接下来就四种比较成熟的体育教学模式进行介绍。

(一) 技能掌握式的体育教学模式

1.指导思想

经常被称为“传统的体育教学模式”，这种模式主要受苏联传统教学理论的影响。它主要是依据运动技能的形成规律而设计的，是以系统地传授运动技能为主要目的的体育教学过程。

2.教学过程结构特征

教学的单元设计以某一运动技术教学为主线，以达到目标的难度来判断单元的规模，多采用中大型单元，单元教学内容的排列主要以技术的难度为顺序。教学课的设计以某个技能的学习和练习为主线，注重练习的次数和必要的运动负荷安排，主张精讲多练，注重对运动技能掌握效果的评价，有人也称这种教学过程为“三段制教学”。

3.案例

某教师进行篮球教学，单元由5课时组成，教学内容为学习篮球跳投技术，按难易程度教授技能的顺序为：原地跳投—急停跳投—实践应用——一人两点移动跳投—自由发挥与技术动作评价，每次上课先进行一般性准备活动，再进行结合跳投技术的准备活动，然后讲解跳投的要领并示范，随后是学生练习，教师纠正错误动作，学生再练习，最后进行技能学习情况的总结评价和放松活动后下课。

(二) 快乐体育的“目标学习”教学模式

1.指导思想

快乐体育源于20世纪70年代的日本。它是针对学生的厌学体育的现状，并为实现学校体育教学与终身体育的连接而提出并发展起来的。快乐体育依据游戏理论，主要依据体育活动中体验运动乐趣的规律而设计的，“目标学习”教学模式的主要特点是让学生很好地掌握运动技能和身体锻炼的同时，能够体验到运动和体育学习的乐趣，从而为形成学生终身参加体育实践的志向服务。

2.教学过程结构特征

具有“让学生充分运动体验运动的乐趣”“让学生挑战新的技能体验学习的乐趣”“让学生进行探究体验创新乐趣”这样2–3个体验运动和学习乐趣的教学环节，这些环节互相连接，层层推进，使学生分别体验到运动、学习、挑战、交流和创造的多种体育固有乐趣。“目标学习”教学模式经常采用自主性学习法、探究学习法、比赛法、讨论法、小集团学习法等教学方法。

3.案例

某教师进行跨栏跑教学，单元为8课时，在单元的前半部分，教师采用游戏法让学生跨越不同形状、不同高度的障碍物，充分体验跨越障碍进行活动和竞赛的乐趣；随后逐渐转入跨栏跑的教学阶段，教师根据学生不同的技能状况分成小组进行学习，在小组中让学生自定小组的目标和个人的目标（如不同的栏数、不同的栏间距、不同的栏高等）并向各自的目标挑战，体验运动学习的乐趣；在单元的后半部分，教师组织学习小组间的比赛，采用超过自己最好成绩的比例作为得分的相对评价方法（如某人超过最好成绩95%为3分，90%为2分，85%为1分，80%为0分，75%为-1分，70%为-2分等，最后各组的分数相加作为小组成绩，看哪个小组分数高），各小组自定比赛的策略，互相帮助，争取胜利。最后，单元结束时教师让学生写出学习体会，总结学习成果并以此来加深学生对运动乐趣的体会。

（三）小群体教学模式的体育教学模式

1.指导思想

小群体教学模式也称小集团教学模式。是以提高体育教学质量，发挥学生的学习自主性、适应学生的个体差异，促进学生交往和社会性提高为目的，主要依据体育学习集体发展和发挥教育作用的规律而设计的。是在教师的周密设计下，根据班级学生情况和教学需要，将全班同学分成几个异质（或等质）的学习小组，在教学中的某个阶段进行以小组为单位的学习，最后组织小组间的比赛，促进师生之间、同组同学之间、异组同学之间相互切磋与交流，从而提高教学效益的教学过程。

2.教学过程结构特征

一般在单元的开始，教师都要根据学生的年龄特点、性别特点、素质特点、兴趣爱好特点等，将学生分成若干个学习小组，而且要让各个小组推选组长，形成团队精神，还要求各小组根据教学的目标制订本组的学习目标。在单元的前半部分，教学一般以教师指导性较强的班级学习形式和小组学习形式为主，学习内容是全班一样的；而在单元的后半部分，教学一般以自主性较强的小组学习形式为主，各组学习的目标和内容是不尽相同的，此时，教师主要起指导、参谋和保证安全的作用；单元的前半时以学习活动为主，单元的后半时则以练习和探究活动为主；在单元结束时，一般有小组间比赛、小组内总结、发表感想和全班总结等教学步骤。

3.案例

某教师进行跨栏跑教学，单元为8课时。在教学开始阶段，教师按学生情况分成6个“异质”的学习小组，教师先用半节课时间向学生讲解本单元的教学目标和教学内容，让学生对整个教学过程有一个了解，然后教师让各小组讨论一下本组的学习目标；在单元的前半部分，教师对全班进行跨栏的讲解和教授，并以全班练习和小组练习的形式让学生熟练技术；在单元的后半部分，教师要求各小组根据本组的学习目标和组内同学的情况进行有针对性的组内自主练习，同学们相互帮助，共同思考，教师则在一旁进行观察，不时给予指点，并提供必要的学习建议，保证处在教学的安全环境中；在单元结束前，教师组织小组间的跨栏比赛，比赛后让各小组总结并发表文自己学习进步的感想，最后教师进行全面总结。

（四）发现式的体育教学模式

1.指导思想

类似的有“问题解决式的教学模式”和“探究式学习教学模式”等，该类教学是主要遵循在体育教学中学生认知的规律来考虑教学过程。它是指以发展学生创造性思维为目标，以提高学生解决问题能力，让学生通过自己获取新知识和解决问题的体验，掌握学习和思考方法为主要目的的体育教学过程。

2.教学过程结构特征

这种教学过程是将运动教材中有关知识和原理进行归纳和整理后，组成“问题串”和“探究课题”，对每个问题和探究的课题都设有其验证、讨论和归纳的方法，然后将几个大的问题分别设计在各节课中；其教学过程一般有问题提出、验证性学习、集体讨论、归纳问题和得出结论等几个主要的学习阶段，而运动的学习和练习则紧密地穿插其中，在教学中除教学法和练习法之外，还比较多地运用提问—回答、设疑—假说、验证—发现、讨论—思考、归纳—总结等教学方法。

3.案例

某教师进行跨栏跑教学，教师事先设计出“什么是跳栏、跨栏、跑栏？”“跨栏为什么要攻栏？”“攻栏的要素有哪些？”“如何练出攻栏的动作？”“你的攻栏的动作如何？”“你的同伴攻栏的动作如何？你和你同伴要改进什么？如何改进？”“改进得怎么样？”“你从学习攻栏中领会到了什么？”等相互关联和层层递进的课题与问题，然后将问题放在8–10个课时的单元中进行教学；如第三节课中，课题是“攻栏的要素”，教师先让学生们测量自己起跨点到栏的距离和下栏第一步着地点与栏的距离，以指导学生认识攻栏的技术结构，在实地验证和讨论中得出攻栏与速度、身体柔韧性与技术之间的关系，使学生找到练习的方向，并实践了如何理性地进行运动学习的过程与方法。

五、体育教学模式的发展趋势及其选择与运用

改革开放以后，学术界对于体育教学改革进行了一系列的研究与探索，其中有

理论方面的也有实践方面的。在20世纪80年代，我国学者开始对体育教学模式进行研究，最早是引进国外有关的教学模式理论与实践介绍性研究，随着对教学模式的认识和研究的深入，有关体育教学模式的文献与著作也越来越多，这些研究探讨了体育教学模式的概念、本质、特点、分类、结构等基础理论，同时也总结出一些具有体育学科特色的教学模式。接下来我们分析一下我国体育教学模式将在哪些方面有创新与发展的可能，也就是体育教学模式今后的发展趋势。

（一）体育教学模式的发展趋势

1.强调学生在体育教学中的主体地位，发展学生的智力和培养能力

重视学生的主体地位是当代体育教学模式的共同特征。传统教学中的“教师中心论”逐渐被现代教学论的“教师主导，学生主体论”所取代，反映到教学模式发展中，引起了由教师中心教学模式向师生合作、强调学生主体地位的教学模式的发展变化。如“自学互教教学模式”“自主性教学模式”都是让学生自主探究学习，做学习的主人。教学观念由重知识轻智能和重教轻学向知识与智能统一和教会学生学习转变。传统体育教学模式是以教师为中心构建的，学生始终处于被动学习状态，教学目标由教师制定，学生执行，组织教法由教师设计，学生听令行动，每一步教学程序都是学生按教师指令运作的。当代体育教学模式针对上述弊端进行着改革，突出了对学生体育能力的发展，引导学生遵循科学规律，培养终身体育的意识，形成终身体育的习惯。

2.体育教学模式理论基础趋向多元化

不同的教学模式有不同的评价方式。随着教学模式理论基础的不断充实、实现目标的情意化，其评价必然发生改变。单一的评价方式显然不能全面反映出一个模式的科学与不科学，所以，评价标准的多元化是必然的。

传统的教学模式只重视终结评价的作用，忽略了学生学习和练习过程中的评价，因而学生的学习兴趣、爱好、情感反应都得不到反馈和体现。期末的成绩则记录了学生某几项达标的表面成绩，根本无法深入到学生学习的内在的动机和认识的提高等方面。因而体育教学模式在当代，逐渐地摆脱了单一的终结评价方法，开始重视学生的学习过程评价、学生的自我评价、单元评价，等等。

当代国内外体育教学模式的理论基础非常广泛，已不单纯依据哲学认识论、教育学、生理学了，随着现代心理学的迅速发展，教学模式的心理学色彩越来越浓厚。国内外许多教学模式都是现代心理学的产物，除此之外，当代教学的理论基础，如系统科学、社会学、管理学等呈现出多元化和交叉趋势，对增强教学模式的科学性带来深远影响。

3.体育科学模式从单一化向综合多样化发展

在传统体育教学中，教学模式单一，具有一定的局限性。随着教育科学的发展、观念的更新，新的理论、新的思想不断出现，教学模式也不断得到完善和丰富。国内外出现了多种多样的教学模式，呈现出多样化趋势，不同教学模式相互借鉴，相互促进，发挥各自特有的功能，为体育教学实践提供了选择教学模式的广阔空间。但由于课内学时与时间的限制，要培养与发展学生自动化的运动技能与锻炼身体的习惯，并为终身体育做准备，光靠课内的时间是远远不够的。课内的主要任务是学习一些新的知识点，改进一些错误动作，因而要充分利用课外的时间，加强强化练习、过渡练习，复习与巩固已学的知识与技术，经常锻炼，培养习惯，才能把运动技能上升为熟练化、自动化。然而，目前的状况是，体育课是受到重视的，但课外体育活动却名存实亡，不是放任自流，就是让班主任来承担任务，其效果就大打折扣了。

从教学模式角度而言，目前由于课外体育活动的不受重视，这方面教学模式的研究也显得很薄弱，关于目前提出的“课内外一体化教学模式”，虽然涉及了课内与课外相结合的教学，但它在教学实践中还很不成熟，具体的操作模式也不够明确，因此我们暂没有把它列入现有体育教学模式的体系中，当它的理论与实践成熟后，它就自然可以成为一种重要的体育教学模式。

4.向适应个性模式发展

体育教学个性模式，要求教师在教学中，能调动学生的兴趣，让学生经过努力，可以看到和达到预期效果，产生愉快的情感体验，满足需要，从而激发学生积极参加体育活动的兴趣。

5.体育教学模式的目标趋向情意化

现代教学理论研究和教学实践活动都已表明，学生的智力因素与非智力因素在他们的学习活动中都有着积极的重要作用。现代教学模式的构建改变了传统的教学活动中片面强调智力因素的作用，忽视非智力因素的作用的状况，教学模式的目标不再仅仅限于增长学生的知识，培养学生的能力，而是要把情感教育、人格教育、品德教育与知识教育结合在一起。尤其在人本主义心理学日益受到人们重视的情况下，学生的情感陶冶备受关注，情感活动被视为心理活动的基础，以此来培养学生的自立性、情感性和独创性。如情景教学模式、快乐体育教学模式，设有一定的问题情境，使教学过程具有复杂、新奇、趣味等特征，学生在一种浓厚的兴趣、强烈的动机、顽强的意志状态下学习和掌握体育知识技能，更能激发学生求知的内驱力，有很强的情意色彩。

6.体育教学模式的实现条件趋向现代化

新课程改革要求大力推进信息技术在教学过程中的普遍应用，促进信息技术与学科课程的整合，逐步实现教学内容的呈现方式、学生的学习方式、教师的教学方式和师生互动方式的变革，充分发挥信息技术的优势，为学生的学习和发展提供丰富多彩的教育环境和有力的学习工具。随着现代化信息技术在课堂教学中的广泛应用，教学模式的实现条件必将走向现代化。如在体育教学中运用多媒体教学帮助学生建立正确的技术表象；健美操课运用多媒体技术培养学生的创编能力等。在体育教学模式的运用过程中，充分利用现代教学手段，将学生的视觉与听觉有机结合起来，往往会取得更好的教学效果。

7.体育教学模式研究的精细化

理论研究的目的是指导实践研究，同时也起到总结实践的作用。如果理论脱离了实践，那就将成为一纸空文，而目前大多的理论研究仅止于此，因此造成了许多低水平重复的极大浪费。要加强研究的力度与成效，理论研究与实践研究的结合必然是一条必经之路。一方面，教学模式的研究同任何理论的研究趋势一样，必将从一般教学模式研究走向学科教学模式研究，再到课堂教学模式研究。另一方面，课堂教学模式的研究又趋向精细化，包括学期教学模式、单元教学模式、课时教学模式。精细化是教学模式研究的必然趋势。

（二）体育教学模式的选择和应用

体育教师在教学实践中选择和应用教学模式时，应考虑以下几个基本要求。

1.从整体把握，做到形神兼备

任何教学模式都是由一定的指导思想、目标、程序、策略和评价等要素构成的，其本身各有一套完整的教学系统，运用时必须整体把握，既透彻理解其理论原理，又切实掌握方式方法，只有形神兼备，才是完整的、严格教学意义上的教学模式。那种无视教学模式的完整性，随便套用其程序步骤的做法，对提高教学水平和教学质量毫无益处。

2.从模仿借鉴定向创新

体育教学模式是体育教学实践经验的概括和升华，它为每个教师提供了开展教学活动的各种模型，便于学习模仿。虽然教学模式一旦形成，其基本结构保持相对稳定，但并非意味着该模式从此不变了，教学模式总是随着教学实践观念和理论发展而不断丰富充实和完善的。没有一种教学模式能适合所有的体育教师和学生，因此，不应强求每一位教师按一种模式教学，应当鼓励他们创新和超越，超越现有的体育教学模式，形成自己独特的教学风格。

3.从实际出发，综合运用

教学工作是十分复杂的，教学情境是千变万化的，只用单一的体育教学模式来组织全部教学活动是不可取的。不同的教学模式有各自特定的目标、条件和范围，不存在对任何具体教学过程都普遍有效的模式。教学目标、课程内容、教师和学生特点等都是影响和制约教学模式选择和应用的重要因素。如传授体育知识和技术等方面，宜采用讲解—示范教学模式；发展学生体育能力为主的教学目标，宜用发现式教学模式。总之，体育教师要从实际出发，选择恰当的教学模式，并注意创造性地加以运用、发展。另外，教师教学不是一次只能选择一种模式，而是可以同时选择多种模式，交替配合使用，最高程度地发挥各自的效能，完成不同的教学目标。

4.根据体育教学目的或目标选择教学模式

体育教学目标既是体育教学模式的起点，也是体育教学模式的归宿。由于体育教学活动在很大程度上受教学目标的牵制，所以应根据不同的教学目标采取与之相适应的教学模式。

5.根据学生发展水平选择教学模式

学生在不同年龄阶段呈现出来的生理发育水平、认知特点是不一样的，相同年龄阶段的学生其发展水平也有个体差异。因此，体育教学模式的选择要注意学生的接受能力和发展水平，其中应以教学模式与最大多数学生的发展水平相适应为原则。

6.根据教学环境和教学条件选择教学模式

这里所指的教学环境和教学条件范围较广泛，包括学生人数、场地器材、教学时间和空间、教师能力等在内的诸多因素。在教学中应根据以上因素合理选择教学模式。例如，面对班级人数多、教学时间有限、设备条件差、教师经验有限等这些情况，可选用系统学习模式；面对班级人数少、教学时间弹性大、教师掌握了一套或几套评价技术教材等这些情况的教学，则可选用掌握学习教学模式；等等。

此外，要根据教学目标的多元性和教学过程的动态性特点，对体育教学模式进行综合选择和运用。在实际教学中，抱怨体育教学模式单一的呼声不断，但从体育教学模式的分类中，不难发现其模式种类并不少（体育教学模式的实用性另当别论）。那么，为何会出现实际体育教学中模式单一的现象呢？我们认为可能有以下三方面的原因：一是现有体育教学模式的实用性差；二是教师对现有模式只知其一，不知其二；三是选择教学模式时只强调某一种模式，有意或无意地排斥或贬低其他模式。在上述原因中，把体育教学模式的实用性差这一因素排除后，造成实际体育教学中模式单一的原因综合起来看就是没有对体育教学模式的综合选择和运用。事实上，体育教师在教学模式的选用上必须明确的是：不存在能有效地适应每个学生或成功地达到所有教学目标的某一体育教学模式，也即一定的体育教学模式有它独特的功能和使用范围。当然，我们并不否定一个教学目标可以有多个教学模式与之相对应，也不排除某一教学模式可以实现多种教学目标，但是“一模万能”的教学模式，是人心所向的，却是不现实的。教学模式是具体的、有针对性的、有局限性的。因此，在实际体育教学中要根据教学目标和实际情况灵活综合地选用体育教学模式。

第五章　体育教学目标

任何活动都是一种有目的、有目标的行为，目标是保证活动按照一定方向有效实施的关键，体育教学自然也是如此。因为体育教学涉及的学科范围较广，同时又会受到时代和人们观念的影响所以，一直以来，体育教学目标的制定都是体育教学研究中的重点问题，受到人们的广泛关注。

体育教学目标实际上就是人们对体育教学活动的期望，是体育活动所发挥出的一种效果的体现。但是体育活动的功能和人们对体育活动产生的效果的期望又不能仅仅作为体育教学目标，只有保证两者完美结合，才能保证体育教学目标的顺利实现。

第一节　体育教学目标的概述

体育教学是由社会文明不断进步而衍生出的一种学科，也是一个多功能和多指向性的学科。受社会环境的影响，体育教学目标的内容也日趋庞杂，难以进行科学的总结和制定。研究体育教学目标的概念有助于在教学的过程中，科学地制定体育教学目标，能够保证体育教学的顺利实施。

一、目标、教学目标的概念

研究体育教学目标的概念，首先应该清楚目标和教学目标的概念，这样有助于人们对体育教学目标的了解和掌握。

(一) 目标

我们生活中有很多涉及目标的活动，如人们在学习的过程中，往往会为自己定下一个学习过程中所要达到的某个效果，所以说目标是指某一活动在一定时期内预期达到的程度和所取得的效果。目标通常是一个体系或是一个系统，具有方向性和层次性、可操作性和挑战性。在某项活动开始前，对其制定目标，不仅能够激发参与者的热情，同时还能使参与者明确活动的方向，实现活动目标。

（二）教学目标

教学本身就是一个实践的过程，教师和学生在这种实践活动中的目标就是体育教学的目标。《教育大词典》中解释为“教学目标是教学中学生预期达到的学习效果和标准”，是教学管理中的教学目标的术语，为教学活动提供了方向。

二、体育教学的目标及其相关的概念

有些人将体育教学目标理解为体育教学的目的和体育教学的任务，如在中华人民共和国成立后的《体育教学大纲》中，关于体育教学目标的描述都是“一个目的和三个任务”的说法。从体育教学的研究上来看，体育教学目标与体育教学任务和体育教学目的之间确实有着不可分割的联系，具体如下。

（一）体育教学目标、教学任务和教学目的含义

体育教学目的：所谓体育教学目的，实际上就是开展体育教学活动是“为了什么”，学校开展体育教学是为了达到什么效果，因此可以将体育教学目的定义为：人们设立体育学科和实施体育教学所要达到的某种结果和期望。根据体育教学目的的定义可以看出，体育教学目的是贯穿于整个体育教学活动中的，是教学活动的指导思想，控制着体育教学开展的进程和方向。

体育教学的任务：所谓的任务就是被委派的某种工作和责任，即上级为了保证某种期望能够顺利完成而向下级布置的工作，是体育教学的具体内容。体育教学任务实际上就是体育教师在教学过程中要做的工作。由此可见，体育教学任务是为了体育教学目的服务的，保证体育教学目的的完成，是体育教学的中间环节。

体育教学的目标：体育教学目标是对体育教学任务和体育教学目的的分析、归纳、总结而制定的一种较为完善的教学工作计划，是教学的过程中教师努力的方向和所预期达到的教学成果。体育教学目标强调的是教学目的和教学任务的阶段性，在教学的过程中各个阶段的任务和预期效果以及最后完成的效果。

（二）体育教学目标、任务、目的三者之间的关系

前面我们已经对体育教学的目标、目的、任务的含义进行了详细的阐述，可以看出三者之间并不是独立存在的，而是相互依托的，应该表现为如下的相互关系。

第一，各个阶段的体育教学目标的综合就是最终的体育教学目标。体育教学是一个复杂的内容，所以体育教学目标也相对复杂，因此将体育教学目标按照教学的

阶段性进行分解，保证体育教学目标有效实施。

举一个实际教学中的例子来说，某一个年级的体育教学的目标是提升学生的体育运动能力和技能，这种目标总体而言较为笼统，不利于教师在教学过程中的实施。有些教师将这些目标进行阶段性的分解：培养学生对体育运动的兴趣，增长学生对体育知识的了解，培养学生的体育运动技能，等等，这些小目标最终汇总成体育教学总目标。

第二，最终的体育教学目标是实现体育教学目的的标志。前面我们已经对体育教学目标的概念进行了简单的梳理，明确体育教学目标是体育教学活动预期取得的效果。由此可以看出，体育教学目标是实现体育教学目的的标志。

举一个体育教学中的例子来看，如体育教学的一个目的是让学生掌握足球发球的技能，那么，足球教学的总目标就是让学生学会主要的足球技能和有关的知识、学会运用战术、学习有关规则和背景知识、学会欣赏足球，等等。各节有关足球课程的教学任务就是指导学生学习和掌握小目标所要求的教学任务。

第三，体育教学任务是为了实现体育教学目的和体育教学目标所应该做的实际工作和应该承担的责任。因为体育教学任务是保证体育教学目的和目标实现的根本途径，也是体育教学目标和目的实现，应该做的实际工作和承担的责任。

举一个体育教学的事例：足球课程的开展目的和目标就是为了提高学生对足球技能和知识的掌握。但是如何才能保证这一目标的实现？如何才能促进教学目标的达成？体育教师为了保证这一教学目标的实现，在教学的过程中，必须学生进行足球发球和射门技能的教授，这样才能顺利地实现体育教学目标。

（三）体育教学目标的概念

通过以上对体育教学目标中相关组成因素的论述，笔者认为体育教学目标的概念如下：

体育教学目标是根据当前社会对学生的要求、学生的特点和国家的教学方针制定的。为了保证教学目标有效地落实，可以将其分为阶段性成果和最终成果。阶段性成果是体育教师为了保证体育教学的有效性，根据体育教学总目标制定的阶段目标；阶段任务完成的成果的综合就是体育教学的目标。

二、体育教学目标与体育学科功能和价值之间的关系

有些人认为体育教学的目标与体育学科功能和学科价值之间有着非常密切的联系，有时候甚至将体育教学的目标定义为体育学科的价值和学科功能的综合。这是由于对体育教学目标概念理解不深入造成的，为了帮助读者更加了解体育教学目

标、体育学科功能和学科价值之间的关系，笔者根据多年的研究经验，对三者的概念和三者之间的关系进行如下论述。

(一) 体育学科功能与体育学科价值的含义

体育学科功能：从教育学家和社会学家对功能的定义可知，功能取决于事物本身所具有的一种独特的性质和特点。因此，体育学科功能也是来自体育学科自身所具有的性质和特点。由于体育来源于不同领域的文化，是人们长期生活过程中不断积累和总结的一种多样性的学科活动，涉及人们生活中的方方面面，因此体育学科的功能具有其涉及的每一个文化领域的功能。所以，体育学科的功能具有多样性，并且每种功能均来自组成体育学科的多样化的文化母体的性质和特征。

体育学科价值：任何一种事物的价值都主要取决于其功能，所以体育学科的价值也取决于组成学科内容和板块的价值。通过对体育学科功能的了解，我们清楚地知道体育教学的功能具有多样性，所以体育学科的价值也具有多样性。体育学科功能和价值之间有着非常密切的联系，但是两者却又有不同之处。首先，体育教学功能是指某一项体育教学技能或是知识所发挥的作用，而体育学科的价值则是指学生在学习这项技能之后所达到的效果学生对体育学科的价值取向有助于帮助学生形成对体育学习的主观能动性，实现体育的多种价值。

(二) 体育教学目标、学科价值、学科功能之间的关系

通过上述对体育教学目标、体育学科功能和体育学科价值三者定义的论述，我们可以看到，三者之间的定义各不相同。体育学科功能强调的是一个事物的固有的、客观的属性；体育学科价值是体育教学过程中的学习主体和客体赋予某种技能或是体育活动的，属于被外界赋予的主观的属性；体育教学的目标则是根据体育教学过程中每一个教学任务的功能进行价值分析后的行为指向。

如果某项体育技能或者活动具有某种功能，但是如果人们在教学的过程中没有看出这个功能，也不可能把这个功能作为目标；反之，如果一个体育技能或者活动不具有某种功能，即使体育教育工作者要求通过这个技能的学习实现某种功能，那也是不可能实现的。因此，体育学科功能和体育教学目标是包含与被包含的关系，体育学科功能包含体育教学目标。

体育教学目标是指通过某种体育活动的功能的发挥实现体育活动的价值。但是体育学科的价值是人们主观形成的，是由体育教学活动的功能决定的，所以体育教学的目标也是由体育教学的价值形成的；但是，如果一个体育学科不具有某种价值，将其作为体育教学目标的想法也是无法落实的。所以体育教学目标属于体育学

科价值的一部分。

所以，我们不能简单地将体育学科功能等同于体育教学目标，也不能将体育学科的价值等同于体育教学的目标。体育教学目标是体育学科价值与体育学科功能的交集，因此，体育教学目标既是体育学科功能的一部分，也是体育学科价值的一部分。

三、体育教学目标的功能

分析体育教学目标的功能有助于人们对体育教学目标的了解和掌握，有助于为体育教学目标的制定提供科学的依据。笔者通过多年对体育教学研究的经验得出，体育教学目标有以下几个方面的功能。

(一) 激励功能

体育教学目标是体育教学目的和活动价值的集合，是学校开展体育教学活动课程所要达到的一种目的和效果。确立体育教学目标首先激发了学生对体育学习的兴趣，目标中的功能和效果能够提升教师对体育教学的热情，激励教师科学地开展体育教学工作，保证教学目标的实现；对社会而言，体育教学能够培养符合时代所需的接班人。这一目标激励着学生、教师和教学研究者对体育教学引起重视。

(二) 定向功能

体育教学目标实际上就是体育教学所要达到的一种方向，指导着教学活动按照一定的目的和方向进行，体育教学目标反映体育教学的目的，体育教学的目的是体育教学所要达到的效果和方向。学校开展体能训练课程的目的就是增强学生的体能，促进学生的身心健康，使其适应社会的发展需要，因此体育教师在进行教学的时候，会朝这个方向进行。所以，体育教学目标对于体育教学而言，具有定向的功能。

(三) 评价功能

任何一种学科的教学过程都需要教学目标，它不仅仅在教学中发挥着激励作用和指向作用，同时也是教学的评价。如学校开展篮球课程的根本目标是让学生学会篮球运动的相关技能和知识，这也是教师在教学过程中的方向。如果教师完成了这一教学目标，那么这名体育教师就获得了相应的教学成就，是一名合格的体育教师。如果在教学的过程中，不能保证教学目标的实现，那么教师就不能完成自己的教学任务。由此可以看出，体育教学目标具有评价功能。

（四）规范功能

体育教学相对于其他学科而言，具有复杂性，再加上新课改的影响，更加大了体育教学的难度，这就使得有些教师在开展体育教学的过程中，无法保证体育教学的科学性，最终造成不好的影响。体育教学目标是教师教学过程中的参考，具有指向功能，同时也规范了教学过程，使得体育教学能够按照科学的轨道进行，规范了教师的行为和教学的内容，促进了教学质量的提高。

第二节　体育教学目标的划分及其之间的关系

同很多事物一样，体育教学目标也有着固定的体系和科学的分类。多年来，体育教育学工作者们一直想解决“体育教学目标空泛”的问题，这个问题的实质就是没有对体育教学目标进行科学的划分，导致在体育教学的过程中，无法保证体育教学目标的实现。

一、对体育教学目标进行划分的意义

《体育与健康课程标准》根据体育教学的可操作性和可观察性的要求，将体育教学目标按照不同的学习领域进行划分，改变了传统的体育教学过程中“只有教学目标体系，缺乏具体教学目标和内容”的教学难题。

体育教学目标按照教学的不同领域进行分类，可以分为知识、技能、体能、情感、意志五大类。传统的体育教学目标将这五大类教学目标交织在一起，给基层的体育教学带来了一定的困惑和难题。从事任何一种学科的教学过程，其目标内容都是由情感态度要素、知识要素和基本能力要素组成的。如果我们打破传统较为笼统的体育教学目标，按照其涉及的不同领域进行分类，将会对体育教学工作和目标的实现带来很多的便利。

下面将按照体育教学涉及的领域对体育教学目标进行划分，并作简要的概述。

基础知识目标：知识目标贯穿于体育教学过程的始终，是体育教学的基础，包括对健康的认识、体育目标概念及原理和体育教学规律的学习要求。如认识和理解体育锻炼对身体造成的影响，了解体育教学对学生心理健康的影响，了解体育教学在当今教育学和社会中的地位和意义。这样的教学目标能够使教师在教学的过程中，有意识地向学生讲授一些体育基础知识，丰富学生对体育教学的认识，提高学

生对体育学习的兴趣。

体能目标：体能目标主要出现在身体健康的领域，为了提高学生的体能素质，适应当今社会对学生的体能需求，从而制定的一种目标。如通过各种田径运动项目，提升学生的跑步速度；通过跳绳、跳高等运动项目的开展提升学生的有氧耐力；通过篮球、足球等各种球类运动，提升学生的反应速度和灵敏性。体能目标能让教师加强对体能训练的认识，有目的地对学生开展体能训练项目。

技能目标：技能目标主要集中在对学生进行体育教学过程中的某项活动的操作方法和技巧的领域，提出对学生学习和掌握某项活动的操作技能和方法。如在篮球课程的学习中，培养学生在打篮球过程中对战术的掌握和运用能力；在体操或是舞蹈的学习过程中，学会舞蹈的动作要领；在学习田径运动时掌握几个主要的田径运动技能和方法等。技能目标明确了学生的学习领域和学习内容，增加了教学的针对性。

情意目标：情意目标分散在体育教学目标的各个领域，主要集中在学生的心理健康和学生的适应能力的领域，是社会发展对学生的价值观、道德情感、心理素质、精神素质、社会价值等各方面与心理健康相关领域的目标。如在参加某种体育教学活动的过程中，增加了学生的交际能力，在某种具有竞争类项目的活动中，加强了对学生的心理素质教育等。情意目标是教学过程中容易忽视的，对其进行划分有助于强化教师对教学过程中学生心理健康教育的重视。

由此可见，对体育教学目标进行划分能够使体育教学工作者在教学的过程中理出一条清晰的思路，使人们对达成各项目标的方法、教学特点有一个较为清晰的认识，同时也降低了在教学过程中的教学难度。如在教学的过程中将某一个教学内容划分为知识目标，就可以选择一些与目标紧密相关的内容进行讲授，同时也清楚了在对学生进行体育教学相关知识的教授时应该采用什么样的教学手段，安排什么样的教学环境有助于学生对教学内容的掌握，需要多长的时间才能保证这一目标的实现。因此，可以说，对教学目标进行划分，有助于体育教师明确体育教学目标的性质和特点，从而有利于体育教学目标的确立和教学方法的选择。

二、体育教学目标的划分

同其他学科的教学一样，体育教学目标也是一个较为笼统的体系，需要一步步地分解最终才能实现体育教学目标。笔者认为，体育教学目标的划分是由体育教学目标的层次和体育教学目标的分类决定的。

（一）体育教学目标的层次

笔者通过多年对体育教学的研究得出，体育教学目标是由多个层次的目标组成的，其中包括课程目标、水平目标、学年体育教学目标、学期体育教学目标、单元体育教学目标、课时体育教学目标甚至还有更为细分的知识点和技术点的教学目标。其中课程目标和水平目标均属于学段体育教学目标。

1.学段体育教学目标

我国传统体育教学过程中对学段体育教学目标的划分基本上是根据学校教育的不同层次进行划分的，因此将体育教学分为：小学、初中、高中和大学四个基本学段。这种学段划分的年龄跨度一般较大，如小学段的跨度（一年级至六年级），再加上小学阶段是学生身体成长最迅速的阶段，因此在教学的过程中仅采用学段教学目标，不仅不利于教学活动的开展，也不利于教学任务的落实。新课标打破传统教学目标设定的这一误区，对学段进行了较为详细的划分，将学段分为六个水平：1至2年级为水平一，3至4年级为水平二，5至6年级为水平三，初中为水平四，高中为水平五，大学为水平六，并且对每个水平都规定了相应的教学目标，这种形式的划分更符合学生的身心发展需要，使体育教学更具有科学性。

2.学年体育教学目标

学年体育教学目标是在学段体育教学目标的基础上进行确立的，它是对每个学段内的学年体育教学活动目标的分解，是该学段的学生在学年结束的同时必须完成的教学任务。这样有助于对体育教师教学效果进行评价。

3.单元体育教学目标

单元体育教学目标则是建立在学年体育教学目标的基础上制定的，单元是在学年的教学过程中，根据教学的模块进行的划分，是“各门课程教学中相对完整的划分单位，它代表着课程编纂者和课程开发者对课程结构的总的看法和认识，以及在此基础上对某一个教学内容的要求”。任何一位教师在对学科课程进行教学时，都是按照单元组织教学活动的。

4.课时体育教学目标

课时是教学活动进行的基本单位，是在单元教学目标的基础上确立的，连续几个课时的教学目标最终构成单元目标。单元目标的制定并不是客观存在的，而是根据教师自身的情况进行编写的，因此具有很大的灵活性。单元目标是构成以上各种目标的元素，因此，单元目标在体育教学目标的实现过程中就显得尤为重要。

（二）各层次体育教学目标的功能与工作

从以上体育教学目标层次的划分我们可以看出，体育教学目标的划分是具有科学依据的，每个层次的教学目标都有其发挥的功能与起到的作用。作为一个体育教学工作者，应该详细地掌握体育教学目标中的功能，这样才有利于体育教学工作的开展。

1.各目标层次的主要功能

体育教学目标的功能实际上就是指各个阶段的体育教学目标所具有的作用和特点。如果体育教师在教学的过程中，对各层次的教学目标的功能和作用不明确，那么，这个层次的目标就会与其他层次的目标混淆，这样就会对教师的教学过程造成一定的干扰，不知该如何保证本层次目标的实现。所以我们可以简单地将体育教学各个层次的目标理解为体育各个阶段教学目标的定位和教学目标的特点。如课时目标的功能就是本课时的教学任务和要达成教学目标需要采用的教学方法。

2.制定各层次教学目标的主要工作

各层次的体育教学目标都有其需要解决的问题，因此制定每一个层次的教学目标都有其需要做的重点工作。因此制定各层次的教学目标的同时，帮助教师更详细地了解本课时的教学任务的重点和教学工作的着眼点。换言之，就是帮助教师了解在完成这一阶段的教学目标的过程中应该做什么事情，采用什么样的方法，达到什么样的效果。所以对体育教学层次划分有助于教师对体育教学内容的梳理和理解，从而保证教学的质量，促进教学目标的实现。

3.各层次教学目标的搭载文件

所谓的搭载文件就是体育教学目标制定的依据和参考。不同层次的体育教学目标所选择搭载的文件也有所不同，因为不同层次的搭载文件的侧重点不同，如体育学段目标和学年目标的搭载文件中，就不会出现体育课时目标和单元目标的字眼，同样，体育课时目标和单元目标的搭载文件中也不会出现学年目标和学段目标的字眼。因此，体育教学中各个层次的搭载文件也是一个可以清晰地辨别体育教学目标特征的依据。

（三）各层次体育教学目标之间的关系

通过上述对体育教学各层次的教学目标以及教学功能的了解，笔者得出，体育学段教学目标、学年教学目标、单元教学目标、课时教学目标四者之间的关系如下。

1.相互促进的关系

以上对体育教学目标进行的划分是按照体育教学发展的阶段进行的，如课时目标强调的是每一节体育课的教学，单元目标强调的是一个单元的体育教学，学年目标强调的是一个学年的体育教学，学段目标强调的则是整个教学过程中的体育教学。实际上这都是随着学生学习过程的不断变化而产生的。课时教学目标的完成促进了单元教学目标的完成，单元教学目标的实现促进了学年教学目标的实现，学年教学目标的实现又促进了学段教学目标的落实，因此体育各层次教学目标之间是相互促进的关系。

2.包含与被包含的关系

前面我们已经提到，对体育教学目标所进行的层次划分是按照教学的过程进行划分的，是按照教学的先后顺序制定的。因此，各层次教学目标之间存在着包含与被包含的关系，如单元是由课时组成的，所以单元教学目标也是由本单元所计划的课时教学目标组成。如此类推，学年教学目标是由单元教学目标组成的，学段教学目标是由学年教学目标组成的。所以，各层次教学目标之间是包含与被包含的关系。

三、体育教学目标的其他分类以及之间的关系

有关体育教学目标的划分，不同的研究者有不同的分类方法和途径。但是无论是哪一种分类方式，都是为了对体育教学目标进行细分，不断地提升体育教学的质量而产生的。

(一) 布鲁姆等人的体育教学目标分类

布鲁姆根据体育教学对学生造成的不同领域的影响，将体育教学的目标分为认知领域的体育教学目标、情感领域的体育教学目标和动作技术领域的体育教学目标。所谓的认知领域的体育教学目标，主要指通过体育学习，让学生掌握体育相关的知识，领会体育相关技能的动作要领，学会一些基本的体育运动技能。情感领域的教学目标，实际上就是指学生通过对体育课程的学习而产生的某种态度，如理解体育学习的价值，对体育学习产生浓厚的兴趣。动作技能领域的体育教学目标，实际上就是体育教学的最终目标，实现对学生身体和心理的教育，帮助学生领悟一些运动的战术和技巧。

目标之间的关系：认知领域的目标是促进情感领域目标的升华，情感领域的目标是组成动作技术领域目标的前提和关键，所以三者之间是上位和下位的关系。

(二) 加涅的体育教学目标分类

加涅认为，体育教育学的分类应该按照学生接受体育的过程进行分类。因此，他将体育教学的目标分为智力技能目标、认知策略目标、言语信息目标、动作技能目标和态度目标五大类。所谓的智力技能目标，简单地说就是，通过对体育的学习，使学生在观看某一场比赛时，能够指出哪些行为是违规的错误行为；认知策略目标就是指学生通过对体育课程的了解和认识，可以归纳有氧运动对控制体重的作用；言语信息是能够流利地陈述某种体育活动的宗旨；动作技能是指能够熟练地完

成一个体育动作和技能；态度是指形成的某种体育运动习惯。

目标之间的关系：五大目标之间的关系实际上就是人们在接受一种新知识和学习一种新技能的情感和态度所发生的先后变化，是通过逐层次的完善而最终使得目标确立的一种途径。每一种目标和其他几种目标都是存在着本质联系的。

体育教学目标的重要性是毋庸置疑的，但是体育教学是一个较为复杂的概念，涉及的方面众多，所以体育教学目标的制定存在着各种各样的难题。再加上在现实的教学过程中，有很多不确定的因素，所以，体育教师在实际教学过程中所制定的教学目标并不像理论所阐述的那样简单。教学目标的制定的各种问题也愈加地明显，这对体育教学质量的提高和教学目标的落实都有很大的影响。

第三节　体育教学目标的制定常见的问题

一、体育教学目标制定的现状

体育教学目标是指导体育教学的关键，因此体育教学目标的制定在体育教学中发挥着非常重要的作用。但是由于体育教学发展的历程较短，再加上体育教学的实践性较强，教学过程中容易出现很多不确定的因素，因此导致体育教学目标制定的现状并不理想，主要表现在以下几个方面。

(一) 对体育教学目标的认识不足

受传统教育观念的影响，很多学生、家长和教师都较为重视学生文化课程的培养，没有对体育教学形成足够的重视，学校的体育课程形同虚设。有的学校缺乏专业的体育课程教师，由其他学科的教师担任或者由班主任担任体育教学工作者。因此，学校虽然按照教育部门的要求，开设了体育课，但是由于人们对体育课程的重要性认识不足，常把体育课变为其他学科的附加课程，或是自习课。

(二) 没有明确的体育教学目标

体育课程是一门复杂的课程，因此在对体育目标进行制定时，不仅要求体育教学工作者要具有扎实的专业功底，同时还要保证体育教学目标的制定符合学生的身体发展的特点和社会的实际需求。有些体育教师由于在制定体育教学目标的时候，所考虑到的因素不全面，导致体育教学目标的制定不明确，无法保证目标的实现和体育教学的实施。

（三）教学目标相互雷同

由于体育教学涉及的领域众多，因此在制定体育教学目标的时候，应该对体育教学内容进行全面的了解，掌握体育教学内容之间的关系。但是许多体育教师在进行目标制定的时候，并未在体育教学目标制定之前做足够的准备，所以导致制定的各阶段体育和教学目标雷同，导致学生在学习的过程中觉得体育课程枯燥无味，同时也不利于教师对教学大纲的掌握和教学目标的实现。

（四）教学目标较为空泛

前面我们在介绍体育教学目标的分类的时候，了解到在教学的过程中要对体育教学目标进行细分，这样有利于教学目标的实施。但是有的体育教师在进行体育教学目标制定时，忽略对体育教学目标的细分，导致教学目标较为空泛。空泛的教学目标会使得教师在教学的过程中，没有明确的教学方向，导致教学进程过慢，失去体育教学的意义。

（五）教学目标制定时较为盲目

随着人们生活水平的不断提高，人们对体育教学的重视也发生了不同层次的改变。体育教学逐渐成为学校教学过程中的一个重要组成因素。但是体育课程标准中对体育目标的要求并不是十分明确，加上教师的专业水平有限，无法对体育教学目标进行有效的揣摩，因此导致体育教师在进行教学目标的制定时无从下手，最终导致教学目标的制定脱离教学的实际，教学目标不具有科学性。

（六）对体育教学目标层次性理解不够

从体育教学的进程而言，体育教学目标具有层次性，这是体育教学目标制定时的依据，但是从体育教学的课程目标、水平目标、单元目标和课堂教学目标需要这几个层次的演来看，教师对这几个层次的理解不深入，导致教学目标的层次性不明显，不利于指导教学过程的实施。同时，对体育教学目标的层次性理解不够也不利于分层次的教学目标的制定和教学质量的提高。

（七）体育教师教学过程中的惯性

传统的体育教学目标制定的方法十分简单，只是简单地填充一些身体健康、技能、交际和心理健康等方面的词语。有些体育教师在制定体育教学目标的时候，为了省时省力，就利用传统的教学方法，在制定体育教学目标时套用教学标准中的一些要求或者是直接沿袭传统的体育教学目标，但是这些目标是否能够一一实现，是否有利于体育教学总目标的达成，体育教师对这些都很少考虑，所以导致体育教学目标失去意义。

二、新课标对教学目标制定的要求

新课标肯定了体育教学在学生成长中的重要作用，对体育教学目标提出了详细的要求，保证了体育教学的科学性和有效性。新课标的体育教学注重对学生的健康和心理素质的培养，为体育教师制定体育目标提供了依据和参考。笔者根据对新课标改革下的体育教学的研究，将其对体育教学目标的制定要求总结如下。

(一)“健康第一”的要求

新一轮的体育与健康课程标准明确地提出了体育目标制定时“健康第一”的指导思想，有力论证了体育教学对健康的促进作用。因此，许多学者一直坚持体育课程的主要目标是促进学生的健康指标。目前体育教学中所提倡的健康，并不仅仅是指没有疾病，而是指身体上、精神上以及心理上和适应社会上的完好状态，这些也是社会发展对学生的根本要求。因此，体育教师在制定教学目标时，应该将健康放在教学目标制定的第一位，这样才能使得教学目标的制定符合新课标的要求，有利于学生的成长。

(二)“增强体质”的要求

新课标将“增强体质”作为体育教学的指导思想，在实际工作中，也面临着一定的问题和困惑。有关部门对当今学生的体质健康监测情况表明：我国学生的体质呈逐渐下降的趋势。研究发现，造成学生的体质下降的原因有很多种，主要表现在以下几个方面：①学生的体育锻炼不足，锻炼的时间和强度均不够；②生活方式和学习方式的变化以及业余生活的丰富，导致青少年的运动时间逐渐减少，再加上当今饮食习惯的变化，导致青少年的热量摄入过多，身体健康趋势明显下降；③社会节奏的加快和升学压力的不断加大，导致学生精神高度紧张，睡眠不足，使学生的免疫力下降，最终影响学生的身体健康。因此，学校应该针对学生这一情况的变化，制定针对性较强的体育教学目标，达到增强学生体质的目的。

(三) 注重对学生“三基”的培养

所谓的“三基”实际上就是指体育教学的基础知识、基本技能和基本的技术，是其他教学也具有的共性的目标。由于体育教学内容方面涉及范围较大，所以体育教学在三基目标上的确立和完成相对于其他学科而言，表现得较为不成熟，使得教师在制定教学目标的时候，对体育教学思想的认识中存在着问题。第一，其他学科中所讲述的“三基”是根据学科的内容之间的内在联系来确定的，但是体育教师在此内容的确定上却没有明确的规定。第二，体育教学的实践性和复杂性，使体育教师在进行目标的制定的时候，忽视“三基”目标。第三，体育的终身化是体育教学的思想之一，但是受社会发展和人们观念的影响，这一目标尚未被人们所接受。为了保证体育教学能够按照社会的需求进行，教师在制定体育教学目标的时候，要注意对“三基”目标的确定。

（四）全面发展的要求

新课标的体育课程标准中要求体育教学必须保证学生全面发展。所谓的全面发展就是，体育教学不仅仅是教授学生体育技能、知识，强化学生的身体素质、坚定学生的意志，同时还要保证对学生的心理健康的教育和社会适应能力的培养。可以说，全面发展涵盖了德、智、体、美的各个方面。因此体育教师在制定“培养学生全面发展目标”的时候，就会出现很多的难题，如在目标的制定过程中对全面发展思想的层次化、体系化考虑得不够深入，这些都是当今体育教学目标制定过程中存在的问题。因此，体育教师在进行目标制定的过程中，应该秉承着全面发展的思想，对教学过程中的相关因素进行分析和调查，最终确保目标确立的准确性。

（五）注重对学生兴趣的培养

现在对学生进行体育教学的目标过程中提出“快乐教育”的主张，所谓的快乐教育就是从培养学生的学习兴趣入手，让学生在进行体育学习、技能掌握以及技术创新的过程中，培养对体育活动的兴趣，从而激发学生在体育教学的过程中的自主性，坚定学生的意志。部分教师在观察新课标指出的“快乐体育”这一目标时，将体育教学目标异化为随意性的教学，对学生缺乏科学的管理，对学生过度地放纵使得学生缺乏集体感，对学生的过度赞美使得学生缺乏正确的自我认识。所谓的快乐体育强调的是培养学生的兴趣，使学生在轻松愉快的环境中学习体育相关的知识，潜移默化地促进教学目标的落实。因此体育教师在制定教学目标的同时，要正确理解“快乐体育”的思想，并将其纳入体育教学的目标之中。

三、制定体育教学目标时遇到的问题

体育教学目标是体育教学中的重要内容，也是体育教学工作者进行体育教学研究时的必备课题。但是体育教学是一门较为复杂的学科，无论是体育课程专家在制定上位目标时，还是体育教师在设计体育课堂目标时都出现了一系列的问题。

（一）体育课程专家在制定上位教学目标时所遇到的问题

多年来，体育教学目标制定中的一个突出的问题就是“上位教学目标不明确、不具体”，这个问题实际上就是课程的内容的梳理和课程的编排上存在的问题，如果体育课程专家在进行体育教学目标的制定的时候，没有对学科内知识、技能之间的联系进行分析和研究，那么体育目标制定中的这一问题就难以解决。而且上位目标制定得不具体不明确直接对下位目标和体育总目标的制定造成了干扰，不利于增强体育教学目标制定的规范性，将对体育教学造成非常不利的影响。

（二）体育教师在制定体育课堂目标中存在的问题

一线的体育教师在制定体育课堂教学目标的时候也时常遇到问题。从现在的一些体育教师制定的体育课时的教学目标中我们可以看出，无论是对本节课教学目标内容的表述还是对技能的描述上都存在着目标行为意图不明显的问题。这些问题使得教师在日常的教学中的行为指导不明确，对教学过程的知识和技能的管理以及教学效果的评价都缺乏可操作性。

目前从一些体育教师的课堂教案中可以看出，一线体育教师在进行课时目标制定时存在的问题：①他们没有对课程的内容和各方面的因素进行分析和研究，而是直接抄一些课程文件的目标；②有的教师甚至凭借着自己对本节体育课程的揣摩，制定出较为随意的课程目标；③在教学的过程中，不按照制定的教学目标进行教学，使教学目标形同虚设，教学行为较为混乱。

（三）体育教师在制定体育单元目标时存在的问题

单元目标是由课时目标组成的，单元目标强调的是一种或是一类体育活动的完整性，制定科学的单元教学内容，能够帮助教师理清体育教学的思路，保证单元教学有条不紊地进行。但是从目前一线体育教师对单元目标的制定中可以看出，单元目标的制定存在着问题。主要表现在以下方面。①体育教师在制定教学目标的时候，没有对本单元的课程进行理解和掌握，只是从单元的课程标题上确定单元教学目标，导致教学目标较为空洞。②教学目标制定得不全面。体育教师在制定体育教学目标的时候，教师对内容的理解程度和自身的专业素养会产生极大影响，有的教师由于专业素质的缺乏，在进行单元目标制定的时候没有保证知识和技能的全面性。这些问题都使得体育教学单元目标准以实现，不利于体育教学的开展。

（四）体育教师在制定学期教学目标时存在的问题

学期目标实际上就是指一个学期的体育教学中的目标，学期目标体现了教师在本学期的工作任务和所要达到的目的，是教师工作的指导。从当前体育教学中学期教学目标的内容以及完成的情况上来看，体育教学学期目标的制定存在着以下几个方面的问题。①目标脱离教学的实际。体育学期目标由于涉及的内容较多、较为繁杂，有些教师在进行目标的制定的时候出现了教学目标脱离实际的现象，这主要是因为体育教师对学期的教学内容理解不深入造成的。②教学目标缺乏操作性。体育是一门对实践性要求较为严格的学科，同时在教学的过程中需要各种器械或是现代科技的帮助，才能保证教学目标的实现。但是有些体育教学目标中却涉及一些学校没有的设备，导致教学目标没有可操作性，这是由于对教学过程中相关因素了解不全面造成的。

新课程还处于刚刚改革的初级阶段，体育教学目标的制定难免会出现一些不是十分完善的地方，如有些教师在制定教学目标的时候无法转变“以学生为主体”的观念，在教学目标的制定上忽略对学生的特点的分析；有的教师在制定教学目标时没有进行全面的分析和考量，导致教学目标的片面性。但是，笔者认为，在新课标的理念下，要真正领悟体育课程的意义，对体育课程进行全面的分析，踏实地走好体育目标制定时的每一步。同时紧紧抓住“终身教学”这一体育教学目标宗旨，全面培养学生的体育知识和体育技能，这样才能实现“以人为本”的体育教学宗旨，提高体育教学的质量。

随着时代的不断发展，体育教学也经历了空前的改革和创新，为体育教学带来了更多的机遇和挑战。当前我国正处于对教学的改革和创新期，在体育教学目标的制定的过程中难免遇到一些问题。但是，只要我们不断地总结经验，对体育教学内容进行深刻的了解，对体育教学中的相关因素进行认真的研究，就能走出制定体育教学目标的盲区，保证体育教学目标的科学性，促进体育教学质量的提高。

第四节 体育教学目标制定的依据以及方法

随着人们对体育教学的重视程度的日益提高，体育教学目标成为体育教学过程中的重要决定因素，对体育教学目标的制定是体育教学对教师的根本要求。但是体育教学目标的制定至今仍是体育教学研究的一个难题。不少学者和体育教学专家经过研究和科学的分析指出，要想制定出合理的体育教学目标，首先应该清楚体育教学目标制定的依据以及方法。

一、合理制定体育教学目标的意义

体育教学目标的制定之所以受到广泛的关注，主要是因为体育教学目标的制定在体育教学过程中发挥着非常重要的作用。任何一名体育教师在制定体育教学目标的时候，首先都应该对合理地制定体育教学目标有一个充分的了解和认识。笔者经过对体育教学的不断研究，认为合理制定体育教学目标具有以下几个方面的重要意义。

（一）充分发挥体育学科教学的功能

体育教学的功能是通过体育教学目标进行明确和定位的，因此，只有合理地制定体育教学目标，才能使得体育教师在实现教学的过程中，明确要实现体育教学的功能。如加强学生身体锻炼的目标是为了帮助实现体育教学中的强身健体功能，快乐体育的教学目标可以实现体育教学激发学生学习兴趣的功能，等等。每一种体育教学目标都能促进体育教学功能的实现，如果乱制定体育教学目标，就不能充分发挥体育教学的作用，甚至还可能使得体育教学课程变得空洞，不利于体育教学质量的提高。

（二）确保体育教学目的的实现

体育教学目标的实现是实现体育教学目的的标志。因此，只有制定合理的体育教学目标，才能促进体育教学目的的实现。如提高学生的体能目标是健身目的的标志，让学生学好每一项运动技能目标是保证学生实践能力提高的标志。如果制定的教学目标不合理，那么就无法保证教学目的的实现，如果体育教学目标和体育教学目的不对应，那么就会使课堂教学目标和教学总目标之间存在差异，因此这样的目标就是一个失败的目标，当然也不能促进体育教学质量的提升。

（三）确保不同层次目标之间的衔接

总的教学目标是由阶段性的教学目标组成的，如果制定好了每一个阶段的体育教学目标，就可以保证体育教学总目标的顺利完成。合理的阶段目标的制定能保证每个目标之间的衔接的紧密性，就能促进教学总目标的实现。如果有一个阶段的教学目标制定得不合理，那么它与其上下阶段的教学目标之间将失去联系，阶段目标的总和与总目标之间也会存在着一定的差距。因此，正确地制定各个层次的目标，就能促进不同层次之间目标的衔接，最终保证总目标的实现。

（四）明确和落实教学任务

在对体育教学目标概念进行阐述时，我们已经清楚了体育教学目标与体育教学任务之间的关系，明确体育教学目标决定着体育教学任务的方向。目标就是体育教学方向的标志，但是只有标志没有行动，也无法保证体育教学目标的实现。因此，要有具体的体育教学任务支撑体育教学目标的实现。合理的体育教学目标有助于体育教学任务的明确，如果没有合理的体育教学目标，体育教学任务就失去了前进的指导方向，不利于体育教学任务的落实。

（五）规范了体育教学过程

体育教学目标不仅指导着体育教学的方向，而且在体育教学目标实现的具体的步骤和方法上也起到了规范的作用。体育教学目标的实现过程中，每一个步骤之间都有着紧密的联系，要达到教学的目标，首先应该实施怎样的步骤，然后再进行什么样的步骤，这些都是靠制定阶段性的体育教学目标实现的。体育教学目标的制定过程就是体育教学过程的规范过程。因此，合理的体育教学目标有利于体育教师在教学的过程中对教学步骤的控制，有利于实现教学过程的规范性和科学性。

（六）指引和激励教师和学生

体育教学目标反映的是教师教学的愿望和学生的学习愿望，明确了教师和学生努力的方向，当这种方向成为人们意识中的一部分的时候，就会形成动机和动力源泉。虽然有些教学目标并不是由任课教师制定的，但是合理的体育教学目标必能反映出体育教学的方向和学生学习的欲望。同时教学目标的制定能够帮助教师清楚地认识自己与既定目标之间的差距，激励学生发现和解决问题。所以，制定合理的教学目标可以激励教师和学生，保证教学目标的实现。

（七）形成检测教学成果的标准

体育教学目标是体育教学需要达到的教学效果，是判断体育教学任务是否完成的标志，因此，体育教学目标的本身就具有很鲜明和可判断的标准，阶段性目标的达成与否是评价教师某个阶段的教学过程中的教学质量评价的标准。而总的目标的达成与否是在教学过程终结时，根据学生所具有的体育活动的知识给予体育教学质量评价的标准。

二、体育教学目标制定的依据

体育教学目标的制定并不是仅凭体育教师的主观感受的，体育教学目标是体育教学过程的参考，是保证教学正常开展和实施的前提，因此体育教学目标的制定是有一定的制定依据，这种依据约束着体育教师对目标制定时的思想和方向，保证体育教学目标制定的合理性。笔者通过对体育教学目标制定的研究和考察，以及对体育教学特点的分析中得出，体育教学目标制定的依据有以下几点。

（一）国家的教育方针和政策

我国在制定体育教学课程的大纲时，是以坚持国家的教育方针和相关教育政策为基本前提制定的，体现了现阶段国家和社会对体育教学的总要求。制定的教学目标只有建立在国家教育方针和政策的基础上，才能保证教学大纲的实现，才能保证教学目标符合社会实际的需求。在此基础上制定教学的总目标和各级目标，以便于形成完整的教学目标体育，促进体育教学的统一和完善，保证了教学总目标和各阶段体育教学目标的科学性。因此，国家的教育方针和政策是体育教学目标制定的直接依据，也是体育教学目标制定的基础。

（二）学生身心发展的特点以及其他的规律

学生是体育教学中的主体，是体育教学目标实施的对象，是体育教学过程中的重要组成部分。因此在制定体育教学目标的时候，为了保证所指定的教学目标的科学性和有效性，应该以学生的身心发展的特点以及发展的规律为依据。体育教学本身就是一个十分复杂的学科，对学生的实践性要求又特别的严格，如果教学目标的制定脱离了学生的身心发展的特点和规律，那么教学目标就无法指导教学过程的完成，教学目标也就失去了意义。体育教学目标的完成的程度主要是根据学生通过教学之后所达到的水平的表现，因此，体育教学目标与学生自身的特点有着十分密切的联系，只有适应学生身体发展特点和规律的教学目标才是切实可行的。所以，学生生理和心理发展的特点以及规律也是制定体育教学目标的依据。

（三）体育教学的具体实际

体育教学的具体实际是保证体育教学目标完成的根本条件，同时也是制约体育教学目标的完成的重要因素。虽然我国体育课程的开展和普及针对的是全国范围的学校教育，但是每个地区的发展不一致，并且地域之间的气候、条件也存在着差异性，再加上教师的自身水平的不同，因此教学目标的制定也存在着一定差异。如一些教学条件相对较为齐全、教师队伍的专业水平相对较高的地区的体育教学目标，与教学资源匮乏、体育专业教师队伍缺乏的地区的教学目标存在着很大的差别。如果在教学目标制定的过程中，不联系教学实际情况，那么有些地区的教学目标将不可能实现。这就要求体育教师制定教学目标的时候必须从实际出发，充分考虑各地区的状况和教学条件，因为，教学实际是制定体育教学目标的重要依据。

（四）社会发展的需要

开展体育教学的目的就是为了培养德智体美全面发展的高素质人才，这也是社会发展的需要。任何一门学科的教学目标的制定都是围绕社会的发展需要进行的。因为学生首先是一个社会人，其与社会的发展息息相关，只要根据社会的发展需要制定体育教学目标，才能与时俱进地开展教学，保证教学的质量，提高学生的社会适应能力。如果在制定体育教学目标的时候，没有围绕这一因素进行，那么所培养的学生将有可能不能适应社会的发展需求，最终被社会淘汰，因为社会是学生实现目标、评价目标完成效度的一个舞台，因此，社会需求也是体育教学目标制定时的重要依据。

（五）教学内容

教学内容是体育教学过程中的参考，也是体育教学工作者制定体育教学目标的依据之一。教学目标是为了保证实现教学目的，教学内容是教学过程的依据，因此教学内容也理所当然是教学目标制定时的依据。如果教学目标脱离了教学内容，那么教学目标就失去了实现的可能，不仅会使教学的方向发生改变，同时还会对教学造成一定的困扰，无法按照教学大纲的标准教学。如某一教学内容是开展对学生足球技能的培训，教学目标定为提升学生的篮球技能和技术，那么这样的教学目标就失去了意义，也不可能实现。为了保证体育教学目标的有效性，就必须根据体育教学内容进行教学目标的制定。因此，教学内容也是制定体育教学目标的重要依据。

三、体育教学目标制定的方法

体育教学目标是指教学活动实施的方向和预期达到的效果，是体育教学活动的出发点和归宿，是教师对教学活动结束后，学生所达到的水平的一种主观的愿望。教学目标也是评价教师教学完成情况的标志，那么怎样才能制定一个好的体育教学目标呢？

（一）掌握体育教学目标制定的原则

无论是制定哪个学科或是哪个层次的教学目标时，一般都要遵守“教学目标制定的原则”，就体育教学目标而言，在制定相应的体育教学目标时，也要遵守以下四个原则。

1.目标在体育教学场景中的原则

体育教学一定是在体育教学场景内实现的，体育教学场景外即使发生体育活动，也不属于体育教学目标。所以体育教学目标的制定一定要保证它的场景性，如与体育相关的知识、技能、战术等内容，都是属于体育场景内的内容，简单地说就是与体育相关的都是属于体育教学场景。如果教学目标失去场景性，那么教学目标就失去了意义。因此，进行体育教学目标的制定时，要坚持目标的场景性原则。

2.目标包含努力因素的原则

教学目标是激发学生动力的一个方向和指导，如果教学目标不包含努力的因素，学生轻而易举地就能完成，而目标就会失去其本身应具有的激励作用。如果将学生学会运动为教学目标，那么每一位学生都能不费吹灰之力地完成，那么这样的教学目标就失去了意义。因此，在制定的体育教学目标中，一定要含有让学生能够通过一番努力才能达到的效果的因素，这样才能对学生起到激励作用。因此，在制定教学目标的时候应该坚持努力因素的原则。

3.目标的可选择性原则

一个合理的、科学的体育教学目标应该是可供学生选择努力方向的，不具有可选择性的必然不能形成教学目标。因为好的目标必须是能够提供多个途径和多种渠道完成预期教学效果的最好的一个，但是如果一个教学目标不具有这种可选择性，那么它就不是一个合理的教学目标，不利于学生的体育教学目的的实施。

4.目标依托体育教材的原则

体育教材是体育教学目标制定的依据，体育教学的目标不等同于体育教学的目标，也不等同于体育教学的总目标。他们之间的区别主要表现在体育教学的目标是依托于体育教材进行制定的，完全脱离体育教材的教学目标准以与具体教学环节联系起来，也没有明确的方法指导体育教学目标的实现，因此在制定教学目标时，应该坚持依托体育教材的原则。

（二）了解目标的两类表达方式

了解目标的两类表达方式是体育教学目标制定的方法之一。所谓的两类表达方式：

其一，就是明确地告诉学生学习的结果是什么，这种表达方式一般都用于知识和技能目标。

知识目标：所谓的知识目标是学生通过学习，初步地了解一些运动基本知识，并且能简单地描述这项运动的重点和应注意的事项。

技能目标：技能目标是学生通过对教师教学过程中的模仿和练习，掌握运动的基本技能，并清楚运动项目的技巧和运动方式。

其二，就是描述学生参与运动过程中的心理感受和态度，一般是由学生主观产生的，难以用语言表达，只能通过行动进行判断的。如情感态度和价值观，即情感目标。

情感目标：所谓的情感目标是学生在参与某种运动项目的时候，而产生的一种心理变化和态度的变化，能够培养学生具有特定的意识和能力。

（三）深入探析教学目标的表达方式

要制定清晰的体育教学目标，首先应该对以下几个问题有深入的了解，在此基础上才能制定出可操作性、科学性较强的目标。

1.把握目标表述的四要素

目标表述的四要素分别是行为主体、行为动词、行为条件和行为程度，这四个要素是目标表述时的常用语言，能够提高目标制定的语言的严谨性，同时保证教学目标的科学性。

2.明确教学目标行为的主体

教学目标行为的主体是学生，新课改以来，强调把课堂还给学生，那么在对教学目标制定时，应该把学生当作目标的主人，从学生的角度出发，改变表述的方式，让人们一看就知道其目标所针对的对象是学生，明确教学目标的指向性。

3.恰当地使用动词

行为动词用于描述行为主体形成的具体行为，在使用这种行为动词的时候，应该思考行为动词所表达的不同层次以及教师对不同内容的教学要求，以及学生对知识的掌握情况。在教学目标的制定过程中，恰当地使用行为动词，能够提高教学目标的可操作性、可测量性和可观察性。

4.说清表现结果可能产生的情形

说清表现结果可能产生的情形，即教师对教学的愿望，实际上就是期待学生达到的效果，在制定教学目标时，主要从两个方面对结果产生的情形进行说明：一是对影响结果产生的条件或者界限进行说明；二是对教学行为所达到的程度进行说明。在教学目标的实际制定过程中，由于学生之间的差异性较大，那么在教学结果的描述中也可以使用一些表示教学程度差异性的词语。因此可以看出，教学目标是以教学结果为底线而制定的。

教学目标的制定是保证教学过程科学性和有效性的依据，应该引起教育工作者对教学目标的重视，认真地对体育教学相关的因素进行分析和考察，借鉴成功的目标制定的过程和方法，同时在制定的过程中，严格按照教学目标制定的依据和方法进行制定，保证教学目标的科学性，便于目标的实现和教学质量的提高。

第六章　体育教学原则

体育教学的原则就是体育教学过程中应该遵循的基本要求，是体育教学工作者在原计划的基础上对工作进行拓展和变更时所规定的界限，也是保证体育教学规范性的准则。体育课程本身就是一个实践性较强的课程，再加上涉及的领域广和内容多样，如果没有体育教学的原则为约束，就无法保证体育教学过程的规范性。我们所开展的体育课是不是属于体育教学，也必须要有一定的规则和标准作为限制，这个标准和底线就是体育教学的原则。

第一节　体育教学原则概述

体育教学原则是每一位体育教学工作者应该坚持和了解的基本内容，也是体育教学中的重要组成部分，在教师的工作之中发挥着异常重要的作用。研究体育教学原则的概念有利于引起人们对体育教学原则的重视，为体育教学提供更好的服务。

一、体育教学原则的概念和含义

任何一种学科都拥有教学原则，这是保证教学过程规范化和教学方向科学化的基础，体育教学原则在教学过程中发挥着关键的作用。由于学科的特点，每一个学科的教学原则都包含着多层的含义。

(一) 体育教学原则的概念

体育教学原则是实施体育教学最基本的要求，是保证教学过程不脱离体育教学目标的最基本的因素。在进行教学内容和教学方法的选择时，体育教学方法也受到体育教学原则的约束，因此，它也是保证体育教学方法和教学内容科学性和实用性的基础。

（二）体育教学原则的含义

体育教学原则是根据体育教学的特点以及体育教学大纲的目标要求而编写的。从上述体育教学的概念和体育教学实际中，可以总结出体育教学原则有以下三个方面的含义。

1.体育教学原则是体育教学的规范

体育教学原则是体育教学的规范，是体育教学过程中各种教学行为改变的基本“底线”，体育教学的相关方法和目标都是在教学原则的基础上不断优化和加强的。因此，体育教学原则是体育教学所有要求中最基本的内容。

2.体育教学原则保证教学科学性

体育教学原则的制定是根据体育教学的特点和体育教学中相关的要求制定的，来源于体育教学，又对体育教学起到约束作用。因此，体育教学原则中的要求能够保证体育教学过程不脱离教学实际，有利于教学目标的实现。

3.体育教学原则保证教学内容合理性

体育教学原则是保证体育教学内容合理性的基础，因为在进行教学内容的选择时，对所选择的内容应该按照教学原则的要求进行筛选和检查，如果不符合教学原则的要求，那么就应该予以删除。如拳击这类运动就违反了安全性的教学原则，因此不能作为教学内容。由此可见，教学原则能够保证教学内容的合理性。

（三）体育教学原则的形成

通过前面的关于体育教学原则概念以及体育教学原则含义的了解，我们已经清楚体育教学原则在体育教学中的重要作用。探究体育教学原则的形成过程，更有利于体育教学的规范。

1.体育教学原则是体育教学实践经验的概括和总结

自从体育教学成为学校教育的组成部分之后，体育教学工作者们一直致力于探索“如何更好地完成体育教学的目标”和“如何提高体育教学的质量”。为了保证体育教学的规范性，体育教学工作者在长期的体育教学实践中，对前人的体育教学经验和教学成就进行总结和分析，探究出体育教学的规律要求。在长期的积累和不断修订中，最终形成了体育教学的原则。

2.体育教学原则是体育客观规律的反映

体育教学原则是体育教育工作者根据多年体育教学的经验和对体育教学历程的研究而制定的；所以体育教学原则是体育教学过程的客观反映。无论是任何类型、任何国家的体育教学，都有着一些共同的规律，这些规律是客观存在的，不受任何环境和情况干扰的。在所有的体育教学中，人们也都是依据这些客观规律进行体育教学实践的。

3.体育教学原则在不断地发展和完善

由于体育教学原则是根据人们对体育教学规律的认识和教学的特点制定的，所以说体育教学原则与人们的认识水平有着本质联系，是受人们的认识水平制约的。随着人们对体育教学认识和实践的不断深入，加上社会的不断发展和进步，体育教学原则将会随着人们认识的提高不断发展和完善。因此，我们要跟随时代的脚步，与时俱进的对体育教学的原则和规律进行研究。

二、体育教学的特点与体育教学的原则的关系

通过前面的文字叙述，我们已经了解到：体育教学原则是根据体育教学的特点制定的，因此，体育教学原则和体育教学特点必然存在着非常密切的联系，研究它们之间的关系，有助于人们对体育教学认识的不断深入。

（一）一般教学原则与体育教学原则

每一个学科都有其相对应的教学原则，这是毋庸置疑的。每个学科都有一般的教学原则和属于该学科的教学原则。所谓的一般教学原则是指在一般的教学条件下的各门学科都应该遵守的基本教学原则，是各科教学原则的指导。对体育教学而言，体育教学原则是在一般教学原则的基础上制定的，但是由于体育教学与其他学科的教学存在着明显的差异性，如实践性、教学的开放性、互动性等。因此一般教学原则不能代替体育教学原则，而是在一般教学原则的基础上，根据体育教学的特点增加的。因此体育教学原则包含一般教学原则。

目前世界上关于体育教学的一般教学原则的研究和结论各不相同，但是从各个关于一般教学原则的论述中可以看出，一般教学原则无外乎以下几点。①教学的整体性和系统性的原则。这是对教学过程的整体和连贯性的要求，也是教学的基础。②理论联系实际原则。任何一门学科的教学都是为了社会的发展而存在的。③促进师生共同发展的原则。在教学这一大环境中，师生是教学的主体，也是教学的重要组成部分。④因材施教的原则。学生的发展具有个性化的特点，因此在进行教学的时候要考虑到不同学生的特点。⑤反馈调节的原则。反馈是教学中的重要环节，只有不断地反馈和调节才能保证教学过程的不断优化。⑥教学不断优化的原则，教学最终的目的就是提高教学质量。

(二) 体育教学的特点

任何一种形式的教学，都离不开“教”和“学”两个方面的概念都是在教师的指导下进行的一种有计划、有目的、有组织的教学活动。但是由于每个教学面对的内容和要求有所不同，所以每一个教学活动都有其自身所具有的特点。与其他学科的教学活动相比较而言，体育教学活动主要有以下教学特点。

1.教学活动主要是靠身体的运动进行

体育教学活动的根本目的就是让学生掌握一些体育知识和技能，由于体育教学强调的是教学活动的实践性，因此，体育教学中的技能主要是通过大量身体活动实现的。可见注重身体的运动是体育教学活动的主要特点。

2.体育教学具有锻炼学生身体的目的性

体育教学的目的就是提高学生的身体素质，增强体质，这是与其他学科最明显的区别，也是体育教学的功能之一。能够通过一些有规律的活动和体育锻炼，提升学生的身体素质。

3.教学经常在相对自由的集体活动中展开

体育教学是围绕运动技能的传授展开的，而运动技能又是在相对开阔的空间和专用的体育环境中展开的。有的运动项目和活动还是以小组的形式进行，这就增加了体育活动的自由性。这种自由性不仅表现为小组之间的组合相对较为自由，而且学生在活动中的行动也比较自由。

4.教学组织更加复杂

体育教学同其他学科教学最大的区别就是，体育教学注重学生的实践性，而且教学的场地一般脱离教室，在体育场馆或是其他室外的条件下进行。教学环境较为开放，并且教学场地的要求较大，有很多因素难以控制，使得教学的组织更加复杂。

对于体育教师而言，对体育教学的特点具有更深的认识，是体育教学工作者制定合理的教学原则的条件，笔者认为在制定体育教学原则时，教学工作者要能够准确地把握体育教学的规律，联系教学实际，进而制定出科学的、符合教学实际的体育教学原则。

三、体育教学原则的作用

通过前面的介绍，我们已经知道体育教学原则在体育教学中具有非常重要的地位，除此之外，作为体育教学工作者，我们还应该清楚体育教学原则是如何在体育教学中发挥作用的，发挥怎样的作用。笔者通过自身的教学经验和分析研究，将体育教学原则的作用总结如下。

（一）使体育教学要求更加明确

体育教学原则是体育教学工作的基本要求和教学规律的具体体现，是体育教学工作应该遵循的基本要求。因为通过体育教学原则制定的教学要求更加具有科学性、准确性和生动性，而且利于学生接受，因此，体育教学原则更加明确了体育教学的要求。在体育教学开展过程中，相关教育单位或者体育教学小组可以针对体育教学原则的内容对体育教师提出具体的要求。从某种程度上说，体育教学原则是对体育教师提出的最基本的要求，是教学过程中必须遵守的。

（二）梳理教师进行教学的思路

体育教学是一个复杂的教学过程，涉及的内容有很多，如：根据教学目标进行教学内容的选择和安排，对教学方法的选择和运用，对学生兴趣的培养和管理，对教学条件的准备和优化，对课堂的设定和计划，对学生的研究和方案的制定，等等，这些因素会为教学增加很大的难度。但是如果教师按照教学的原则进行，那么教学的工作就是正确的、科学的，教学质量就能得到基本的保障。所以，教学原则帮助教师梳理了教学思路，保证了教学的科学性。

（三）是观察体育教学的视角

由于体育教学原则反映的是体育教学的基本要求，所以说在教学的过程中只有遵循体育教学原则才能满足教学要求，这样才会呈现出合理的外部特征和表现。反之，如果不遵循体育教学原则，就不能保证教学的目标的顺利实现和教学过程的科学性。所以，在教学过程中，可以以体育教学原则为视角观察教学的外部特征和教学表现，从而判断体育教学实施过程的合理性与否。

（四）是评价体育教学的标准

体育教学原则除了具有以上三个方面的作用外，还具有评价体育教学效果的作用。因为任何一种教学的评价都有可能出现主观依附性，导致对教学效果产生干扰，影响体育教学评价的科学性。但是如果我们以教学原则为参考进行评价，不仅能统一体育教学评价的标准，还保证了教学评价的科学性。

四、体育教学原则体系

事实上，体育教学原则的构成也具有复杂性，无论是一般的教学原则还是体育教学原则，都是由很多具体的原则构成的，所以教学原则的作用的发挥也并不是由一个简单的原则促成的。之所以会对体育教学原则进行整合和归纳，将几个甚至十几个原则捆绑在一起，是因为体育教学涉及的因素很多，如果不对原则进行细分，那么就会使教学原则归纳起来比较复杂，也不利于教学过程的掌握。笔者通过对体育教学原则的研究和分析，认为体育教学原则一般符合以下五大因素和要求。

（一）政治因素和要求

因为体育教学是受到国家的政治因素的干扰的，所以政治因素和要求是由国家教育局根据当今的政治特点和需求制定的，这种因素和要求是教学的基本要求，也是教学应该遵循的基本原则。政治因素和要求是国家总的教育方针和政策，任何一项体育活动的实践都必须建立在这个范围内进行，如果脱离了这一限制，教学就会朝着偏离目标的方向进行，不利于教学质量的提高和教学内容科学性的掌握。如：体育教学中要求学生素质全面发展的原则，这是因为当今社会生活水平的提高，人们的素质反而降低，体育教学又是学校教育中培养学生全面发展的基本手段之一。因此在体育教学中，关于实现学生全面发展的原则就是“政治因素和要求”影响下的产物。

（二）学科体系因素与要求

虽然体育教学与其他学科相比，有着非常明显的区别，但是每一个学科的教学都应该首先遵守学科的一般要求，这是教学实施的前提和基本要求。如果在教学的过程中“学科因素和要求”，那么教学就会变得失去科学性和合理性，使得教学朝向错误的方向进行，同时还可能造成教学步骤混乱、教学失去重点、难以达成目标。如有序性原则、结构性原则、科学性和思想性相统一的原则，这些原则都是在学科体系因素和要求上确立起来的。

（三）学生发展因素与要求

学生是学科教学活动中的重要组成部分，是教育活动的承受者和教学效果的表现者，也是教学过程合理性与否的体现者。但是学生由于生长环境和心智上存在着差别，因此在教学的过程中应该对学生进行研究和分析，把握每一个学生的特点，便于针对性教学的实施，保证教学的质量。如启发创造性原则、因材施教原则、启发诱导原则、动机原则、积极主动性原则等。

（四）教学法理因素与要求

教学法理因素与要求是根据学生在教学中的接受能力和教学内容的特点以及学生的心理发展的特点和教学方法的特点制定的，坚持这样的教学原则能够保证学生学习的合理性和科学性，有利于学生对学科知识的接受和掌握，促进教学质量的提高。如理论联系实际的原则、直观性原则、巩固性原则、循序渐进原则、系统性原则、反馈原则等。

（五）教学工作因素与要求

教学工作是教学的中心环节，也是教学最重要的环节。教学工作是教学实施的过程，教学工作中涉及教学形式、教学方法、教学条件和教学过程，其中每一个因素都有其基本的要求，只有在教学的过程中认识到这几个因素的重要作用，才能保证教学的准确性和合理性，如教学整体性原则、教学形式最优化的原则、教学方法优化的原则、教学过程优化的原则等。

在进行体育教学时，必须建立一个内容完整、词义准确、指导性强、便于记忆的教学原则体系，这样才能发挥整个教学原则对教学活动各个环节的指导作用，促进体育教学达到最优化。

第二节　我国体育教学原则的发展

本节中笔者对我国体育教学原则发展的六个阶段进行了回顾，并对体育教学原则的发展趋势进行展望，评析了体育教学发展轨迹、原因以及具有的指导意义，据此确立了体育教学原则的未来发展方向。

自从夸美纽斯将教学原则这一概念引入到教学研究的范畴中，它一直作为教学中的重要组成部分，受到不同时代教学工作者的关注和研究。教学原则是随着人们的教学经验和认识的不断深入而逐渐发展起来的，但是，根据教学的特点看来，教学原则的范畴并不是一成不变的，因为教学原则来源于人们对教学经验和教学认识的积累，因此教学原则也是随着人们对体育教学的认识的发展而不断发展的。

体育教学原则是对长期体育教学实践经验的总结和概括，是体育教学中客观规律的反映，是体育教学工作者在体育教学过程中必须遵守的行为准则。因此，体育教师对体育教学原则的掌握和教学规律的运用，可进一步促进体育教学发展，提高教学效果，促进教学质量的提高，因此，掌握和理解体育教学原则，对体育教学工作具有重要的意义。

一、我国近代体育教学原则发展的历史回顾

研究体育教学原则的发展进程，有助于提高体育教学工作者对体育教学的认识，增强教师对体育教学原则的重视，促进教学原则的不断完善，提高体育教学的质量。笔者对体育教学原则的发展进行研究，将其发展轨迹概括如下。

（一）引证借鉴与经验总结的时期（中华人民共和国成立之前）

中国体育教学的存在和发展主要是受到20世纪20年代美国教育家、心理学家、体育专家提出的“自然适应性”和“实用主义教学观”的影响。如我国体育教学的先驱陈泳生在1934年出版的《体育概论》中指出：体育教学原则就是要求体育教学要适应学生的年龄、适应学校的环境、适应社会发展的状况等，可见，早期的体育教学原则的制定受自然环境和外界环境的影响较大。

王学政在1944年出版的《体育概论》中对教学原则的概述主要是依据美国心理学家、教育学家桑代克的关于“准备律—练习律—效果律”这一思想制定的，王学政指出体育教学原则主要包括以下三个方面：第一，准备律，借此引起学生学习的动机，激发学生在学习过程中的主观能动性的建立：第二，练习律，要保持练习的连续性，不能中断，在练习的过程中不能敷衍了事：第三，效果律，通过教学过程的开展，促进学生学习目标的实现，提升体育教学的质量。

在20世纪30年代至40年代，我国教学研究者能够引证或借助与当时的自然科学和心理学的研究领域对体育教学原则进行论证，对于我国的体育教学而言，无疑是体育教学研究的一大进步。但是从这一时期制定的教学原则的研究和分析中可以看出，教学原则的制定仍没有达到以经验总结为依据的水平，同时对教学客观规律的概括的水平还不能满足教学原则制定的需要。换句话说，这一时期教学经验的总结水平和教学的概括水平还比较落后，还不能作为提出体育教学原则和规律的启发及条件补充。它从侧面反映了在这一时期，人们对体育教学规律、教学要求和教学原则之间存在的界限仍不清晰的状况，以至于我国体育教学标准具有多样性。提出或者制定体育教学原则的着眼点各有不同，但是其中都有很多值得借鉴和继承的部分，对我国体育教学原则的研究和发展具有重要的参考价值。

（二）学习借鉴与引进时期

20世纪50年代以来，我国主要借鉴和学习苏联的体育教学理论，因为在这一

时期，苏联包括亚科索夫斯基在内的教学研究者提出的关于体育教学理论在体育界和学术界影响深远。这一时期的苏联，基本已经形成了完整的体育教学原则体系。苏联的体育理论学家依格凯里舍夫在其主编的《苏联体育教学理论》中提出，体育教学原则由以下五个部分组成。第一，自觉积极性原则。因为体育教学是一个实践性较强的学科，需要学生亲身参与才能完成，因此教学过程要严格坚持这一原则。第二，直观性原则。体育教学对学生而言是一门相对简单的学科，是通过身体的运动完成的，因此在教学的过程中应该坚持直观性的原则，保证教学的效果。第三，系统性和连贯性原则。系统性和连贯性原则是无论任何一个学科都应该遵守的原则，这是教学的根本。第四，可接受性原则。可接受原则是指教学的内容要易于学生接受，这是教学的前提和要求。第五，巩固性原则。体育教学是一个终身学习的过程，加上体育教学的身体运动的复杂性，因此需要不断地巩固才能最终被学生掌握。苏联的体育教学原则理论体系主要是受凯洛夫教育理论的影响，是通过对教学中涉及的因素、教学的实质、以及对教学对象的分析提出的，比较注重的是教师在教学过程中的作用，偏向于教学过程对学生的知识和技能的要求。

在我国体育教学原则的制定过程中，苏联的体育教学原则所发挥的影响较大。我国在这一时期编制的《体育理论》教材中的教学原则。就是根据苏联的体育教学理论的思想确定的。具体内容如下。第一，从教学对象的身体情况出发的原则。这一时期所提倡的体育教学，实际上就是对学生的身体的教学，因此要关注学生的身体状况，这是教学的保证。第二，直观与思维相结合的原则。体育教学是一个复杂的教学，涉及的领域众多，因此在教学的过程中应该坚持直观与思维相结合的原则，保证教学过程的全面性。第三，身体全面训练的原则。体育教学是通过身体的运动完成的，是身体运动的结果。第四，系统性原则，体育教学同其他学科的教学一样，不论是知识还是技能的学习之间都存在着很强的系统性，因此在教学的过程中也应该保证其教学的系统性，便于学生学习和接受。第五，合理运用运动量的原则。运动量是体育教学的专属名词，是体育教学的重要组成因素之一，只有保证机体所承受的运动符合的合理性，才能最大限度地发挥体育教学的作用。第六，训练的长期性和周期性原则。体育锻炼的目的就是提高学生的身体素质，身体素质的提高不是一朝一夕就能完成的。

上述这些体育教学的原则与上一时期的体育原则的内容相比，有了较高层次的进步，对学生的主动性和体育技能以及相关能力的培养上有所重视，对体育教学起到了指导性的作用。但是，通过对上述体育教学原则的分析可以看出，体育教学原则的确立理应建立在体育教学实践中的，这样的体育教学原则并不具有全面性，也不能准确地反映体育教学的规律。

(三) 改革开放与探索发展期

20世纪80年代以后，我国体育理论界开始致力于探索具有中国特色的体育教学原则体系，但是对体育教学原则却没有统一的认知和观点，出现了多种体系并存的现象，主要表现在以下几点。

(1) 1988年，体育院编写的《体育理论》教材中，将体育教学原则体系总结为以下七个基本原则：主要分为自觉积极性原则、直观性原则、从实际出发原则、循序渐进原则、身体全面发展原则、巩固提高原则。

(2) 金钦昌在1987年出版的《学校体育理论》中指出，中小学体育教学的主要原则体系有以下几点：自觉性积极性原则、从实际出发原则、身体全面发展原则、合理安排体育运动量的原则、直观性原则、循序渐进原则、巩固与提高相结合的原则。

从以上两位学者对体育教学原则体系的论述中可以看出，经过不断的发展和经验的积累，人们对体育教学原则的认识已经逐渐深入，并在原则的内容的制定上有了进一步的提高，把体育教学原则体系的构建提升到学科教学原则的基础上进行，但是却没有真正形成适合体育教学实际需求的体育教学原则体系。

(四) 逐渐稳定的时期

体育教学发展至20世纪90年代，随着体育教学相关的学科教学体系和教学原则不断完善，人们对体育教学的认识也不断加深，制定体育教学原则所依据的观念也呈现出多样化和具体化。心理学、生物学等与体育教学息息相关的许多新兴教学的产生，促进了体育教学目的的形成，同时也促进了体育教学原则体系的不断完善。

如1998年出版的《素质教育的若干体育教学原则探析》中指出，较为完整和科学的体育教学原则体系为主体性、发展性、全面性、因材施教性和创造性等五条原则，这使得我国体育教学原则制定思路和方法不断向具有规范性和科学性的方向发展。

总之，这一时期的体育教学原则体系呈现出蓬勃发展的局面，并且受到终身体育教学思想的影响，使得体育教学从以往过分注重于学生的技能培养，逐渐转变为注重对学生心理负荷的减少，同时使得终身体育的概念得以延伸。因此，这一时期的体育教学原则体系逐渐趋于成熟，体育教学更加合理。

(五) 课程改革与创新期

进入新世纪之后，随着人们思想觉悟的提高和对体育教学的重视，对体育的发展提出了更高的要求，随着“以人为本”“终身体育”等一系列先进的体育教学思想的不断完善，体育教学原则体系的构建过程中，也十分注重学生的心理健康观和终身教育观等较为符合现代化要求的体育教学观念的培养。

如毛振明主编的《体育教学论》中所提出的体育教学原则，就是根据现代社会发展对体育教学的基本要求制定的，具有教学发展的合理性。如：合理安排身体活动量的原则，这是保证体育教学合理性的基础；注重体验运动乐趣的原则，注重对学生的学习兴趣的培养，符合现代体育教学思想中“快乐体育”的号召；促进学生技能不断提高的原则，是体育教学的目标，是体育教学质量的保证；在集体活动中进行集体教育的原则，这是充分发挥体育教学的寓教于乐精神的体现；因材施教的原则，主要是由学生在发展的过程中，呈现出的差异性决定的，因此教师为了保证教学的质量，要根据学生的特点采用合适的方法进行教学；安全运动与安全教育的原则，这是体育教学的基本保证。

从以上的体育教学原则体系中可以看出，我国体育教学原则体系的建设已经更加充实，教学原则所包含的内容和方向，也能全面地反映当今时代对体育教学的需求，提高了体育教学原则的合理性。

二、我国体育教学原则的发展方向

体育教学原则虽然是根据体育教学的经验和体育教学的特点不断积累的，但是体育教学原则也是随着时代的发展和人们意识的不断提高而呈动态变化的。笔者通过对历年来体育教学的原则和对体育教学特点的研究，将体育教学原则的未来发展方向总结为以下几点。

（一）人文精神在体育教学原则研究中将得到改观

人文精神在教学原则的研究中将得到改观，这一观点的形成，主要是由于以下教学方向和观点的变化形成的。第一，更加重视和突出教学主体性发展的问题的研究。这种研究主要是从学生学习的积极性和主动性入手，保证教学能够不断地激发学生的主观能动性，提升学生的学习兴趣，提高学生的学习动力。这需要体育教师在教学的过程中注重对学生自主活动、师生之间的平等交往等问题的研究，其最终的目的就是培养学生对体育课程学习的兴趣。第二，更加注重体育教学的审美性、情感性和艺术性，因为体育教学的目的就是提升学生的身体素质，所谓的身体素质既包括身体的健康也包括心理的健康，总之就是促进学生德智体美全面发展。因此，在对学生进行教学的过程中，要注重对学生的情感、审美和艺术方面的教育。

（二）重视学生整体素质的全面发展

随着素质教育在我国的全面普及，注重学生的整体素质的全面发展已经成为当今时代教育的主题。学校体育教学事业为了适应体育教学改革的标准，在教学内容上突破以知识为主的教学原则体系框架，注重对学生的体育知识的引导和学生的个人品质的培养，促进学生全面发展为宗旨，这已经成为体育教学研究和教学发展的一种趋势。为了满足当前我国素质教育的需求，学校体育教学事业还提出了“身心全面发展的原则”和“多元化评价的原则”等。这些促进学生全方面发展的教学原则的确立，主要是为了适应时代的发展对体育教学的需要，培养时代所需的专业人才。

（三）重视教与学的统一

前面我们已经提到，体育教学的原则是随着人们意识的发展和时代的变化而不断变化的。随着体育教学发展的不断完善和人们对体育教学的认识的不断深入，人们逐渐认识到传统体育教学原则存在的片面性。在传统体育教学过程中，受到传统教学思想的影响，教学重教轻学，使得传统教学原则的提出也多局限于对教师的“教”的规定，但并未对学生的“学”作详细的探讨。但是体育教学的目的是实现学生身心素质的全面发展，因此，制定教学原则的时候，应该明确为学而教的思想，注重教与学两者的统一。

（四）构建全新的现代化体育教学原则体系将成为体育

教学原则体系需要随着时代的变化和人们意识的提高而不断提高，为了保证体育教学的质量，急需构建一套全新的现代化的体育教学体系，这不仅仅是体育教学原则研究的根本目的，也是体育教学工作者们为了响应时代的发展迫切需要解决的问题。在构建符合现代教学需求的体育教学原则体系的时候，要吸收前人的经验，在前人总结的教学经验的基础上进行；还要保证教学原则具有一定的概括性，同时也要具备教学的个性，在提高学生的素质、发展学生的个性、反映教学规律、达到教学目的等几个方面同时下功夫，构建一个完整的、全面的、具有时代意义的体育教学原则体系。

第三节 基本体育教学原则

体育教学原则在体育教学过程中具有非常重要的指导意义，本节主要以体现体育教学的活动特点和增强体育教学原则的指导意义为侧重点，并结合当前中国体育教学课程和教学改革的实际需要以及国情，对我国当前基本体育教学原则进行分析和总结，旨在为体育教学工作者和教学研究者提供更多理论方面的知识参考。

一、合理安排身体活动量的原则

合理安排身体活动量是保证体育教学科学性的前提和基础，是素质教育对体育教学的基本要求。如果体育教学的运动量较小，就无法满足学生的身体发展需求，如果运动量过大，就会对学生的身体造成损害。

（一）合理安排身体活动量原则的含义和依据

合理安排身体活动量的原则，是指在教学的过程中必须要体现体育教学的本质特点——身体的活动性，而且还要根据学生的身体状况和运动的特点，保证学生接受的活动量在机体承受能力之内，同时又能够满足学生掌握体育知识和技能的需要，以及身体发展的需要。

合理安排学生身体活动量的教学原则是依据体育教学的特点，以及学生在身体锻炼的过程中所承受的运动负荷的规律而提出的。

在任何一项体育运动项目中，都需要学生的身体大肌肉群的活动。科学的身体运动是学生锻炼身体和掌握基本运动技能的过程，也是保证体育教学目标实现的过程，因此在体育教学过程中要保证学生机体所承受的运动量的合理性。

（二）贯彻合理安排身体活动量的基本要求

前面我们已经介绍了在进行体育教学的时候需要坚持合理安排身体活动量的原则，但是笔者根据对体育教学原则的分析和体育教学中相关因素的特点的研究，得出贯彻“合理安排身体活动量”这一原则的基本要求如下。

1.活动量的安排要服从体育教学的目标

在教学的过程中教师合理安排体育教学的活动量，实际上就是为了保证教学活动的科学性。因为合理的运动量的安排能最大限度地发挥体育教学的优势，促进教学目标的实现。如果某位教师在对学生进行身体训练的时候，超过学生的身体承受能力范围之内，会对学生的身体造成伤害，无法保证“促进学生身心健康”这一教学目标的实现。

2.活动量的安排要符合学生的身体发展状况和身体发展需要

身体运动量的科学性能促进学生身体素质的提高，降低现代生活中一些不利的因素对学生造成身体方面的影响。教师要科学的安排学生身体的活动量，首先应该对学生的身体发展的状况进行研究，清楚学生身体发展的需要，这样才能保证活动量的合理性。

3.要通过科学的教程、教材和教法的设计合理安排身体活动量

体育教学运动具有复杂性的特点，运动项目多种多样，有的运动量大，有的运动量小，呈现出不平衡的趋势。因此在教学设计的过程中要考虑到学生的运动量的问题，以此进行教程、教材和教法的设计。

教学的过程是实现体育教学目标的过程，由于教学的各个阶段的教学任务和教学的内容不同，因此在教学的过程中还要根据不同阶段的教学内容以及教学内容的特点合理安排运动量。

教法是教学呈现，也是调节运动量的根本手段，因此在教学的过程中，要跟随体育教学活动的情况随时调增运动量和运动强度，保证运动量的合理性。

4.因人而异的考虑运动量

学生是教学活动的主体，因此要保证教学过程中的运动量控制的合理性。首先应该从学生为重点，根据学生的身体的特点因材施教地安排运动量，调节运动量的大小，在达到体育教学对学生整体要求的水平上，根据学生的身体强弱进行运动量的控制。

5.逐步提高学生控制运动量的能力

体育教师在教学的过程中除了促进学生的运动技能的提高，提高学生对相关运动的知识和要求的掌握外，还要教导学生一些判断运动量和调整运动量的方法和技巧，帮助他们获得合理控制运动量的能力，逐步地学会锻炼身体的方法。

二、注重体验运动乐趣的原则

运动乐趣是培养学生的学习兴趣的基础和前提，是保证学生在学习过程中主观能动性的发挥的基本条件，也是促进体育教学目标实现的基本保障。如果学生在体育教学过程中体会不到运动的乐趣，那么他们就会失去对体育学习的兴趣，不利于教学活动的开展。

(一) 注重体验运动乐趣的原则的含义和依据

注重体验运动乐趣的原则是指在体育教学过程中，传授学生体育相关知识和技

能的同时，让学生感受到体育学习的乐趣，这样能使学生喜爱体育运动，并积极参加体育教学活动。

注重和体验体育教学的乐趣，是根据体育教学的特点和学生在体育运动中情感的变化提出的，体验体育乐趣是人参与体育运动和体育比赛的重要目的。随着科学技术的不断更新，人们生活节奏也日益加快。这些快节奏的生活方式为人们的健康带来了不利的影响，现在的人们急需通过体育锻炼维持自己的身心健康。所以，体育运动逐渐成为人们生活的一部分。

让学生体验体育运动的乐趣，同时也是促进体育教学质量提高的手段，因为体育教学侧重的是学生的学习活动，学生只有在体验到体育教学乐趣的时候，才能增加学生对体育教学的兴趣。有了兴趣，他们的学习的主动性和积极性才能被充分地调动，体育教师才能不断地提高体育教学的质量。

(二) 贯彻体验运动乐趣的原则的基本要求

在体育教学过程中，贯彻和体会体育教学乐趣的原则的基本要求有以下几点。

1.正确理解和对待体育运动中的乐趣

每项体育运动项目中都有其固有的运动乐趣，这些乐趣来源于这些体育运动项目的特征，体育教师要想充分地挖掘和利用运动中的乐趣，促进教学目标的实现，首先应该正确地理解和对待它们，既不能无视它们的存在，也不能盲目地挖掘，要从体育教学目标、运动的特点、学生的情感倾向等方面深刻地理解体育教学运动中的乐趣。

2.注重从学生的立场理解教材

教师和学生是体育教学中的两大主体，是教学活动的重要组成部分。教师是教学活动的教授者，学生是教学活动的接受者。两者的立场不同，因此理解教材的角度就有所不同。教师往往从教学过程和教学目的两个方面理解教材，学生往往从乐趣和挑战两个方面理解教材。再加上学生是教学活动的参与者，是教学方法的受用者，也是教学目标的体现者。因此，在教学乐趣的理解过程中，应该注重从学生的立场理解教材。

3.让每一个学生都能不断地获得成功的体验

体育和其他学科的根本教学目标一致，就是提高学生的知识和技能，使学生不断地成长。但是体育教学与其他学科教学不同的是，体育教学是一个与学生的身体条件密切相关的教学活动。但是，每一个学生受到遗传因素的影响，在身高、体重和运动技能等方面有所区别。如果开展集体的训练活动，那么一些身体条件较弱的学生很容易在学习的过程中体验到差距。所以，为了保证学生在学习过程中的平等性，就必须通过各种教学的加工和教学方法的优化，让学生不断地体验成功的乐趣，增加学生的自信。

4.处理好运动乐趣和运动技能之间的关系

前面我们已经介绍，要让学生在运动的过程中体验到成功的乐趣。但是体育教学的目标是提升学生的运动技能，因此在教学的过程中要保证两者之间的统一。体育教学中有些内容具有趣味性和技能性，有的运动只有技能性。只有技能性和趣味性两者相统一，才能促进教学目标的实现。因此，在教学的过程中，要将乐趣性和技能性较强的活动作为教学的重点，同时也要挖掘技能性浓厚的活动中潜藏的趣味性，提升教学质量。

5.开发多种有利于学生体验乐趣的教学方法

在教学的过程中，教师除了要重视体育知识的传授之外，还要善于采用多样化的教学方法帮助学生体验运动的乐趣。如在教学的过程中，可以通过运动项目的特点，灵活的使用游戏法、比赛法、领会教学法等，让学生能够充分地、平等地体验到体育的乐趣，促进学生对体育学习兴趣的建立。

6.体验乐趣不忘磨炼学生的意志

从我国的国情来看，现在的学生大多属于独生子女，在家人和社会的关爱中长大，因此对挫折的承受能力较弱，往往在经受失败之后，便会自暴自弃。体育教学的目的就是促进学生全面的发展。因此在教学的过程中不能忽视其磨炼学生意志的作用，更不能一味地迁就学生的兴趣，要让学生在体验乐趣的同时得到磨炼。

三、促进技能不断提高的原则

体育教学的目的就是促进学生的技能的提高，因此在教学的过程中要注重促进学生技能不断提高的教学原则，保证教学目的的实现，提高教学质量。

(一) 促进学生技能不断提高的原则的含义和依据

促进学生技能不断提高的原则是指，在教学的过程中教师要通过各种教学方法的运用，不断提高学生的运动技能，提高学生的运动成绩，从而提升体育教学质量。

促进体育教学技能不断提高的原则是根据体育教学的目标、社会的需求和机体发展的需求三个因素决定的，同时也是实现体育教学终身化的基本前提和条件。

掌握体育教学的运动技能，是通过体育教学提升学生的运动能力、发展学生运动素质、提升运动技能的有效途径，也是让学生体验运动的乐趣，提升学生的体育教学质量的前提，更是判断体育教学目标是否完成、检测教师教学能力高低的标准。

（二）贯彻促进运动技能不断提高原则的基本要求

促进学生运动技能的不断提高，是体育教学目标的重要组成部分，也是体育教学的意义所在。在制定这一教学原则的时候，应该做到以下几个方面的要求。

1.正确地认识运动技能在体育学习中的重要意义

在前面关于“促进技能不断提高的原则”的含义的讲述中，我们已经清楚，掌握运动技能是教师教学和学生学习的目的。掌握运动技能能锻炼学生的身体，提升学生的运动素质，促进教学质量的提高。因此，教师在教学的过程中，要注重对学生运动技能的提高。

2.明确运动技能学习的目的，有层次地掌握运动技能

体育教学，要求学生掌握运动技能，就是为了丰富学生的学习生活，增强学生的身体素质，保证学生健康成长。因此，在教学的过程中，开展以“运动技能的提高”为目的的教学时，要树立“健康第一”和“终身体育”的思想。将体育教学目标根据教学任务进行分阶段的划分，有层次和分门别类地让学生掌握体育教学大纲所要求的运动技能。

3.要钻研“学理”和“教学”，提高教学质量

要想提高教学质量，首先就应该做到“知己知彼”。因此，要让学生很好地掌握体育运动技能，就必须详细地掌握运动技能的规律，特别是教学环境中的各种运动技能的特点和发展的规律。因为体育教学是一门较为复杂的学科，并且教学的时间相对有限，为了保证体育教学的效率，我们必须研究体育教学中的技能提高的途径和规律。

4.要创造提高运动技能的环境和条件

任何一种技能的学习都会受到环境和条件的影响，只有环境和条件相适宜，才能最大限度地发挥教学的效果。影响这种环境和条件的因素，包括教师自身的运动技能和水平、教学场地和器材的优化，还包括体育教师对学生学习氛围的营造。

四、提高运动认知、传承运动文化原则

“提高运动认知的原则”能够促进学生体育相关知识和技能的形成，“传承运动文化的原则”能够增强学生的责任感，从而激发学生对体育教学的兴趣，促进学生对体育技能的掌握。

（一）提高运动认识、传承运动文化原则的含义

提高运动认识和传承运动文化，就是在进行体育教学时，通过对学生的体育知

识和技能的培养，增加学生对体育运动的认识，加深学生对体育运动文化的理解，便于学生对体育文化的接收和传承。

体育运动是通过各种运动体验而形成的一种特殊的运动方式，而且就目前运动在人们生活中的价值和社会发展的趋势可以看出：人们对运动的认知能力的提高，不仅有利于身心健康，还有利于运动文化的传承和发展。

每一门学科都有其重要的作用，体育教学的作用之一就是提高学生的运动认知能力，促进学生身心健康的全面发展。因此在开展体育教学的过程中，要坚持“提高运动认识、传承运动文化的原则”。

(二) 贯彻提高运动认识、传承运动文化原则的基本要求

在体育教学中，贯彻这一原则的基本要求有以下几点。

1.重视体育教学中的认知因素

重视体育教学中的认知因素，就是要在教学的过程中，注重学生对运动技能的掌握和体育运动文化的理解。加强学生对运动技能的认知有利于他们在今后的终身体育学习中的运用，将体育运动很好地融入生活之中。

2.注重培养运动表象和再造想象

运动表象和再造想象是学生掌握技能的基础，学生头脑中关于运动表象和再造想象储备的知识越多，对运动技能的接受和掌握就会越发迅速和高效。因此教师在体育技能教学的过程中，要不断地向学生演示运动的具体动作，并督促学生模仿练习，使动作得以巩固和熟练。

3.注意开发有助于学生认知的教学方法和手段

方法和手段是实现教学目标的基础。体育教学是一个较为宽泛的教学，在体育教学过程中，要提升学生的运动认识和技能，就必须采取正确的教学方法和手段。在教学方法的选择上，要注重创新方法和层层深入方法的开发：在教学手段层面，要重视对娱乐性较强的教学手段的开发，从而帮助学生掌握运动知识，提高运动。

五、在集体活动中进行集体教育原则

体育教学侧重集体性，有些活动强调小组或是集体的单位，这有利于在活动进行的过程中增强学生的团结意识，提升学生的集体荣誉感。这也是体育教学的目的之一。因此，在教学的过程的集体活动中，要注重集体教育原则。关于集体活动中的集体教学原则的含义、依据以及要求介绍如下。

（一）在集体活动中进行集体教育原则的含义和依据

在集体活动中进行集体教学原则是指，在对学生进行集体性的学习活动时，要注重对集体荣誉感和团结性等集体活动特性的培养，增强集体的凝聚力，使学生形成正确的集体意识、养成良好的集体行为习惯。

在集体活动中进行集体教育原则的依据是集体活动，集体教育原则依赖于组成集体的特点、集体活动的规律、集体运动的发展等。

体育教学活动主要以协同、竞争、表现为特点，这些特点主要是在集体活动形式中得到体现。再加上，体育教学侧重于室外教学，受到场地、教学活动范围和教学方式的影响，体育室外教学的开展一般以小组为单位，这使得体育教学具有集体性，因此在教学过程中要注重对学生进行集体教育。

（二）贯彻在集体活动中进行集体教育原则的基本要求

根据体育集体活动和集体组成的特点，将体育教学中贯彻在集体活动中进行集体教育原则的要求介绍如下。

1.分析、研究和挖掘体育教学中的集体要素

从体育教学的特点可以看出，体育教学中有很多集体性的要素，因此在进行体育教学的过程中，要注重分析、挖掘具有集体含义的要素，如团队的意识、共同的目标、互帮互助的活动形式，等等。教师在进行集体教学的过程中，将这些要素有目的、有意识地融入学生的集体活动和体育学习之中，以便促进对学生团结意识和集体荣誉感的培养。

2.善于设立案例运动的场景

在体育教学过程中衡量教学活动是否具有集体性的依据是：检测集体是否具有共同目标、是否具有共同的学习平台，因为共同的目标和环境是集体运动的重要组成部分。

共同的学习目标是每个学生的学习的动机和欲望；共同的学习平台是学习的场所和环境，能够体现集体的存在感。这两个要素能够让学生更好地凝聚在一起，互帮互助完成共同的目标。因此教师要贯彻教学中的集体教育原则，就应该善于设立集体运动的场景，如篮球、拔河等。

3.善于开发有助于集体学习的方法

要合理贯彻集体活动中进行集体教育原则的手段，就必须建立有助于集体学习的方法，这是促进教学目标实现的重要方法。如组织学生进行课堂讨论、分组进行某种运动技能的比赛等，这些教学方法将为体育教学中贯彻集体教育原则提供技术

上的保证。

六、安全运动与安全施教的原则

安全运动和安全施教的原则是体育教学的根本要求，因为开展体育教学的目的就是提高学生的身心健康水平，如果脱离了安全这一宗旨，任何一种教学活动都不能称为科学有效的教学方式。

(一) 安全运动和安全教育原则的含义和依据

安全运动和安全教育原则是指在教学的过程中保证安全教育的同时，进行学生安全意识的培养和教育。

安全运动与安全教育的原则是依据“体育运动中的特点”和“加强学生体育教学的目的”两方面确定的。众所周知，体育运动是以剧烈的身体活动、野外活动、集体活动、器械运动等一系列身体上的运动组成的，因此体育运动是一种危险系数较高的活动。初学者或是体质较弱的学生在学习某类活动的时候风险是挺高的，但是这种危险也是相对的，是可以避免的。因此在体育教学之前，要进行严格的设计，保证教学的安全性。

(二) 贯彻安全运动和安全教育原则的基本要求

在体育教学中贯彻安全运动和安全的基本教学原则的要求如下：

1.教师必须周到地预想所有存在安全隐患的因素

从长期的教学经验可以看出，体育教学中有很多存在着安全隐患的因素都是可以预测的，如因学生的身体差异产生的因素、器械的损害产生的因素、场地不合理产生的因素、天气产生的因素等。在进行教学之前，教师只要根据这些因素进行合理的规划，就能保证教学的安全。

2.时刻对学生进行安全运动教育

要在教学过程中贯彻安全运动教育，就需要对广大的学生普及安全教育意识，让学生在学习的过程中时刻坚持安全第一的原则，这样才能将安全意识落到实处。

3.建立运动中的安全制度和安全设备的管理

制度是约束学生行为的一种较具有权威性的指标，建立运动中的安全制度，能够让学生在教学的过程中自觉遵守安全行为规定，限制危险运动或行为；设备是体育教学中不可缺少的条件之一，也是危险的存在载体之一，因此要在教学的过程中重视对安全制度和设备安全的管理。

第四节 坚持体育教学原则的案例分析

坚持体育教学原则的案例分析也是体育教学中的重要环节，案例分析是通过对实际的案例的阐述和分析，帮助体育教会直观的地认识到运动教学中存在的不足和改善的方向，以保证在前人的经验的基础上不断提高教学质量。

一、坚持体育教学原则案例分析的作用

体育教学能够拥有今天的成就，主要是在前人教学经验的基础上不断地改进和提高的结果，坚持体育教学原则的案例分析是为了能够在前人所总结的教学原则的基础上，进一步地优化和完善，保证教学原则的科学性。笔者通过对体育教学原则不断地研究和分析，现将坚持体育教学原则的案例分析的作用概括如下。

（一）优化了教学原则，保证了教学原则的科学性

体育教学原则的确立和完善是在前人的基础上进行的，前面我们已经知道影响体育教学的因素有人们的意识和环境的变化，因此体育教学是一个相对复杂的教学。制定体育教学原则的根本目的就是保证教学过程的“有章可循”，约束教学行为，保证教学的科学性。通过教学原则案例的分析，体育教学者通过全面的分析对比，了解到教学中存在的不足，并针对性地进行优化和改造。这样才能保证教学原则的科学性，实现好的教学效果。

（二）规范教师的教学行为

在教学的过程中，坚持体育教学原则的案例分析，能够时刻地提醒体育教师在教学的过程中应该遵守的准则和行为规范，约束了不适宜教学行为的现象出现。在教学的过程中，根据教学运动项目和学生的特点坚持教学原则案例分析的教学，不仅能启发教师的教学思维，拓展教师的教学视野，同时还能不断地提醒教师，规范教师在教学过程中的行为，促进教学质量的不断提高。

（三）完善体育教学中的教学原则内容，提升体育教育事业

教学原则是在不断丰富的教学经验和时代的不断发展中形成的，是对教学经验的总结和教学过程的科学性的保证。但是，社会的不断进步和人们意识的不断提高，以及社会快速发展造成的许多不确定的因素的出现，使得教学原则出现缺陷和不足。教师在应用教学原则案例分析的教学过程中，能够更好地结合教学的实际和

对教学现实的理解，掌握教学原则中存在的不足之处，经过研究和分析，对教学原则进行完善，促进我国教学事业进步。

二、坚持体育教学原则的优秀案例分析

在教学的过程中，常有较好的坚持教学原则案例分析的例子，所谓能够较好地坚持教学原则，实际上就是指在教学的过程中，能够根据体育教学的特点和运动的规律以及学生的特点，较好地设计体育教学的过程，科学地选择体育教学的方法，合理地整理体育教学的条件，从而实现好的教学效果。

下面对在教学的过程中能够较好地坚持体育教学原则的实例的详细内容介绍如下。

教学的课题：足球单元课程的学习

教学的目标：激发学生对足球运动的兴趣，营造积极有趣的学习氛围，使学生主动地学习足球运动相关的知识技能，并在学习的过程中体会到勇于克服困难、坚持达到目标的快乐。同时结合足球运动的特点，提升学生的灵敏度和耐力等方面的素质。

学习内容 1：足球游戏

课时学习目标：在游戏中感受足球运动的乐趣，提升学生对足球运动的兴趣，同时引导学生体验到集体主义精神和内涵，并且对足球的运动规则有基本的理解。

学习策略：游戏比赛和游戏规则的讲解。

辅助内容：跑步类型运动的训练。

对规则的改造：以橄榄球的形式进行比赛。

学习内容 2：运动与个人突破

课时学习目标：明确足球的运动轨迹和足球运动的规则和方法，帮助学生在比赛中适时地运用自己的突破技能取得战机，并且能够根据同伴在运动中的特点，合理地分配角色。

学习策略：各种有关运球的练习，突破防守的技巧。

辅助内容：基本的运动规则，合理的突破方法。

对规则的改造：以底线为球门，运球越过对方的底线得分。

学习内容 3：足球射门

课时学习目标：明确足球运球射门的要领以及如何突破防守射门的技巧，培养学生分析问题解决问题的能力。

学习策略：带领学生进行射门力量的练习，以及怎样射门才最准确。

辅助内容：运动轨迹和速度的练习。

对规则的改造：分层教学比赛，对各种进行射门的规则的划分，研究最好的射门效果。

学习内容 4：传球技术的掌握

课时学习目标：掌握基本的传球技术和脚内传球的技术，在心理压力大的情况下，锻炼学生从容应对的态度，树立学生的信心。

学习策略：接传球练习，传抢比赛。

辅助内容：灵敏性的练习。

对规则的改造：比赛中不设守门员，让学生针对传球练习。

这样的体育教学课程的安排体现了教师对学生学习的重视，对技能学习的重视和技术技巧的重视，以及在体育教学中注重学生的自信心和耐力的教育的原则，对学生的个人的学习和集体的协同合作有所安排，帮助学生认识到集体运动的优势和应该注意的内容。通过各种教学组织性较强的运动的开展，提高了学生对体育运动的兴趣，保证好的教学效果的取得。因此，以上课程正是坚持教学原则的优秀案例。

三、坚持体育教学原则欠佳的案例分析

上面我们已经介绍了在体育教学中坚持教学原则好的教学案例的分析，并从中看出坚持教学原则进行教学活动的开展的过程中的作用。但是，在体育教学过程中，也有不少的教学不能较好地坚持体育教学原则，不能根据体育教学的规律和体育教学的特点开展体育运动，或者不能很好地掌握体育教学的环境和教学的条件，最终导致教学效果不明显。

下面，我们针对坚持体育教学原则欠佳的案例进行分析。

教学的内容：多种形式的投掷练习。

学习目标：激发学生对投掷练习的兴趣；帮助学生掌握多种形式的投掷练习的方法和技巧；培养学生的集体主义精神。

教学的重点和难点：重点就是学会应用 2 至 3 中投掷技术；难点就是如何合理地教学，调动学生的学习积极性。

教学的方法：情景教学法和游戏比赛法。

组织的形式：先对男女进行分组，然后进行投掷练习、侧向投掷练习和保龄球练习。

以下内容是对上述教学安排的分析。

教学目标：教学的目标中只提出激发学生的兴趣，但是并未明确练习投掷的兴趣是什么，所以在教学目标的设定中体验乐趣的方法和途径都不明确；教学目标中

没有针对投掷运动的具体目标，只是讲到进行投掷的练习；激发学生的集体主义不能作为本节教学的目标，是无法实现的。

教学重点难点的设计：在进行教学重点和难点的设计中，对教学的方式和途径设计的不明确。

教学方法：教学方法中采取了情境教学法，但是从学生的特点分析看来，这种教学方法不适用于初二学生的心理特征。

组织形式：教学中只安排了男女分组进行比赛，但是如何利用这种集体性的活动引导学生对集体主义的思考没有任何的意识。

这节体育课程的设置中，没有结合学生的特点和教学的环境以及教学的规律组织教学，这样的教学不能取得明显效果，也无法保证教学目标的实现。

第七章 体育教法与学法的运用与变革

任何一门学科都有自己特定的研究对象和所要探索的领域。正如，毛泽东在《矛盾论》中所指出的，“科学研究的区分，就是根据科学对象所具有的特殊的矛盾性。因此，对于某一现象的领域所特有的某一种矛盾的研究，就构成某一门科学的对象。”因而，对教法和学法的研究，长期以来一直受到中外教育家的共同关注，特别是从新课程实施以来对其的探讨更是讨论中的热点。教育学的研究表明，学习者与学习材料原有的知识关系没有实质性的自然逻辑关系。教学方法选用的价值规范受人为联系的制约。换言之，教师有什么教育价值观就会采用什么样的教学方法。教师立足于传统教育价值观就会采用“以教为主”的教学方法，相反，具有现代教育理念的教师就会采用“以学为主”的教学方法。本章立足于从方法论的角度对当前教与学方法的选择与应用进行一番历史审视与分析，为的是让人们更清楚地了解教法和学法的历史特性及教学方法运用中存在的问题，以便更好、更科学合理地去实施与运用。

第一节 体育教学方法的问题与变革

众所周知，受历史影响，过去我们只做教师教学的方法研究，很少做学生学习方法的研究。当今时代的发展促使教学方法的研究打破了这一弊端，把教推向了学。指出没有教法的转变就没有学生的转变，没有学法的发展就没有学生的发展。新课程实践证明，教法与学法的有效性制约着体育新课程功能的实现。基于此，本节对其关注与研究，梳理与揭示体育教与学方法产生的机理，摸清其发生的机制，寻绎经验避免无效，以期促进体育教与学效果的提升。恰如学者王道俊所言，教学方法是为完成教学任务而采用的办法，是教学活动有效运行的关键要素。它包括“教师教的方法和学生学的方法，是教师引导学生掌握知识技能，获得身心发展而共同活动的方法”。正如学者王策三在《教学论稿》一书中指出，教学方法由教法和学法两方面组成，是教师和学生课堂间交流与互动联结的载体，是教学系统中最具能动性的部分，不仅直接影响着学生学习行为的有效性，而且还关系着教学效率与学习效果的高低和好坏。

一、教学方法的历史变革

从哲学上看，体育教学方法的运用是教师对知识价值关系的认识或反映，蕴含着教师自我的教育价值观对教学的“前理解”，可以体现出教师在完成知识传授任务时，对教与学的选择、安排等的具体表现。从教育的历程看，教学方法的运用呈现出明显的阶段性特征与时代的表达。释义出不同时代背景对知识需求的期待不同，对教学方法选用的要求也就不同，其涉及内容与其教育主张产生的特定时代背景相互联系。如在我国古代，基于当时社会生产力的低下，导致知识创新的基础较差，教育的基本教学方式是言传与身教，年青一代只能在与年长者的共同生活中通过模仿和记忆学习相关知识。受时代的制约，其教育取向以传授知识为主，通过传授知识来培养学生的德行。因而，传道、授业、解惑就成为教师的天职。为此，教学方法的选用多以讲授法为主要形式。致使看课堂教学能否取得满意的效果，不是看教学方法的正确使用与否，而是取决于教师的学识水平如何。教师讲好了，学生就学好了。长此以往，就把其演变为了“满堂灌”和“填鸭式”的教学形态。这种教学方法最大的优点是“节省时间和精力”，可以在最短的时间内最大限度地向学生传授知识。正如夸美纽斯在《大教学论》中指出：“这种教育将不是吃力的，而是非常轻松，一个先生可以同时教几百个学生。”

但当人类社会由低级文明不断前进，迈向了21世纪的新知识经济时代文明时，时代要求教育要把知识创新作为衡量的尺度，由寻求普遍性的教育规律走向寻求个人情境化的教育意义。即教育要把人个体本质中的个性内在能动凸显，出来、发展出来。为个人知识的意义理解与建构提供支持，满足新知识时代对人发展的需求。于是以个性为解放的、新的知识教育形态日益凸显，正成为不可阻挡的世界潮流，拉开了人类社会由知识取向的教学理解（侧重于知识性积累的拥有）、能力取向的教学理解（侧重于知识的把握与创造）开始迈向解放取向的教学理解（以发展人的完整性和能动性为核心）的帷幕。彰显出个性的发展是社会进步的核心，只有实现个性（最大发展区）解放的教育才是时代的追求。为此，解放人的潜在能力，挖掘人的创造力，促进人的全面发展就成为今天和未来教育的首要任务。也正因为如此，建立以个人为本的新的教学观和教育观，实现教育的本质是解放人的一种个性化学习活动，就成为当代世界各国教育改革的目标和发展的普遍趋势。

在这一思潮下，传统的教育观念被彻底颠覆与抛弃，对此，美国未来学家阿尔文·托夫勒指出，“未来的文盲不再是不识字的人，而是没有学会学习的人。”显然，再用传统“接受式”的教学方法无法培养出学习者个体不同的发散思维。无法扶植与培养学生的创造性，不符合培养个性和创新精神为21世纪社会服务的目标，难以满足社会发展对人才培养的要求。因为，21世纪社会生产力的发展，要求教育不仅要完成传授知识的任务，还要实现让学习者创造新知识的任务。为此，转变教育观念、改革教学方法、探索合作学习、探究性学习、自主学习等，就成为当务之急。正如学者刘丽群认为，教师不是简单的传声筒，他们如何选择教学方法是教师整体认识与能力的直接反映。鉴于此，我国著名学者顾明远指出，当前社会上都在热议钱学森提出的问题，为什么我们的学校总是培养不出杰出的人才？要回答这个问题，教育确实要担负主要的责任，主要表现在教育观念的陈旧、教学模式的单一化、教学方法的落后、教育评价的片面上。学者们表明，由于受不同时代教育教学观“前理解”的影响，导致教师对教法和学法概念的理解也就不同，因而对其应用范围的认识也就存在着差异。教师要教好学生，提高教学效率，就必须按时代教育的目的选择怎样教和如何教。即教师要会教和善教，就必须值得教法和学法与时代发展的适配联系，才能科学拿捏好教学。新教育理念在当今教学实践的认识论证明，教法和学法的优化是推进体育新课程的一个重要组成部分。只有这样，新课程才会由目标走向现实。正如马克思在《费尔巴哈的提纲》中指出：“社会生活在本质上是实践的，人的本质是社会关系的总和。”

二、当前体育教学方法存在的问题

教育历史的发展证明，每个教学方法的历史形成，都离不开它所置身的客观环境。我国传统体育教学观，是根据教的内容来预先设定好数学方法。教师只考虑教的任务完成，较少考虑学生学会的方法使用与发生、效率和限制在哪里，这一定型化极大地规制了教师教学方法的选择与运用。因此，我国以往体育教学研究，往往侧重在教法的研究方面，对学法的研究则不够深入。即使接触到了，也只限于对一些具体学习方法的总结。对学法的专门研究还很缺乏，缺少系统的学法理论指导。因而，在实际体育教学中出现教师只关注“教法”的设计与运用，对学生“学法”的思考没有重视，导致出现用教学方法剪裁学法实践的现象。在指导思想上不是使体育教学方法促进学习对象是否懂得，方法是否学会，体验过程是否快乐，而是力图使学习对象适应教学方法，使学法迁就教学方法。以统一进度、统一模式、统一方法和统一要求为教学方法的原则，其结果是人变成了客体而不是主体。把有趣的体育教学变成呆板的技能传授与刻苦的标准训练，把体育学习变成了“只认技能不认人”的灌输和规训，失去了体育学习懂乐的因果性和目的性的统一。这种“统一同质”的教学方法，造成具有不同运动优势的学生没得到个体的发展和满足，也影响了一些运动弱势学生的自信、学习动机和态度，使得他们产生失败感，厌弃体育学习、讨厌体育运动，给未来终身体育可循环的建立增添了危机。正如苏联教学论专家斯卡特金指出："我们建立很合理的、很有逻辑性的教学过程，但它给积极情感的食粮很少，因而引起很多学生苦恼、恐惧和消极感，阻止他们全力以赴地去学习。"

那么，怎样才能有效地发挥教法和学法这一复合体的整体功能呢？近几年来，教育研究者们通过对新课程实施的调研总结，大家深深体会到要使体育新课程逐力推进实施，必须把教推向学。如果不注意加强学生学法的应用与指导，就不可能使新课程终身体育教学有效地得以实现。并进一步发现对学习概念及其本质与规律的理解和把握，是发挥和沟通好教法和学法的理论与实践的桥梁。通过反思，大家认为，在探讨教法和学法的关系时，当前应将重点放在"为学习发现更多的联合因素"，体现出"教学为学习而设计""为理解而教学""学习要有自由度（选择性）"的学法指导研究上，实现教法和学法联姻才是可为的。正如我国著名教育家陶行知先生在1919年《教学合一》一书中所说，"先生的责任不在于教，而在教学生的学。教的法子必须根据学的法子，怎么学就怎么教""教学做合一是教的法子根据学的法子，学的法子根据做的法子"。对此，联合国教科文组织21世纪教育委员会在《教育——财富蕴藏其中》报告中也提出："教育应该较少地致力于传递和储存知识，而应该更努力地寻求获得知识的方法。"这些论断，深刻地揭示出教育需要以教会学生学习为重要目标。传统教学法与现代教学法两者之间的区别在于，传统"学习"是接受知识，积累知识，注重智力的提高。现代"学习"不仅要求学生掌握知识与运用知识，更着眼于知识方法的能力形成。即21世纪的教育不仅是实现学习理论、运用理论，更重要的是贡献理论。上述思想在我国古代教育家易子的《公孟篇》一文中曾有记载，如在教法上要"量力施教"，在学法上要"察类明故"。才能使不同的学生，在不同的基础上，做到"深者深求，浅者浅求，教者诚其心，学者尽其材"。

三、学校体育教学方法改革的趋势

从致思取向的维度分析，我们可以发现，从20世纪80年代以来，我国学校体育教学的趋势，在指导思想、功能运用和结构特征三个方面发生着根本性的转变。

（一）在教学指导思想上由教会知识转向教会学习

1972年，雅克·德洛尔主席向联合国教科文组织提交了《教育——财富蕴藏其中》报告。其明确提出21世纪教育发展的理念，应是围绕"学会认知、学会做事、学会生活、学会发展”的四种学习方式进行安排。并进一步指出，“这种学习不是获得经过分类的系统化知识，更多的是为了掌握认知的手段”。在这一背景下，“学会学习”就成为新世纪课程教学的宗旨、核心理念与教学指导思想的追求。

（二）教学结构特征由以教为主转向以学为主

“以学生学会学习为中心”的新教学特点，已成为当代体育教学理念的凝结与赖于支撑教学的笃行。这要求教学由以教为主转向以学为主的意义建构。在教学内容上，要给学习者提供多样化的运动选择，尊重学习者对不同体育内容学习的需求。在教学组织上，要建立适应学习者个别差异的条件与学习情境，让学习者根据自己的运动能力与技能水平、兴趣风格，选择学习的相应层次与学习领域。在学习考核与评价上，要体现出学会学习的意义建构发生。既要重视成绩考核的结果，也要关注学习进步的发生；既要重视技能学习的评判，也要养成学习者体育学习生命的领会。恰如梁漱溟所说：“以文化育人的方式聚集起有价值的东西，有助于正德，有助于知识的享受，有助于精神的提升。”

（三）在教学方法运用上由统一教学转向多元教学

基于此，在教学方法的设计与选用上，要把体育学习纳入促进人发展的视野，正确看待不同学习者体育学习的不同方式。给予学习者更多的学习机会，发现更多学习的联合因素，扬长补短、因材施教，使学习者主体性得到充分发挥。推崇采用集体教学与差异教学相结合，实施学习程度分层、学习内容分层、学习方式分层、学习作业分层、学习评价分层等多元化构建，防止学习者有的吃不饱，有的吃不了。让尖子释放出运动能力，放飞体育天赋；让中等生完成提高赶优，增大兴趣爱好，养成运动习惯；对运动差生解惑补救，激发学习热情，使其不因为运动能力不足放弃体育学习；达成学习者全部实现终身体育的运动目标。恰如巴班斯基的一个著名主张：“教学即必须把教的最优化与学的最优化融合在一起。”

上述揭示出，人类社会文明的不断迈进，给教育教学不断带来新取向的理解，要求教学方法对知识的价值关系释放出一种新的解释、新的操作，建立学习与知识之间的和谐。渴望教学方法重建出合理的师生、生生关系，促进交往对话。为个人知识的理解与建构提供支持，满足21世纪新教育对教学方法的需要。反思我们在传统教育发展的历程中对个性化认识的片面与丢失，摆脱教学方法仅是一种控制知识、管理知识的计算范式。认清学生不是机器，教学不是控制。应是解放，是师生平等的对话，教师是引路者和共同成长的伙伴。从这个全新的角度来理解21世纪体育教育在教学方法的实施。从个性化、差异性、多元性、开放性等解放性教学路向的基础上，重构出个性化知识学习新尺度的教学方法。为新世纪体育教育实践走向因材施教增添活力，进一步增大和唱响体育新课程对人的发展的意义建构。这一视域的登场，无疑为我们推进终身体育的实施，提供了一个有益的视角和崭新的尺度。凸显出教学方法的变革，对于我国正在展开的体育新课程的成功实施，尤其具有重大的意义。理解和把握这一点，无疑是十分重要的。正如学者李秉德所言，“教学方法的构建不仅是现代学校教育的一种努力目标，更是实现未来新教育所必需的一种方法，它是现代教育教学的特征之一”。也曾如珍妮特·沃斯在《学习的革命》一书中所说，“世界正飞速地经历一场革命，这是一场思想的革命，一场我们学会怎样学习、怎样找出既新又好的解决问题办法的革命”。

上述学者易言指出，教学方法已成为问渠新教育的形象与样式，是表现新教育教学方式的普遍论述。“工欲善其事，必先利其器”，对其的致知，可帮助我们更清楚地认识体育教学方法的选择与运用，改变我们体育教育教学方法在育人方面的不协调发展。

第二节　体育教学方法的组织与运用

什么是教学方法？《教育词典》的解释是：“教学方法是教师和学生为了实现共同的教学目标，完成共同的教学任务，在教学过程中运用的方式与手段的总称。”那么什么是“体育教学方法”，从学校体育教学广义来讲，是指“在体育教学过程中，教师指导学生为达到一定的教学目标所进行的一系列活动方式、途径和手段的总和”。狭义来讲，是体育教学中教师按照明确教学目的选择的、以循序渐进掌握体育教材为主采用的某种方法。我国常用的体育教学方法分类，一般分为：传授体育知识与技能的方法、发展体能的方法、思想品德教育与发展个性的方法。诚如教育巨匠夸美纽斯在《大教学论》卷首扉页上，开宗明义申明本书目的在于：“寻找一种教学的方法，使得教员因此可以少教，但学生可以多学。使得学校因此可以减少喧嚣、烦厌和无益的劳苦，多具闲暇、快乐和坚实的进步。”也诚如毛泽东在《矛盾论》中指出：“任何运动形式，其内部都包含着本身的特殊矛盾，这种特殊的矛盾就构成一事物区别于其他事物的特殊本质。”

上述释义道出，体育教学方法是引导体育教学活动展开的方法，是衡量体育教师教学技能水平的依据，是体育教学方式的运用和教学原则贯彻的落脚点，是标识对某种体育类型的教学与范围适用的方法。对其研究，可结转打通体育教学方法选择和运用的学理，借以提高体育教学方法的基础理论水平，为科学有效地选择和运用体育教学方法提供参考。对此我国学者刘丽群认为，“教师不是课堂上的传声筒，他们如何选择合适的教学方法，采取相应的课堂策略，将直接影响课堂的教学效果。”

一、体育教学方法的结构和分类

(一) 体育教学方法结构和分类的界说

由于教学方法的选用，受教学任务、教材特点、学生学情、教学条件等具体情况的制约，任何一种教学方法的选择与运用，必须结合一定的客观条件进行方可产生教学效果。归纳起来，影响教学与学习的发生有两个内在机制。一是从体育教学的方法结构来看，一般可分为传授体育知识与技能的方法、发展体能的方法、思想品德教育与发展个性的方法等；二是从体育运动技能学习的心理机制来看，存有注意、感知、表象、思维、练习等心境现象的揭示和机理运行的交合互动关系，预设着对教学本质的认识、规律的确定、方法选择的价值判断。换言之，体育教学方法的运行，是通过对学习者心理的应激、唤醒、认知等相关体现；确定认知定向阶段、动作联结阶段、协调完善阶段的学习方法使用指向的范围和目的。为此，体育教学方法的结构是划分确定每一种教学范围运用的形式与方法。而体育教学方法的分类，则是判断方法属性在不同“教学阶段”，信息加工的定位与取向的依据；是为达成一定教学结果的目的，对各个教学部分具体设计指向的标准。两者的存在，是体育教学方法选择与运用的根据和动因。是寻绎不同体育教学方法产生、存在、发展和创立的根源；是定向、推动、维持、引发体育教学方法的动力系统。它们源于体育教学实践，又推动着体育教学实践的发展。认清这些本质，才能把握结构与分类的相互关系，有利于我们正确把握体育教学方法的本质与规律，才有可能选择出最优化的教学方法。诚如古人张载所说：“凡圆转之物，动必有机；既谓之机，则动非自外也。”又如巴班斯基指出：“在教学过程中，不以最主要的、本质的东西作依据，就不可能找到最优化的教学方案。”

(二) 体育教学方法的分类

归纳以上所述，可以发现我国学校体育常用的体育教学方法的特征，有以下方面。

(1) 它是为达成教学目标、完成学习任务的指向性而选择运用教法的策略标识。

(2) 它是遵循教学活动的特点和规律，以一定的教育理念和教学策略为依据，组织安排教学活动的一种具体结构和形式。

(3) 它既是一种实施课堂教学内容与组织形式的策略结构，又是一种按目的要素对教学有机构造和有机安排的活动过程。

(4) 教学方法的结构和分类的功能体现出，策划教学情境、推射知识获取方式、选择教学方法、将教学内容转换为具体的运行活动。

(5) 从时空的发展来看，新的教学方法从知识的结构性入手，注重教学环节的具体应用与认知的目的指向性，着力体现了“教与学做合一”的知行统一观。既反映教师如何教，也体现了学生如何学。释义了教学是教师与学生相互结合双边同共完成的活动。过去我们只发挥了教师的主导作用和教师的教学智慧，没有发挥学习者学习的主动性和学习智慧的力量，导致教学实践中“管教不管学”，因而它是不完善的。

二、体育教法的选择与运用

教学实践证明，教学方法的选择与运用受人们思想认识的影响与制约。教师选择与运用什么样的教学方法，反映了教师对教育教学观念的不同取舍。例如，教师是以教为标准选择教学方法，还是以学为标准选择教学方法。前者反映出教师仍然是传统“教”的本位思想，后者体现教师是现代教育理念“学”的本位思想。两者之间反映出，教学应以向学生传授知识、技能为主，还是以发展学生的能力为主，这是教师对教学方法意义的不同认识的反映。两者之间的选择，是区分教师是传统教学现还是现代教学现的分水岭。不同的观点不但影响着对教学设计目标的选择，还影响着对教学内容和教学方法的选择。

(一) 教师思想行为对体育教学方法选择与运用

由上而知，体育教学方法是指教师对学生施加影响，引导他们有效地掌握所教内容，并形成和发展学生学习认知能力的方法。正如学者郑菁认为，行为是有机体在与环境的相互作用中产生的一系列反应和活动。教学实践证明，在体育教学方法的应用中，教师的教学行为是这个方法得以运转的动力，也是对学法施加影响的主体。

对此，苏联教育家休金娜指出：“教学方法的教育学价值的认识过程是隐蔽的，其表现是由教师的思想行为决定的。”学者的研究指出，教师的教学思想影响和制约着教法设计的动机和选择应用的预设。教师没有正确教学思想行为的立准，教法的选择与运用就成为教学“工序”的机械组合，难以达成新时代对教学的要求。诚如教育家陶行知所说：“要想让学生自动，必先由教学生学的先生先动。”陶先生的这句话，道出“学起于思，习源于行”，行为是思想意识的表现。教师的教学思想是影响教学方法选择与运用的最直接因素。

对此有学者提出，教师良好的职业特征或思想，是构筑教学方法科学实施的基础。一般由两个方面组成：①教师的职业思想品质主要是指，教师的职业道德，教师的责任感及对学生的情感态度、价值取向等，它对教法系统的运转起着指向的作用；②教师的业务水平主要是指，教师的专业知识水平和教育教学能力等，它决定着教师对教学方法选择与策略调配的优化水平。前者主要是指教师的教育价值取向、知识结构状况等，而后者主要是指教育理论水平标识下的“运用教材的能力、组织管理教学的能力、语言表达的能力、对学生状况的认识和因材施教的能力、对教学后果预测的能力”等。

因而有学者认为，学生取得学习效果存有多方面的原因，教师要想建构一个有利于学习的教法，就必须分清课堂教法与学法的表层结构和学习过程的深层结构。研究表明，教师教学的思想行为可规准转化为十种具体的行为类别，即陈述、指导、展示、提问、反馈、管理、观察、倾听、反思以及评价。在课堂教学实践中，教师若能有意识地对这十条优质标准的所属领域进行领悟与拓展，便可构建出一张稳定的“教学质量网”。正如古人所云：“事必有法，然后可成，师舍是则无以教，弟子舍是则无以学。”一语道出教师在备“教法”“学法”的教学设计之时，还要注意与“教法”“学法”相连的情境因果关系。

综上所述，教法的背后蕴含着教师的教学思想行为，包含着策略性方法的技术性和动机情感态度的精神性两个层面与着手的指向。教学行为是教法的具体表现，教法的打造源于教师教学行为的构筑。研究教法，是为了更有效地做好教学思想与行为。因而也论证出，任何教法实践成功的背后，都有科学理论的踪迹可觅，以及正确思想行为的厚重支撑。我们深刻地认识到，教学实践中“管教不管学”观念的泛化不可取。诚如《现代教学方法导论》一书所示：“概念是思维的细胞。细胞发生了毛病，由细胞构成的组织就会发生毛病，甚至全身都会发生毛病。同样，在概念方面发生了毛病，就会使由概念构成的判断、推理和论证都发生毛病，思想就会不正确。”

（二）体育教学方法的运用与组织

上述从多角度考察了教学方法的变革与问题。一是使我们了解了教学方法的变革是时代的标识，二是揭示了教师的思想行为是影响与制约教学方法选择与运用的直接因素。基于此，以下将展开对有效教学方法运用的条件和策略是什么的解析。

文献梳理发现，有国内学者皮连生和国外学者加涅认为，教学策略的指导适配性影响和制约着、支持和促进着学习量度的集合，测量着学习过程若干不同学习层级的变量发生和有效性的差异。即教学行为，要符合学习者认知科学的记忆性，教学认知量要与学习者的短时记忆—中时记忆和长时记忆的编码科学结合，要能引起注意—应答记忆—行为反馈。要能建立接纳性、支持性、乐学的课堂气氛，以促进学生的理解能力、思维能力、问题解决能力等高级认知的发展。具体表现在两个方面：一是变化教学环境以与学生的能力和学习技能相适应；二是变化教学策略，科学认知学生的发展能力和学习技能。

围绕这一命题，有学者认为，传统教学方法设计以教为主，新教学方法设计以学为主。新的教学方法的选择与运用，就是实现“为学习的理解而教”“为学习的理解而授”。为理解而教是指有效教学发生在为理解而教的时刻，要为不同学生的学习程度设计不同的变量。为理解而授是指要运用启发性、领会性教学行为引发学生的学习兴趣，提升学生参与程度；改进教学策略，符合学生的认知习惯，发展学生的能力和学习技能；充分衔接“以理解为中心”教学的流程与“为会学而设计”的有效教学策略。诚如英国教育家亨特（Hunt，1981）断言：“适应学生是教学过程的核心。”

沿着这一认识的逻辑，有学者认为，衡量教师教学思想行为的准绳，是教育研究者们借助科学理论研究在抽象实践中制定出来的标准。来自教学实践指出，由于这些标准总是蕴藏着某个特定的教育情境，只有把握和理解了这些情境的特征，才可以较好地利用这些标准。那么如何教学有法、贵在得法呢？我们都很熟悉这样一则故事。一头驴子背盐渡河，在河边滑了一跤，跌在水里，那盐溶化了。驴子站起来时，感到身体轻松了许多，驴子非常高兴，获得了经验。后来，它背了棉花，以为再跌倒，可以同上次一样。于是走到河边的时候，便故意跌倒在水中。可是棉花吸收了水，驴子非但不能再站起来，而且一直向下沉，直到淹死。驴子为何死于非命？很重要的原因就是驴子没能正确对待经验，只是机械地套用了经验而未能对经验进行改造和创新。由上而知，教学方法的长青是根据时代发展的新要求而发展的，只有不断对原有方法进行否定之否定的扬弃、建构与创新才是可为的。恰如《孙子兵法》云：水因地而制流，兵因敌而制胜；故兵无常势，水无常形。

对此，有学者指出，众所周知“教学有法，但无定法”。既然“有法”，那就是“法”掌握的多少决定着量变到质变的开阔，而“无定法”，则指出最有效地使用教学方法的人，就是能对教学方法理解最佳的人。一个不掌握教法全貌的教师，是不会胸怀宽广，支配控制教学行为的。古人曰：“登泰山而小天下，观于海者难为水。”讲的就是这个道理。

上述研究指出，体育教学方法的运用，有以下关系需要把握：

（1）由于学习者受教学向量的影响与制约，教学方法的运用存有范围与指向的关系。如果教师设计的教学情境或提出的新学习材料，符合学习者的认知性，学习动机就会发生。反之，教学情境是劣性的、不符合部分与整体关系的传导时，学习状态就不会发生。因此桑代克从有效条件对教学内容和学习过程论说三大定律（准备律、效果律和练习律）。桑代克根据实验研究的结果认为，学习不是突然发生的，而是通过一系列细小的步骤按顺序达到的。学生学习过程存在三种由低级到高级的认知水平状态，这三种水平状态在学生的学习方式上，表现出不同的特征，制约着学习的质量和效果。准备律——怎样增强学习动机？练习律——怎样练习强化技能？效果律——怎样增强行为的满意度，为教学方法的选择与运用提供了科学依据。

（2）由于学习者信息接收的通道是由低级记忆走向高级记忆的建构过程。教学方法的运用存有输入、编码、储存、提取、输出的序列递进关系。正如加涅指出，学习是加工系统、执行控制系统和预期动机系统的协同活动。存在着从外界信息输入经过感觉登记、进入短时记忆、到与长时记忆相互作用的学习现象，与若干不同学习层级的变量发生。这一理论为教学方法的选用加工提供了科学依据。

（3）由于知识的识记存有“同化—顺应”，“正迁移—副迁移”的相互干扰，对教学方法的运用存有相互关联的关系。心理学研究表明，当两种技能的学习具有相同因素时，一种机能的变化可增进另一种机能的变化。反之，前一种机能的学习可干扰或弱化另一种机能的变化。告诫我们在教学方法选用的策略上，应注意知识之间内在个性特征相互迁移的关系。

（4）由于知识的认识过程存有下级知识是上级知识基础的连接，教学方法的运用存有上下过渡连接的关系，泛化、分化、自动化的阶段。对此奥苏伯尔提出，新知识与头脑原有知识可以构成三种同化模式，上位学习、下位学习、并列学习，即教师在知识讲解策略上，必须注重知识与知识之间上下建构的联系，帮助学生把新旧知识联系起来，学生才会真正将所学知识融会贯通。学习才不会产生副作用，成为负担。

（5）以整体观来看，教法是一个多种多样，博大而又深具开放性的体系。在其内部的各个层次上，不同方法之间各具特色。任何一种教法都不是万能的，每种方法都有它适用的时机和范围。在某一具体情境中是最优的方法，在另一情境中未必成功，反之，在一种情况下是低效的方法，在另一种情况下可能很有成效。因此，对其的运用要具有整体观，一方面要搞清楚该教法运用的有效性和局限性，另一方面，还要明白该方法有哪些同质学的方法。以便以一种教法为主导，同时结合其他学的方法，以便不陷入模式化的境地。

（6）从学习来看，现代教学方法不再只着眼于如何引导学生更有效地积累知识。为学习而设计，已成为现代教学方法的一个特色。可以说，任何一种教学方法的运用，如果忽视了怎样调动学生学习的积极性都是不可取的。

教学方法的研究告诉我们，第一，教学方法的运用不存在着哪一种教学方法绝对好，也不存在着哪一种教学方法绝对差。教学方法是一种具有指向性的活动，每类教学方法的运用都暗合着一种场合。教学方法选择与运用的行为要有效，必须把握好“适合”的条件特征。对其的选择与运用最重要的是，针对具体条件选择相应的具体方法才是有效的。第二，教师教学方法的熟练运用来自对教学理论的掌握。只有把握了各种教学方法的有效性与局限性的本质，并结合自己个人独特的教学经验、教学技能和个人品质，方能依据教学意图，熟练地把各种教学方法结合成一个富有个性的教学策略，形成自我独特的教学风格。也恰如巴班斯基的一个著名主张：“教学即必须把教的最优化与学的最优化融合在一起。”

第三节 体育学习方法的选择与运用

美国著名未来学家阿尔温·托夫勒，针对21世纪知识时代的来临深刻洞见地指出：“未来的文盲不再是目不识丁的人，而是那些没有学会怎样学习的人。”国外学者这一全新教育观指出，“学会学习”不只是一种教育观念，也是一种方法谐和认识论的命题。梳理出体育教学，要由教的方法走向与学的方法联姻，使学习者由传统学习方式——知识的被动接受者，转变为知识意义的主动建构者。因而，教会学生学习的方法，学会学以致用就成为体育学法的目的。正如联合国教科文组织教育发展委员会，在《学会生存——将于世界的今天和明天》报告中指出的那样：“教育应较少致力于传递和储存知识，而应努力寻求获得知识的方法（学会如何学习）。”

基于此，解析体育学法的构成与组织，概括总结其实施与策略，提出理论范式，为促进体育教与学方法的建设开辟活水，为教师在教学形态选择与运用、重组或再造提供启示认知，为教师联盟21世纪体育新课堂教学方法的设计，提供完备的理论支撑，因而对其发掘探析，这无疑是重要的，也是十分必要的。

一、影响与制约体育学法的要素

（一）对体育学法的本质认识不清

从影响体育学法问题的角度分析，体育学法问题的产生，既有时代认识思想逻辑演绎存在，也有体育教学自身方法论体系的不完善。学者张笛梅深刻地指出，21

世纪的变革，不仅广泛而深刻地改变着我们的生产方式、生活方式、工作方式，也深刻地改变着我们的学习方式。学者易言释义出，受过去时代发展的制约，我们在理论上，只是单一地以感觉论为基础阐述掌握知识的过程。把探索如何有效地教作为教学法则，缺失没有建立如何使学习者学会学习的理论与方法。没有说明教与学两者之间可共量、可通约的共相与殊相运用统一的理解和阐述。换言之，此种现象表明，我们只发挥了教师的主导作用和教师的教学智慧，没有发挥学习者学习的主动性和学习智慧的力量，因而它是不完善的。对此，学者于素梅的调查指出，目前教育学和体育学的专家，对学法的专门研究还很缺乏，其研究还处于起步的阶段。因而，导致发生对体育学法的本质认识不清、体育教法与学法的构成与组织不清，缺乏体育学法理论的指导，影响与制约了终身体育的培养与实施。置身于人类社会的发展来看，以教为主的教学范式，已不能适应21世纪的知识化、信息化发展的要求，使学习者“学会学习”已成为当代人类学习的新特点。正如联合国教科文组织在《教育——财富蕴藏其中》一书中指出，学会学习是21世纪人类生存和发展的必要条件。为此，解剖体育学法存在的问题，鉴别与影响体育学法的要素，使体育学习活动顺应社会发展的步伐就成为必要的。

（二）缺乏体育学法理论的指导，致使体育学法的构成与分化不清

心理学研究证实，行为是认识的反映。认识是判断形势、选择方法的依据，决定人对事物的看法与行为方式的反映。以此观点审视我国已出版的学校体育教学、教学论与体育教学论，我国学者对教法的认识比较深刻完整，形成了独立的范式与范畴。而对学法的研究论述甚少，没有形成应遵循的理论范式与明晰独立的科学范畴。即使有些论述也局限于意义性的描述，缺乏以学法实践语境为设计的逻辑、结构与方法的明确指导。致使教法与学法的结合上未能有机交融，致使体育学法的构成与分化不清，导致形成“只讲教不管学”现象不断蔓延，影响了新课程学会学习的教学实施。因而对此进行研究，已成为亟待解决的问题。正如有学者指出，教材中内隐的认知框架，影响着教师教学策略的筹划与教学方法的选择。

我国学者对教学理论的研究与认识，已演绎形成比较完整的科学体系。但对体育学法的各要素关系、不同条件和环境、组织方式和展开形式的一般规律，尚无确凿的认识提出。这一认识落差，影响与制约了体育学法的构建，难以适应时代对学会学习的要求，难以为体育新课程的逐渐实施提供支撑。这敦促我们，今后不仅要正确处理好教与学的关系，还要从不同角度进一步认识和解释出学法的现象与规律才是可为的。可以讲，这是我们每一名从事体育教学的工作者应该深入探索和研究的课题。

二、体育学法的结构和要素

(一) 体育学法的界说

学者吴也显指出，什么是“学法”，学法是学生完成学习任务的手段或途径。从认识论讲，它是指在教师指导下，学习者获得经验方法的总和。从方法论讲，学法即指导学生学会学习，或者说是教育者指导学习者，对学习方法进行的一种反馈与监控。因而释义出，体育学法即学生完成体育学习任务的手段或途径，是一种有意识地引领学习者主动学习状态发生的认知策略，是指导学习者由学会知识走向学会学习的方法。根据加涅的学习内部条件与外部条件的分类，体育学法的结构可由学习价值观的表述、学习方法的指导两部分构成。前者可由知识认知和学习意义建构等组成，如“为学习而设计”“为理解而教”“学习自由度”等。后者可分为定向引导阶段、理解应用阶段、领会创新阶段。沿着这一理解，体育学法的要素一般含有下列方面：预习发现、寻疑问难、边练边思、自我检验、自我校正、理解应用、意义建构等。现代教学理论认为，学法是一个在教师的指引下，学生主动参与、独立思考、自主发现和不断创新的过程，而不是简单、被动地接受教师和教材提供的现成观点与结论。诚如古罗马教育家普鲁塔克所言，儿童的心灵不是一个需要填满的罐子，而是一颗需要点燃的火种。因而，在课堂教学中，体育学法是推动“学会学习”的依托，是实现“学会学习”“学会认知”“学会做事”的根本方法。促使学习者实现，一是主动接受，二是自主发现，三是通过意义建构的途径和方向指引，帮助学生由学习的必然王国走向自由王国生成与转换。

(二) 体育学法的分类

集合新课程经验得出，学法分类的构建，应从学习者主体素质两个方面着力。一是从学习者的心理品质寻绎，诸如从学习者的兴趣、动机等情感因素去寻找学法的分类。二是从学习者原有的文化水平、学习行为习惯寻绎，诸如从已有的认知结构、思维能力等认知方面的因素，去寻找学法的分类。因为，这些因素往往积淀为一种心理定式，影响着学生学法的唤醒。

教学经验证明，这两点在意义建构体育学习方法中尤其重要。鲍尔诺夫认为：学习唤醒，可使主体的人在灵魂震颤的瞬间，感受到一种从未体验过的内在敞亮。他会因主体性的充分张扬而获得一次心灵的解放，他的自我意识也会随之空前地增加。处于唤醒状态的学生，其智慧和心灵都闪烁着不寻常的光亮。也如布卢姆认为，只要能找到帮助每个学生学习的方法，那么从理论上说，所有的学生都能学会掌握。据此认为，上述对学法的研究与论述，可敦促我们从不同角度，进一步认识学法的现象与规律，正确处理好教与学的关系。因而，对其探索和研究是必要的。

三、体育学法的组织和运用

根据加涅学习内部条件与外部条件的分类特征，我们认为体育学法的组织与运用，可从学习过程的指导、学习方法的指导两部分着手建构才是可为的。实践证明，以此作为划分学法组织与运用的依据，一是能够突出“教学的目的性——使学习者掌握体育知识与技能”，即教师指导教授的艺术性，二是能够体现出“教学的主体性——使学习者领悟学会学习的方法”，即学习者学练的艺术性。

（一）学习内容的学法组织与运用

心理学研究证明，学习主动性来自学习环境的情境适配与知识意义的建构。这一命题指出，学习过程存有学习者与学习内容策略设计、学习环境策略设计的有机匹配问题。建构主义认为，情境、协作、对话和意义建构，是构成有效学习的四大支柱。这些视角指出了学习的成功，不仅靠智商还要靠情商，有效学法的实施取决于“知、情、意、行”的发生。基于这一理解，我们认为指导学习内容的体育学法设计应在以下方面下功夫。

1.从学习内容的设计着手

（1）学习内容的深度、难度与学习活动适配性的安排。指向完成什么学习任务，达成什么教学目标。

（2）学习活动内容的顺序性和进度性的安排。场地、时间、器材等能否符合学习者的学习要求，达成有效学习的展开。

（3）学习活动的差异性的设计安排。是否具有多元性、多样性、多层性等知识意义建构的发生，是否符合不同学习者的能力、条件、性格，达成有效学习的展开。

（4）学习活动的行动和效果的设计安排。能否引起生生互动、师生互动等合作学习的发生，能否为参与的学生提供成绩考察和奖励，即达成懂、会、乐。因为这些特点的重要性是它能够感染、引发、激励学习者的情感，并产生良好的自主学习行为，保障学习活动持续深入。

2.从学习内容的方式着手

教学论指出，教学应根据学习活动的不同而不同，应根据学习对象的情境变化而变化。这一命题指出，学习具有个性化的特点，只有适应学习者特点的方法才是好的教学。基于此，我们认为有以下学习方式供参考借鉴。

(1) 从求知需要的满足中求乐

布鲁纳明确认为，“学习的最好刺激乃是对所学材料的兴趣。”因此，增强教学内容的趣味性，满足学生求知的需要，以产生快乐情绪，便是必修课体育教学模式首先要重视的。

(2) 从成功需要的满足中求乐

苏霍姆林斯基曾这样告诫教师：“请记住，成功的欢乐是一种巨大的情绪力量，它可以促进儿童时时学习的愿望。请你记住，无论如何都不要使这种内在的力量消失。缺少这种力量，教育上的任何措施都是无济于事的。”因而，教师在这方面所采取措施的关键在于，为学生尽可能创设获得成功体验的机会，改变传统教学方法，把学习与创设成功相联系。

(3) 从建树需要的满足中求乐

所谓建树需要，就是学生把所学习的体育知识和技能灵活运用到实际环境中去。因而，教师积极开展各种各样的活动，为学生尽可能参与创造必要的外部刺激和条件，引发学生开展积极投身运动获得运动的满足。因而，教师要注重学生的情感体验，积极挖掘教学内容的快乐性、方法和手段的艺术性，寓教于乐是必修课体育教学模式不可忽视的途径。诚如赞可夫指出：“要以知识本身吸引学生学习。”

(4) 从活动的形式中求乐

体育游戏法、竞赛法等由于其内容丰富、形式灵活，又富有一定的情节性、竞赛性和趣味性等特点，长期以来，它不仅是我国学校体育教学的重要内容，也是体育教学的一种形式、方法和手段。有学者指出，“体育游戏对于当前的体育教学改革至关重要”“有了它，一个枯燥的练习可以变得津津有味，一个沉闷的教学可以生机盎然”。因而，教师要在体育教学中科学运用体育游戏、竞赛法等扩展练习变式来提高学生的兴奋性，使学生在良性心理状态下学习技术，使学生中枢神经系统不断得到新的信息刺激，产生适宜的兴奋性，诱发学生的兴趣和学习的主动性、积极性，促进学生积极自愿地参加体育游戏活动，掌握自己所喜爱的运动项目的技术技能。

3.从学习过程的指导着手

联合国教科文组织提出，学会学习是21世纪人类学习的特点。这一命题指出，形成一种独立的学习方法，要比获得知识更重要。因而释义出，形成学习者学会学习的方法，是教学策略制定的最重要标识。阶梯发展论认为，客观事物的发展都有一个明晰的阶段划分过程。为此，从内涵和外延两个方面来看，指导学习者学会学习，需经由自身的习得和后天的教化两个阶段而成。其实现需要两个基本条件，一是外显学习 (形成经验)。通过不同学习条件的习得与运用，完成“实践—认识—

再实践—再认识”的新旧经验的循环与深化。教师要遵循由量变到质变的规律完成这一循环和认识。分阶段设计不同的环境和条件，逐段策划学生实践学习中运用知识、经验和留意，形成学会学习的方法。二是内隐学习（养成学习习惯）。人类学习不仅有动物王国认识世界的自然性模仿，还存有抽象反思自我能动改造世界的属性。因而，可通过意向性学习的能动建构，缩短自然学习的时间，进入飞跃阶段。学习实践证明，学习者通过自我意向性学习的总结与领会，可促进学习者学会学习的方法，步入精神境界进入内隐学习，不受外界环境的影响与条件的干扰，可自主自觉地监控自己学习。即唯物辩证法说的否定之否定，获得学习的能力。

基于上述理解，我们认为指导学习过程的体育学法教学设计，应围绕以下方面进行。

从体育学法策略中我们可以看出其方式。布鲁纳的发现式，不直接提供学习内容，让学习者自己领会发现消化学习内容。奥苏伯尔的接受式，把学习内容直接呈现给学习者，让其吸收内化。斯金纳的程序式，把教材系统条理化，让学习者按进程学习。布鲁姆的掌握式，在集体教学后，根据不同学习者知识掌握的程度，然后在施以超前学习、扩大学习、补救学习等。需要注意的是，在其应用过程中，不存在先进方法与落后方法之分。它们之间尽管存有差异，不同方法有自我“供求”的指向与衍生的运行机理。但从学习的目的以及聚合效应来看，存有互补的关系，具有密不可分统一的特征，对其的选择与运用，不能陷入二律背反非此即彼的泥淖。如外显学习与内隐学习两种教学设计，都有其教学结构特点，虽然它们是不可相互替代的，各有其教学方法的共同点，但应根据其学习的不同阶段，灵活选择方法的应用才是可为的。正如巴班斯基曾说，“教学的方法和形式具有一定相互补偿性，因而同一种任务可能借用不同的方法和形式来解决”。

综上所言，要求在学法教学方式的设计上要体现出以下特点：

其一，交往性。现代教育理念指出，师生互动、生生互动等，多向交往教学方式的学习效果最好。因而，学法的方式设计，既要重视学习者自身学习信息的获得，也要考虑学习者之间信息的转化加工的反馈联系。

其二，多层性。因材施教原则告诉我们，学习者之间存有学习能力的“不平等”。每个学生都有自己的学习领域，有自己的学习类型和认知风格。只要根据学生的喜爱去教学，有意义的学习就能发生，学生终身体育的行为就可能养成。因此，学法的方式设计必须面向学习者的差别，施以多层的个性化学习选择，让不同质的学生都能得到学习的收获和满足。

其三，信息性。奥苏伯尔从学生知识学习的过程、结果和有效学习条件进行研究，提出有意义学习与机械学习分类、直接学习与间接学习的方式。要求我们根据学习表征的特点施以设计，方可取得有效的学习发生。学法的方式组成既要有间接的接受式学习方式，也要有直接的发现式学习方式，还要有独立的自主发现式学习方式才是可为的。因而，学习的过程不仅有老师教学生学的过程，也要有学生之间的合作学习过程，还要有学生自主学习的领会过程才是可为的。

由上而知，体育学法的目的就是使学习者学会学习。什么叫学会学习？苏霍姆林斯基指出，学校面临的主要任务，首先是教会孩子学习。通过具体的学习方法就能够转化为一定的学习能力。既提高学生学习的积极性和科学性，又能达到促进学生举一反三的目的。

体育学法要素的构成指出：①学习需要、动机、兴趣、毅力、情绪等非智力因素的指导，主要是解决学习目的和学习动力问题；②学习过程各环节及其方法的指导，主要解决学习方法问题；③学习能力的指导，主要解决学习习惯的问题。因而，我们认为指导学习过程的学法运用与安排有以下方面，供参考借鉴。

第一，解决学习目的和学习动力有以下方式。

提高学习的元认识。了解学会学习的意义、特点与策略，才能建立学会学习的认知与方法。正如心理学研究证明，行为是意识的反映。学习策略不是先天具有的，是在具体的学习过程中形成的。因而，学习策略在一定程度上讲，是一种学习技巧、学习习惯和学习情感体验的养成，它是内化学习者学会学习的基础。

第二，解决学习方法的选择与运用有以下方式。

建立学习策略。学习指导经验证明，根据学习内容的特点正确选择和使用学习方法，建立学习策略至关重要。如果学习方法不能与学习内容和个体学习的心理特点相匹配，实现学习的目的就会很困难。学会评价学习策略。相关研究指出，建立学习策略是低水平的认知策略，只有学会对自己学习的活动进行评价和监控，主动调节影响与制约自我学习活动的相关因素，才是真正的学会学习。正如美国学者B.J. 日耳曼所说，如果学习者能够学会评价和监控自己的学习进程，那么他就可以成为一个“聪明的学习者”。

第三，解决学习能力的运用方式。

学会比较总结。使学习者通过对自己学习经验的总结，就能知道成功在哪里，失败在哪里。逐步提高自己学习能力和水平，走入学会学习，形成学习策略。如通过与他人进行学习方法的交流取长补短，做到有自知之明，提高自主学习的自觉性，形成适合于自己的学习特点。

四、常用的体育学法

依据四川省教科所严成志的学习理论分类，六种基本的学习方法解析如下，供参考借鉴:(1) 观察学习法;(2) 模仿学习法;(3) 抽象概括学习法;(4) 解决问题学习法;(5) 逻辑推理学习法; (6) 总结领会学习法。

(一) 观察学习法

观察法是学习者借助视觉有目的、有计划对学习对象的活动，通过深入的观察以获得信息资料的一种方法。观察法由来已久，它来源于记忆的原理，形象的东西比抽象的东西更有利于记忆。体育学习的经验告诉我们，通过观察获得的学习对象的整体印象深刻，良性大脑皮层容易建立神经联系形成动作技能的表象，可起到抽象思维难以达到的效果。借助此法，可使学生直观学习内容，明确教学对象，缩短学习时间，做到胸有成竹。因而，是体育学习的首要方法。

(二) 模仿学习法

模仿学习是体育学习者自我练习不可缺少的学习方法，是学习体育运动技能的主要捷径，有不宜用其他学习方法来替代的因素特征。恰如夸美纽斯在《大教学论》中对直观性原则的概括，没有它，教学是混乱的，学习是混乱的，因为学生学习体育各种基本动作技能一般都是通过模仿学习而来。体育技能外显特征强，以直观为主的模仿性学习方法，易使学生理解体育动作的学习过程和要领。因而在教学中，教师如何使学习者理解掌握动作技能的要领与特征，是体育模仿性学习方法能否成功实施的关键。如在动作学习的初期阶段，要先讲解粗大动作要领，不讲解动作精细要领。在此过程中，“完整动作示范与分解动作示范相结合”“常速与慢速相结合”，虽然模仿性学习方法是体育学习的一种基本方法，但它有比较明显的局限性和保守性。这种学习方法是一种低认知，长时间运用易窄化学生探求和迁移学习的能力。正如心理学研究发现，学习者为情境所塑造。

鉴于此，体育模仿性学习方法的教学安排，有以下方面可供参考。

其一，在动作学习初期，先讲解粗大的动作要领后讲解精细的动作要领。在运动技能示范的过程中，每一练习阶段都应有该阶段的示范要点，而不是无目的示范。教师对动作技能要点的详细分析，应在学生初步掌握动作技能后进行，而不是在初学阶段，这样才能使体育模仿性学习方法发挥积极作用。

其二，就整体讲解与分解讲解而论，应考虑动作的难度和结构。对于难度不太大但结构复杂的运动技能，采用整体讲解比分解讲解的效果要好。学习复杂运动技能不能仅单纯地采用各种分解形式，同时注意与多种辅导或诱导练习结合起来效果才好。

（三）抽象概括学习法

杜威认为："思维是明智的学习方法。"体育学习是经验的积累，遵循从形象思维逐步过渡到抽象思维这一基本认识规律。学者易言指出，学生理解和掌握体育知识和技能，是概念认知、感觉认知、思维加工的运动形式。因此，该法对减少干扰因素、提高课堂时间比率和学习质量具有极为重要的作用。

该方法告诫我们：一是教师应该努力给学生讲清新旧动作的相似点，才能促使学生更快地学习和掌握新动作；二是教师及时纠错与提供教学课题反馈，对学生的学习策略十分重要。如在分化阶段：要讲解动作精细要领、关键性示范和难点示范相结合、纠误示范与辅助练习或诱导练习相结合教学效果才好。正如发现学习理论所言，要给予学会学习的方法来促进学习者学习。

针对抽象概括学习方法的教学安排，如果教师注意到下列因素，学习就可能产生良好的效果。

其一，学生完成动作的形式及结果受以往经验的影响。为了更好地帮助学生完成动作，应帮助学生对现在的学习状况和过去的学习经历加以分析总结。这样才能促进学习者自我实施抽象概括学习方法。

其二，迁移从一个难的动作到一个容易的动作，比从一个容易的动作到一个难的动作更容易产生。假如一个适宜的应答动作需要不断变化、刺激的形式又不可预测，那么学习应该从简单的状态过渡到复杂的状态才是可为的。

（四）解决问题学习法

逻辑学指出，问题是思维的本源。苏联教育家斯卡特金在《中学教学论》一书中认为，学生掌握新知的过程，实质上就是思维顿悟的过程，因而问题是学习的杠杆。学者易言指出，不注意发现问题或是感觉不到问题的存在，是难以学好体育动作技能的。从方法论说，体育学习即是复习旧知证明新知的过程，也是学习怎样解决问题的过程。因为这些联系带有为运动直观经验所证实的具体性。所以解决问题的学习能增大学习者对体育动作技能的理解性，促进学生感知、领会、理解和巩固知识结构。因而，该法对体育学习实践有着重要的指导意义。

对此有学者认为，交流与探究学习是解决问题富有情趣和意义的手段，因而认为，解决问题助学习方法可从两个方面着手：一是依靠内部信息反馈来改进自己的学习；二是依靠教师和同伴的外部信息反馈来改进自己的学习。为此认为，解决问题学习方法的教学安排，有以下具体实施的方法可供参考。

（1）分析学习策略法。教学经验证明，让学生事先了解学习历程，引导学生根据学习内容拟定学习策略，制定学习步骤，提出注意事项，可促进有效学习的成效。

（2）学习成果分享法。相关研究指出，指导学生相互交流学习心得，彼此分享学习成果，可转化为有效的学习策略认知模式，促进学生学习与成长。

（3）同伴合作辅导法。心理学指出，学生在学习历程中的反映影响着同伴的学习行为。同伴的学习经验与策略可为学习实施指导，解决学习困难，提升同伴的学习能力，有效增进学习成效，对有效学习有正面的效用。

（五）逻辑推理学习法

逻辑推理学习法在体育学习中的应用，就是形成学生“去粗存精”抽象概括的习惯。这对于培养学生抓住动作学习的关键特征，建立主观能动性的逻辑体系，逐步形成正确的学习步骤和自学能力起到很大的作用。该方法可引导学生发现已知和未知之间的差异或矛盾，引申从抽象思维上升到具体思维活动获得新知识。

针对逻辑推理学习法的特点，我们认为有下列注意因素，可帮助逻辑推理学习法产生良好的效果：

其一，心理学研究指出，两个运动技能的动作要素，其刺激方式及应答动作越相似，引起的正相迁移就越多。为此，要教会学习者充分利用学习体验，对新运动技能的学习进行概括与总结。这样才能有助于学习者逻辑推理学习积极的产生。

其二，奥苏伯尔同化学习理论指出，学习前理解技能和领会要领知识，将有助于有效学习的发生。为此，课前提供切合教学目标的“先行者学习材料”，是促进学习者意义学习发生的重要先决条件。

（六）总结领会学习法

从方法论来看，可以说总结领会学习法，是元认知活动的最高水平。这一学习方法，在体育学习中的应用大体有两个途径。①运用总结领会学习法，可推使初步理解的体育知识和技能不断扩大加深，使不大熟练的技能趋于纯熟，促进知识结构化。②运用总结领会学习法，可回顾反馈学习了一个阶段之后，取得了哪些经验，今后应该怎样继续开展学习。从某种意义上说，总结领会学习法保证学生形成“正确”的思维，可使体育学习活动从低级思维过渡到高级思维。正如法国思想家、教育家卢梭说：“形成一种独立的学习方法，要比获得知识更重要。”为此，从上述内涵和外延两个方面来看，该学法的指导可从以下几点进行。

第一，指导学生养成良好的学习心理状态。①养成学习迅速、不拖延时间的习惯。②坚强意志耐心学习的习惯。③注意力集中不为外物分心的习惯。

第二，指导学生有效记忆的方法和温习教材的方法。如养成运用教科书、参考资料自主学习或课前预习的习惯。如了解和把控“记忆遗忘规律”“循序渐进累积规律”“学思结合规律”“知行统一规律”等，自觉意识到这一点，可为有效学习提供巨大的潜力，对开展有效学习活动有重要的指导作用。

第三，指导学生特殊的学习方法。如辨别学习材料从上到下、从里到外、从整体到部分的性质、原理、特征、异同，及选用合宜的学习方法与策略、动作技能训练的方法与练习的方法与策略、教会学生学习。

第四，指导学生做笔记总结，诊断学习困难，形成学习策略，使学生掌握主动权，提高学习效率。

综上所述，学法是联结教法有效性的载体，是引导学生从原有知识经验中“生长”出新知识的最具能动性部分，不仅直接影响着学生学习行为的有效性，而且还关系着教学效率与学习效果。这一命题梳理揭示出，教法与学法不仅引导和规划着学生学习的活动，也展现着教师的教学理念和艺术修养。对其进行认识和理解有助于教学目标的达成，减少无效行为的干扰，使抽象的教学内容得以展开和具体化。巴班斯基曾经指出：“教学方法的本质实际上取决于学生的学习认识活动，学和教是相应的活动，教的逻辑是程序和心理方面。教学方法决定于学的方式和教的方式协调一致的效果。”

第四节 体育教学环境的建构与设计

教学环境是古今中外教育家一直关注的一个教育命题。特别是随着全球教育改革意识的催发越来越浓，对此的研究就更为深入、系统、科学。大量的教育实践表明，任何教育都必须在一定的时间和空间条件下得以进行，环境是教育必不可少的条件。教学实践也证明，教学环境具有自身特定的环境区域，教学过程只有与教学环境密切配合才能使教学处于和谐状态，充分提高教学质量。无视或忽视教学环境的教学活动，都难以取得良好的效果。

所谓的教学环境是指与教学有关、影响教学环境因素的总体。教学环境包括：教学自然环境、教学物质环境、教学人文环境、教学观念环境。前两者属物化环境——硬环境，后两者属人文环境——软环境。因而，教学环境是多因素组成的综合环境。如果再放大点考察，那么校园的自然环境与物质环境是学校育人的硬环境；再缩小一点考察，那么班级环境、课堂环境就是软环境。它的本质特点是谋求把校园环境、班级环境、课堂环境集约联盟，整体优化，为有效实施体育教学服务。

环境学研究结果证实，环境具有导向、凝聚和辐射功能，特定的环境可创造出特定的文化与特定的行为。因而，学校体育教学环境对教和学的行为有着极大的制约和影响，是体育教学不可缺少的重要因素。它不仅对体育教学任务和教材内容的有效性实施影响，而且也关涉着对学生体育认知激发、维持、促进的支持。可在一定程度上增减体育教学过程，辐射与导向体育教师的教学行为和学生学习能力，对教学效果及教学艺术都将产生积极影响。如果说教师和学生是体育教学活动的主角，那么教学环境就好比是他们活动的舞台，缺乏这样一个舞台，师生活动就失去了依托和基础。教学活动也就变成了无源之水、无本之木。为此现代教学对教学环境的要求日益提高，要求教师了解这些理论，以系统的观点为指导深入把握不同教学环境中所发生的行为模式。科学考虑教学环境与教学方法和手段之间关系的组合，使之协调和谐，以便能对教学环境做相应的调节和控制，促进教学与环境等各种教育功能的实现。犹如学者田慧生所说："校园环境的气氛决定教育系统的成败。"李秉德先生也曾指出，"教学的效果取决于教学诸要素构成的合力。"

一、体育教学自然环境的构建与设计

学校体育设施是实施教育的场所，也是有效教学的载体。因此，学校中的场馆、器械设计布置与安排都具有教育意义。学校的每个运动角落都是教育的场所，每堂课的教学环境都能与教育联系和衔接。美国学者 Lensborg（1992）认为环境的自然美学有三个主要的维度：①提供愉悦的感觉；②有令人兴奋的知觉结构；③有愉快的象征联结。不难想象，当学生置身于这样的教学环境，美的情感怎能不从心底里喷涌而出？学习的感受怎能不得到提升呢？马克思在论教育时曾说："人的全部发展都取决于教育和外部环境。"苏联教育家苏霍姆林斯基十分重视大自然情境的教育作用。他经常带领孩子们到大自然中去，细心观察、体验大自然的美，从而激发学生的学习兴趣，使他们在轻松愉快的气氛中学习知识、发展想象力和审美能力。他说："我力求做到在孩子整个童年时期，使周围世界和大自然始终都以鲜明的形象、画面、概念和印象来给学生的思维提供养料。"同样，为了达到这样的目的，2008 北京奥运会在"绿色、科技、人文"奥运的引领下，每一项赛事都努力体现着中华民族对环境科学观、环境文化观、环境经济观的认同感，笃实体现了我国对环境文明的尊重。这些说明了"体育需要有环境"的命题。苏霍姆林斯基指出："用环境创造的情景来丰富集体精神生活的一切东西，这是教育过程中最微妙的领域之一。"著名小说家契诃夫也曾经写道："学生的精神状态，在大多数情况中，都是由环境培养出来的。那么，在他念书的地方，它无论走到哪儿，所看见的，都应当不是别的，而是宏大的、强壮的、优雅的东西才对……求上帝别让他瞧见那些瘦伶伶的树木、七零八落的窗子、灰色的墙、罩着破破烂烂漆布的门才好。”

这一命题揭示，环境对体育教学存有制约。为此，体育教学要重视挖掘和运用教学环境中一切可利用的因素优化教学。对教学环境的内容、形式、风格、意向、情趣、氛围等诸因素，从间接性、外在性进行布置、改造和构建，充分支撑环境“静中有动”体育教育的作用。如以多样变化的学习情境条件，为学生的学习创设更加有利的准备状态，引起注意、促进动机，激活求知欲，以此来引导学生的学习提高教学效果。如借助场地器材的相邻法、重叠法、流水法、综合法的布置来提高课堂教学的科学性；借助体操垫的菱型、阶梯型、环状型的不同布置支持学习注意；借助语言停顿、口音、高低、快慢、击掌、哨音、面部不同表情等自然变化来学习注意力；借助校园场地、器材、线条、颜色的优美性、动态性的布置优化教学。

二、体育教学物理环境的构建与设计

教学物理环境，包括场地环境、教学设备、教学工具等。环境心理学的研究结果证实，物理环境有直观感，不仅可体现出“美的流动”欣赏性、教育性，可引发欣赏者仿效、参与。吉利兰德（J. W.Gilliand）的实验证明，教学的物理环境，存有影响学生情绪体验和用脑效率的关系。研究发现，淡绿色和浅蓝色可使人平静，易于消除大脑疲劳，提高用脑效率；而深红色、深黄色可对人产生强烈刺激，使大脑兴奋，随后则趋向抑制。同样，音量适中、悦耳动听的讲解可以使学生愉快，易于进入智力活动的最佳状态。如李秉德先生在《教学论》一书中认为，积极良好的教学环境主要有六种功能：激励功能、陶冶功能、益智功能、健体功能、美育功能、助长功能。因此，场地、器械、场馆的不同造型、颜色以及室内外的各种装饰、布置，都会对师生的精神面貌、教学情绪产生潜移默化的影响。因而，教学设施不是随意安排的，它应体现学校的教育意图与价值取向。要整洁卫生，线条、颜色等醒目、和谐，有催人积极向上的氛围。要整齐干净，地板要清洁，窗帘要漂亮，灯光要明亮，要让学生心情愉悦、舒畅。场地、场馆的张贴物要格调高雅、催人上进，可张贴名人名言、顽强拼搏的运动图像、动人的书法、绘画作品等，也可定期更换，使学生有新鲜感。有条件可放些鲜花，以使学生闻香之味，精神抖擞，消除疲劳。同样如健美操学习声响过大，会使人头晕无力，兴奋性减弱，记忆力减退，注意力不集中，脑的使用效率明显降低。可见，教学的物理环境对师生的身体健康及心理活动都会产生很大影响。提供丰富多样的适宜环境刺激，可促进学生的智力活动，让学生多种感官参与学习活动，充分开发大脑左右两半球的功能，实现学习潜能的开发。大教育家夸美纽斯认为："学校应当是一个快乐的场所，校内校外看上去都应当富有吸引力。"苏霍姆林斯基也强调："我们努力使学校的墙壁也讲话，这是因为丰富的墙壁布置，是我们道德的、精神的、认知的教育体系中的一个组成部分。"

综上而述，体育教学是一个多种因素共同起作用的过程，其中，有效教学环境因素是完成课堂教学的重要条件，课堂环境的优劣对学生的学习、成长和发展有着非常重要的影响。体育运动的学习受外部环境和内部环境的制约。外部环境的师资力量、场地器械设施、教学方法手段、校园环境等，内部环境的生理、心理、认知能力等因素都对学习效果产生直接的影响，并从某些外部特征上把教学活动导向不同的境界。"教学需要有环境"，这一有规律性的命题告诉我们，尽管教学环境的影响只是潜在的，但其作用是不可忽视的。体育教学环境存有物质因素、社会文化和心理因素的构成，它们之间是相互影响、相互渗透、相互统一的。良好的体育物质环境感染着学生学习的兴趣，而自然环境和体育人文环境则是形成学生学习的心理条件，它们都可对智力因素和非智力因素提供认知的支持。为此，体育教学要利用环境、改造环境、优化环境来提高教学效果，使教学环境和体育教学过程达到真正的协调统一。通过环境与体育文化的链接，陶冶领悟体育的文化思想、学科知识与人、社会的联系。树立起"每天锻炼 1 小时，幸福生活一辈子"的人生目标，深化学生终身热爱体育运动的意识。因而对此关注与把握，充分认识教学环境的构成要素及其作用，是必要的也是十分重要的。正如学者施良方所言："两者并不是相互排斥的，两者都是完善教育科学所必需的，不能相互代替。"

第八章　体育教与学策略的解析与运用

第一节　体育教学策略的建构与应用

近几年来，国内外许许多多的教学模式、教学方法不断在体育教学中涌现。种种教学方法本体，引发了体育教师如何面对体育教学目标的需要科学选择或运用以至创设更加有效的教学方法的问题。为解决这一命题，“体育教学策略”研究应运而生。文献梳理发现，目前对体育教学策略的理解虽然存有多种认识，但大致存在一种共同的观点，即教学策略是从理论角度提出，解决教学实际问题的方式和方法，是围绕教学目的而特定的方案。从路径来看，教学策略大致形成向上和向下的两条研究路线：向上的路线，是将教学策略作为联结多种教学模式的教学方式，如成功体育教学模式的策略；向下的路线，是将其作为一种教学方案、教学设计，限定在某一课时、某一内容的范围，例如，课前准备部分的教学策略、合作教学策略。鉴于此我们认为，教学策略应是指建立在一定的理论基础上，为实现某种教学目的而制订的具体教学实施方案。它包括合理选择和组织各种方法、材料，确定师生行为程序等内容。其关系是教学模式—教学策略—教学方法。因此，从这个认识上来说，教学策略不等同于方法技术，而是对教学方法的决策或方案选择。它是针对特定目标而提出解决具体教学问题的方法、技术的操作原则与程序的“范式”。它是教学论形成和发展的逻辑起点，也是构成教学活动的必要条件。它决定着教学方法基本构成的认识和确立，是教学论的理论基石。

遗憾的是，目前“体育教学策略”的理解尚未走向成熟，未能进一步展开实践的细化与表述，从而有效指导体育教学。近年来随着新课改的推进与课程实施的需要，有必要对其展开关注与研究。一是对研究所持的观点莫衷一是，分歧很大，至今仍有待辩清。二是受时间的制约，以往研究往往失之简单，难以展现其全貌。这种后果，使人们对体育教学策略与学习策略的认识长期停留在模糊朦胧的低水平。三是由于“学习策略”与“教学策略”受特定学习方式所支配，难以为广大基层体育教师理解掌握。为此，正确与迷误相伴而生，求新与偏见一起增长。因而，本章拟就这一问题作一破茧，对体育学习策略、体育教学策略基本理念范式进行梳理与评析，力求努力填平理论与实践之间的鸿沟。帮助更多教师在教学时形成“有准备的头脑”，促使体育教学过程的最优化。为广大体育教师学习理论、应用理论、创造和贡献理论。为积累新教学实践智慧的良机开辟源泉，在一个更高的层次上认识教学。恰如法国科学家巴斯德所说：“在科学的领域中，机遇只偏爱那种有准备的头脑。”为此，对其关注不仅是体育教学理论发展的需要，而且也是体育新课程教学实践得以有效实施的要求。

一、体育教学策略的内涵及类型

实践证明，体育教学方法种类繁多，如果不能根据情景性和特定性而简单执行，就会邯郸学步，机械运行。为解决这一命题，“体育教学策略”研究应运而生，它为分析体育教学这一特定情境中的教什么、何时教、为什么教和怎样学，提供途径和策略。为一些教学理论的成功应用，创造了良好的条件。可见，“体育教学策略”的设计与采用是一门学问，也是一门艺术。“体育教学策略”之研究对达成教学目标、提高教学效益、促进教师的专业化发展有着积极的意义。为此，要制定有效的体育教学策略，就应该对其内涵和结构有深刻的理解与认识。诚如著名心理学家莱温德所言，“我们不能笼统地认为某个成分对于学习是最优的，应该对之进一步分析”。

（一）教学策略的内涵

美国教学设计专家梅里尔在1996年《教学设计新宣言》中认为，不同类型的教学策略可以促进不同种类的知识和技能的学习。学者这一分析，可为我们认识教学策略的基本特征提供一个立体的、多维的视角。得以不断创造出新的富有实践教学力的策略，从而达到有效教学的目的。

目前，世界上还未形成一个大家公认的教学策略分类体系。综述比较有影响的观点，目前教学策略的研究有六种看法。①把教学策略看作为实现某种教学目标而制定的教学实施综合性方案。②把教学策略作为一种教学思想的体现，认为“教学策略可以看成是一种教学观念或原则，通过教学方法、教学模式和教学手段得以体现”。③认为教学策略与教学方法、步骤、教学模式同义。④把教学策略看作为达到一定的教学目标而采取的一系列教学方式和行为。⑤教学策略是教学方法的技术层面落实在教学的行为和手段上，有各种各样的分类法，如讲解法、讨论法、演示法、练习法等。⑥教学策略是教学设计的有机组成部分，是在特定教学情境中为实现教学目标和适应学生学习的需要而采取的教学行为方式或教学活动方式……

本文认为，上述六种看法从不同角度对教学策略的含义做了描述或界定，对我们理解体育教学策略含义有一定启发。反映了教学策略注重于教学目标和具体方法的灵活运用，明确了教学策略是对教学方法实施过程中的具体运用和有效行为，是教师教学智慧和教学艺术的充分体现。

（二）教学策略的类型

目前，国内学者对体育教学策略的结构类型也做了初步研究，大致有以下四种不同的分类方法。

第一，以教学形式要素为中心的教学策略框架。

（1）内容型，以有效提供学习内容为中心，强调知识的结构和知识的发生过程的策略。如基于能力差异的分组教学策略、基于知识差异的分层教学策略、基于兴趣爱好的选项教学策略等。

（2）形式型，以教学组织形式为中心，形成集体教学、小组教学、个别学习三种类别。如课基本部分教学策略、小群体教学策略、分组轮换与分组不轮换教学策略、个别化指导教学策略等。

（3）方法型，以教学方法和技术为中心与内容、形式、方法的综合。如合作教学、探究教学、自主教学。

第二，以教学过程要素为中心的教学策略框架。

依据教学过程、教学内容安排、教学方法、步骤、组织形式的选择与安排等分类的目的和特定，我们可以把教学策略分为以下不同种类。

根据教学效果来分，体育教学策略的具体操作过程其关系的表述有以下方面：

（1）教学实施策略，是指导教师在教学前使用的策略，包括先行者组织策略、准备策略等。

（2）教学管理策略，由教学组织策略和教学表达策略组成，是指导教师在教学过程中对教学内容、教学资源与约束条件、学生管理及调动的教学组织形式等运用与决策的基本方法。

（3）教学监控评价策略，是指教师为保证达到预期的教学目标，而对教学全过程实行计划、反馈、控制和调节等采取的策略。

根据教学环节来分，体育教学策略的具体操作过程表述有以下方面：

（1）关于教学活动的教学准备策略，是教师根据教学目标要求，钻研教材，组织教法，分析自我和学生，制订教学计划的策略。

（2）关于教学内容加工处理的教学组织策略，是针对教学的主题内容进行教学组织的基本方法，属于教学任务分析的范畴。其策略过程包括：通过信息加工分析获得教学设计的基础程序，通过学习类型分析明确达成教学目标所需要进行的学习类型，通过学习任务分析揭示达到教学终点的教学目标之前必须实现的一系列目标。

(3) 关于教学内容传递的教学表达策略，是在教学组织策略决定之后，决定运用各种教学手段将教学内容完整、有效地传递给学生的基本方法。它包括教学方法的选择与应用策略、教学媒体的选择与组合策略，以及声画表达策略和教学表达的心理策略，等等。为此，有效把握各种教学方法的类属特征，确认教学方法与教学策略的本质特征及其适用性，方可形成有效的教学行为。

第三，以研究方法要素为中心的教学策略框架。

这种框架是依据教育思想和理念体系为导向构建教学场景，选择支持各种教学活动的资源，规划多场景运作的步骤或一系列行为。体现了教学目标归类、教学内容排序、教学策略选择等。这种框架为我们掌握基本的教学设计和规范提供了良好的基础，具有很强的实践意义。如领会式教学模式策略、发现式教学模式策略、成功式教学模式策略等。

第四，以信息加工学理论为中心的教学策略框架。

信息加工学理论把教学策略划分为：①先行组织者策略；②概念形成策略；③认知发展策略；④随机管理策略；⑤自我管理策略；⑥行为练习策略；⑧问题解决策略。指出教学策略是为完成特定教学任务或教学目标而采取的途径、方法和手段的行为和认知取向，通常表现为一系列步骤或一系列行为。以下运用信息加工心理学对其内部结构及其特点的关系予以考察，进一步理解与认识其关系。

教学策略的结构可以分为两个层次，第一层次是监控策略，主要成分是操作原则的知识，其功能是指示策略运用者“应该做什么”，体现在四个方面：判断，告诉人们该项策略的作用如何，能解决何种教学问题；计划，告诉人们必须按照何种规则去运用才是正确的；执行，指示人们怎样做才不偏离教学目标；评价，调节策略运用者应该做什么而不应该做什么。第二层次是应对策略，由操作程序的知识组成，其功能是指示策略运用者“应该怎么做”。它由判断策略、计划策略、执行策略、评价策略构成，分别与教学问理解决过程的四个阶段相匹配。

判断策略，是对应教学问题解决第一阶段情境的方法。要能消除掉这一阶段的目标障碍，准确理解和表征问题，就必须懂得如何去感知问题中蕴含的相关信息，如何理解问题结构中的各种关系，如何分析问题的性质和类型，如何综合问题的信息等知识，而这样的知识就必须由判断策略来提供。

计划策略，是对应教学问题解决第二阶段情境的方法。它通常要指示人们如何找出能达到目标的方法和技术，如何将已搜寻出的方法技术相互比较，进行选择，如何将方法技术相互搭配起来，如何将匹配好的内容按事件进程进行编码，这样，策略运用者就能较容易地制定出一个完整的方案了。

执行策略，与教学问题解决过程的第三阶段相对应，它必须具体告诉人们如何按照方案的要求审查外部动作的正确性，唯有如此制定的方案才能变为所期望的现实。

评价策略，与教学问题解决过程的第四阶段相对应，指导策略运用者如何根据目标校验动作的成效，检查结果与目标间的差距，如何依据目标期望的价值来度量动作的意义，为策略运用者提供自我调节的信息。

上述既要说明信息教学策略的结构特点：层次性，具有不同功能、不同层位、不能互相替代；相关性，策略内部上下不同层位的成分是相互关联相互作用的；整体性，策略内部的各种组成因素都是整体中的一部分，各自都在整体内的不同层位上，为达到整体目标而发挥各自的特殊作用。如果认识不到这些特点，在策略运用时将顾此失彼。

上述各种看法都从不同角度对教学策略的含义做了描述或界定，对我们理解体育教学策略含义有一定启发。其一，教学策略从属于教学设计，确定或选择教学策略是教学设计的任务之一；其二，教学策略的制定以特定的教学目标和教学对象为依据；其三，教学策略既有观念驱动功能，更有实践操作功能，是将教学思想或模式转化为教学行为的桥梁。这三个概念的逻辑关系是：教学模式（上位）—教学策略（中位）—教学方法（下位）。

体育教学策略在应用时要注意突出两个特点：任务的要求和方法的选择。理解教学策略注重于对教学目标的意识和具体方法的灵活运用，教学策略是对教学方法实施过程中的具体运用和有效行为，是教师教学智慧和教学艺术的充分体现。属于教学设计的一部分，不能取代教学设计的全部功能。要达到有效的运用，教师必须对教学策略有理性的思考，对教学方法的理论基础有清晰的认识与正确把握。因此，可以讲教学策略是对教学方法实施过程中的具体运用和有效行为，是教师教学智慧和教学艺术的充分体现。学者盛力群认为，学习、研究与应用教学策略，需要树立四个重要的教育理念：实现减负增效、运用系统思维、努力以教促学和加速自身成长。同时，也需要掌握学习方法，注重知识交叉，注重教学实践，善于获取信息资源。

二、体育教学策略的构建与应用

在对众说纷纭的教学策略概念进行整理、分析和完善之后，我们认为教学策略的构建可从以下方面把握与诊察。

（一）体育教学策略的构建可以从质与量两个维度进行考察

第一，教师教学策略的量。教学策略的量，主要指教学策略知识的丰富程度，教学策略知识越丰富，解决教学问题的对策就越多，解决问题的过程就越简缩，速度就越快。教学策略的量是策略运用熟练程度的标志。不熟练者自动化程度低，影响了速度；而熟练者则依靠大量策略运用的经验，“不假思索”，直达教学目标。

第二，教师教学策略的质。教学策略的质，是教师运用教学策略的适宜性和自动化程度。教学策略的适宜性，是指所运用的教学策略与教学问题情境的高度对应及与解决教学问题的目标的得法性。主要指教师高级心理机能相关性越高其解决教学问题的效果就越好。

（二）教师教学策略构建的四个阶段

策略单一性阶段。由于教师具备的策略知识不多，策略的体验不深和经验不足，对自己所掌握的教学策略知识认为是不可置疑的。认为只要运用必定有效果，没有意识到教学策略具有变通使用性。误认为一种教学策略只具有适合解决一种教学问题的单一特点。

策略多元性阶段。由于教师具备的策略知识有所增多，教学策略的体验和经验也有所积累，策略运用有了一定程度的变通性，也认识到教学策略与教学问题之间不是单一、绝对确定的关系，因此在运用教学策略解决教学问题时能考虑到多方面的原因和寻找多种对策，教学策略结构有了一定程度的组织性，其策略运用较熟练。此阶段的教学策略表现出这样的状态：一种策略可用于解决多种教学问题，多种教学策略也可以解决一种教学问题，其价值具有多元性特点。

策略相对性阶段。与前阶段相比，教师掌握的策略知识比较丰富，运用策略已达到相当熟练的程度，教学策略的组织性和结构化特点更为突出。教师对自己所掌握的教学策略有意识地进行比较、权衡、分析教学策略与教学问题之间关系的性质，认识到每一种教学策略的使用条件、合作范围及效果不是绝对的，要与特定的教学问题情境相联系，但评价策略时仍以他人经验判断为标准，认为教学策略是不能为自己所创造的。没有学习理论、应用理论、贡献理论，所以本阶段教学策略的价值特点表现为策略的相对性。

策略个体化阶段。教师在评价教学策略时已不以他人经验为判断标准，策略知识和策略运用经验十分丰富，教学策略已完全结构化，能够正确地把握教学策略与教学问题间的一致性关系，选择和运用策略十分熟练，达到自动化程度。在此阶段，教师认为策略运用必须适合个体自身的特点，能够把一般人使用的教学策略加以改造，转变成具有个人独特数学风格的东西，并且也能够根据问题情境的特殊要求创造出教学策略，对自己所掌握和所运用的教学策略具有“对我而言是正确的”这样的认识，其策略表现出显著的个体化特征。

（三）教学策略培养的手段与方法

对教师传授运用策略的知识和应用技能，可以快速提高教师的教学策略水平，收到好的培训效果，改善教师的素质结构，提高教学效益，缩短教师成才时间。正如学者盛力群所说：“帮助学习者选择信息、组织信息和整合信息；做出示范、精心辅导和提供支架，使得学习者在学习中有计划、肯努力、愿交流、善反思，如此达到培养学习者解决非良性问题与胜任复杂任务的能力。”因而，要注意突出以下几个特点：

一是指导性。培训的内容对教师的策略能力发展具有针对性，使教师在接受培训之后能明确自己的策略能力发展方向。

二是实践性。培训的内容具有实践应用，能充实教师的实践教学，弥补策略运用经验的不足。

三是直观性。向接受培训者传授策略知识和技能的方式，必须是直观和可感受的，因为接受培训者本来就经验不足，如果所授内容过于理论化、概括抽象，不利于向能力转化。

四是可操作性。要求所授内容具体，要把策略的运用一步一步地通过活动转变成操作能力。

教学策略运用能力的提高，可以通过以下几个途径进行专门培训。

途径一，举办短期训练班，编写培训教材，专门传授策略知识和策略运用技巧，快速集中地积累有关知识，为策略能力发展打下坚实基础。

途径二，注重培养教师优良的思维品质，尤其是思维的灵活性、批判性和创造性，以提高能力发展的潜力。这一点可以通过指导教师在教学实践中经常进行教学思路设计的自我训练来实现。

途径三，鼓励教师积极发展关于教法运用的个人意见，树立教师个人的教育信念，用以激活和保持策略意识。这可以通过鼓励和督促教师写集体经验交流或教学论文来促进实现。有以下几种方法：

其一，写比较教学方案。同一个教学任务，设计两套以上教学方案，锻炼自己的策略灵活性。

其二，写教学经验总结。一篇一章成一单元一学期的教学之后，将其中的经验和教训总结出来，可以发现其中策略运用的窍门和规律。

其三，聚会性交流。若干教师聚集在一起，就某一具体教学问题交谈自己的已有做法，参与者会从其中受到某种启示，从而改善自己的策略。

其四，请他人会诊。如果自己觉得某种方法运用不妥或某种教学问题的解决不尽如人意，就说出来或再表演一下，请求他人做出诊断，这样可以帮助自己跨过策略能力发展的障碍。

其五，集体备课。可以集众人之智藏于一身，在缩短成才时间方面有显著效果。

其六，他人教学。在观摩他人教学、观看他人的教学录像、阅读他人的（当然包括优秀教师的）教案后，就其教学策略的选择、运用、效果等，依据一定的知识、理论和思想进行评估判断，从中可以他人之长补己之短，弃他人之短扬己之长。

其七，参加教学科学实验。这是个快速提高策略水平层次的好做法，参与或主持实验的人一般都是高水平和较高水平的专家和教师，参与其中可以得到全面锻炼和提高。

（四）体育教学策略的评价诊察

1. 教学行为指向性要求。任何教学策略都是指向特定的教学目标和教学活动，规定某种教学行为，这同时也指明了体育教学策略确定的两个依据：教学目标和学生特点。

2. 教学结构功能性要求。（1）选择成制订体育教学策略时，要求教师针对具体的体育教学需求和条件，对影响体育教学策略构成的教学方法、步骤、媒介、内容和组织形式等要素加以综合考虑，组成切合教学实践的最佳教学实施措施；（2）在发挥体育教学策略作用时，强调某一范围内具体学方式、措施等的优化组合，合理构建。

3. 教学行为启发性要求。它能启发教师主动寻找解决教学问题的简捷途径和方式，从而有效解决问题，促进教师教学水平的提高。

4. 教学行为灵活性要求。在选择或制订体育教学策略和运用教学策略解决问题时，应根据不同的教学目标、内容和任务的要求，参照学生的初始状态，并应随着教学情境的变化而做相应的设计和调整，将最适宜的教学方法、媒体和教学组织形式优化组合，以便实现特定的教学目标，完成特定的教学任务。

第二节　体育学习策略的建构与应用

一、体育学习策略的内涵与类型

学习策略作为一个完整的概念是布鲁纳1956年提出的，他认为："认识策略以后出现的目的是教会学生学习。"学习策略研究在我国长期被称为学法研究，由于学法研究侧重于某一程序、方法、步骤，因而存有相对忽视非认知内隐与整体认知的不足。学习策略在我国大致经历了两个发展阶段：1979–1986年为自发研究；随着新课改的展开，从20世纪90年代研究开始逐渐深入，当前学习策略研究进入新的发展时期。其特点是力图和国外先进理论相结合，针对我国新课程教学的实际问题进行研究。

（一）学习策略的"结点"辨析

综述国外比较有影响的观点，学界对学习策略的定义大致有三种看法：一是"学习策略是内隐的学习规则系统"；二是"学习策略是选择、整合、应用学习技巧的一套过程"；三是"学习策略是被用于编码、分析和提取信息的智力活动……"为此，学习策略可定义为："根据学习情境的特点和变化选用最为适当的学习方法的过程。在学习活动中，为达到一定的学习目标而学会学习的规则、方法和技巧；它是一种在学习活动中思考问题的操作过程；它是认识策略在学生学习中的一种表现形式。"

以上观点，都从不同角度揭示了学习策略的特征。这对帮助深入理解学习策略内涵丰富的概念有积极借鉴的作用。本文认为学习策略属于学习方法的技巧层面；是学习过程中的动力系统，它对学习过程具有助动和调控作用；是个体学习方法在具体场合的运用，体现着个人的学习风格。由"内在起因、外在诱因和中介调节作用"三大因素组成。

体育学习策略属于学习策略范畴，只不过更注重、更强调体育学习的本质而已，否则显得指导性不强。体育学习策略主要是解决动作知识技能知与不知、值与不借、会与不会、乐与不乐的问题。这一特点对于体育学习策略具有重要的影响。基于此，季浏、颜军等学者认为，体育学习策略"是个体在特定的体育学习环境里，为了达到特定的体育学习目标而对学习步骤与学习方法所做的优化组合与精巧安排"。

（二）体育学习策略与学习方法的"结点"辨析

体育学习策略与体育学习方法有明显水平层次区别，即体育学习策略是比体育学习方法更高层次的方法，或者说体育学习策略是使用体育学习方法的方法，如果把体育学习方法视为“战术”，那么体育学习策略则属于“战略”的范畴。它是学生会不会学习的标志，是衡量学生体育学习能力的重要尺度，是制约体育学习效果的重要因素之一。为此，全面理解体育学习策略的基本含义，应当把握以下三点：

1. 凡是有助于提高体育学习质量、学习效率的程序、规则、方法、技巧及调控方式均属体育学习策略范畴。

2. 体育学习策略既有内隐、外显之分，又有水平层次之别。如体育学习策略既可是外显的动作操作程序步骤，也可是内隐的思维方式。

3. 由于体育学习策略本身是由一系列基本技能和相应知识所构成，因此必须道循体育知识与运动技能学习的规律，合理安排教学内容和进程。

4. 体育学习策略的教学目的是教会学生学习，即能针对在体育学习中遇到的问题，灵活提取、优化组合与精巧安排。

(三) 体育学习策略的类型与辨析

美国心理学家迈克尔（Michael 1990）认为学习策略包括认知策略、调控策略和资源管理策略三种。体育学习策略在认知—运动信息加工过程中包括：体育学习认知策略、调控策略和资源管理策略。

1.体育学习认知策略的指导要求

体育学习认知策略是对体育学习的有关信息进行有效的识别、理解、保持和提取的策略。具体包括选择性注意策略、练习策略、精细加工策略。

(1) 选择性注意策略。选择性注意策略是指将注意指向有关体育学习材料的策略。指示教师教学时应注意：引导学生将注意力集中于运动动作的关键和学习的难点上；指导学生学会合理分配注意力，学会观察的顺序；将注意观察与理解、记忆有机结合。一般运用于泛化学习阶段。

(2) 练习策略。练习策略是指为提高体育学习效果所采取的策略。提示教师教学指导时应注意：帮助学生理解练习的目的、练习的要求、练习的步骤；学会合理选择练习的数量，提高练习的质量，减少练习的盲目性。一般运用于分化学习阶段。

(3) 精细加工策略。精细加工策略是指将新学习的材料与已有的体育知识技能有机联系的策略。指示教师教学时应注意：引导学生把已有经验的知识与新知识、新技能衔接交流，以类比或比喻等方法同化学习者形成新的高效学习表征。一般运用于分化学习向自动化学习的提高阶段。

2.体育学习调控策略的指导要求

体育学习调控策略是指根据学习者自身基础和主客观条件调控学习过程，优化学习的具体策略。它指示教师教学前注意：为学习者提供“认知路线图”。通过逐步分化类比揭示学习材料的逻辑顺序，引导学生把握知识不同层次之间的关系。对学习任务、材料、方法与策略等任务操作因素进行自我指向的反馈和调控，增强学生认知结构的组织认知。如我国传统的课前预习、认知学习理论的“先行者组织策略”等，一般运用于课前的学习安排。

3.体育学习管理策略的指导要求

（1）在难点上及时给予帮助，增强学生学习信心。

（2）鼓励学生自己提出所要达到的目标。

（3）提供学生参与教学和改善教学的机会。

（4）帮助学生及时分析成功和失败的经验。

（5）引导学生去体验和享受学习进步或成功的乐趣。

（6）教师对学生的进步应表现出充分的关注。

（7）用恰当的表扬和鼓励，避免用威胁和监视的方法去强迫学生学习那样会破坏学生学习兴趣。

二、体育学习策略的构建与应用

体育学习策略的获得一般经历了三个阶段。第一阶段，例如通过学习篮球使学生初步理解“上篮”和“投篮”这两条动作的规则与技能，而且还可以加以陈述。第二阶段，教师提供该策略在变化情境下进行的练习。如带防守的投篮、上篮。帮助学生体验到策略的有效性，改进学习，提高学习效率，那么这种体验就会进一步激发学生学习策略性知识的动机。例如，如何在不同情况下去运用。第三阶段，在大量变式练习的基础上，帮助学生体会学习策略适当应用与不适当应用的条件，并能够监控策略应用的过程，那么所学习的策略就能有效地在新的情境中产生迁移。例如，使学生不仅能利用投篮、上篮与同学们在一起练习，还能够结合战术用到它们，而且慢慢地还能够把投篮、上篮运用到比赛的实践中去，那么策略学习就得以进行。因而，学习策略对于学会学习、有效学习有非常重要的作用。因为只有当学习者掌握学习策略，学习者才会产生动机水平，接受它们并进行坚持不懈的练习，才有可能使学习得以进行。这也就是本文为什么讨论体育学习策略的所在原因。如教育家康内尔告诫世人：“现代社会非学不可，非善学不可，非终身学习不可。”正如《第三次浪潮》作者阿尔温·托夫勒在这一名著中所说：“想要学习却不知道学习策略的人叫作文盲。”

1.应用原则

许多优秀教师在长期的教学经验中深深体会到，把教学策略转化为学习策略包括两个重要的“转化”。第一个转化是指学生获得的学习方法知识向学习技能的转化；第二个转化是指学生形成的学习技能向学习策略能力的转化。为此，有以下具体实施原则供参考借鉴：

(1) 教师要根据学生“最近发展区”特点对学习信息选择和改造，“在问题解决中学习”的思路设计教学，促进策略形成。

(2) 对学习成绩差的学生，注意鉴别并发展学生的弱势运动智能领域，促进策略迁移。

(3) 教师要在教学中有针对性地提供与学习风格相匹配的教学方式。设置情境，生发矛盾，挑起认知冲突，促使学生把学习风格转化为学习策略。

2.常用方法

(1) 采用灵活多样的教学方法。一是必须能激发学习策略的认识需要；二是能提供学习策略的具体而详尽的步骤；三是要依据每种策略选得较多的恰当事例说明其应用的多种可能性，使学生能形成概括化的认识。

(2) 科学安排教学次序。一是应先易后难，先简后繁，即循序渐进。二是先学基础的，应用范围较广的；后学特殊的，应用范围较窄的，即具有一定的累积性质。

(3) 及时复述策略的使用。实践证实，及时复述策略的使用有助于学生的注意力集中于任务的重要特征及关键点上，有助于知识的编码和贮存。因此，教师在讲解学习策略后，应立即让不同程度的学生复述教师所讲策略，甚至在练习时，也让学生讲评或纠正，促使学生将所学策略内化。

(4) 训练的内容及制订的目标应符合学生现有知识和能力状况。学习策略知识的教学也同一般知识教学一样，必须考虑学生的可接受性。学习策略训练的实践证实，训练所涉及的知识难度必须与学生原有知识匹配相当，否则训练无效。

(5) 训练不宜密集进行。实践证实，每次训练只能围绕一个中心进行，切忌贪多求快密集进行。正如遗传学中的变异不一定都能遗传那样，要使学习者有充分消化、理解得到运用和巩固的时间。

第三节　体育学习策略与教学策略的教法论思考

体育教与学策略是体育教师引起、维持、促进学生体育学习的所有行为方式。包括教师的示范、师生对话与指导，辅助行为包括激发动机、期望效应、课堂交流和课堂管理等，体育教师通过教与学策略活动，在课堂上有计划、有组织、有目的地使学生获得体育知识、技能，形成道德品质和世界观，发展智力和个性。为了提高体育教学的质量，在实施教学前，体育教师要对教学行为进行周密的思考和安排，考虑教什么、如何教、要达到什么要求等，也就是必须对体育教学教与学策略设计，才可有效实施教与学。基于这一视域，我们着重从方法论的角度对教与学策略的研究应用进行审视与分析，从而让人们更清楚地了解教与学策略的历史特性及研究中存在的问题，以便更科学、合理地运用。

一、体育教学策略与学习策略的教法论思考

教学策略与学习策略是教学实践中关系极为密切的两个领域。过去，我国教学论深受凯洛夫主编的教育学的影响，对教学的理解局限于教学内容领域。随着新课程教学改革实践的深入发展，正在向着突破“大一统”的教学校式发展，“为学习而设计”“为理解而教”的研究已成为教育界十分关注的课题。近几年来，在检讨我们的教学论建设存在的问题对发现，由于以往对教学论理解的狭窄与片面，在实际运用中出现了教条主义和庸俗化的偏差。我们在教学论研究中常常出现以教学论的认识代替学习认识论的做法，从教学论的范畴、命题直接演绎学习策略的范畴、命题，指导变成了套用。这样，不仅不利于发展学习论的研究，而且也把教学论简单化、庸俗化了。诚如日本学者荣田义松所认为:“教学是教师和学生之间的共同活动。在这个过程中必须有：教授——教师的活动，学习——学生的活动。”又如教育家巴班斯基在分析教学结构时指出，教学具有双边的性质。它必然是教师和学生在一定教学物质条件、道德心理条件和审美条件下所产生的相互作用。

改革开放以来，我们虽然从国外介绍与引进了大量的教学思想、观点、理论，但是，在创造、引进、介绍这些知识的同时，却忽视了从教与学整体上、从学科体系的角度进行批判和统整的工作。致使教学与学习许多理论、观点彼此之间缺乏统一的理解与概念运用的混乱，给人造成了教学实践中无所适从的局面，阻碍了教学论研究的进一步发展。同时也使新课程教学改革缺失了理性的秩序和内在的特定规律，导致出现新的困惑，干扰了新课程教学改革继续深化的进程。这对于教学方法的理论建设和科学运用都是不利的。这就要求我们必须重新检视现有的理论、观念和方法，以科学的态度加以总结。加强教学策略与学习策略理论、观念和方法之间的比较研究，逼近新课程“教师为主导、学生为主体”实践应用的情境，是一项势在必行的基础工作。也就是通过教学策略与学习策略概念的含义考察概念的分析，对前人所做的工作进行一番理论清查，明晰所发现的偏差原因，集中澄清那些意义含糊同时又与教学实践有密切关系的概念，对于理解认识新课程教学是极有意义的。正如刘思云所说:“驱万涂于同归，贞百虑于一致，使众理虽繁，而无倒置之乖，

群言虽多，而无棼丝之乱。”找出教与学建设存在的问题，也是教学论进一步发展的关键所在。近年来我国体育新课程教学实践证明，不从学习主体出发就难以形成教学最优化，不深刻理解学习策略，不仅不能有效指导我国体育教学改革，反而会给体育新课程有效实施造成极大的障碍。科学哲学家劳丹在分析笛卡尔物理学时指出:“造成笛卡尔物理学死亡的致命原因，不是它毫无力量的经验记录，而是笛卡尔派一些关键的解释概念，如接触行为和引力概念的模糊不清和不易领悟。”这一命题指示，自然科学理论是如此，教学理论更是如此。因此，探讨学习策略的可行性及其条件，不仅可以丰富和发展教学认识论的一些基本原理，而且对于帮助我们科学地对待教学理论和有效地进行教学实践活动都具有十分重要的方法论意义。

二、体育学习策略与教学策略的辨析之我见

由于教与学是相互依存的关系。所以，体育学习策略与教学策略虽然有各自的独立性，在教学过程中却无主次之分，无轻重之分。两者在山麓分手，回头又在山顶会和。语出《礼记·学记》的“教学相长”思想，就正确反映了教与学之间相互制约、相互渗透、相辅相成、相得益彰的辩证统一关系，也道出体育学习策略与教学策略是同一事情不可分割的两个侧面。学因教而日进，教因学而得益，所以说教与学各一半，无主次之分，无轻重之分。因此，确立以“教学策略为中心”的理论是不对的，同样确立以“学习策略为中心”的理论也是不对的，要使学生学好，除了要充分发挥学习策略的主体作用外，还要充分发挥教学策略的主导作用才是可为的。诚如王夫之所言:“体俟用，则因所以发能；用，用乎体，则能必副其所。”

换言之，教学方法在西方经历的明显变化，也清晰地显示出其更加重视学习者内在的构建过程，反映学习策略构建，是解放学习的力量。揭示出，如果我们只注重教学策略的构建，“学习”人化的意义即缺失了。这一思想正如《教育——财富蕴藏其中》表达的:“教育的基本作用，似乎比任何时候都更在于保证，人人享有他们充分发挥自己的才能和尽可能牢牢掌握自己的命运，而需要的思想、判断、感情和想象力方面的自由。”也恰如巴班斯基曾经指出的那样:“教学方法的本质，实际上取决于学生的学习认识活动（学）和教师相应的活动（教）逻辑——程序方面和心理方面。教学方法是决定学的方式和教的方式，行动上协调一致的效果。”确证了当代教学方法的变革与现状使得“学生为主体”已成为当代教育的共识，教与学共进的时代特性更加明显，其实质已成为现代课堂教学的精髓。但事实上，许多教师在实际教学过程中，仍然偏重“教”，忽视学生“学”。有的干脆“一讲到底”或“一练到底”。这种现状应引起我们体育教育的忧虑。

上述而知，体育教与学策略是当前教学改革的方法与路径，在教学中起着十分

重要的作用。对其的理解与把握直接影响到体育教学改革与发展的方向及进程。但客观地说，每一类观点都有某方面的合理性，又都表现出不同程度的片面性。单独运用任一策略都不可能产生完整的教学效果。这就需要我们进行整合性的思考。为此，有学者指出，对教学策略与学习策略的运用要避免基于本质主义与二元对立的逻辑、立场与单向度思维方式，以免因两者“钟摆式”的动荡而导致教学实践重心的失衡。经验告诉我们，教学指导离不开学习策略相辅，而且教学指导的目的也在于促进学习能力的发生。抛开学习指导的教学策略是根本不存在的。既然教学不等于单纯的教，也不等于纯粹的学，那么由此启发我们，教学应当既包括将知识经验授予学生，也包括指导学生以适当的方法获取学习经验，换个形象的说法就是既要“授人以鱼，也要授人以渔”。为此，教与学策略共进永远是教学的根本性问题，是教学概念本质内涵的行为体现和最根本的质的完整规定。诚如赫思特说：“教学活动是一个人 A（教师）的活动，其用意在于实现另一个人 B（学生）的活动（学习）。”也如欧阳教所说：“教学是施教者以适当的方法，增进受教者学到有认知意义或有价值的目的的活动。”可见，教学是通过引导学习者对问题或知识体系循序渐进的学习来提高学习者正在学习中的理解、转换和迁移能力。因而告诫我们：一是要改变只注重教学策略的传统教育方式，尽早引入学习策略思维的教育；二是要学会从教与学策略去选择运用教学方法，贴近教学实践；三是纠正教与学策略分割与疏离的弊端，做到整体思维结合，形成教与学的研习之风，提高实践教学的研究性。因此，辨析和确认体育教与学策略概念的科学内涵，是一项非常有价值的奠基性工作，必将有益于体育教学理论的建构和教学实践的深化。

综上而述，研究体育学习策略与教学策略的目的是促进体育个别化学习、差异化学习的发生，为从“学会”到“会学”的因材施教的行为调控。由此，如何使得学习策略、教学策略与教学目标、教学内容、教学方法和个体学习心理特点得到有机地匹配，将不同性质的学习内容科学设计合理搭配，实现体育教学“懂—会—乐”的整体效能，才是体育新课程教学需要解决的问题。正如一位教师在论文中所说：“现在的教育，已经从教师方面转移到学生方面，从被动的变为主动的，从抽象的进而为实际的了。从前一切划一的、呆板的、有规律的……教育，统统像落叶似的向溪里吹去了，从事教育的人们，自己也觉得应该除旧布新，去适应这澎湃浩荡的潮流，什么启发呀，探究呀，自主呀，学生本位呀……种种的声浪应时而起了。”

第九章　我国学校体育教学的问题与发展

体育教学理论是指引教学走向成功的行动指南、避免错误的基石、形塑教学任务的准绳。它对优化体育课堂教学、引导教师科学发展、深入贯彻新时期我国义务教育阶段的新方针与把握体育与健康课程发展的趋势具有十分重要的作用。历史证明，体育教学理论不是“永恒的格式化”，它是一个国家的课程在历史进程中与时俱进的表征。对它的探讨不仅本身具有深刻的实质性意义，还涉及对学校体育发展的认识论思考。因而，需要对此进行关注与研究，架起一座有力的桥梁促进体育教学理论和教学实践联盟，帮助广大体育教师一览全貌，加深应用于实际的效果。基于此，对我国体育教学理论进行梳理，完善体育教学理论的建设。

第一节　我国学校体育教学的问题与讨论

教学发展史表明，教学理论是一定历史时代和社会发展的产物，它的产生与发展不仅反映着历史的转向和发展，也折射着时代的诉求。因而，尽管我国古代有着丰富的、博大的教学思想，但现代意义上的教学理论却是“舶来品”。这揭示出中国学校体育一百多年以来教学理论是在引介、撞击与融合的进程中交替演进的，其发展轨迹是一个引进消化与本土化的过程。检视它的演进可发现，每一次教学行为方式的诞生与教育观念之间的转换，都是现代教学理论在我国的演绎。这种“演绎”虽然促进了我国学校体育教学的发展，但由于与本土化不符，也给我们带来了“教学理论脱离实践”“教学理论实践乏力”等缺陷。唯物辩证法告诉我们，它既有缺陷与不足，也有借鉴与启示。因为它能够把世界先进的教学成果“马克思主义中国化”，帮助我们获得认识和建构中国特色学校体育教学理论的视角，寻找提炼自身的问题实现真正的飞跃，找到一条有效、便捷的本土化教学理论的创生之路。正如学者顾明远所说：“教育问题和宗旨各国有不少类似之处，共同的时代特征对人的素质、对培养人的教学实践活动提出共同的要求，同时也是各国教学理论研究共同面对的时代问题。”因此，寻绎其经验与教训，策励其不足之弊端，帮助我们进一步认识这些不同成因和实质演进的关联，这对于更好地促进学校体育教学理论的建设与发展，无疑有着积极的意义。

一、改革开放以来对我国学校体育教学理论与实践发展的审视

众所周知，改革开放前，我国学校体育理论“一穷二白”，我们不得不囫囵吞枣一边倒地学习苏联的教学理论。以凯洛夫的《教育学》思想理论指导我们的学校体育教育，接受别人的示范和模式发展自己。它虽然促进了我们的发展，但未能很好地结合自己的国情加以改革和创新，对资本主义的学校体育思想简单地全盘否定，以致造成中国学校体育长期陷入思想和实践发展的单一模式。如果一个国家或一个民族的理论，习惯在别人的目光下思考，就是一个还没有长大或不成熟的理论。这正如毛泽东后来谈到新中国成立初期照搬苏联的办法：“总觉得不满意，心情不舒畅。”毛泽东又指出：“这在当时是完全必要的，同时又是一个缺点，缺乏创造性，缺乏独立自主的能力。这显然不是长久之计。”个体认识自身往往需要借助与他者的比较才能更清楚地认识自己。改革开放把中国学校体育推向了世界，使我们走向有源意义的真理性。使学校体育教学理论不断延伸、不断超越原来的禁区或界限，窥视到原来认为不可能的地带，露出自己的羁绊。这种现象与人们对学校体育的习惯是大相径庭的，打破了“唯传授技能以外，一无所有”的含义，使我们真切地认识了学校体育自身特有的历史文化和科学特征，为更高起点的发展奠定了基础。直面体验出学校体育应与世界先进文化相互呼应，互相汲取营养，离开了对方就不能理解自己的意义。这一进步为学校体育教学理论从世界上汲取大量的先进思想资源起了重要的作用，使我们告别了“零碎的局部原则”，形成一个全新的思维模式。“不破旧，学校体育就没有生路”“不博采世界，学校体育就会落后”的思想被广大体育教师认可和接受，成为我们对学校体育认识的起点，为学校体育的实践改革拉开了帷幕。令人惊喜的是，学校体育改革的深入使鲜活生动的实践不断涌现，传统学校体育的教学标准被实践不断突破，传统学校体育教学理论不断遭受质疑无法应对实践，寻找能够被改革实践所接受的体育教学理论就成为渴望。于是大量丰富的、涉及广泛研究的国外教学理论与成果纷至沓来，对我国体育教学理论的建构和教学实践的发展产生了重大影响。伴随着这些理论与成果在教学改革和实践中的投入，教条套用、机械照搬、遗忘国情的缺失也日益凸显。这些矛盾和悖论深深地刺激了民族教育本土化意识的不断觉醒，一个民族和国家不可能只是作为别国教学理论的受众、成为别人思想的“跑马场”，它也需要为世界教学理论的发展贡献具有自己民族文化特色的理论，共同促进世界教学理论繁荣和发展。于是学习理论、应用理论、贡献理论，实现本土教育和本土教学理论的构建就成为广大学者难台的

诉求与渴望的心愿。

驻足抚思，改革开放使学校体育教学理论具有了空前活跃和自由的学术氛围，“为道屡迁，变动不居”“百家殊方，指意不同”，各种学派和学说互相交流和碰撞，为学校体育新的实践孕育，创造了良好的外部条件和必要的理论支持。在同一时空，背景如此众多的学术形态交相辉映，这是中国学校体育史中从没有出现过的壮丽景象。主义可以拿来，理论须应自立。民族文化意识的觉醒，标志着我国学校体育教学由此开始进入“中国化教育”发展之路的探索。正如美国著名人类学家克拉克·威斯勒所说：“对不同民族的研究中所取得巨大收获之一，就是获得了开始从外部观察我们自身文化的观点或视角。”

二、改革开放以来我国学校体育教学理论和实践的问题与困惑

(一) 学校体育理论与实践“缺陷”的历史背景

为了正本清源地理解学校体育理论与实践问题的顽疾所在，我们不得不从时代背景开始进行研究和思索，对这一变化作极为必要的勾勒，以期明晰问题产生的所在。马克思和恩格斯曾经指出：“一切社会变迁和政治改革的终极原因，不应当在人们的头脑中、在人们对永恒的真理和正义的日益增进和认识中去寻找，而应当在生产方式和交换方式的变革中去寻找。”学校体育无论是作为一门学科，还是作为科学系统的一种历史形态，其孕育和成长无疑是社会自身发展的结果。但是“不识庐山真面貌，只缘身在此山中”，要了解当代学校体育理论与实践存在的问题，除了考察自身的历史发展之外，还必须从学科中跳出来，考察其孕育、产生、发展的社会环境。正如恩格斯所说：“一切当代的社会思想归根结底都是社会经济状况的产物。”当代中国学校体育的环境处在基本矛盾最集中、最尖锐、最复杂的状况，无论是改革前的传统学校体育，还是改革后的新时期学校体育，其复杂性都是史无前例的。两者都经历了大动荡、大转化、大破旧、大立新的曲折过程。既遭受过重大的挫折，又取得了瞩目的成就。出现新的飞跃，显示新的特点，积累了极为丰富而深刻的教训和经验。这些否定之否定的嬗变转换，带来理论“纠缠”与应用的乏力，成为理论与实践两张皮缺陷的因缘、情由，必然要在当代中国学校体育教学中有所反映、结出“纠缠”。

从改革的现实看，我国学校体育走的是“后发追赶型”道路，“一万年太久，只争朝夕”，没有足够的时间进行理论准备，只有实践先行一步。导致理论指导不系统、不成熟，一些标准往往不能被实践接受和国情认可。从上述矛盾的背后展开来看，产生这个错位的内因是我们对社会主义的认识不清楚。我国体育学者没有能

力、没有经验从制度和体制变迁的角度，对我国学校体育的改革做出整体性的深层思考，难以准确把握学校体育的改革目标和可持续性发展的方向。纵观我国学校体育40年多来的改革历程，可以清楚地看到这种反映。我国学校体育理论的改革更多的是从实践中遇到的问题入手，逐步进入改革领域进行深层次的理论反思。理论的产生往往都是由现实的危机促成的，理论是在实践的问题中展开的。而按照思维的逻辑顺序，改革需要依次研究和说明改革的必要性、界定改革的范围和性质、确定改革的方向和目标、制定改革的步骤和策略，这些问题之间是一种逐层递进的关系。而我国学校体育改革发展的情况确要复杂得多。与西方发达国家相比，中国社会转型具有特殊性：一是转型任务的叠加性，二是转型环境的复杂性，三是转型速率的加速性。这种特殊性给学校体育带来极为复杂的影响，导致改革久拖不决、目标实现困难、进程受阻等。使理论与实践之间横亘着一条鸿沟，长期在一种“纠缠”与“错位”的矛盾关系中展开和推进。反映出我国学校体育的改革是在理论准备不足的情况下，不仅没有把改革的决策建立在理论研究与实践相结合的基础上，而且是受实践的迅速发展和决策的迫切需要而仓促起步的。对上述理论问题的研究根本来不及分层次厘清和解决，就在多条线索上同时展开指导实践。另外，几乎每一个重要问题的探索和争论在时间上都超出相应阶段的需要。如要它起作用，尚需及时进行一些必要的更正、补充、改进和调整。而各个阶段又出现新的不同的问题重心，在阶段和目标之间难以形成相对稳定的状态。致使理论很难从时间上、阶段上截然划出清晰的结构结合实践认同。再者，从理论角度分析，受实践内涵不确定性的制约，即使是科学的理论也只能随实践的发展不断被证实下去，而不可能通过一次或若干次的具体实践不停止这一反复不停止，这种内在的动因就会继续存在，长期以来理论与实践形成的缺陷就不会停下来，还会继续产生与并存。但唯物辩证法指出，抓住改革一些具有普遍意义的现实问题进行深入分析，可达到对事物内在本质和一般法则的普遍的理性认识，得出更具有现实性和前瞻性的结论。能防止偏颇、消除“纠缠”，使理论更符合社会实践。

“城中桃李愁风雨，春在溪头荠菜花。”古往今来，人类在教育思想上的理论分歧与争论从没有停止过。这种百花齐放、百家争鸣的局面推动了思想解放，促进了学术进步，进而更好地引导实践的发展。当前，对新课程教学改革有争议没有什么不好，是非在争论中明晰，学术在争鸣中进展，改革在争辩中推进。由于改革过程通常会产生新的问题和矛盾，所以改革“自然地”伴随着批评、质疑和反对的声音，体育新课改当然也不例外。需要注意的是，不能以新课改实施过程中出现的问题而否定其巨大成绩和贡献的存在。恰如美国学者克雷明所说，“不能把所有教育失败的责任归咎于学校，必须看到教育以外的各种现象”；又如美国学者吉布森所说，

“建构主义有不少缺点，但给教育研究和实践提供了崭新的尺度”。《矛盾论》告诉我们：“矛盾是普遍存在的，一个问题的解决常常伴随着另一个问题的产生。”每一种思想和改革方案都不可能解决所有的问题，总有自己的边界和盲点，都不可能穷尽世界的真理。体育新课改在实施中存在的问题，也正是我们教育不断向前发展的推力和契机。改革是一个过程，而不是一次事件。这需要教育理念与实践之间的不断磨合，需要教育方案不断更新。我们需要做好这样的思想准备，课程改革是一个长期的规划和目标，要靠长期的努力才可实现。陈静博士认为，课程改革分为破冰期、融合期和创新期三个阶段。而目前我国的课程改革正处在融合期，人们产生迷茫和困惑在所难免。相信随着新课程的优势越来越凸显，物质和各种条件的逐渐完备，新课程的创新期一定会到来。

(二) 学校体育理论和实践的建设与问题

应该说，鉴于国情和历史间距的存在，我国学校体育教学理论的发展轨迹，更多的是引介而非生发，改造而非创造。自 20 世纪 80 年代以来，随着我国教育改革的蓬勃发展，教育科学研究创新空前的繁荣，众多新兴的国际教育教学理论被引入国内，并在体育课程改革中得到了体现。这些教育理论打开了一扇又一扇窗户，使广大教师能够在拓展视野的同时，形成教育实践的新视域，最终构筑起教育实践的新行为。应该说，这对于推进我国体育教育理论研究和实践工作，发挥了积极的促进作用。当我们把视线收回时，也会意识到存在以下问题：

其一，由于每一理论和实践潮流都是与其产生的特定文化背景相联系，都是特定时代的表达，都是由深藏其后的特定学习方式所支配。因此，在实践中也较难以本土化为广大基层教师理解掌握，难以有效理解把握。

其二，这些理论分属各家各派，论述零散，观点凌乱，导致广大基层教师难以系统整合理解掌握，难以确切认识各种教育主张的实践意义，难以梳理教育理论的源流关系。学习时常常陷入一种“只见树木，不见森林”的状态，以致出现这些理论难以有效说明我国基础教育发展与改革中所面临的问题，难以有针对性地指导我国中小学教师摆脱所面临的困境。

其三，由于这些教学理论的研究一般涉及教学过程的若干方面，还不能反映整个教学过程的规律性现象，在工作中不好操实，因此在实践中推广应用这些理论观点时容易陷入片面。另外，这些教学理论中的新观点、新模式层出不穷，既相互促进又相互抑制，极易产生强调教学过程中的某一方面，而忽略了整个结构的平衡，使人有些眼花缭乱、无所适从，致使理论乏力。

其四，这些理论是“舶来品”，未能结合国情特色进行“中国化教育”改造。受民族文化的制约，其内在的教育意蕴往往难以与我国本土环境对接、充分敞开和展示，这就导致客观上对其实践的路径难以把握，不能对这些理念进行认知上的转换与相互借用。不能被广大体育教师充分认识、接受、运用。

综上而知，这些问题造成广大体育教师，在教学中对这些理论可能表示怀疑，使其无法顺利传播、应用。以致广大教师在变迁的急流中渴盼理论指导，而理论指导与实践需求又难以契合。“新教学理论脱离实践”“新教学方法乏力”的指责不绝于耳。实践证明，理论应用应立足整体观，以任何单一的视角检视理论都是孤立的、片面的、极其不可取的而且是有害的，都会产生理论上教条式的囫囵吞枣和实践上机械式的邯郸学步，致使理念之间淡化，无法形成宏观上的集合。影响和冲击了理念主体在学校体育应用上的认识，把握不充分，形成阐释和理解上的差异，限制了对理念多元融合深入运用的创造力。不能把这些理念整合包容起来，经过相互作用、相互补充、相互促进、相互统一的消化吸收、扩展、横连、纵贯、升华，形成整体观、全局观。不能转换形成新的理念，变成自己的教育主题思想，在一个更高的层面上结合实践指导工作。致使出现用一般规律代替特殊规律，用单一微观方法来指导教学的不恰当行为。这种片面弱化和变形理念的实质内容，影响了在实践中的实施。目前这种倾向不仅在理论方面干扰了新课程的发展，同时也给学校体育的整体教育带来负面影响。

回顾学校体育70年进程，毫无疑问，我们的学校体育已经取得了许多重大进展，我们在思想视野、学术积累、实践范畴等方面都达到了前所未有的高度和深度。如果考虑我们在改革发展中曾出现把现代化理解为西方化，围绕别人的话语绕圈，几乎忘记自我，就更能认识到中国特色学校体育的理论和实践价值的历史贡献。无疑，如果没有中国特色学校体育这一鲜活思想的涌入，并与头脑中沉滞定型观念的碰撞，我们将还在某些过时的镜像中徘徊。诚如伟人所言，在全球化的今天，最可怕的不是落后，而是跑错方向。当前学校体育学术思想存在着各种不同乃至对立的观点、理论和学说，其中有真理也有谬误，它们常常彼此交错、相互纠缠、竞长争高，一时难以分清。显然，学会运用中国特色学校体育的态度、立场、观点、方法，有助于扬弃糟粕，有助于增强文化自觉的责任意识。破除教条式和僵化式的理解，促进自觉地用中国特色的态度推进学校体育“中国化”的任务。因而，对“中国特色学校体育思想“的摆正是十分必要的也是非常重要的。“曲有误，周郎顾”，但愿拙文能抛砖引玉，引起体育学人对此问题的关注与探讨，促进这一真理的丰富。

第二节　我国学校体育教学的建设与发展

自20世纪下半叶以来，全球化呈现出越来越突出的发展趋势，影响着社会政治、经济、文化的各个方面。这一深刻的嬗变引发文化的交融与共生，启迪催生了终身教育思潮、学习化社会、多元智力理论、建构主义学习理论等多种教育形态的呈现，为世界各国普遍接受和认同。为世界各国的教育改革注入了活力，提供了一定的理论基础，也为我国学校体育的再生长提供了新的动力和支持。它迫使学校体育从一种固态稳定的传统教育态势，向处于日渐多元、不断交化的动态现代教育迈进。由此引发了学校体育的教育目标、课程与教学改革的不断调整和改革以适应这一挑战。引发我国学校体育教学理论在以下方面发生着深刻的变革：

其一，理论坐标由传统技能认知论向终身体育的主体教育论转换，改进了自身的缺陷，为中国学校体育实践的创生提供了方法论的解释，促进了学校体育教学的发展。

其二，学科研究方向、理论格局从对教学形式、活动程序和操作方法等基本问题的元素考察，向有关教学的性质、状态、关系、发展等整体性探明转换，扩展了教学理论探索和实践方法改革的路径。

其三，研究方法上，突破了长期以来追求“大一统”的传统思维方式，打通了多样性与共性的统一，开凿了西方的科学方法与中国人文思想的兼容并蓄。

一、学校体育教学理论和实践的变革与发展

以方法论端看学校体育教学开放40多年历程变迁的进步性与偏误性、历史性与复杂性，斧正“马克思主义中国化”在体育教学理论建设与发展的必要性和真理性，这对于我们改变“自周有终，相亦惟终”路径依赖的习见，正确选择和应用异域教学理论，剔除“附庸”，扬弃“独立”有所启示。为我国体育教学理论提供契合民族文化性、适切性否定之否定的资鉴。因此，跟进走好普通性论述显得尤为必要和迫切。

(一) 多元化教育理念唤醒了学校体育教学的再认识

改革需要新的视角和方法论。显然，带着全球化烙印的多元化教育理念，唤醒对我国学校体育本质的再认识，带来一系列革命性的观念变化。为学校体育的自我更新，摆脱课程“跑道”路径单一学程的静态模式，力图形成一种新的教育观，提供了有源意义之源。它改变了学科以自然性视角对学校体育居高临下的俯瞰，使学

科走出了习惯以外在技能论“英雄”的弊端。推使学校体育从单纯的生物理解，到整体文化性格的构建，开阔了学校体育的应用空间。它使学科结构由单一走向广义，教育属性由狭义走向多重，消除了学科百年来单一发展的不平衡性和由此产生的矛盾性。催化学科兼收并蓄、博采多长，成为一个多元文化性格的集合体，由学科走向领域，满足了社会对学校体育多元文化性格的要求和渴望。

这一变迁为学校体育的再生长提供了新的理论基础，为学校体育的教育目标和实践提供了新的设计和思路，形成一种新的教育观。扬弃时下我们在体育学习中，把体育学科当作一种单纯的教育手段，把人的学习当作单纯的体育知识积累的学习导向，启示我们认识到学生的全面发展，是知识与技能、过程与方法、情感态度与价值观教育共生的结果。理解我们体育教学，如果只重视一部分人类的能力（技能）并且围绕它来组织课程教学，把它视为完整人生的标准加以过分强调，那么这种教育就不可能成为最好的教育，是偏颇的。追思我们重新审视学科教育的属性与作用及在学校教育的位置，弄清体育教育与人的素质和社会可持续发展之间的关系。立足以体育为媒介将不同文化属性整合到课程与教学中去。从学科的特点出发，努力探寻“学科教学观与学习主观能动性的研究”“学科科学性与人文性的研究“学科教学活动的丰富性与教学目标价值取向多元性的研究“学科知识观与学习方式变革的研究”的新路子。发挥学校体育“德智体”多因素育人潜在的优势，把德育、智育、美育等有机地统一在体育教学活动的各个环节，才是最根本的价值所在。让每一个学生都能在“德智体”中发展，都能享受体育学习“懂会乐”和谐的乐趣。达到既是运动又是教育、既能锻炼又能娱乐两者不可偏废的关联，走出当前学校体育单一技艺系统复制的狭隘框架，理解我们过去的主张和行为是站在狭隘的“学科立场”为体育而研究体育。所有的研究只围绕学科的“形式”，而没有触及学科教育的“本质”。因而，只能培养出体育的“勇士”，而不能培养出全面发展的“人”。正如有学者指出：体育学习与培养仅仅满足于一般传授技艺与增进体能，体育文化的意义和体育人的崇高境界却被淡化和遗忘了。

（二）推动学校体育教学和理论的变革与发展

改革的性质和方向唤醒了“学校体育不改革就没有出路”的文化自觉，树立了改革是学校体育追求持续发展的价值取向，理解改革实质上是一次对学校体育进行再认识的再教育，催生了以下自觉意识。①改革意识：改革是学校体育的必由之路。只有坚持和深化改革，才能冲破一切妨碍发展的思想观念，才能改变一切束缚发展的固有习惯，才能革除一切影响发展的体制弊端。②发展意识：“发展是硬道理”。一切困难和问题只有通过发展才能得以克服和解决。只有发展，学校体育的“三个面向”才能得以实现，只有发展学校体育的物质建设才能保障。③创新意识：先进文化离不开创新这个根本条件和科学标准。创新是学校体育的灵魂，是检验学校体育先进文化本质的尺度。中国学校体育只有建立和依托创新才有生命力。

在学术思想上，理解了“离开世界就不理解自己”的真理性。改革开放把中国学校体育推向了世界，使我们走向了有源意义的真理性。直面体验出学校体育与世界先进文化相呼应，互相汲取营养，离开对方就不理解自己的意义。使我们真切地认识了学校体育自身特有的历史和科学特征，为中国学校体育更高起点的发展提供了重要的理论支撑，赋予更加全面的内容和更加先进的文化形式。

拦蓄了学校体育社会本位片面的命题，清除了“学校体育一切方面和全部过程归结为国家”的工具论缺陷。改革重塑了学校体育“人与国家”的主客观关系，澄清了人是学校体育的主观性内容，国家是学校体育客观性的表现形式。明白了不能离开人的发展谈国家的发展，也不能离开国家发展谈人的发展。揭示了学校体育个人本位和国家本位相互依存、互相贯通、共同构成的和谐内涵。

揭开了人的发展是学校体育教育层面的核心，确立“以人为本”的指导思想。改革呈现了学校体育以人为本的教育本质，指明学校体育的教育责任、文化责任、服务和引领社会前进的责任。改革了一切与社会进步和人的全面发展不相适应的体系和体制，再认识和把握新时期学校体育所面对的，不仅仅是生物特征，不仅仅是如何跑得快、跳得高、技术好；而是要在体育运动中体现人的本质、人的权利、人的历史和人的发展。

改革了旧的教学体制和课程，正确认识与领会体育与健康课程的性质与特征，打破了学校体育局限于“技能”的桎梏。在“素质教育”终身体育”“健康第一”等张力的指向下，改革了课程功能、课程结构、课程内容、教与学的方式、评价功能、课程管理。建立和发展了有我国明显特征的“坚持健康第一的指导思想，培养学生健康的意识和体魄；改革课程内容和教学方式，努力体现课程的时代性；强调以学生发展为中心，帮助学生学会学习；注重学生运动爱好和专长的形成，奠定学生终身体育的基础”的学校体育体系。为未来中国特色学校体育的健康发展奠定了基础，提供了有力的保障。

闯过那种认为只有资本主义国家的学校体育发展模式才是最完美的、必须效仿的、唯一模式的观点。“现代化不等于西方化”，改革使学校体育跨过了可以不经过资本主义制度的“卡夫丁大峡谷”，而走向先进文化的道路。为我们正确认识中外学校体育模式的多样性，自觉选择和吸收世界学校体育先进文化成果，如何在经济、文化落后的中国建设和发展学校体育现代化提供科学的标尺。弱化和消灭了学校体育国际化和本土化相互掣肘的混沌局面和两极对抗的张力，为传播、推广和运用外来体育文化“中国化”的发展做出了正确的指引。

中国特色是正确借鉴外来文化的立场。为我们如何对待60多年中国学校体育的成就和教训，如何认识中外学校体育模式的多样性，如何选择和吸收世界学校体育的先进文化成果，如何在经济文化落后的建设中发展学校体育现代化，提供了科学的标尺。为如何建设学校体育、发展学校体育、解放学校体育思想、激发学校体育活力、拭新学校体育先进文化力，提供了正确的价值取向和根本的检验标准。“马克思主义中国化”是学校体育的出发点，“特色”是中国学校体育的落脚点。保证了中国学校体育能不断排除“左”和“右”的思潮干扰，沿着建设中国特色学校体育的正确道路前进。

完成了对教育本质的再认识，构建了由学科走向领域的体系。改革开放铸冶了中国学校体育特色的实现机制和指导思想，滋润成熟学校体育新的学科形式，完成了对教育本质的再认识，构建了由学科走向领域的体系。解脱了学校体育单一竞技维度探求教学规律的桎梏，结束了学校体育百余年来“唯传授技能以外，一无所有”的含义。以“五个领域”“三个目标”为学校体育教学找到了有关意义与行为的解释；以“水平标准”为新课程的实施和管理提供了指导标尺；以“多元评价”为新课程教育的效果和效率提供了检验标准；以“多元化教育理念”把教推向学；以“选项学习”点燃支撑基于学习者自身意义展开的“知识传递”；在“教师是主导，学生是主体”等共享话语下催生了课堂教学的新风貌。形成了学校体育由学科走向领域的科学体系。

二、学校体育教学理论和实践的方法论思考

唯物辩证法指出，任何价值观念的产生和确立，都根源于事物内部矛盾异化的困境。从结构与维度上勾勒改革开放40年学校体育教学的历程可以发现，我们教学的跨越式进步是通过模仿和引进先进国家的教学理论成果实现的。这一外源性给我们带来更多的是引介而非生发、改造而非创造。它既带来了进步，也产生一系列的病灶亟待修补与完善。一是从系统性看，我们是“躺在睡帽中的哲学”，不论是理论研究，还是实践探索仍处于应用和争鸣阶段。没有能整体反映教学不同阶段现象与特征的系统表达，没有可以反复进行阐释的概念、原则、标准、界限和结论能让实践“分享”普遍性论述。二是从科学性看，“不通群经不能解一经”，我们还没有建立从亦然、应然到实然的稳定存在的现实对象，没有构建一个满足我国学校体育教学环境、价值取向和教学机制的通用概念和理论体系。可谓不成系统、未成体系、理论乏力，依然没有走出“密涅瓦的猫头鹰总是在暮色降临的时候才悄然起飞”的静观写照。诚如恩格斯在《致H.沃斯的信》中所说：“一个民族除非用自己的

语言来习知那最优秀的东西，否则这个东西就不会真正成为它的财富。”那么如何解决这两个问题就成为当前学校体育教学的迫切要求。对此有学者任平提出，与各种在场的思想展开批判性对话，方法论是最好的基本方式。为什么？因为方法论是关于方法本身的理论，是一种可帮助我们如何找到既能突破现实又能推陈出新的方法。用现代话语讲为“元方法”“文化自觉”，用历史话语讲为“形而上者谓之道，形而下者谓之器”。它不关注对已有方法的理论说明或运用指导，而是通过对现有方法表层不合理性的发现走向其背后深层的方法论反思。生发新的方法构建，进而超越使总体发生突破性的变化，具有德国哲学家尼采曾说的“重新估定一切价值”的指导和规范“行”的作用。正是在这一背景下方法论的嵌入具有引导作用，可纠偏我们“自周有终，相亦惟终”模仿路径依赖的习见，正确选择和应用异域教学理论。内省自身剔除“追随”扬弃“超越”，为我国体育教学理论提供契合民族文化性、适切性的否定之否定的资鉴。这对今后跟进走好学校体育教学的可持续发展显得尤为必要和迫切。诚如恩格斯曾经指出：“一门科学提出每一种新见解，都饱含着这门科学术语的革命。”

（一）学校体育教学建设的方法论思考

从理论生发学来看，改革开放40年来，前人的研究、异域教育的启迪、本土教学实践的质疑为体育教学理论的发展注入了活力，提供了动力。引发校体育新的阶段性特征愈发凸显，教学观念、教学方式、学习方式与学习评价方式等发生着急剧的变化。对此，我们传统教学理论已难以为广大体育教师提高专业化能力，探索应答改革发展的实践和理论提供支撑。恰如英国教育家施瓦步所宣称：“课程领域已步入穷途，按照现行的方法和原则已不能维持其研究，它需要新原则，以便对其问题的特点和多样性形成一种新观点。它需要新的方法，以便适应课程领域中出现的一整套新问题。”

科学和哲学告诉我们，任何一种学科都必须存有已然、应然、实然三个递进的学说才是完善的。从目前国内体育教学理论的研究现状来看，教学上位概念的“元认识”理论研究多“一名多篇”，教学下位概念的实践、实证的归纳性研究少，教学中观理论至今空白。可谓参差不齐、不成系统，远远跟不上时代的需要。缺乏一条贯穿上位—中位—下位的系统理论的集合，显得分散而漂浮，未能为实践应用各种教学方法提供重要的基础表述与细化。

中观教学理论是应用体育各种教学方法和手段的基础及重要表述与细化，是衡量体育教师专业化能力的重要尺度，是填平和破茧新课程、新教学、新学习与实践鸿沟的有源之水。它的研究与建构直接关系到“上位”《体育教学论》与“下位”《体育教学设计》承应对接与归属效力的实现、界定。忽视“中观”理论与方法的这一关键“解释力”话语的构建，“上位”《体育教学论》就会失去指导力，“下位”《体育教学设计》就会混淆应用力。“皮之不存，毛之焉附，”讲的就是这个道理。因而，目前急需的、十分重要的是提纲挈领，努力建构能应对新教育实施，解决体育新课程逐力推进在教学实践中困惑的难题：中观教学理论、体育教学理论与方法，以增大广大体育教师的能力，去理解、去解决改革与发展中出现的问题。为广大教师开辟“教学智慧”“减少教学障碍、增加教学良机”“避免低效、无效甚至负效”，为教学行为的产生提供指导和参考。正如毛振明先生所言，体育教学方法研究遗留的课题，很多需要全国同仁共同确认和探讨。不去创造或缺少这些观念，我们将永远无成。恰如马克思曾指出：“哲学家们只是用不同的方式解释世界，而问题在于改变世界。”毛泽东也说：“马克思主义哲学认为十分重要的问题，不在于懂得了客观世界的规律性，因而能够解释世界，而在于拿了这种对于客观规律性的认识去能动地改造世界。”从上述思想意义说，缺少解释力的理论是瘸腿的、残疾的，缺少实践力的理论则是没有价值的。只有解释力与实践力的务实统一，科学的理论、正确的认识、美好的理想才能逐步变为现实。这一论断对体育教学理论的构建同样非常重要。

(二) 学校体育教学发展的方法论思考

以上从工具理性的角度梳理了学校体育教学理论的结构性和问题性，从缺什么、要什么的认知角度，辨识学校体育教学的存废与发展，以期为老问题寻找新答案，为新问题寻找好答案，从而对学校体育教学的建设与发展有所启迪。

思考一：当前不端和薄弱使我们不得不思考，是什么原因窄化了这些形态和取向？

首先，在对待国外教育理念的建设上，我们有两步路程“理解考量、互动通约”的回答。我们学界基本完成了第一步，对每一种理论在特定的背景与学说的抽象解约与评判，结束了不休的理论源基础观的争论。而没有实现第二步的经受事实、经验检验的释放，通过沉入事实之中，提取符合现实状况的答案。将其置于中国学校体育教学不同环境与实践的互动通约，为广大体育教师提供对国外先进教育理念实施的路径和应用的经验总结，供他们展开有效的理解和应用。这一制约因素解锁出，第二步的实现要求研究者既要熟悉我国学科的理论范畴和相关知识，还必须对所涉的现代国外教育理念具有相应的素养，才能实现互动通约对之提出恰当的评判与构建。由于两者缺一不可，受专业知识面的限制，以致学界往往怯于面对而采取回避，因而造成理论多方法少的诟病，难以应对实践问题，难以为学校为体育新课程所用。

其次，在对待内源性教育理念的建设上，我们有三步路程——“思想革新、方式革新和方法革新”的回答。在第一步，我们只完成了价值认知，彰显了不改革没有发展，但思想革新还没有真正实现。为什么？资料查询发现，我们对学校体育必然坚守的论纲和共识依赖的精神母语“中国特色学校体育”尚未破茧，至今没有一篇文章解析把其讲清楚，帮助“大众行”更好地理解与步入这一鲜活的思想，借助其真理价值在整体上取得更高的成就，加快推进中国特色学校体育的建设。在第二步，同样我们仅完成了理论设计“课程标准”的方式革新，在实证应用上至今才刚刚推出新课程标准修订的实施，划断了对其长期的争论。在第三步，如上所述“上位教学论”一篇多名，“中位教学理论与方法”空白，“下位教学设计”阙如。

“工欲善其事，必先利其器。”改革发展的历程证明，没有正确的理论指导，就不会有成功的实践。这一结构性的不足，给学校体育新课程教学不断带来减速，由于广大体育教师没有除旧布新的经验支撑，只能穿新鞋走老路。这就是为什么会连续多年出现学生体质水平下降，为什么学生对体育不能“人道见志”？因而，从当前学校体育教学发展的路向审视，我们既没有绩效学校体育教学理论的建设实现布新，也没有为实践情境应用新见、修正改进旧见、总结巩固已有经验知识，助推其走向“濯去旧见，以来新意”。不可否认，导致上述问题的存在既有社会因素，也有学校体育本身的因素，不能简单地肯定与否定，但自身的不端应负主要责任。

思考二：重估“一切价值”后，今后的路应该怎样走？

从国内外学校体育教学的出场路径来看，它可以明确区分为两种态度与路径：一个是因循“照着别人讲”，另一个是革化“结合自己讲”。前者的立足点是比附他国教学理论的先进成果来提升和改变本国教学理论的水平。通过对他国在教学理论发展过程中经验和教训的汲取，解决本国教学实践中遭遇的困惑与难题。由于不同国家或民族的文化背景存在着价值取向、本土化立场和时代要求等方面的差异性。受路径依赖的桎梏，这一简单平移的出场难以产生完整的认识，容易出现“囫囵吞枣”，穷高反下，邯郸学步失其故步。很长时期难以从中产生新的理论形态，契合本国学校体育教学的实践。正如恩格斯说过，错误常常事后才被认识到。但其作为推动发展的先当债主后当财主的“否定性”之处，是应于肯定的。因而，也是后发型国家迅速摆脱落后态势的一条有效、便捷的本土化教学理论的可行之路。但其既是“进步”又是“终结”的内在性背驰隐含蓄滞胀，使其难以拥有理论的“自主”，导致其自主创新力受到质疑。难以实现自身的完善，这一异化在我国各个领域已有显示。

后者的出场是将他国的教学理论，自觉坚守于本民族文化之中予以分享。提倡一种既追随、借鉴，又审视、批判的不断更新、不断自觉、不断发展的“六经注我、我注六经”的出场。力图通过对他国教学理论发展的理性分析，识别出各自教学理论建设中的经验和教训。把握其在本国特定的适用范围和局限，化解反思本国教学理论建设的成败，使之获得新的活力适应时代的变化。明晰对其的引进，是为本国教学理论的建设提供方法论的启示。“取其精华，去其糟粕”，更好地指导本国教学理论的建设。后者的文化逻辑，是“马克思主义中国化”的方法论自觉和实践的相互激发，是我们发展的轨迹、坚守的范式和润身致用的要旨。从理论的引进到理论的中国化或本土化，再到理论的创新；即学习理论、应用理论、贡献理论，才是我们普遍的论述与永远的出场。实践证明，科学可以直接拿来，但“文化”是不能直接拿来的。在这个问题上，我们必须有方法论自觉的意识，这是有根本区别的。

思考三：今后的路有了，应该怎样建构？

从元意义上讲，一个民族要想走上世界，必须有普通性论述的表达。但人类发展史告诉我们，每个文化中都会有独特的经验，不是所有的都可以上升为普世的原则。因此理论建构的出场将成为我们不得不面对又必须解决好的问题。当今，中国的学校体育既有别于中国传统学校体育的发展逻辑，又区别于西方理论勾画出来的现代教育形态。其要素之间复杂的关联性之大给我们“自己讲”的出场带来难度。由于受国情、历史间距等诸多因素的牵涉“缠绕”，中国学校体育教学建设可能有多个“自己讲”的方向，我们认为最为基础的是要做好以下三个方面才是可为的：

其一，是讲出传统体育教学理论的新用。讲出我们用民族教育元素嘉惠自身新发展的认识、思考和体认，改变我们过去引进了新的方法忽视了自身传统经验的弊端。据历史记载，在传统教育上，从春秋孔时期的孔子到清朝的颜元等，中国有一大批对后世影响深远的教育家和理论，如《大学》《劝学》等。这些教育专论提出一系列具有独特风格的教育教学思想和手段。其内容和形式的认识之高不仅在过去，在现在世界也占有领先地位。对其诠释不仅是中国体育教育的需要，也是世界学校体育的渴望。可改变中国学校体育已有百年历史，但这百年历史中没有对祖宗教学的总结的状况。这一“尘封”对不少体育教师来讲已成为“盲区”，丢掉祖宗应引起我们的重视。正如西方学者不断回到古希腊一样，中国学校体育也要返本归源，立足传统讲新意的科学和理解，以增强我们学术出场的解释力和普遍论述力。这是建设中国学校体育教学必须解决的一个重要问题。毛泽东同志说过：“从孔夫子到孙中山，我们应当给予总结，承接这一份珍贵的遗产。”

其二，是讲出未来体育教学的新质。①充分利用西方学术成果和占据前沿最高点，展开对体育教学的形式与特征、审美特性等内在问题的研究，抽绎出新的理论空间，加快我国学校体育理论体系的构建。②从寻绎理论对实践指导的一般、普遍认识的照着说，走向改造实践、应答国情的自己说，推动体育教学方式实现飞跃。③从纠结于某一流派、某一理论、某一观点、某一专题的考察论证，走向多角度、多层面地整体比较研究方法论的把握分析和反思。积极推衍生发本土化特色教学理论的扩展，增强我们的学术解释力和普遍论述力。④从忽视传统到找回传统，从摧毁与争辩传统，到转换现代与传统相继的承续与超越。从民族教育元理论的回旋悟出道理，厚重中国学校体育特色性的普遍论述。壮大学术积累，形成学派传承。恰如马克思在《关于费尔巴哈的提纲》中所说："新唯物主义的立脚点是人类社会或社会化的人类。"

三、我国学校体育教学的路向、问题与展望

（一）我国学校体育教学的路向

1. 学校体育教学目标向多元性、多层次性、多水平性方向发展，以适应社会发展对人才培养的需要。

2. 学校体育教学体系向符合国情、具有民族资源特色的方向发展，实现体育教育中国化的任务。

3. 学校体育教学的竞技性、健身性、休闲性、娱乐性、社会性、生活性将更进一步的显现，体现以学校体育人为本和人文性的回归。

（二）我国学校体育教学研究的问题

1. 对国外新教育理念吸收不够，历史经验的继承不强；未能化解问题，实现"马克思主义中国化"的飞跃。即"主义"可以拿来，"问题"必须是土产的。鼎新广大教师"登高望远"，脱掉旧教学认知的外套，通对"21 世纪新体育教学本质"的认知，形成教育实践的新视阈，构筑起教育实践的新行为。

2. 揭示教学问题性、缺陷性、错误性研究较多，针对教学方法、教学组织、教学设计的科学应用研究较少。造成适应与满足新体育教学实践的方法与手段不多，未能为广大教师开辟"教学智慧"，"减少教学障碍、增加教学良机"，避免低效、无效甚至负效教学行为的产生提供指导和参考。破茧广大教师在新课程实施中出现的正确与迷误、求新与偏见一起增长的"困惑"。

（三）未来学校体育教学的展望

1. 对现代教育理念和成果与我国历史间距的"马克思主义中国化"认识得更深刻、更全面，为持续推进素质教育的实施与 21 世纪体育新课程的逐力推进提供

支撑。

2. 学校体育课程实践改革的本土化、区域化、特色化向将更加鲜明，全面推进“为学习而设计”“为理解而教”“学习的自由度”“个性化分层教学”等一系列知识传递的新环境，支援基于学习者自身意义发现而展开的学习，在一个更高的层面上切入实践指导教学。

第十章 体能训练的原则

第一节 体能训练的概述

体能训练是运动训练过程的重要组成部分，根据各个运动项目的特征，选择训练内容并通过各种有效的训练方法和手段，对体育运动员机体施加适宜负荷，充分挖掘体育运动员的竞技潜能，从而改造体育运动员身体形态，提高有机体机能能力，增进健康和发展身体素质。

体能训练过程是一个不断重复进行的刺激—反应—适应过程，是一个身体结构与机能不断破坏与重建的循环过程，实质是人为地、有目的地、按计划地给体育运动员有机体施加系统化的适宜运动负荷刺激，使之产生人们所预期的适应性变化。科学的运动训练不仅需要掌握训练理论，也要掌握寓于训练理论背后的人体生理机能的变化规律。合理地安排运动训练的各个要素，可使机体产生最佳的反应与适应，实现最佳训练效果。

训练过程存在着许多不以人的主观意志为转移的客观规律。训练规律是指运动训练系统内部各要素之间以及它们与系统外部各相关因素之间在结构与功能上的本质联系和发展的必然趋势。这些本质联系在运动训练实践活动中不断重复出现，在一定条件下影响或者决定着运动训练的进程。训练规律是不以人们的主观意志而转移的客观存在。训练工作者在长期的运动训练实践中，不断总结成功的经验和失败的教训，并通过科学研究探索和认识训练过程中的客观规律，将实践获得的普遍经验与科研成果归纳、升华为理性认识，并以准确的文字加以表述，从而提出了用以指导运动训练实践的一些科学原则。

科学原则是人们对客观规律正确认识的反映。训练原则是运动训练过程客观规律的反映，是运动训练过程必须遵循的基本要求。

体能训练原则是依据体能训练活动的客观规律而确定的组织体能训练所必须遵循的基本准则，是训练活动客观规律的反映，对训练实践具有普遍的指导意义。科学化训练的重要内涵是遵循运动训练过程中的客观规律进行的训练，而运动训练原则是运动训练过程客观规律的反映，遵循训练原则就是遵循训练过程的客观规律，在很大程度上反映了训练的科学化程度。

但值得注意的是，随着时代的发展，科学技术不断进步，训练实践也在不断丰富人们的经验，人们对训练的客观规律的认识也不断深入，不同的原则和文字表述只能是训练工作者在一定程度上反映训练规律。实践始终超前于理论，训练是创造不存在的事物，即运动成绩，理论不可能事先论述清楚其中的一切和其创造的全过程，因此，需要教练员在掌握客观规律的基础上，以过人的“悟性”对训练进行理解。教练员自身积累的，经过实践检验的正确经验也是科学的一部分。

根据运动训练理论和体能训练的实际要求，提出几个原则，包括自觉性原则、区别对待原则、一般与专项训练原则、“三从一大”训练原则、系统训练原则、适宜负荷原则及恢复原则。

第二节　自觉性原则

一、自觉性原则概念

自觉性原则是指在训练过程中，体育运动员在教练员的教育和引导下，自觉、主动地学习和运用有关知识和技能，加深对训练目的性的认识，掌握运动技能，提高竞技能力，独立自主地参与规划和制订训练计划，以及进行比赛和采用正确的决断。自觉性原则是植根于人们思想中的合理认识。认识越深刻，越广博，实践就越丰富。体育运动员只有把握事物的现象和本质，才能发展创造和独立自主，而这两者是取得最佳训练过程和良好比赛成绩必不可少的前提。

二、自觉性原则理论依据

1. 体育运动员是训练过程的主体，是知识、技能的接受者。辩证唯物主义认为，事物的发展，外因是变化的条件，内因是变化的根据，外因通过内因而起作用。体育运动员只有具有自觉学习、提高运动成绩的强烈愿望，才会专心致志地去接受长期艰苦的运动训练。

2. 当体育运动员对所从事训练的目的、意义、作用及自己未来发展有正确理解时，将激发训练和比赛的积极情绪。运动训练的本质是对体力负荷建立适应的过程，功能潜力的充分动员有助于在更高水平上适应的建立。如果运动训练是体育运动员被迫的无奈的选择，则所有正常的身体和心理负荷都会成为难以逾越的困难，从而产生消极的情绪，功能能力的发挥将受到抑制。

三、训练中贯彻自觉性原则的基本要求

(一) 对体育运动员加强训练的目的性和正确价值观的教育

教练员要善于启发诱导体育运动员，注意通过各种教育学及心理学的手段，进行训练的目的性教育，逐步树立起自觉训练的态度和动机。帮助体育运动员了解国内外体育运动的发展状况以及使体育运动员认识到获得优秀运动成绩对振奋民族精神及对国家、家庭及个人的重要性，从而获得鼓舞和激励。

(二) 教练员在训练过程中的主导作用

教练员的主导作用主要体现在正确地安排训练过程和体育运动员的活动，使其能够发展成为独立思考和行动的人。因此，教练员除关注具体训练外，还要注意关心体育运动员智育与德育的发展，尽可能地组织体育运动员参与谈论训练的目标，预测可能的前景。教练员要善于提出问题和要求，特别是要善于布置，动脑筋想办法，努力开发体育运动员的智能，提高他们有关训练学的理论知识水平。在此基础上吸引他们参加训练计划的制订，明确训练手段的作用及训练方法的意义。同时，注意体育运动员道德品质的培养，使其形成奋发图强、一丝不苟、自觉配合和自我牺牲的精神。有意识地培养体育运动员独立思考的能力，提高体育运动员在各种复杂的环境及社会条件下较好地控制自己的思想、行为和动作技术的自控能力和应变能力。

另外，教练员自身的榜样作用不容忽视，教练员要特别注意自己的言行，要善于说服教育，注意克服简单、粗暴的态度和做法，并以自己的知识、能力和表率作用以及通过有效的训练取得优异运动成绩来建立权威，取得体育运动员的信任，并以此激发体育运动员训练的积极性。

(三) 体育运动员在训练过程中的主体作用

体育运动员必须把教练员的指导作为不断提高自己竞技能力的方法来理解，从而保证自己能够主动地克服训练中所遇到的困难。自觉性教育的一个重要方面，是提高体育运动员在各种复杂的环境条件及社会条件下较好地控制自己的思想、行为和动作技术的自控能力和应变能力以及自我负责等品质的重要基础，其表现形式为心理上的稳定性。这种心理上的稳定性和最佳发展的身体因素，以及高度的智力和竞技能力，对体育运动员起着决定性作用。

（四）满足体育运动员合理的需要，正确地运用动力

要关心体育运动员的生活，安排好他们的衣食住行，创造良好的人际环境，尽可能使他们有安全感和必要的尊重，并引导体育运动员形成自我实现的更高层次需要，以产生积极从事训练和比赛的动机。

正确运用精神、物质和信息这三种动力，互相补充，扬长避短，这样可取得理想的效果。要正确地认识和处理好个体动力和集体动力的关系，让个体动力在大方向基本一致的情况下得到充分的发展，以求得比较大的集体动力的总量。

第三节　区别对待原则

一、区别对待原则的概念

区别对待原则指在运动训练过程中，根据不同专项、不同的体育运动员或不同的训练状态、不同的训练任务及不同的训练条件等具体情况，有针对性地组织安排各自相应的训练过程，确定训练任务，选择训练内容、方法和手段和安排运动负荷的训练原则。教练员在制订训练计划时，根据每个体育运动员所独具的身体能力、潜质、学习特征以及所从事的专项等各方面特点（具体情况），设计出适合每个体育运动员特点的个体化方案。也就是说，整个训练过程必须依据该体育运动员的特点进行安排，使之得到最大的发展。

二、区别对待原则的理论依据

（一）运动专项需要的多样性

不同专项体育运动员竞技能力（体能、技能、战术、心理、形态等），受不同因素的影响，也有不同的要求。因此在选择训练内容和手段时，必须注意不同专项竞技的不同需要，有计划地实施，区别对待。

（二）体育运动员个人特点的多样性

世界优秀体育运动员负荷个体化是被广泛认可的。在现代运动训练中，个体化原则已经成为最重要的训练理论之一。教练员唯有在认真分析每一个体育运动员训练的不同方面的基础上，精心地制订出最适合个体发展的训练计划，才能使该体育

运动员得到最佳的发展，才能发掘出该体育运动员的最大潜能。体育运动员个人特点包括性别、心理年龄、生物年龄与训练年龄、竞技水平、生理和心理特点、身体状况、训练情绪等，这些都对训练安排提出了不同的要求。同一名体育运动员的训练状态在不同阶段、不同时刻的表现不同，不同训练环境和训练条件也对训练内容和组织实施提出了不同的要求。

(三) 运动训练和比赛条件的多变性

运动训练过程是个动态发展的过程，不同运动项目、不同体育运动员及在不同状态下该过程均处于不断地变化之中。这些因素的不断变化，都要求教练员及时根据训练对象的具体情况有区别地组织训练，以使体育运动员能更好地适应这些变化了的条件。这些条件包括决定竞技能力的各个因素，教练员的业务水平，对训练战略部署和战术安排，训练所处的阶段和具体要求，以及训练和比赛的气候、场地、器材以及对手情况等。

三、训练中贯彻区别对待原则的基本要求

(一) 掌握体育运动员个体特点

由于体育运动员的思想、健康状况、训练水平以及学习、工作、日常生活等情况均不相同，教练员应深入了解具体情况并具体分析。注意掌握体育运动员的身心发展过程中的各种特殊情形，因势利导，区别对待。

(二) 正确认识运动专项的基本特征

不同运动专项都有自己的决定因素及不同的发展规律。只有正确认识所从事项目的专项竞技能力的决定因素，并结合专项成绩发展的规律组织安排训练才可取得成功。

(三) 充分考虑运动训练和比赛条件

训练过程中，必须考虑到体育运动员所处的训练时期和训练阶段等具体情况。不同阶段和不同时期有不同的要求。要了解在不同阶段和时期体育运动员的特点。另外，对比赛中的场地、气候、对手以及环境等客观条件也要给予充分考虑。

(四) 处理好运动队中集体和个人的关系

在全队集体训练时，除有共同的要求和统一指导外，还必须有个别要求、个别

指导，既要注意到全队的训练和比赛任务，又要考虑到个别队员的具体情况。要根据训练的具体任务和实施训练过程中的变化，恰当地分配指导精力，使得每个体育运动员都感到教练员就在自己的身边，并感到每次训练教练员的安排和要求都能切合自己的实际。

（五）教练员要及时准确地掌握体育运动员的具体情况

教练员只有在认真分析每名体育运动员的不同情况的基础上，精心制订出适合个性发展的训练计划，才能保证体育运动员得到最佳的发展，挖掘出体育运动员的最大潜能。对于体育运动员训练过程中的不同阶段，教练员应围绕竞技能力的几个主要决定因素来了解具体情况。例如，在形态方面，可测定身高、体重等指标；在素质方面，需要了解速度、力量、耐力等数据；在机能方面，应掌握脉搏、血压、发育水平及各器官系统的机能等基本情况。

第四节　一般和专项训练原则

一、一般和专项训练相结合原则概念

一般和专项训练相结合原则是指在运动训练过程中，要根据运动项目的特点、体育运动员的水平、不同训练时间、不同阶段的任务，恰当地安排两者的训练比重。

一般训练是指在运动训练过程中，以多种身体练习、训练方法和手段，全面提高体育运动员的各种器官系统的机能，发展运动素质，改善身体形态和心理品质，掌握一些有利于提高专项的其他项目的运动技术和理论知识。目的在于按照专项的需要，使体育运动员的专项素质、技术、战术以及心理品质得到最大限度的提高，为创造优异的专项成绩打下多方面的基础。专项是指与体育运动员训练水平相似的比赛本身。专项特点是随着运动成绩水平的提高而不断变化的。专项训练是指在运动训练过程中，以专项运动本身的动作及比赛性练习，以及与专项运动动作相似的练习，提高专项运动水平所需要的各器官系统的机能，发展专项运动素质和心理品质，掌握专项运动的技术、战术、理论知识。其目的是最大限度地提高体育运动员的专项成绩。

一般训练目的是为专项运动成绩的提高打下良好运动素质、技术战术、心理品质各方面的基础；专项训练的目的则是直接为创造优异的专项成绩服务。但两者的目的是一致的，相互促进，相互制约。在训练实践中要根据体育运动员的不同水平和层次的实际情况，在训练过程的不同时期和阶段，合理安排好一般和专项训练的比重。

二、一般和专项训练相结合原则的理论依据

（一）有机体是一个有机的整体

有机体各器官之间是紧密联系、互为影响的。在训练过程中，运动负荷给予机体施加的刺激使各器官系统产生的适应性变化也是相互联系、相互作用的。任何一种专项运动本身对体育运动员各器官系统机能的影响都在不同程度上有一定的局限性，进行一般训练采用多种练习内容、方法和手段可以补充专项训练的不足，促进各器官系统的全面提高，从而为体育运动员创造优异运动成绩打下良好的基础，保证专项训练的顺利进行。

（二）各运动素质的发展相互转移

力量、速度、耐力、柔韧和灵敏等运动素质不是孤立存在和发展的，彼此之间相互影响、促进和制约，在素质发展过程中存在大量相互转移的现象。一般是由于某一素质的发展而影响到另一种素质的发展称为运动素质转移。运动素质转移包括直接转移和间接转移、良好转移和不良转移、同类转移和非同类转移以及可逆转移和不可逆转移等，在训练实践中要充分考虑。

（三）一般训练对专项训练的调节作用

专项训练的内容、方法和手段主要是专项运动本身，过多进行专项训练，容易引起有机体局部负担过重和中枢神经系统的疲劳。而如果安排适当的一般训练内容，则能起到积极的调节作用，从而更好地提高专项训练的效果。

（四）专项训练对提高专项运动成绩起直接作用

一般训练只是起到打基础和调节等作用，而运动训练的目的是挖掘体育运动员的潜能，创造优异的运动成绩，因此，只有通过专项训练才能保证体育运动员掌握专项技战术，发展专项所需的机能能力和运动素质。

三、训练中贯彻一般和专项训练原则的基本要求

（一）一般训练的内容和手段的选择必须考虑全面性和实效性

由于受到训练时间、专项特点、训练条件的限制，一般训练练习选择内容应少而精，一般应满足如下要求：既要能提高或保持一般工作能力水平，对专项素质都能起良好的影响，又要能形成和巩固在运动中起辅助作用的技战术等。

（二）一般训练既要全面又要反映专项化的特点

全面是指通过一般训练来发展体育运动员的各种机能能力和运动素质。虽然一般训练发展的不是专项所特有的能力，但却同样对专项成绩起积极作用。因此在练习内容和时机的安排上，要注意有利于运动素质和运动技能的转移。

（三）一般训练和专项训练应保持适宜的比例

一般和专项训练安排存在一定的矛盾，在训练实践中要注意：由于各运动专项具有不同的特点及不同层次体育运动员的训练水平、运动年龄、不同训练阶段的任务不同等因素，一般和专项训练的组成比例不同。值得注意的是，尽管在多年从事运动训练的过程中，人体机能和形态进一步改造的幅度是逐步减少的，但在体育运动员训练的高级阶段一般训练仍有非常重要的作用。

（四）两者的结合要考虑与练习之间的关系，形式要灵活多样

各种练习要达到良好的训练效果都有必要的训练前提，如速度和力量性练习要取得良好效果则需要神经系统有良好的兴奋性和充足的能量物质储备。同时，由于各种练习后有机体恢复过程时间不一，所产生的后效作用保持时间不同，因此要考虑课与课、练习与练习的搭配顺序和间歇时间。尽可能排除或降低消极性转移的危险，要能促使负荷后有机体的尽快恢复。

综上所述，一般和专项训练是训练过程中不可缺少的两个方面，忽视或取消任何一个方面都会导致运动训练效果的减弱，甚至失败。因此，在训练过程中必须将两者有机地结合起来，从训练的对象、项目特点及不同训练时期和阶段的任务等实际出发，恰当地安排好二者的比例。

第五节 系统训练原则

一、系统训练原则概念

系统训练原是指持续地、循序渐进地组织运动训练过程的训练原则。这一原则的确立与运动训练过程的连续性和阶段性的基本特性密切相关。它一方面指出体育运动员只有长时间、持续地进行训练，才有可能攀登竞技运动的高峰；同时又强调在一般情况下，必须循序渐进地，而不是突变式地增加训练负荷，才能取得理想的训练效果。

二、系统训练原则的理论依据

（一）人们认识客观事物从已知到未知的规律性

各运动项目的知识以及竞技能力各要素的发展都有各自的体系和内在联系，反映了各运动项目由低到高、由易到难、由简到繁发展的规律，也反映了人们认识客观事物从已知到未知的规律性。因此，要根据运动项目自身体系及其内在联系，以一定的顺序安排训练内容，选用训练方法和手段，使体育运动员循序渐进地掌握技术、战术，发展身体素质，并逐步提高要求，才能取得良好的训练效果。

（二）人体生物适应的长期性

包括体能在内的构成体育运动员竞技能力的各个部分均需要经过长时间的训练才能得到明显改善和提高。体育运动员体能的改变要以体育运动员形态和机能系统的提高为基础，从而表现出来高度发展的运动素质，体育运动员有机体对训练负荷的生物适应必须通过有机体自身的各个系统、各个器官等的逐步改造才可形成。

（三）训练效应的不稳定性

体育运动员在负荷作用下所提高的竞技能力具有不稳定的特点，当训练的系统性和连续性遭到破坏而出现间断或停训的时候，已经获得的训练效应也会消失以至完全丧失。为避免这种情况，必须在训练效应产生并保持一定时间的基础上重复给予负荷，使得训练的效应得到强化和累积，并不断改进和完善。

（四）人体生物适应的阶段性

人体在训练负荷下的生物适应过程不仅是长期的，同时也是有阶段的。机体对一次适宜训练负荷的反应可分为工作、疲劳、恢复、超量恢复和训练效应消失等几个阶段。在更长一个时间的跨度内，如几个月至一年的训练过程中，体育运动员机体能力的变化同样经历着不同的阶段，这就是竞技状态的形成、保持和消失三个阶段。

三、贯彻系统训练原则的要求

（一）按阶段性特点组织训练过程

运动训练过程的组织实施必须遵循其阶段性的特点，有步骤、有秩序地进行。而这一步骤则是按固有的程序排列的。坚持全年、多年的不间断训练，保证体育运动员有机体所产生的一系列适应性良好变化能够获得长期的积累，使训练水平逐步提高，这就要求训练过程的每次课、每个小周期、每个训练时期以至每个训练大周期都与上一次课、上一小周期、训练时期和大周期有机地联系起来，使之在原有的基础上不断提高。

训练内容、方法和手段的选择是以各训练时期、阶段具体训练任务为基础，都应充分考虑它们之间的内在联系和本身特点。一般要按由易到难、由简到繁、由浅到深、由已知到未知的要求进行安排。

（二）保持训练的系统性

为保证训练过程系统不间断地进行，要使训练的各阶段有机地衔接起来。体育运动员系统的多年训练活动，必须以健全的训练体制作为保证。如我国的三级训练体制，包括中小学课外训练、业余体校和竞技运动学校的训练以及优秀运动队的训练三个层次。三级训练体制担负着训练过程中不同阶段的训练任务。各训练的组织形式之间要密切配合，在内容的安排、训练和比赛的要求以及所承担的具体任务上都要有机地衔接起来。

（三）防止体育运动员发生伤病

训练过程中要充分注意并采取有力措施防止体育运动员发生运动伤病。体育运动员伤病将影响训练的系统性和连续性，产生伤病还会使训练长期中断，甚至影响体育运动员的运动寿命。

第六节　适宜负荷原则

一、适宜负荷原则的概念

适宜负荷原则是指根据体育运动员的现实可能和人体机能的训练适应规律，以及提高体育运动员竞技能力的需要，在训练中给予相应量度的负荷，以取得理想训练效果的训练原则。

体育运动员在训练中承受了一定的运动负荷后，必然会产生相应的训练效应。但并不是施加了负荷就一定会产生良好的训练效应。因此，合理地安排训练负荷意义重大。实践中，合理地安排训练负荷主要体现在以下方面：能够根据训练任务、对象水平，逐步且有节奏地按照人体机能的适应规律加大远动负荷，直至最大限度，要求训练中遵循“加大→适应→再加大→再适应”的规律去安排运动负荷；负荷的递增是在一定的生理变化范围内，通过人体适应过程的规律而实现。

二、适宜负荷原则理论依据

（一）超量恢复规律

在运动训练的过程中，体育运动员有机体对运动负荷的反应一般为：耐受→疲劳（能量消耗）→恢复→超量补偿（恢复）→消退等特征。训练后若安排有足够的恢复时间，在身体结构和机能重建完成后，运动中所消耗的能量等物质以及所降低的身体机能不仅能得以恢复，而且会超过原有水平，这种现象称作“超量补偿”或“超量恢复”，一般将由于超量补偿所导致的机能改善称为“训练效果”。产生尽可能多的训练效果是运动训练的目的。在一定的生理范围内，负荷刺激越大，机体能量消耗则越多，疲劳程度就会越强烈。负荷解除后，如果能科学地安排一定的休息时间和方式，那么能量物质的恢复就会越快，产生超量恢复的水平就会越南。那么人体在此基础上所表现出的运动能力也就越强。

在训练实践中，对机体的负荷通常都是连续施予的，几次负荷之间不同的间隔与联系会产生不同的效应。如果在前次负荷后机体的超量恢复阶段再施予负荷，会使机体水平不断提高；而如果前次负荷后体育运动员的机体还没有得到恢复便再次施予负荷，则会导致机能水平的下降。

（二）生物适应规律

适应性是生物体最基本的生理特征之一。适应性表现在若长期施加某种刺激，机体会通过自身形态、结构与机能的变化以适应这种刺激。人体对训练刺激的适应也不例外。有机体在生理极限范围内承受一定负荷的过程中会产生某种适应性反应。当有机体适应这一负荷后，会出现“机能节省化”现象。如果一段时间内，负荷刺激仍停留在原来水平上，有机体的机能水平就将停留在原来水平上。因此，只有在适应的基础上，不断通过加大负荷对机体施加更强烈的刺激，使机体不断获得新的适应，才能提高运动竞技能力水平。

（三）过度负荷

过度负荷是指超过体育运动员承受能力，导致体育运动员机体产生严重劣变的训练负荷。在训练过程中，如果施加于体育运动员的训练负荷超出体育运动员在该时相所能够承受的负荷极限，机体各系统功能的正常运行会遭到破坏，甚至会造成组织损伤等病理性劣变，破坏已经获得的积极的训练效果，还会损坏体育运动员的身心健康。因此，在训练过程中，要科学分析体育运动员机体承受负荷的最大能力，避免盲目过大或过快地施加负荷。

三、贯彻适宜负荷原则的基本要求

运动负荷是训练过程中，通过各种身体练习手段与方法，以及比赛对体育运动员有机体（生理与心理）所施加的刺激。运动成绩来自运动负荷的作用，是运动负荷所产生效应的综合结果。

（一）正确理解负荷的构成

运动负荷应包括定性和定量两部分，只有对训练手段与方法定性后，再做定量，才能对负荷做出正确的计量。

1.训练负荷的定性

（1）训练负荷专项性。专项是指与体育运动员训练水平相似的比赛本身。指负荷要与体育运动员所参与的、与自己训练水平相称的比赛要求相符合，专项特点是随着运动成绩水平的提高而不断变化的。专项训练是提高运动成绩的直接因素，是取得高水平成绩的唯一途径。

（2）训练负荷对能量供应系统的作用方向。一切人体运动都需要通过肌肉的收缩来实现，肌肉运动的能量供应有三个供能系统（磷酸原系统、乳酸能系统和有氧氧化系统），分别参与不同工作时间、不同工作强度、不同能量需要的竞速运动。训练的重点则是根据项目要求的不同，发展相应的能量供应系统。因此，确定练习时肌肉工作主要以哪些供能系统产生作用是负荷定性内容之一。

（3）动作协调的复杂程度。协调性的复杂程度是训练中客观存在的，而区分它是运动负荷定性的一个方面。如在周期性运动项目中动作协调的复杂程度比较单一，对运动负荷的影响不大；但跳跃或投掷类项目，协调性的复杂程度则决定着负荷的大小与比赛的效果。协调性的复杂程度越高的练习，有机体承受的负荷就越大。要对此做出量化的定性、难度较大，目前在很大程度上还是经验性的评定。

2.负荷定量

运动训练过程中的任何一个负荷都包含着负荷的量与强度这样两个方面。前者反映着负荷对机体刺激的量的大小，后者反映着负荷对机体刺激的深度。

（1）负荷量的评价指标。一般为次数、时间、距离、重量等。次数是指训练中重复练习的次数；时间是指统计单位中（一种练习、一次课、一周、一年或其他单位）训练的总时间；距离是指完成各种周期性练习的距离；重量是指完成练习的总负重量。

（2）负荷强度的评价指标。常常通过练习的速度、远度、高度、单位练习的负重量或练习的难度予以衡量。这些测量的方法和指标分别适用于不同的运动项目和不同的练习。

（二）正确认识负荷刺激的生理临界

负荷量度的增加会带来更好的训练效果，而且越接近体育运动员承受能力的极限，效果就越明显。因此，尽管很困难但教练员都努力致力于寻找这一负荷极限。

运动负荷的大小是相对的，是由人体存在的个体差异及个体在不同时期承受负荷最大限度的能力所决定的。因此，科学地安排运动负荷的前提是必须科学地分析每一阶段每位体育运动员所能承受负荷的生理临界线及其变化阈值。作为教练员，只有随时掌握这条临界线的动态变化特点，才能使负荷安排做到有的放矢，富有针对性。负荷量度临界值的大小既随其发育程度、竞技水平等较为稳定的状态的变化而变化，又受到体育运动员健康状况、日常休息，心理状态因素的影响，因此测定评价必须有充分的科学依据。

在实践中，掌握这条生理临界线往往借助于生理生化指标来分析。负荷刺激的生理临界点很难把握，需要教练员不断在实践中探索。在对负荷极限认识还不具备完全把握的情况下，通常应注意留有余地，以避免过度训练的出现。

（三）正确处理负荷量与负荷强度的关系

负荷的量和强度构成了负荷的整体，它们彼此依存又相互影响，由于运动负荷的表现形式多种多样及组合方式千变万化，处理好两者关系是正确安排运动负荷的关键。任何负荷的量都是以一定的强度为条件而存在的，任何负荷的强度又都以一定的量为其存在的必要基础。一个方面的变化必然会导致另一方面的相应变化，在分析负荷的大小时，一定要将这两个方面综合考虑。

（四）训练过程的监测与控制

训练过程中负荷安排不当是造成运动损伤、过度疲劳的主要原因之一，因此在训练过程中要注意及时把握不同时期体育运动员的竞技能力状况，运用综合方法和手段建立科学的诊断系统，选取可靠的指标，分析训练过程和训练效果，及时准确地判断负荷的适宜度和恢复程度以及训练实际效果与预期目标的偏离情况，并进行及时调控，使训练始终围绕预定计划进行，从而保证最佳的训练效果。

第七节　恢复原则

一、恢复原则的概念

恢复原则是指及时消除体育运动员在训练中所产生的疲劳，并通过生物适应过程产生超量恢复，提高机体能力的训练原则。在长期的运动训练过程中，只有当体育运动员的有机体得到适宜的恢复，才能保证获得理想的训练效果。早期运动训练中，人们主要将精力置于运动训练方面，认为恢复是自然发生的事。20 世纪七八十年代，人们逐渐意识到没有恢复就没有训练，恢复在运动训练中也占据着重要的地位。到了 20 世纪 90 年代，随着运动训练本质被逐步揭示，人们意识到从一定意义上讲，恢复甚至比训练本身还重要，教练员在设计训练时也将恢复提高到非常重要的地位。

二、适时恢复原则的理论依据

（一）恢复与结构——技能的重建

训练过程实际上是一个反复进行的身体结构与机能的破坏与重建过程。通过运动负荷，使体育运动员消耗大量能源物质，引起微细结构产生某种程度损伤，以及造成内环境紊乱等，然后在恢复期，利用机体所具有的适应性特点，进行结构与机能的重建，使得运动能力得到一定改善。而结构与机能的重建需要一定的时间过程。若在恢复不完全情况下进行下一次训练，这时机体尚未完成重建过程，不但不能提高运动能力，反而会加重微细结构的损伤程度，使运动能力进一步下降，并需要更长的恢复时间。因此，从某种意义上说，恢复意味着给予机体足够训练过程实际上是一个反复进行的身体结构与机能的破坏与重建过程。通过运动负荷，时间在训练后进行结构与机能的重建，以承担随后更大的训练负荷。

（二）超量恢复规律

人体机能能力和能量储备由负荷后暂时下降和减少的状态回复到负荷前水平的过程，称为恢复。在恢复过程中，能源物质的补偿在一段时间内超过原有水平，这种现象叫做超量恢复。超量恢复持续一段时间后再降回到原有水平，即完成了一次训练负荷后恢复的全过程。

在一定范围内，运动负荷越大，消耗越剧烈，恢复过程就越长，超量恢复也就越明显。正是由于运动训练能引起超量恢复反应，使得体育运动员竞技能力的提高成为可能并为之奠定了物质基础。所以，运动训练的恢复不是满足于恢复到先前水平的恢复，而是要追求超量恢复。

（三）疲劳消除规律

机体产生和消除疲劳是有规律的。其中，负荷训练和恢复训练的统一规律是指在训练的具体过程中，客观存在着负荷和恢复两类不同的相互依存、相互影响的同步过程；负荷刺激—疲劳产生的效应规律是指在大强度或长时间的负荷刺激下，机体必然产生相应程度的疲劳症状；机体下降与机能恢复的异时性规律是指在负荷训练和恢复规程中，机体机能的下降程度或提高过程均有异时变化的特点；负荷性质与恢复方法的对应规律是指负荷性质与恢复方法之间存在着紧密的对应关系。

显然，认识这些规律对于延缓疲劳产生、强化机能恢复、消除机体疲劳的意义十分重大。

三、恢复原则的训练学要点

（一）合理地制订训练计划

一般训练计划建立在两种假设的基础上：一是所有体育运动员都能从训练中恢复过来；二是不同体育运动员恢复的速率和水平是一致的。但要注意的是，首先体育运动员除训练外还有其他生活内容。这些活动是很难控制的，体育运动员可能在投入训练时已经处于某种程度的疲劳状态，这将可能导致在没有获得完全恢复的状态下，就进行训练，并会影响下一次训练的效果。其次，不同体育运动员的恢复状况和恢复时间是不一致的，不同体育运动员的身体素质状况是不同的。因此，教练员在制订训练计划时，不仅要包括运动训练内容，也要包括恢复和适应过程。

（二）正确认识负荷与恢复的关系

必须深刻认识训练过程中负荷训练和恢复训练并存的客观规律。这种规律不仅表现在负荷训练与恢复训练过程相继进行的特征上，而且表现在过程同步进行的特征上。因此，在训练实践中，不仅应认真规划负荷阶段中的负荷量、强度、时间、方式等系列因素，还应同时将恢复训练的措施、方法、效果等因素放在同等重要的地位上进行考虑；在以提高人体机能为主要目标的负荷训练过程中，要特别重视及时穿插恢复训练。

（三）正确分析疲劳的产生机理，判别疲劳程度

从19世纪80年代以来，人们对运动性疲劳产生的机理提出多种假说，最具代表性的有“衰竭学说”“堵塞学说”“内环境稳定性失调学说”“保护性抑制学说”“突变理论”和“自由基学说”等。教练员只有根据训练具体情况分析运动疲劳产生的原因，才能有针对性地制订恢复计划。

科学判断运动性疲劳的出现及其程度对合理安排体育教学和训练有重大实际意义。由于引起疲劳产生的原因和部位不同，疲劳表现的形式不相同，选用的测试方法也应有区别，通常是根据自我感觉和外部观察来进行的，也常常采用一些比较客观的生理和心理测试方法。

（四）采取消除疲劳的措施

1.恢复方式

在运动实践中一般有两种恢复方式，即自然性恢复方式和积极性恢复方式。自然性恢复方式是指体育运动员训练后按日常作息或处于静止状态获得恢复的方式。积极性恢复方式是指运动结束后采用变换运动部位和运动类型，以及调整运动强度的方式来消除疲劳的方式。

2.恢复手段

恢复手段一般包括训练学恢复手段及睡眠、医学、生物学、营养学，心理学恢复手段。

（1）训练学恢复手段。主要包括变换训练内容和训练环境，交替安排负荷，调整训练间歇的时间与方式，在训练课中穿插和采用一些轻松愉快、富于节奏性的练习等训练手段。

（2）睡眠是消除疲劳的重要手段。睡眠是机体借以维持正常生命活动的自然休息方式，在睡眠状态下，人体内代谢以同化作用为主，异化作用作用减弱，可使体育运动员精神和体力得到恢复。自然界的很多事物存在周期性的规律，体育运动员的生活作息也应有周期性的规律，应培养体育运动员有规律的生活作息，以利于缓解疲劳的积累。

（3）医学、生物学恢复手段。主要包括理疗恢复手段，如水浴、电疗、热疗、蒸汽浴、旋涡浴、氮水浴、含氧浴等，其他手段还有按摩、紫外线照射、红外线照射等。另外中医药调理也有利于增强免疫，改善代谢调节，提高机体恢复，加速疲劳消除。

（4）营养学恢复手段。由于运动时体育运动员的能量消耗大，运动后的能量补充除了考虑补充物的数量，还应注意各种营养家的适宜搭配。

（5）心理学恢复手段。可以加速训练后疲劳的消除，降低神经、精神紧张程度，调节体育运动员的情绪，减轻心理的压抑，对加速身体其他器官和系统的恢复过程产生积极的作用。采用心理调整措施恢复工作能力，减轻心理压抑，消除焦虑等主要是利用自我暗示、放松训练、音乐、气功等手段。

第十一章　体能训练的内容及其训练方法

第一节　体能训练的内容及其内在关系

一、体能训练的内容

体能训练涉及身体形态、身体机能、运动素质、健康等诸因素。身体形态指人体的内外部形状。身体机能是指机体各器官系统的功能，它是身体活动能力的基础。运动素质是机体在中枢神经系统控制下，在运动时所表现出来的各种基本运动能力，通常包括力量、速度、耐力、柔韧、灵敏等。此外，健康（指人在身体、心理及社会适应方面的良好状态）的身体是体育运动员参加训练活动的必要条件。

构成体能的身体形态、机能、素质三个因素都有相对独立的作用，又有密切联系，彼此制约，相互影响，其中每一个因素的水平都会影响到体能的整体水平。三个构成因素之中运动素质是体能的外在表现，所以运动训练中多以发展各种运动素质作为体能训练的基本内容。

二、形态、机能、素质三者之间的关系

身体形态、机能、素质的许多指标在很大程度上取决于先天的遗传因素，在后天的自然生长发育过程中，这些指标随着年龄增长产生变化。对一般人来说，身体形态和身体机能只要具备正常的功能就可以适应日常环境和正常生活活动。但是对于体育运动员来说，由于他们必须在运动训练和比赛的特定环境里，要在承担超常的运动负荷和极度紧张的心理状态下进行活动，因此，仅仅使身体形态、身体机能和运动素质维持在一般的水平上是远远不够的，而必须在机体正常的生理范围内挖掘其最大潜力，乃至达到生理“极限”水平。由于现代运动成绩已达到极高水平，要创造优异成绩就必须使身体具有适应创造这种高水平成绩的基础。因此，体能训练就要在遗传和人体自然生长发育的基础上，对有机体中的可变异部分给予影响，使之提高，以符合创造高水平成绩的需要。鉴于上述原因，体能训练的根本任务就是要在运动训练中运用各种有效的方法和手段，使体育运动员各器官系统机能水平和身体形态得到全面提高，运动素质得到全面发展，掌握大量运动技术和技能，从

而为专项运动素质的充分发展，以及掌握、改进、提高专项运动技术和专项成绩创造条件。

体能训练的基本内容是充分发展与体育运动员专项运动成绩密切相关的力量、速度、耐力、柔韧、灵敏等运动素质，从而深刻影响和促进体育运动员身体形态和机能的改善，提高体育运动员的健康水平，为专项运动成绩和技术水平的不断发展奠定良好的基础。

第二节 身体形态及其训练

一、身体形态的概念

身体形态是指人体外部与内部的形态特征。反映外部形态特征的指标有高度(身高、坐高、足弓高等)、长度(腿长、臂长、手长、头长、颈长、足长)、围度(胸围、臂围、腿围、腰围、臀围等)、宽度(头宽、肩宽、髓宽)和充实度(体重、皮脂厚度等)等。反映内部形态的指标有心脏纵横径、肌肉的形状与横断面等。

科学研究证明，环境(自然环境、地理环境)和遗传等因素对身体形态有很大影响。例如，人体形态特征服从于伯尔格曼和阿尔林气候法则，即在恒温动物范围内，人类身体尺寸通常随环境气温的降低而增加。生活在低纬度环境中的人通常具有体重小，四肢长，肩、髋狭窄的体格特征；高纬度环境中的人具有胸廓、骨架发达，躯干长，四肢短的体形特点；但是，久居高原、高山地区的人，其体形特征则是胸廓外形和骨骼长度相对增加，主要生理特征为肺活量大，血液中氧饱和度增加。不同地区人体形态的变化表明，人的身体形态结构特点在很大程度上依附于自然环境和地理环境。此外，从遗传因素来讲，身高的遗传力男子为0.79，女子为0.95；而体重的遗传力男子只有0.50，女子只有0.42。决定身体形态的其他一些指标也有相当大的遗传。

二、身体形态的意义

(一)身体形态与运动成绩有密切联系，不同的运动项目对身体形态有不同的要求，而遗传和环境等对身体形态起着重要的决定作用。因此，选材时应从遗传等多因素出发，把具有优越身体形态条件的儿童少年挑选出来。

(二)身体形态在一定程度上反映着相应的生长发育水平、身体机能水平和竞技水平，身体形态在一定程度上影响着运动素质的发展。因此，应采用系统科学的方法对体育运动员的身体形态进行训练，以适应创造优异专项成绩的需要。

（三）身体形态的改善在一定程度上影响着运动素质的发展。

三、身体形态训练的方法

身体形态训练的主要途径是体育运动员的身体训练和专项训练。

（一）科学、系统而又适合专项需要的各种身体训练方法对身体形态都有积极影响，根据需要运用相应的身体训练方法，可以对体育运动员的身体形态产生最佳影响，有利于创造优异的专项运动成绩。

（二）任何科学合理的专项训练手段对促使身体形态向专项需要的方向发展都有显著作用和积极的促进，几乎所有项目体育运动员的身体形态训练基本上都是通过专项训练手段和专项训练方法实现的。因此，专项训练是改善和提高身体形态的重要内容。

（三）其他一些特定的形体训练手段，如舞蹈、芭蕾、健身操、持轻器械体操等对提高体育运动员的协调能力、节奏感以及形成良好的运动姿态和身体姿势都有积极意义。

四、身体形态训练的要求

（一）要注意遗传因素的影响

在体育运动员身体形态各项指标中，有的指标遗传度很高（如高度、长度和宽度指标），有的指标遗传度较低〔如体重等充实度指标）。因此在选材时，应重视高度、长度和宽度等形态指标，而与肌肉有关的体重等充实度指标则应更多地依靠后天的训练加以改善和提高。

（二）要根据项目特点安排身体形态训练

由于各个专项竞技能力的主导因素不同，而这些专项竞技能力又都对特定的身体形态具有一定的依赖性，因此，必须根据专项的需要及其对竞技能力的需求特点，安排相应的身体形态练习方法与手段。

（三）要根据生长发育的形态特征安排身体形态训练

人体在不同年龄阶段的生长发育有不同的特征，一般是先长高度，后长宽度、围度和充实度。心脏发育过程中先加大心脏容量，后增厚心壁肌肉，与其相应的竞技能力发展的敏感期亦有不同，身体形态训练应与之相适应，而不可颠倒。

（四）要采用多种方法和手段改善身体形态

影响身体形态的因素很多，如遗传、环境（自然环境、地理环境、气候等）、生活习惯、饮食等都会在一定程序度决定或影响体育运动员的身体形态，因此身体形态的训练不能只从训练的角度出发，也应注意其他手段的运用。例如，技能主导类表现难美性项目体操、艺术体操、花样滑冰、跳水、健美、健美操等对体育运动员体型和相对力量等都有很高要求；而摔跤、拳击、举重、散打、跆拳道等按体重分级的项目除了大级别外，对体重均有限制，对相对力量水平等体能素质也有很高要求。因此，必须注意饮食和营养的控制，要养成良好的饮食和生活习惯。

第三节　身体机能的训练

良好的身体机能是达到高水平体能的重要基础，身体机能水平也是体能训练涉及的重要内容之一。

一、身体机能的概念及意义

（一）身体机能的概念

身体机能是指体育运动员有机体各器官系统的功能。它是身体活动能力的基础，某一机能水平直接影响着运动时所需要的某一方面的能力。

人体生理机能包括中枢神经系统心血管系统、呼吸系统、消化系统、生殖系统、内分泌系统、物质和能量代谢、感官、体温等。运动训练中经常涉及的身体机能指标主要有心血管系统中的心率、血压、血红蛋白、心血管系统运动负荷（哈佛台阶试验）、心电图；呼吸系统中的肺活量、呼吸频率、最大摄氧量；肌肉结构中的肌纤维数量、长度、类型；感官功能中的视觉、听觉、平衡机能；高级神经活动类型，血睾酮等。

人的一切正常身体机能都是有遗传，同时又有变异。血型、血红蛋白、红白肌纤维比例等就表现出遗传特征。神经类型也有强烈遗传基础，且表现出一种显性遗传。其他如最高心率、最大吸氧量、血乳酸系统、ATP、ADP、CP、磷酸盐系统等也主要受遗传影响。例如心血管系统主要受遗传控制，其中最高心率的遗传系数高达0.859；血型和血红蛋白也完全由遗传决定；呼吸系统中最大吸氧量遗传力为0.936。

（二）身体机能的意义

1. 身体机能的许多指标具有强烈的遗传特征，因此必须从遗传学角度选择身体机能突出的儿童少年，这是体育运动员选材的一个重要方面。

2. 身体机能的某些指标又是有变异的（如肺活量的遗传性较小，后天训练改变的幅度大），因此应采用科学的训练方法，提高体育运动员身体机能，为达到高水平成绩奠定基础。

3. 某一机能水平直接影响着运动时所需要的某一方面能力。例如，体能主导类耐力性项目需要突出的心血管和呼吸系统功能；体能主导类速度力量项目需要突出的神经系统、骨骼肌肉系统、心血管系统功能；技能主导类表现项目需要良好的心血管系统、神经系统和视觉、听觉等感官系统功能；技能主导类表现准确性项目对中枢神经系统以及高级神经活动类型功能要求很高；技能主导类同场对抗项目对中枢神经系统、心血管系统、呼吸系统、高级神经活动类型等均有很高要求。系统论的观点认为，人体是一个完整系统，各器官系统功能都是相互制约、相互影响的，因此必须全面发展和提高身体机能，以适应高水平运动训练的需要。

二、身体机能的训练与评定

（一）身体机能的训练

良好的身体机能是达到高水平运动成绩的先决条件，身体机能的许多指标既受遗传决定，也受环境影响，同时又有变异性，因此必须采用系统、科学的方法提高身体机能。身体机能的训练主要通过身体训练及专项训练的途径去实现。科学合理的体能训练及专项训练可以有效地发展体育运动员的身体机能；同时，体育运动员身体机能水平的提高又能有效地促进体能训练水平和专项成绩的提高与发展。

（二）身体机能的评定

目前关于体育运动员身体机能状态监控的方法大致分为三类。一是通过教练员观察或体育运动员自身的主观评价，如自我感觉运动强度表（RPE）。这类方法主观因素较多，仅能定性判断身体状况，不能对训练后的身体机能状态做出客观、准确的评价，因此不能对运动训练进行科学指导。二是通过运动负荷实验，根据体育运动员身体机能的变化评价机能状态。常用的方法有台阶试验和 Cooper 试验等。这类方法只能对某一时刻的机能评估起作用，而不能对机能状态进行动态变化趋势的评估。另外，在体育运动员一段时间的运动训练后再进行负荷试验，使身体承受额外的负荷，会加重体育运动员的疲劳程度，也不能准确反映体育运动员一定运动训练后的身体机能状态。三是运用血液生理生化指标，通过定量的方法评价体育运动员的身体状况。体育运动员的身体机能状况对科学安排训练负荷至关重要，体育运动员只有在承受了足够大的负荷和强度的训练。机体处于最大应激状态时，才能有效地提高运动能力。国内外学者对血液生理生化指标进行了大量研究，结果表明，血液生物学指标能够准确、客观、定量地反映体育运动员的身体机能状态，为教练员及时调整训练负荷、采取合理的恢复手段、提高训练成绩提供依据。

近40年来，体育科研工作者经过辛勤研究和实践，推出的行之有效的实用生理生化指标不断增多，监测机能的范围逐渐扩大，评定水平和自动化操作程度也愈来愈高，测试过程和测定结果的反馈速度也不断加快。

测定各种运动场合下心率、血压（BP）及血、尿、汗、唾液的某些生化成分，可以间接地揭示人体运动时能量代谢特点和规律，反映运动肌的能量平衡、内环境酸化、水盐平衡、神经体液调节、组织损伤、免疫机能、营养状况等，因而是体育运动员机能评定中的重要内容。例如，测定24小时尿肌酐排泄量，以评定骨骼肌质量和磷酸肌酸含量；测定固定负荷的亚极限运动至力竭的时间，以比较不同个体糖原储量的多少；测定耐力运动中血液、汗、尿的尿素变化，以评定蛋白质和氨基酸的供能比值；测定长时间运动时血、汗中电解质含量的变化，结合运动成绩，展现出脱水对运动机能的抑制作用，为体育运动员合理补水、补电解质提供可靠的依据。已被训练实际广泛接受和采纳的心率、血压等生理指标和血糖、血乳酸、尿素氮、血红蛋白等血液生化指标，以及简便可行的尿蛋白、尿胆原、尿肌酐等尿液生化指标，为体育运动员提供大运动量训练期间的运动机能负荷、营养状况、疲劳与恢复等方面的反馈信息。血、尿、汗、唾液取样方便，无损伤或损伤少，易为体育运动员接受，且测定简易和快速，便于在运动中反复测定。

第四节　力量及其训练

一、力量的含义与分类

（一）力量的含义

历年来，从传统的角度出发，力量被理解为是一种素质，并认为这是从事各类运动项目的基础。随着运动训练实践与理论的发展，人们对“力量素质”已产生了新的认识。并对其所包含的内容赋予了新的含义。

目前，国际运动训练理论界认为，把力量看作一种单一的素质是不确切的，它应是一种能力的表现。因为，竞技运动中所阐述的“力量”的内容组成并不是单一的、不可分割的，而是几种素质的综合。按传统的分类，力量在竞技体育各个项目中可分为绝对力量（最大力量）、速度力量和力量耐力。其中，后两种就是几种不同素质综合在一起的能力的表现。力量的定义在现行的有关理论中普通定义为“人体或身体的某一部分克服阻力的能力”。这种解释仅适合于单纯性力量，对速度力量及力量耐力并不确切，因为这个定义并没有包含这两种能力。

(二) 力量的分类

1.单纯性力量

单纯性力量即是人体或身体某一部分克服阻力的能力。最大力量应是指体育运动员尽自己最大努力，克服最大阻力时所表现出来的能力。

分析运动实践可知，在大多数需要克服器械及人体重力性阻力的竞技项目中，如田径项目中的投掷、跳跃类项目，器械及由人体重力产生的最大阻力基本是恒定的。从机械力学原理可知，作用力与反作用力是一对大小相等、方向相反、具有同一作用点的力。因此，体育运动员所需要克服的阻力与此相等。如女子铅球为4kg，体育运动员在投掷时，她需要支撑器械的重力性阻力就是由4kg铅球产生的阻力，这种阻力并不可能因运动而增减。器械及人体所产生的远度或高度则并非由单纯性力量所决定，而由速度力量决定。

2.速度力量

速度力量是指体育运动员在克服一定阻力时，使器械或人体产生可能的位移，它是肌肉加速度能力的表现。实际上，速度力量只是体育运动员在克服一定阻力时表现出来的加速度能力。它的大小与克服阻力的那部分肢体的运动速度有关。速度力量实际上就是体育运动员在特定的负荷条件下所表现出来的最大动作速度。所以，速度力量的训练本质是动作速度的训练。速度力量的典型表现形式是爆发力。

3.力量耐力

力量耐力的表现形式是在一定阻力的情况下，体育运动员可能工作的时间长短，即体育运动员在一定阻力情况下克服疲劳的能力。因此，力量耐力应是体育运动员耐力的表现，它与体育运动员单纯性力量的大小没有决然的正相关。如某一个体育运动员最大力量为100 kg，另一个体育运动员最大力量为50 kg，如器械质量为3 kg，那么谁工作时间长，就不能肯定；如器械质量为35 kg，当然可以肯定前者的工作时间长。也就是说，体育运动员单纯性力量的大小，在克服某种阻力时，并不决定其工作时间的长短。

这些分析将帮助人们正确地理解力量的定义。应该区分不同运动项目的需要而进行力量的训练，不加区分地把力量认为是所有项目的基础，盲目地搞普遍性的力量训练则会浪费时间和精力。如有些周期性项目的成绩并不取决于最大力量的大小，则就不需要无限制地进行单纯性力量的训练。有些项目，如与流体力学特性相关的项目，如划船、自行车、游泳等项目，这类比赛项目中阻力的产生与速度的平方成正比，阻力是随速度的增长而不断增大的、则必须考虑“各种形式力量”的训练。

二、影响力量能力的因素

（一）中枢神经系统发放冲动的强度与频率

中枢神经系统的机能状态与力量能力有密切的关系。一方面神经系统可以调动参与工作的肌肉的数量，另一方面脊髓前角的运动神经元对肌肉发放冲动的强度大，频率高，则肌肉收缩速度也加快，从而产生的力量就大。冲动频率在最大用力量可由每分钟 5-6 次达到 45-50 次。

（二）肌肉的组织形态结构

1.肌纤维的类型

肌肉力量的大小取决于不同类型肌纤维的百分比。肌肉纤维类型分为红肌纤维（慢肌纤维）、白肌纤维（快肌纤维）和中间纤维。白肌纤维含氧代谢能力比红肌纤维大得多，所以力量的大小主要由白肌纤维决定。白肌纤维百分比高，力量则大。

2.肌肉的生理横断面

肌肉的绝对肌力由参与收缩的肌纤维数量和粗细决定。肌肉的生理横断面为该肌肉所有肌纤维横截面的总和。每根肌纤维的横截面增粗，则肌肉的生理横截面也增大，收缩力量就相应增大。

3.肌肉内肌纤维的数量

肌肉内肌纤维的数量多，则收缩力量大。关于肌肉内肌纤维的数量目前存在着两种不同的意见：一种认为，人在出生后四五个月，肌肉内纤维的数量就已确定；另一种意见认为，训练后导致肌肉肥大，除肌纤维增粗外，还由于肌纤维的纵向分裂，造成肌纤维数量增多。训练后是否会使肌肉纤维增多，尚未有定论。

4.肌纤维的支撑附着面

肌肉内结缔组织增多、肌腱和韧带组织增粗都会改变肌肉的附着面大小，也就直接影响到肌肉的收缩力量。

5.肌肉纤维的长度

美国人达登的研究论证，一个人力量的大小取决于肌肉的体积。肌肉体积的发展潜力又主要取决于各个人的肌肉长度（指肌肉两头肌腱之间的长度）。肌肉的长度是遗传的，不受后天训练的影响。

（三）肌肉的反应特性

1. 肌肉在工作时，动员参加工作的运动单位数量的能力，即肌肉的内协调能力的好坏决定能否调动更多的运动单位参加工作。动员参加动作的运动单位数量越多，则力量越大；反之，则小。肌肉内协调能力受中枢神经系统的支配，表现为肌肉内部对中枢神经传入的冲动所产生的反应能力。

2. 肌肉工作时，营养系统的供能状况为：肌肉工作时营养的供应直接影响到肌肉力量的发挥。力量首先与肌肉中储备的能量物质多少有关。在肌肉发挥力量的工作过程中，有机体经过肾上腺交感神经系统来实现中枢神经系统的营养供给。而在较长时间的工作进程中，营养系统的工作还依赖于有氧代谢能力。有氧代谢能力强，肌肉工作时产生的代谢产物就能及时被消除，从而使肌肉更好地工作。

3. 肌肉内感受器对中枢神经的系统的影响为：肌肉的两个重要感受器是肌梭和腱梭。当肌梭伸长时，感觉神经就会产生冲动，并传向中枢神经系统，然后通过运动神经将冲动送回到肌肉，恰当地引起一定量的运动单位收缩，以完成协调适中的活动。负荷超重，肌肉拉得越长，动员的运动单位数量就愈多。肌腱中有牵张感受器，当肌肉收缩时，位于肌腱中的腱梭被拉长，从而把收缩的信息送到中枢神经系统。如果收缩太强烈，而有可能伤及肌肉时，中枢就会传出信息，命令肌肉放松。这一反射不但能防止受伤，并且能报告肌肉的活动情况，使肌梭有效地协调运动。

在实践中，力量的表现还与其他因素有关，如肌肉完成动作时的工作条件、解剖学结构的影响等。

三、最大力量的发展的途径

最大力量的发展可采用两种方法。这两种方法都能取得相同的效果，但它们使这个素质增长的机制却不相同。

（一）依靠改善肌肉内协调和肌间协调增加力量。依靠肌肉内协调和肌间协调的改善来提高肌肉的力量不会使肌肉的体积增大，因而对周期性项目体育运动员来说，这具有决定性的意义。

（二）依靠肌肉体积的增大而使力量增长。其原理是通过有组织的训练，使练习完成后紧接着产生的超量恢复过程中工作肌的蛋白质剧烈地分解。因而，依靠肌肉横断面的增大，调整神经系统中保证肌肉内协调和肌间协调条件反射联系的完善，使力量得到发展。

在游泳、赛跑、滑雪、划船和另外专项的训练中常常用这两种方法来发展最大力量。但依靠改善肌肉内协调和肌间协调增加力量的方法用得较多，特别是在中、长距离赛跑项目体育运动员的训练中，因为它不会增加身体的质量。可是，依靠改善肌肉内协调和肌间协调所发展的力量，尽管力量增长相当快，但容易消退。短跑体育运动员同样可以采用这两种方法来发展最大力量。不过无论采用何种方法，都必须考虑到提高高级体育运动员的最大力量，只有根据具体专项的要求和体育运动员的个人特点才行。

四、力量训练时安排不同重量负荷应注意的问题

（一）不同重量负荷先后次序安排所起的训练效果

从总体来看，要发展最大力量，负重的安排应遵循由重到轻的顺序。如训练课中既有次极限重量的练习，也有非极限重量而重复到极限次数的练习时，首先应完成次极限重量的练习。

（二）要保证在较好状态下完成本次练习的主要重量

例如，该次练习主要是发展肌肉的内协调能力，那么就应该安排能促使这作为主要负荷，而且须在有机体较好状态下来完成它。

（三）要将起总体作用的练习与起相对局部作用的专门性练习相结合

能力发展的重要把对大肌肉群的练习，即在总体作用中起主要作用的用力练习放在所有练习的前面，如加强腹肌和腰部肌肉的练习。这样可使大肌肉群在不太疲劳的情况下得到锻炼，效果较好。同时由于采用少量的起总体作用的练习后，中枢神经系统产生兴奋，再做专门性的练习将使兴奋能更有选择的集中，有助于提高局部练习的效果。

（四）不同重量练习之后要合理的间歇时间，以保证下一次练习的进行

当采用极限用力的50%以上负荷重量练习时，重复练习之间的休息间歇通常为2–3.5 min以上，极限用力需10–15 min。在进行同等重量的多次练习时，可把多次练习分组进行，延长组间休息时间。在安排不同重量的练习时，可把较小重量穿

插在大重量后进行，这样既利于恢复，又可保持神经系统的兴奋性。

(五) 在开始完成大重量的练习前，应当适当地安排几次略轻的量作适应性练习

这样做，使有机体对大重量的练习有相应的适应过程，既可使神经系统处于良好的兴奋状态，又可防止伤害事故的发生。不过适应性练习只能使其起准备活动的作用，不宜引起有机体的疲劳。

(六) 采用两次重复法和重量波浪式交替法进行最大负荷练习

在采用最大负重的练习时，尽管多次练习之间的休息时间较长，但疲劳的产生相对来说还是较快的。这时为了增加负荷量，可采用两次重复法和重量波浪式交替法。

两次重复法即把在训练课中所要完成的练习放在课的基本部分开始阶段和基本部分的结束阶段。这样既可使第一次练习时的效果有良好的保证，并通过两次练习之间安排的其他性质内容的练习得到调整、恢复，又不使其产生疲劳，使第二次练习亦可获得一定的效果。重量波浪式交替法即在完成若干次主要重量的练习后，当开始出现疲劳时，便减轻 10–15 kg，做 1–2 组，然后又采用主要的重量。减轻重量的练习可作为一种积极性休息，同时又可改进动作技术。

五、发展最大力量的负荷组成要求

(一) 肌肉工作的方式

肌肉工作的方式主要以克制性和退让性相结合的动力性工作方式为主，要严格规定这两者的时间比例。做克制性动作的时间约为做退让性动作时间的 1 / 2。例如，举杠铃用 1 s，放下杠铃就要用 2 s。也就是说，完整完成一次举杠铃练习为 3 s，重复 10 次练习就需 30 s。等动练习也是有效的手段，不过它们的量不应该超出发展最大力量的工作总量的 20% –30%。在力量训练过程中也可以来用静力性练习，但它们的数量不应该超出力量训练总量的 10%。

(二) 阻力的大小

在发展最大力量时应当用相当大的负重量，即需要用该练习中所能达到的极限重量的 70% –90% 的重量。但同时应当考虑到，虽然这个重量可以促使肌肉内协调提高、肌肉体积增大，但对改善肌间协调的效果不大。所能达到的极限重量的 40% –60% 范围内的重量，以及接近于比赛用的重量可以用来改善肌间协调。因此，

在不增加肌肉体积而发展最大力量时，负重大小的范围应较广泛，这样可以综合利用各部分重量来提高速度力量素质。

在发展最大力量时用最大负重量是不合理的。其原因如下：

1. 用在一次练习中只能重复 1–2 次的重量，练习的效果要比在一次练习中重复 8–12 次的效果小，

2. 最大负重常常导致伤害。

（三）完成练习的速度

如果依靠改善肌肉内协调和肌间协调来提高力量，那么中等的动作速度为最好。此时每个动作可为 1.5–2.5 s。如用增加肌肉体积来提高最大力量水平，则动作速度应低些，每个动作可为 4–6 s。同时，动作的克制性部分的时间应比退让性部分的时间少一半。

动作速度很高，效果却很小，其原因如下：

1. 最大力量或次最大力量只在动作的很少一部分时间内出现（在开始或结束），而在动作的其他阶段内，肌肉由于上一阶段所产生的惯性并没有获得应有的负荷；

2. 在高速度中要表现出最大力量，此时要让神经过程表现出最佳的协调性是比较困难的事；

3. 高速度的动作与高的伤害发生串联系在一起。

（四）完成一组练习的时间

力量练习中一组练习的重复次数是由所完成练习的附加重量起的作用决定的。如果练习的目的是要改善肌肉内协调，则其重复次数通常为 2–6 次。如果重量较小（为最大负重量的 30% –60% ），并且是为了改善肌间协调，则重复次数可以达 15–20 次。

在采用专项训练练习时，通常练习在形式和动作的协调性结构上均接近于比赛练习，那么它们的持续时间在 5–30 s 以内（上坡跑、拴住船艇划船、拖带制动装置游泳等）。

采用静力方式练习时，高级体育运动员一次练习的时间为 5–12 s，青少年体育运动员为 5–8 s。

依靠肌肉体积的增大来提高力量时，最好是采用 30–60 s 重复 8–12 次的练习。也就是说，每个动作大约可用 4–6 s。这样长的工作时间可以完成许多足够大的负重练习（最大重量的 80% –90% 的重量），这样，一方面可以刺激最大力量的增长，另一方面又可以使相当多的肌纤维参与工作。其原因是，在完成任何一个力量练习

时，做第一次时参与工作的肌纤维数量最少，而在最后一次时先参与工作的肌纤维能力自然下降，原先未参与工作的那些肌纤维将会补偿它们。

（五）组间间歇的时间和性质

在不增大肌肉体积而发展最大力量时，组间间歇的时间必须保证下一次练习在工作能力已得到恢复的条件下进行，因而间歇时间要根据练习的时间长短和采用的负重大小来决定。工作时间越长或者负重量越大，那么间歇时间就越长。此外，参与工作的肌肉多少也影响间歇时间。起局部作用的练习之间的间歇时间自然要比在较大部位起作用的练习之间的间歇时间短，起总体作用的练习之间的间歇更长。由此可知，间歇时间的波动范围是很大的，从 20–30 s 到 2–3 min。

可根据心跳频率合理地确定间歇时间，因为心跳频率的恢复与工作能力的恢复大致是同时的。因此，心跳频率恢复到工作前的水平就是新练习的开始信号。组间间歇内应当做小强度的工作，放松练习、自我按摩。

依靠增大肌肉体积来发展最大力量的方法，其间歇相对不长。起局部作用的练习之间为 15–30 s；起较大部位作用的练习之间为 20–45 s；起总体作用的练习之间为 40–60 s。

（六）在一次课中的重复数量

发展最大力量能力的练习的量变动范围很广。量的变动根据练习的性质和发展最大力量的方法而定。如果练习动员了大量的肌肉参与工作，则这种练习的数量不大，每一次课为 10–15 组。做这类有大量肌肉参与工作的练习，如不是让肌肉体积增大来发展最大力量的话，可做到 40–50 min，而依靠肌肉体积增大来发展力量的话，则安排在 30 min 以内。如果是少量肌肉参与的局限性练习，它们的数量可达 20 组。

六、力量练习时的呼吸调节

在训练中，极限用力只能在憋气的情况下才能进行。因为，憋气可以提高力量指标。例如，在吸气、呼气和闭气时进行背力测定，在憋气的时候背力最大为 133 kg，在吸气时力量较小为 127 kg，而慢呼气时则介乎两者之间为 129 kg。

虽然憋气对力量练习是有益的举动，但憋气会对心血管系统的活动产生不利的影响，用力憋气会引起胸廓内压力提高，使肺的血液循环恶化而导致脑贫血和休克。经常重复憋气用力，对很少从事力量训练的人来说，会对有机体产生不良的影响，但在训练方法正确时，有机体可以适应上述的作用。经研究，举重体育运动员的多年训练并没有引起心血管系统活动方面的任何病理变化。

为了避免不良现象的产生，在完成力量练习时必须考虑到呼吸的调节：

（一）当最大用力的时间很短，但有条件不憋气时就不要憋气。尤其在重复做不是很大用力的练习时，应尽量不憋气。

（二）为避免用憋气来完成练习，对刚开始训练的人，所给予的极限和次极限用力的练习量不要太多，并让其学会在练习过程中完成呼吸。

（三）在完成力量练习前不应该做最深的吸气，因为力量练习时间短暂，吸的气并不会立即在练习中产生作用，相反，深度吸气增加了胸廓内的压力，此时如再憋气就可能产生不良变化。

（四）由于用狭窄的声门进行呼气，几乎可达到与憋气类似的同样大的力量指标，因此做最大用力时，可采用慢呼气来协助最大用力练习的完成。

七、发展和提高速度力量要注意的问题

（一）要尽最大可能提高肌肉的最大力量。

（二）要在已经获得的力量的基础上，在快速完成动作的过程中，培养表现这种力量的能力。但这种能力的培养，首先要掌握完整的技术动作，反复练习到较熟练的地步，并以轻负荷开始逐步过渡到重负荷。在不同重量的负荷练习时都应有速度要求，并且练习中途不能停顿，动作幅度应尽可能达到最大，使之产生最大用力感和最大速度感。在不同结构动作的组合练习中，要强调衔接的协调、自然。

（三）速度力量练习与单纯发展力量的练习相结合。从理论上讲，不带任何负荷动作是发展动作速度的有效办法。但是，运动实践中速度力量一般表现在具有一定负荷的练习中，不用负荷或负荷很小进行快速动作练习对神经肌内系统的作用极其短暂，其训练效果适应不了运动实践中速度力量的要求。而在单纯发展力量的练习中，由于负荷较重，动作速度又会产生暂时下降，而这种暂时下降又只有在负荷停止或大量减轻负荷 2–6 周后才会恢复。因此，在动作速度暂时下降时期，应采用一些非极限负荷或无负荷的速度练习，使速度和力量练习结合起来。

（四）速度力量训练的负荷量要适宜。由于速度力量训练的最终目的是要培养体育运动员快速完成动作的能力，而速度力量性项目的负荷并不太重（例如，男子铅球 7.26 kg，女子铅球 4 kg），因此，以负重训练发展速度力量时，要采用适宜的负荷重量，照顾发展力量和速度的需要，适应专项要求。

（五）学习动作时，对动作的速度要求应严格区别对待。对完不成动作速度要求的体育运动员，要逐步把他们的注意力从动作的空间特征转移到动作的时间特征上来。对难以掌握的、复杂的、速度要求高的动作，要严格按照循序渐进的原则进

行。因为动作的空间特征是时间特征的基础；只有完成正确的动作，才能要求提高动作的速度。

八、爆发力的练习

爆发力由两个有机组成部分确定，即速度与力量。

(一) 肌肉的工作方式

发展爆发力的肌肉主要工作方式是动力性的，尤其是克制性的动力工作方式。

(二) 阻力的大小

阻力指标的范围相当广。促使单块肌肉和肌肉群能力发展的一般性、辅助性训练练习的负重量可采用体育运动员所能达到的最大重量的70%－90%。在动作结构和肌肉工作方式接近于比赛动作的练习中，负重量可用最大重量的30%－50%。专项练习（比赛的动作、短段落、跳跃的比赛动作等）的阻力大小可用与比赛相等或者与之没有极大差异的阻力。

如果体育运动员要发展力量部分，负重量可取上述指标的上限。而要促使速度部分提高，则取上述指标的下限。

(三) 完成练习的速度

发展爆发力的练习应当用极限或近极限（体育运动员可能达到的速度的90%以上）的速度。如果主要是提高力量部分，那么通常用近极限的速度。如果是发展速度部分，则用极限速度。

(四) 完成单个练习的时间

这个时间的标准就是应当保证体育运动员在完成练习时工作能力和速度不产生下降。因此，各种一般训练练习的重复次数为1–2次至5–6次。其变化是由负重大小、体育运动员的训练水平和技术水平，特别是由练习的结构决定的。

用专项力量训练手段组成的练习，其时间为比赛动作为一次，负重加速或不负重加速从5 s到10 s。

(五) 组间间歇的时间和性质

休息间歇的长短应当保证体育运动员的工作能力能得到充分恢复，非乳酸氧债消除。练习的间歇时间可从1 min到3min。这要根据参与工作的肌肉数量、体育运动员恢复过程的特点、训练水平和技术水平来决定。

间歇中可安排低强度活动。这样可使恢复过程得到强化，保证下次练习处于最佳的状态，并由此可缩短每次练习和每组练习之间休息间歇的时间（那样做可把时间缩短10%－15%）。

（六）一堂课中练习的次数

通常在一堂课中练习的量不大。量要根据练习的性质、练习是对爆发力的哪一部分起作用来定。一堂课中发展爆发力的练习通常不超过20 min。

对从事周期项目的高级体育运动员来说，实际上并不安排单一发展爆发力的课。爆发性练习只是作为各种综合课的组成部分来安排的，并且一般是在体育运动员的工作能力处于良好状态时进行。

第五节　速度的训练

一、速度的含义及其分类

速度能力是指人体进行快速运动的能力。它包括以下能力：

（一）在要求急速运动反应的状态下，表现紧急反应的能力。

（二）保障各种直接决定动作速度特征的有机体的活动迅速运作的能力。

第一种能力习惯上被称之为“快速运动反应能力”，而第二种能力就是“快速动作能力”。不把“速度”称为一种“素质”，而称为“能力”，主要是因为它的表现并非纯单一的、最基本的能力的表现。许多训练理论认为“速度素质”是人体快速完成动作的能力和动作反应时间的总称。有的理论中把“移动速度”也列为该素质的组成成分，显然并不确切。因为“移动速度”实际上是力量、耐力、技术、柔韧以及动作速度、动作速率等内容的总和。因此，快速能力是人的各种功能系统所表现出来的某种特性的总和，不应当与外部记录的运动动作的速度特征（单个动作的速度、动作交替的速率等）等同起来。后者不仅取决于那些本身属于快速能力的因素，而且取决于力量和其他运动能力。当“速度素质”的内涵包含这些成分时，简单称为“素质”其实并不恰当。

“速度能力”与人体的反应速度、动作速度、动作速率有关。

二、影响速度能力的因素

(一) 神经系统的机能状态

神经系统的工作状态是影响速度能力的重要因素之一。尤其是当动作表现出最高频率时，神经中枢兴奋与抑制的转换速度，即神经过程的灵活性，起决定性的作用。神经系统在有机体整体工作时可以影响体育运动员参与工作的注意力集中的程度，这就直接影响体育运动员完成动作技术的好坏。它也直接影响肌肉紧张的程度。

速度能力的表现水平与肌组织的最佳状态有关，在放松时肌弹性最小，紧张时肌弹性最大，这时速度能力的表现最为良好。肌肉的放松能力越高，肌肉的紧张度越高，它们之间的交替状态越协调，则速度能力的表现水平也就越高。

神经肌肉器官与植物性机能之间的相互联系也是多变的，神经系统状态良好，使神经肌肉器官的机能活动，以及内脏器官的反射活动，在身体负荷的条件下产生良好的"运动—植物性机能"的反射性联系，从而使各种机能适应肌肉工作的需要，表现出良好的工作效果。同时，除中枢神经接受刺激强度的能力外，其抵抗疲劳的能力也直接影响速度能力的表现。

对动作反应速度来说，感受器及分析器的特征、中枢神经过程与神经肌肉装置之间的关系决定着这一速度的快慢。动作反应速度根据其形式和复杂程度表现不一。例如，简单反应和复杂反应、视觉动作反应、听觉动作反应等存在着很大的不同。在这些反应中，中枢神经起着决定性的作用，当然与其他因素，如动作协调的复杂程度等也有关。

(二) 能源物质的储备及相应酶的活性

速度能力表现的能量供应主要由无氧机制来保证。从生物化学的观点看，动作速度取决于肌肉中 ATP 的含量及在神经冲动作用下 ATP 的分解和再合成的速度。由于速度能力的表现都是短时间的，供给肌肉工作的 ATP 的再合成主要靠无氧氧化，即磷酸肌酸与糖酵解的无氧氧化过程，肌肉活动所需能源物质的储备充足与否及促使能源物质分解、合成的酶的活性，直接影响肌肉的工作状态，影响速度能力的表现。

(三) 动作技术的熟练程度

正确的动作技术可以保证体育运动员用力的合理程序和效果，并可减少无谓的消耗。动作技术掌握得越合理，越熟练，越能使有限的能量获得较大的效果，并推迟疲劳的出现，从而使体育运动员表现出较高的工作强度及良好的速度。

（四）肌肉的组成成分

肌肉纤维的组成成分直接影响速度能力。人体骨骼肌分为白肌纤维、红肌纤维及中间纤维。不同的人体内红、白肌纤维的百分比是不同的。研究表明，它们的组成比例由遗传所决定，两者在后天并不可相互转化，可以改变的只是中间纤维的功能。白肌纤维成分比例较多的人相对来说速度能力较好。这是因为白肌纤维无氧代谢能力较强，神经冲动的传导速度在白肌纤维中表现得比在红肌纤维中快。

三、简单反应速度的训练

简单反应就是用早已熟悉的动作去回答早已熟悉的、但突然出现的信号，例如，起跑时对鸣枪的反应。

（一）简单反应速度的训练原理

1. 简单反应速度存在着转移的现象，即人对一些情况反应较快，那他对另一些情况也会有较快的反应，各种各样的动作速度练习都可逐步提高简单反应速度。不过这种转移是不可逆转的，即反应速度的练习并不影响动作速度。

2. 简单反应速度的提高在很大程度上取决于体育运动员对信号做出回答性反应动作的熟练程度。这是因为动作熟练后，一旦信号出现，中枢神经无需再花费较多时间去沟通与运动器官之间的反射联系。

3. 简单动作反应与心理训练因素有关，与体育运动员集中注意力的能力、辨别信号的能力、准确辨别细微时间间隙的感觉能力有关。训练中对体育运动员的这些能力都应进行训练，一方面从直接的身体训练中采用有效的手段，另一方面可把身体训练与心理训练结合起来。

一般来说，视觉—动作反应的时间，非体育运动员平均为 0.25 s（0.2–0.35 s 之间），而体育运动员较短，为 0.15–0.2 s，部分体育运动员可达到 0.1–0.12 s。听觉—动作反应时间较短，非体育运动员平均为 0.17–0.27 s，多年训练的体育运动员大约为 0.10–0.15 s，国际上优秀短跑体育运动员可达到 0.05–0.07 s。如果说，体育运动员未进行过简单动作反应速度的专门训练，那么对他们进行一般性的速度练习，如采用各种各样的游戏和球类活动，就可以发展简单动作反应速度，而且可达到良好的效果。

（二）在运动实践中，决定简单反应速度表现好坏的因素

在运动实践中，简单反应速度表现的好坏取决于下列因素：中枢神经系统的兴奋程度、集中注意力的能力、肌组织的准备状态、学习和掌握技术的能力、对特定反应和一般反应的区别能力、遗传因素（如肌肉组织中白肌纤维的比例）等。如果要把专项的简单动作反应速度提高到一定程度，就必须针对上述因素采用相应的、专门的方法和手段。

（三）常用的培养简单动作反应速度的方法

1.完整练习法

完整练习法即让体育运动员用早已掌握的完整的各种简单的动作或复杂的动作（或组合），尽可能快地对突然出现的信号或突然改变的环境反复做出反应。如反复完成蹲踞式起跑，根据教练员发出的信号改变动作方向，对对方的各种动作做出预定的反应动作等。这种训练对刚参加专项训练的人来说效果是明显的。再往后，如仍用这种方法来巩固和提高反应速度就较困难。

2.分解法

由于简单动作反应是通过具体的、有目的的运动动作及其组合来实现的，因此，可发挥分解法充分利用动作速度向简单动作反应速度转移的效果。分解法就是分解回答性动作，使之处于较容易完成的条件下，通过动作的分解来提高局部动作的完成速度，从而提高反应速度。

例如，田径体育运动员采用蹲踞式低姿起跑的反应时间较长的原因主要是体育运动员的手臂支撑着较大的重量，要较快地离开支撑点是困难的。因此，可用分解法将其分为两步进行，先单独练习对起跑信号的反应速度（如用高姿起跑或手扶其他物体），而后不用起跑信号单独练习第一个动作的速度。这样做最终可取得良好的效果。

3.变换法

让体育运动员在变化的情况下去完成练习，即根据动作的强度和具有时间变化的信号刺激，明显改变练习的形式和环境来提高简单动作反应速度。应用变换法还可在接近比赛的条件下，结合采用专门的心理训练来做发展简单动作反应速度的练习。这样可使体育运动员逐渐适应多变的环境，消除妨碍实现简单动作反应的多余紧张，避免兴奋的不必要扩散。

4. 运动感觉法

运动感觉法是心理训练与身体训练相结合的一种方法。练习分三个阶段：第一

阶段，运动量用最快的速度对信号做出反应，如做5m的起跑，每次练习后从教练员那儿获得该次反应练习的实际时间；第二阶段，体育运动员自我判断反应时间，并立刻与教练员的实测时间进行判别比较；第三阶段，当这些刺激比较能在大多数情况下吻合时，体育运动员就能准确确定反应时间的变化，按所要求的速度去完成练习，逐步自由地掌握反应速度，使反应速度得到提高。这种方法的基础是基于这样的一个原理：辨别时间差的能力越强，越精细，如达到0.1 s，那么体育运动员就可把这种准确差的感觉转移到反应速度上来。

提高简单反应速度的方法还有许多，如培养体育运动员把注意力放在将要进行的动作上，比体育运动员把注意点集中在信号上的反应速度要快一些。又如，由于反应动作的完成与动作开始前肌肉的紧张程度有关，肌肉紧张反应速度就快，因此更要做好完成动作的准备。如让体育运动员起跑前把脚贴在起跑器，使小腿肌肉预先紧张起来，做好完成动作的准备。

四、怎样提高复杂反应的速度

(一) 复杂反应的含义

复杂动作反应是指对瞬间的变化做出相应动作的回答。在那些突然变换动作情况的项目中，如球类项目、一对一的对抗项目，对复杂动作反应速度有极高的要求。

复杂动作反应在运动中大部分属于“选择”反应。选择反应包含有两种反应：一种是对移动目标的反应，对移动目标的反应过程，主要是指对“运动客体”的变化做出反应；另一种是选择动作的反应，这主要是指根据对手动作变化做出相应动作的反应。

严格来说，复杂动作反应的训练应属于专项训练的范畴，属于运动技术和战术训练的组成部分。特别是在球类运动和一对一对抗项目里，由于复杂动作反应具有这种特点，因此，复杂动作反应就有很强的“专项”性。因此，复杂动作反应的提高，最主要、最有效的方法就是要在训练中模拟整个比赛的情况，以及有系统地参加比赛。由于对方所产生的变化只有在比赛中才能充分地显露出来，而自己所选择的反应动作是否有效也只有在比赛中才能得到检验，所以比赛法是提高复杂动作反应的主要方法。

(二) 培养复杂反应常用的和其他专门性手段、方法

1. 对移动目标产生反应并做出选择，一般要经历四个阶段。一是如对球类运

动中的“运动客体”——球的反应，首先要看见球；二是判断球的速度和方向，三是选择自己动作的方案，四是实现这个方案。这四个阶段组成了反射的潜伏期。这四个阶段整个过程时间一般为0.25 s–1 s。实践证明，前两个阶段的时间大约要耗费整个反应时间的一半以上。而这个时间的主要部分又都用在第一阶段，用于第二个阶段的时间不多，约为0.05 s。因而在培养体育运动员对运动客体的反应速度时，特别要注意缩短反应开始的这两个阶段的时间，可采用两个主要方法：

(1) 培养在视野中预先“观察到”和“盯住”客体以及预计客体可能移动的方向的本领，即要加强“预料”能力的培养。这种本领要在技术和战术动作的提高过程中以及通过专项训练练习来培养。

(2) 在练习中有意识地引入、增加外部刺激因素。如可以在专项训练练习时增加球的数量，采用多球的游戏法；缩小练习的场地；安排一对二的训练练习等。还可采用带有程序设计装置的练习器和其他专门设备，如乒乓球、排球的多球训练。

选择反应来自于实用心理学，它取决于“必择其一”的背景所含的数量。如果在一对一项目中，体育运动员已判断出对手只能用一种方式进攻，那么选择反击的方式的不准确性将非常小。如预测对手发生一定的困难，相应时间增加，选择回击的不难确性也就会增大。

考虑到这些，在培养选择反应速度时，首先要努力教会体育运动员巧妙地利用对手可能做出动作的“潜伏信息”。这种潜伏信息可从观察对手的姿态、面部表情、准备动作、总体的风度等得来。实践证明，一旦能准确意识到对手可能采用的进攻方式，就可能准确地选择相应的回答动作来缩短反应时间。

2. 为了提高选择反应时间，可以在专项训练练习中使需要选择的情况更复杂化。例如，让训练的同伴提供更多的需要做出反应的动作，并尽可能地使体育运动员掌握可供选择的、回答性动作的数量。要达到这一点，必须在提高复杂动作反应速度的同时，提高运动技术，增加掌握技术动作的总量，培养良好的协调能力，增加战术方案。另外，可以设计专门的练习装置和器材，如拳击、击剑的电子靶。

五、动作速度的训练

动作速度训练的主要方法有重复法、比赛法和游戏法。

(一) 规定最高速度指标和变化练习程序的重复法

运用这种方法时要使体育运动员能在练习时最大限度地表现出动作速度，并能在专门化的条件下，通过练习程序的变换促使各种速度之间产生最大可能的转移，减少技术动作定型对速度提高的影响。练习程序的变换可采用下述一些措施：

1. 降低速度练习的外部条件，利用辅助的、能使动作产生加速度的力量。在负重练习中，减少重量的多少能在普通的条件下促使动作速度不断提高，因为在同一练习中，如动作结构相同，速度转移是良好的。在克服自身体重的练习中，可采用助力来减轻体育运动员的体重。如在体操等项目中可由教练员、同伴使用保护带进行直接的体力上的帮助。在周期性项目的练习中，可采用专门的设备给予体育运动员向上的牵引力（如高架的牵引输送装置）。可限制自然环境的阻力，如自行车项目可由摩托车带着挡板领骑、顺风跑、顺水游泳、在海水池中游泳等。还可以利用帮助体育运动员把自身动作惯性转移到速度上去的外部条件，如下坡跑、下坡骑自行车等。也可在移动中引入可控制大小的外部力量，如牵引跑就可给体育运动员身体重量提供附加加速度。

2. 利用动作加速后的后效作用以及器械重量变化后的后效作用。实践和实验证明，在完成上一次动作的影响下或在上一次类似重量的负重动作影响下，可以使动作速度暂时得到提高，例如，在跳高前先负重跳，在推标准重量的铅球前先用加重的铅球推等。这是由于在第一次动作完成后，神经中枢剩余的兴奋在随后的动作过程中依然保持着运动指令，从而可以大大缩短动作进行的时间，提高加速度和工作的力量。但这种后效作用的产生取决于负重重量的大小和随后减轻的情况，练习重量的数量和采用标准的、加重的、减轻的重量的练习交换的次序。又如，用增加重量的铅球练习后，再用标准重量的铅球推的次数，两者合理的比例大致为 1∶3–1∶2。而在用标准重量铅球练习后，再推减轻重量的铅球的次数，两者为 1∶1。在同一次课内，把加重、标准、减轻重量的速度练习组合在一起时，正确的安排顺序为加重—标准—减轻。在短跑训练中，应该是上坡跑—水平跑道跑—下坡跑。这种由重到轻的安排趋向是由后效作用所决定的。

3. 采用领跑和声响、灯光信号发出速度感觉指令。领跑的方法主要是努力建立达到必要动作速度的实物方向标，同时可以努力减少动作速度的障碍（空气的迎面阻力）。利用声响、灯光信号发出速度感觉指令可以提供必要的动作节奏或控制动作速度的变化。

4. 利用“疾跑”效果，把加速阶段引入主要动作练习。大多数速度练习都包含有从静止到最大连度的“疾跑”阶段，如在短跑练习开始时的加速度，田径跳跃项目、技巧和体操支撑跳跃中的助跑，投掷中的预备动作等。“疾跑”是在练习的主要阶段提高速度的最重要前提。因此，在一定的情况下要采用合理的辅助加速动作，并把它引入练习的最后阶段。例如，投铅球最后出手前附加转体；在体操支撑跳跃中，采用起跳后触悬挂物体来增加蹬地的动作加速度。

5. 缩小练习完成的空间、时间界限。运动活动中速度表现的平均水平主要是受专项活动持续时间的影响，因此在培养动作速度的过程中，可以限制练习的总时间及练习完成的空间条件，使动作能以最大速度完成，从而提高训练效果。例如，在周期性项目练习中，可以缩短练习距离，只安排近似于比赛距离的练习。在球类和一对一对抗的项目中，限制活动的时间、场地，从而使体育运动员能加速移动。

（二）比赛法

比赛法是进行速度训练经常使用的方法。速度类项目的高级体育运动员一年的正式比赛达 200 次以上。由于速度练习时间短，经常使用比赛法是可能的。由于经常比赛训练，就使体育运动员有机体表现出最大速度的可能性增加。

（三）游戏法

游戏法与比赛法的作用一样，可以激发体育运动员高涨的情绪。同时，由于在游戏过程中能引起各种动作变化，还可以防止因经常安排表现最大速度的练习而引起“速度障碍”的形成。

六、“速度障碍“预防与克服

“速度障碍”是指体育运动员在达到一定的速度水平后，长时间停滞不前，甚至不能再提高的现象。速度障碍在需要各种表现出速度的动作中都会有所表现，而不单单表现在跑的速度方面，还有跳高的起跳速度、投掷的出手速度等。

速度障碍的形成与速度的训练方法和手段本身的矛盾有关。提高某动作的速度需要反复练习，可多次重复又会导致形成动作的动力定型，使反映动作的各种指标比较稳定。这种稳定不但反映在动作的空间特征上，如动作幅度、方向等，而且也反映在时间特征上，使动作的速度和频率都产生较牢固的稳定状态，形成所谓的“速度障碍”，妨碍速度能力的进一步提高。

预防“速度障碍”，对不同训练水平的体育运动员应采用不同的做法。

对刚参加的训练者，预防“速度障碍”的主要做法是不急于搞过细的“速度”专项化训练，应该在若干年内先进行预备性的全面的身体训练。主要突出速度力量的训练，采用各种手段，如游戏、球类、跳跃等，以及用不同的形式进行练习，即使采用专门的速度练习也应在方式上进行多种变化，例如，100 m 跑达到 11 s 的成绩，既可以通过专门短跑训练来达到，也可以通过全面身体训练把重点放在速度力量的练习上来达到。虽然这两种训练手段达到的成绩是一样的，但用专门的短跑训练以最高速度进行反复练习的做法，会导致动作时间特征的稳定，形成“速度障碍”。与之相反，后一种情况就不会形成类似的动力定型。

高级体育运动员要预防“速度障碍”，应在一定阶段内减少其经常采用的速度练习，而增加速度力量练习及其他一般素质的练习和专项素质练习的分量。例如，把跳高体育运动员跳过横杆的练习数量限制在所有跳跃练习的12% -15%范围内。其他的主要时间来练举重及各种形式的（不是平常采用的）跳跃练习。这样就可以防止形成跳高时蹬地速度的稳定。在短跑、投掷、举重中也同样可以进行类似变化的安排。

一旦形成了“速度障碍”就必须采用有目的的专门性手段来破坏并削弱它。破坏“速度障碍”的主要办法是创造一定的补充条件来突破已经牢固形成的最高速度。如采用下坡跑、领跑、加速跑、牵引、投掷轻器械及轻重不同器械轮换交替训练等。但在采用这类手段时，不应过分地降低条件，而且要注意，在降低条件后达到的速度应是体育运动员在不久的将来又能在正常条件下达到的速度。否则，由于条件过分偏离专项的要求，专项必要的动作的空间特征也会受到破坏，从而导致以后恢复到正常训练的时间延长，产生不良后果。削弱和破坏速度障碍的依据是动力定型的空间特征较时间特征稳定。如果一段时间内不做主要的速度练习，“速度障碍”可能消失，而动作技术的空间特征将保留下来。如果在这个时期内借助其他手段又提高了速度力量等素质，那么过一段时间则可能使成绩得到提高。例如，在一个试验中，较高级水平的跳高体育运动员停止了几个月专项练习，这样并没有对他的技术起副作用。在这段时间里主要发展他的速度力量素质。以后，当他重新进行跳高专项练习后，成绩得到了提高。

对待速度障碍应该防患于未然，在训练前期千万不能操之过急。把专项训练的比重、专项强度提高至不恰当的高度是不足取的做法。争取体育运动员立竿见影式的提高，而忽略体育运动员的长远前景是不对的。

第十二章　不同竞技项目的体能训练

第一节　足球体育运动员的体能训练

一、足球运动的项目特征

足球运动令无数人为之兴奋和痴迷。足球场上，比赛双方你争我夺，以射门得分为目的。从中可以看到人性中积极、向上的一面。足球唤起从喜悦与悲伤的极端情感，这使它最终成为世界上最普及、影响最深远的运动，从而赢得“世界第一运动”的美称。足球运动有如此大的魅力，不仅在于足球运动孕育着丰富的内涵，而且也与足球运动的特点有关。

（一）整体性

足球比赛每队由 11 人上场参赛，整体参战的意识要强。

（二）对抗性

场上的 11 人思想统一，行动一致，攻则全动，守则全防。

足球运动是一项竞争激烈的对抗性项目，比赛中双方为争夺控制权，达到将球攻进对方球门，而又不让球进入本方球门的目的，展开短兵相接的争斗，尤其是在两个罚球区附近时间、空间的争夺更是异常凶猛，扣人心弦。一场高水平的比赛，双方因争夺和冲撞倒地次数多达 200 次，可见对抗之激烈。

（三）多变性

足球运动是一项技术上多彩多姿，战术上变幻莫测，胜负结局难以预测的非周期性运动项目，比赛中运用技术、战术时要受对方直接的干扰、限制和抵抗。技战术是依临场中具体情况而灵活机动地加以运用和发挥。

（四）易行性

足球竞赛规则比较简单，器材设备要求也不高。一般性足球比赛的时间、参赛人数、场地和器材也不受严格限制，因而是全民健身中一项十分易于开展的群众性体育运动项目。

二、足球体育运动员的总体特征

(一) 足球体育运动员的体能特征

随着现代足球全攻全守型打法的确立，比赛要求体育运动员不断地进行交叉换位、互相补位、随机策应和反复冲刺跑，在激烈对抗中快速完成技战术动作上百次，比赛强度非常大。一场比赛中，球员的跑动距离在9–14 km，平均为10.8 km。在整场比赛中，球员的运动状态也是多种多样的，包括站立、走动（4 km / h）、慢跑（8 km / h）、低速跑（12 km / h）、中速跑（16 km / h）、高速跑（21 km / h）、冲刺跑（30 km / h）、后退跑（12 km / h）等多种运动形式。其中，站立、走动、慢跑、低速跑和后退跑等以有氧供能为基础，并在比赛中占大量比例高速跑、冲刺跑以无氧供能为基础，虽然所占比例较小，但在足球比赛中却是十分重要的。因此，足球运动具有以有氧供能为基础、无氧供能为关键的供能特点。

1.体能的特异性

足球运动的体能与其他运动项目相比有一个明显的区别就是“间歇性”，即体育运动员各种强度的跑动总是伴随着不同时间的间歇。因此，不能简单地照搬其他项目的体能训练方法，而是要通过特有的手段去发展适合足球运动特点的体能。其生理学机制在于适应过程的专项特异性。适应性反应的专项特异性不仅表现在身体素质和植物性神经系统能力的发挥方面，还表现在心理因素的发挥方面，特别是在完成紧张肌肉活动，又必须用意志来加强工作能力这一方面。此外，足球体育运动员需要全面均衡地发展有氧耐力和无氧耐力。足球体育运动员体能是一个有序的开放系统，有氧耐力和无氧耐力是系统的主要组成部分，单方面发展有氧耐力或无氧耐力会使系统失衡，打乱体育运动员的体能系统，从而影响体育运动员的竞技状态。

2.体能的时间局限性

根据竞技状态的周期性规律，最佳体能水平只能保持在相应的时间段，这就是体能的时间局限性。足球体育运动员体能的产生与发展过程就是其有机体的应激和适应过程。在足球专项训练中存在着两种适应性反应：急性但不稳定的反应与长久且相对稳定的反应。通过短期体能强化训练，可刺激体育运动员机体产生急性适应性，但这种通过专项强化训练所获得的体能有极大的不稳定性。因为这种适应性反应是通过高强度的专项负荷所获得的，是以超量恢复为其表现特征的，并不是建立在各种器官、系统的肥大与变异的基础上，即生物学的形态改造上，这就导致体能存在着时间局限性。

3.体能的个体性

足球体育运动员按其场上的区域主要划分为前锋、前卫、后卫、守门员四个不同位置。各个位置的球员在比赛场上发挥的作用是不同的，因此表现出来的活动方式也是不同的。由于四个位置的不同功能和球员在整个球队中作用的不同，他们在体能上也存在着差异，这就是体能的个体差异性。从一场比赛中球员的活动情况来看，前锋队员在加速、爆发力等能力上更加突出，前卫队员在有氧中高强度跑及灵活性等方面比其他位置的队员更加突出，后卫队员的体能表现出爆发力及有氧中低强度跑方面的优势，而守门员的体能则体现在身高、体重、爆发力和反应速度方面。

4.体能的整体性

足球体育运动员体能的综合性表现在以下两个方面：

（1）足球体育运动员在比赛训练中体能的外在表现是多因素综合作用的结果，如果体育运动员具有保持长时间活动的能力，不但与体育运动员有氧耐力有关，还与体育运动员的肌肉耐力、恢复能力以及意志力等有密不可分的关系。只强调单一因素的作用，往往会陷入误区。

（2）足球体育运动员的体能除受能量供应系统的影响，还存在其他因素，比如恢复手段、营养、心理等都会影响体育运动员的体能周期变化和外在表现。解决体育运动员的体能问题也必须从多因素出发，不仅从生理机能考虑，也要从心理方面考虑。

（二）足球体育运动员的形态特征

足球体育运动员的身体形态总体上为粗壮型，身材高大、壮实是高水平球队的一个明显特征。但不同地区、不同体育运动员之间的差异很大。因此球队中体育运动员的身体形态的合理差异性是高水平球队的又一个重要特点。从我国足球体育运动员的长度指标、体格指标和围度指标来看，我国优秀足球体育运动员的身体形态主要的特征表现为身材高大、体格健壮、肌肉细长并富有弹性、脂肪层薄、踝关节围度小、跟腱清晰和足弓高。

（三）足球体育运动员的机能特征

器官系统在活动中所表现出的能力大小是体育运动员体能的一个重要方面。如前文所述，足球运动的身体机能可以从多个角度进行分类，如身体各器官系统、运动中的耗氧性质或有氧无氧与肌肉做功系统综合分类等。

1.足球体育运动员有氧无氧混合供能特征

由于职业足球比赛中运动形式的复杂性，足球体育运动员的体能由多种机能能力综合完成。有氧供能与无氧做功是足球运动能量代谢的一个特点。足球比赛中混合供能的特点是有氧供能在量上占绝对优势，但在重要性上无氧供能明显。

2.足球运动中有氧能力与无氧能力的对立统一关系

有氧能力与无氧能力是对立统一，关键是要能区别足球比赛中供能与做功的特殊规律。足球比赛中有氧能力并不排斥大量的无氧做功，这些无氧做功既是无氧能力的基础，也可纳入有氧能力的范畴。在此基础上，有氧与无氧能力既是对立的也是统一的。足球比赛的高强度、短间歇、短距离、高能耗的特点正是这种专项能力结构形成的基础，因此训练必须与之相一致。

(四) 足球体育运动员的素质特征

1.专项力量素质

足球体育运动员的力量素质除了表现出竞技运动众多项目中所共有的特性外，更主要的是体现出足球运动本身所需要的快速力量，即肌肉迅速收缩和伸展的能力，且具有很高的灵活性及准确性。

2.专项速度素质

速度是足球运动中最为重要的素质，是体育运动员在比赛中争取时间优势的重要条件。就足球运动而言，速度素质应具有反应快、起动快、急停变向快、动作衔接及动作转换快和绝对速度快等特点。

3.专项耐力素质

耐力素质所表现的是体育运动员机体对氧的代谢能力，从足球运动比赛时间及规律上看，对其要求可分为一般耐力和专项速度耐力，尤其是专项速度耐力在足球运动中占有重要地位。

4.专项灵敏素质

足球运动对体育运动员在灵敏素质方面所提出的要求则主要是快速、协调、准确。只有具备了这些素质，才能与足球运动所需要的反应速度快、应变能力强的专项特点紧密结合，从而促使体育运动员技术、战术水平的发挥。

5.专项柔韧素质

柔韧素质在足球运动中所表现出的意义主要是要求体育运动员关节韧带，特别是腰、胯、膝、腿、踝关节韧带的韧性强。这对体育运动员加大实战拉术动作强度、幅度，减少体育运动员机体受伤有着积极的意义。

三、足球体育运动员体能训练的内容与方法

足球是一项对身体素质水平要求很高的运动项目，它属于既要求速度、灵敏，又需要力量、爆发力和耐力的少数几个项目之一。高水平体育运动员在一场比赛中跑动距离超过 14 km，同时还要进行频繁的加速、减速、改变方向和跳跃。由此可见，体能是足球选手从事技术与战术训练的基础。英国足球总合前训练组长查尔斯·休斯曾经具体地将足球体能解释为足球体能是一种完成和实现技术、战术或比赛的身体能力。

身体素质对各个级别的足球体育运动员来说都是十分重要的，对顶尖体育运动员来说更是必需的。对初学者来说，进行身体素质训练并达到一个好的标准，可以提高他们在运动中的动作有效性和在运动中享受快乐。足球体育运动员进行体能（身体素质）训练的目的就是使其能够应付比赛对身体机能的需求，在整场比赛中能合理、有效地发挥技战术能力和水平。

（一）体能（身体素质）训练的组成

运动能力受先天能力（遗传因素）和训练状态的影响，天赋再好的个体也需要正确的训练才能使其天资得到最大的施展。

不同的运动项目需要不同的身体素质组成成分。足球体育运动员从事的是长时间间歇运动（耐力），属于大强度运动，比赛中要冲刺，踢球或抢球时要使用较大的爆发力。良好的灵敏性和协调性也是足球体育运动员所必需的，这也是优秀体育运动员与普通体育运动员之间的差别所在。

因为比赛过程中运动强度不断地发生改变，因此应该尽可能地根据实际情况进行身体素质训练。应该经常采用有球训练，这不但对发展比赛时所需的专项肌肉机能有所帮助，而且可以提高技战术，并保持球员对训练的兴趣。教练员应该根据不同球员的特点来制订不同的身体素质训练计划。这对训练女足队员和青少年球员同样重要。根据项群训练理论按主导竞技能力的因素对竞技项目的分类，足球居于技战能主导类同场对抗性项目。因此，只有对比赛负荷的特点有深刻准确的认识，才能有针对性地制订科学合理的计划，确定与比赛相近的训练内容，选择科学合理的训练手段，抓住足球专项训练的主要内容，提高竞技能力。

（二）足球体育运动员的力量训练

1.速度力量

练习强度为 75% –90%，练习时间为 5–10 s，间歇以完全恢复为宜，重复次数

为4–6次，练习组数为3–4组。

2.力量耐力

练习强度为60% –70%，练习时间以15–45 s为宜，间歇为一般心率恢复到120次/min左右，重复次数为20–30次，练习组数为3–5组。

(1) 发展颈部、上肢、肩背力量的练习

①两手扶头，在颈部转动时给予抵抗力。

②俯卧撑（可以双手撑在健身球上做）。

③引体向上。

④俯立飞鸟。

⑤卧推（水平、上斜、下斜，宽握、中握、窄握、正握、反握）。

⑧哑铃/杠铃弯举。

⑦俯立哑铃臂屈伸（宽握、中握、窄握、正握、反握）。

⑧杠铃俯立划船（单臂哑铃划船）。

⑨对坐，两腿分开，互抛实心球（先离心后向心）。

⑩坐在健身球上做杠铃颈后推举（宽握、中握、窄握、正握、反握）。

(2) 发展腰腹力量的练习

①仰卧起坐（加转体）、仰卧举腿（斜扳）。

②侧卧体侧屈、侧卧双腿上举、俯卧做体后屈（同时可抬腿）。

③跳起空中转体、收腹头顶球。

④展腹跳。

⑤肩负杠铃体前屈、转体。

(3) 发展腿部力量练习

①各种跳跃练习（立定跳、多级跳、蛙跳、助跑跳、肩负杠铃连续上跳、胯步跳、跳深）

②肩负杠铃提踵、半蹲。

③快速摆动大、小腿。可绑沙袋，也可采用橡皮筋增加阻力。

④远距传球、射门练习。

⑥骑人提踵。

⑥杠铃剪蹲（步子跨大时，主要锻炼股四头肌、股二头肌和臀大肌；步子跨小时，主要集中锻炼股四头肌）。

⑦悬垂举腿。

(三) 足球体育运动员的速度训练

速度训练的运动负荷要求：练习强度为 95% -100%；练习时间以 3-10 s 为宜，间歇时间视训练目的而定，可完全恢复或不完全恢复，练习重复次数为 6—8 次；练习组数为 3-5 组。

(1) 各种姿势的起跑（10-30 m）

(2) 在快速跑或快速运球中，听、看教师信号，做急停、转身、变向、跳跃、翻滚等动作。

(3) 利用快速小步跑、高抬腿跑、顺风跑、下坡跑、牵引跑等练习，突破速度障碍。

(4) 全速运球跑、变速变向运球跑。

(5) 绕杆跑、运球绕杆。

(6) 利用简单的战术配合练习速度。

(7) 抢球游戏。全队分为两排，相距 20 m，面对站立，在中间 10 m 处画一条线，每隔 2 m 放一球，队员依次面对球站好。当教练员发出信号后，双方快速跑上抢球。球抢得多的一方为胜。

(8) 追球射门。队员 2 人一组，可分为若干组在中圈外的中线两侧站好，利用两球门同时练习。球集中于中圈教练员脚下，当教练员将球向一个球门踢出并同时发出口令时，两翼队员快速起动追球射门。要求未拿到球的队员必须紧追持球队员，并在持球队员射门后仍前跑至球门线处，以利于发展速度和加强射门意识。

(9) 提高动作速度的练习，即规定最高速度指标的练习。如在教练员限定的时间内快速完成传—接—传、运—传—射门等动作，以建立快速动力定型。肌肉感觉的快速精确分析机能练习。两人或多人一组，在连续奔跑中完成同一传接球练习。加大练习密度，如在较小的场地内做 2 对 2、3 对 3 的传抢练习。

(四) 足球体育运动员的耐力训练

1.有氧耐力训练

(1) 有氧耐力训练有小强度持续法和间歇法两种：

①持续训练法要求。练习强度为 40% -60%，练习时间为 25 min 以上，距离为 5000-10000 m。

②小强度间歇法要求。练习强度以 150 次 / min 为宜；练习时间为 30-40 s，间歇要求不完全恢复，一般脉搏恢复到 120 次 / min 为宜；练习次数为 8-40 次；练习组数为 1 组即可。

（2）有氧耐力训练的具体练习方法如下：

① 3000 m、5000 m、8000 m 等不同距离跑。

②定时跑（如 12 min 跑）。

③穿足球鞋长距跑。

④ 100–200 m 间歇跑，400–800 m 变速跑。

2.无氧耐力训练

（1）无氧耐力训练常采用次大强度间歇法训练。无氧耐力训练要求；练习强度为 80% -90% ；脉搏为 180–200 次 / min；练习时间为 20–120 s；间歇要求不完全恢复，脉搏一般在 120 次 / min 左右；练习次数为 12–40 次；练习组数为 1–2 组。

（2）无氧耐力训练的具体练习方法如下：

① 30–60 m 重复多次冲刺跑。

② 100–400 m 高强度反复跑。

③各种短距追逐跑。

④进行 5 m、10 m、15 m、20 m、25 m 折返跑。

⑤往返冲刺传球。

⑥规定时间做不同人数抢传练习。

3.体能循环练习

内容可以是折线快跑 20 m—仰卧屈体 5 次—冲刺 10 m—突停转身铲球—快跑中跳起头顶球 3 次—冲刺射门 2 次—三级蛙跳。或者根据队内实际情况改变各站设置。

（六）足球体育运动员的柔韧素质训练

柔韧训练的运动负荷组合要求如下：

练习强度开始以中等强度为宜，最后可达 80% 以上；练习时间每次可控制在 10–20 s，时间不宜太长；间歇要求完全恢复，可做积极性放松活动；重复次数以 5–10 次。练习组以 3–5 组为宜。

（1）颈前屈、侧屈、后屈并绕环，体前屈、侧屈、后屈并振动。

（2）前弓步和侧弓步压腿，纵劈腿和横劈腿。

（3）前踢腿、后踢腿、侧踢腿和腿绕环。

（4）站立体前屈下压，或靠墙站立体前屈下压。背伸、展腹屈体练习及腿肌伸展练习。

（5）模仿内外颠球动作，单双腿连续做内翻和外翻练习。模仿内扣和外扣动作，单腿连续做内转、外转动作。

（6）两腿交叉的各种跨步、转身动作。

(7) 踢球、顶球、抢截球等各种技术动作的模仿练习。

(8) 跪压正脚背（上体后仰轻轻振压）及全脚背着地的俯卧撑练习（主要拉长脚背韧带和小腿前肌群）。

(9) 模仿和结合球的大幅度振摆腿、铲球、侧身踢凌空球及倒钩射门等练习。

第二节　篮球体育运动员的体能训练

一、篮球运动的项目特征

篮球运动是一项以投篮得分为目的、攻防快速多变、运动强度大、身体对抗激烈的技能类项目。由于世界篮球运动的竞技布局发生了改变，现代篮球运动的特征有了新的变化。

(一) 整体协作性

整体协作性即所谓的集体协作性，现在篮球运动更加强调集体的智慧与技能，注重发挥团队精神、核心战斗力与队伍风格。整体协作性主要表现在攻防战术指导思想的要求下，体育运动员的任何行动都从球队的整体需要出发，更加积极、主动，强调与同伴之间的通力协作与配合，把个人的技战术能力融合在集体的协同配合中，实现共同的战术目的。强调集体协作性并不抹杀球员个人的攻守能力，相反积极为球员个体提供有效、持续的有利环境与条件，发挥体育运动员个人的积极性与能动性。

(二) 技战术运用的开放性

现代篮球比赛对体育运动员的智商要求非常高，体育运动员同时也表现出较高的球商，体育运动员技战术运动的开放性更高。技战术运用的开放性高，体育运动员能根据攻防双方的情况，迅速做出有针对性的策略调整，灵活运用技战术，表现出较高的攻防效率。开放性表现在比赛中能最大范围地、充分、合理地发挥自身的技战术优势，并限制对手优势的发挥，处于相对优势的地位。篮球比赛中，攻防双方之间的行动迅速，势必需要体育运动员能从观察、判断、思维、决策到技战术的运用上，特别是在强烈的身体对抗下，技战术运用的开放程度要更高，比赛级别越高，这种要求越明显，开放的程度越高。体育运动员运用技战术的开放程度越高，在进攻端的技战术表现为威胁更大、方法更为简单、成功的可能性更大、能够创造性的调整技战术应对策略，有效地发挥个人以及球队的特长，放大技战术运用的实际效果，在激烈复杂的对抗下始终掌握比赛的主动权。

(三) 对抗性

篮球比赛是在420 m^2 的区域内展开的、地面与空间的、近身进行的获得球与反获得球、追击、抢夺、限制与反限制、斗智斗勇、高强度的激烈对抗性的运动。现代篮球运动的职业化程度越来越高，商业气息较浓，对抗更激烈、强度更大。从对抗的形式、内容、方法看，现代篮球运动都发生了极大的变化。在体能、技术、战术，心理等构成竞技能力的各个要素来分析，现代篮球运动的对抗在这几个方面都有新的、不同的改变。现代篮球比赛在球权的争夺、抢位、控制空间、地面与空间的控制上形成更为激烈的立体化对抗。在无球对抗方面，表现为无球对抗意识强，强调体育运动员具备进攻时的摆脱助位、防守时的选位、卡位的对抗意识和能力，大量采取错位的、集体的、协防的、强度大的防守。在有球对抗上，持球队员在强对抗下的控制球与支配球的能力较强，现代篮球运动强调对有球队员要紧逼防守的理念，仅对抗更加直接、激烈。从争夺篮板球上，从争夺地面的有利位置开始，到夺取空间的有利位置，再到最后对球的争夺，每一个环节的对抗更凶、更狠。随着现代篮球运动训练的科技含量提高，体育运动员的训练—营养—恢复更加合理及科学，体育运动员的身体素质得到最大限度的挖掘，从而比赛的对抗表现出全面性、激烈性、准确性以及突变性等特性。现代篮球运动表现出两个紧密联系的发展趋势，即局部对抗不断加剧和有效对抗范围不断扩大。应当看到，现代篮球比赛中体育运动员之间的对抗不仅表现在平面和立体的争夺范围的扩大，而且尤其突出的是对抗的激烈程度明显提高。

(四) 节奏性

节奏是篮球比赛最为突出的特征之一，是取得比赛主动权和获得胜利的重要因素，由于受到风格、环境，心理以及体能等因素的影响，具有复杂性与动态的易变性。在节奏的重要性上，国内外的一些教练提出，比赛节奏的转换是现代篮球战术实施的一个重要问题。节奏的变化规律为球队的正确决策、争取比赛的主动权、捕捉战机等提供了理论上的依据。现代篮球比赛的节奏能够更多地体现出针对性、合理性、策略性。各个球队主要以核心队员为主制订攻守节奏的策略，在比赛中结合实际需要主动进行调整，这种调整更多的是队员之间有意识、默契的变化，不需要特意地安排与部署。在一定程度上反映出队员对比赛的阅读能力及驾驭能力。现代篮球比赛节奏的新特性建立在体育运动员充沛的体能基础上。

（五）多变性

篮球运动是一项动态性的运动，不断地变化节奏与方向，力争主动是现代篮球运动的基本规律和特点。“变”是篮球运动的灵魂，“动”是变的基础。现代篮球运动的多变性主要体现在进攻战术的多变性和防守战术的多变性。针对篮球整体与队员的特长及对手的布阵与特点，应适时变化攻守战术，从而掌握攻守的主动性。只有不断主动或者应变运用战术，才能在攻守对抗中抢得先机。现代的高水平球队在防守形式上综合多变，目的在于让对手不适应。战术的综合多变体现在区域以及形式两个方面。

（六）准确性

篮球运动需要高度的准确性，以投中作为最终目标。除了高命中率，现代篮球运动拓展了准确性的内涵与外延。准确性不仅仅表现在中远距离的投篮能力，更体现在技战术运用的准确性上。首先，技战术的准确性是在强烈对抗的状况下实现的。对抗是篮球项目的最基本特征，比赛的全过程始终处于对抗之中，体育运动员的技战术是在对手身体、技术、战术等对抗情况下完成的。其次，运动员在与同伴的协同配合中表现技战术的准确性。篮球比赛是一个动态的变化过程，运用技战术的目标也处于动态的变化中，需要体育运动员正确观察、判断同伴的变化，同时需要同伴提供及时的支援与配合，相互之间只有默契，才能够提高对抗中技战术的准确性。

二、篮球体育运动员的体能特征

体育运动员的专项体能主要是指与专项训练及特殊的比赛任务紧密联系的、体育运动员为圆满完成特定的训练比赛任务而必须具备的特殊体能。因此，篮球体育运动员的专项体能是体育运动员经先天遗传与后天训练形成的，体育运动员在篮球运动中表现出来的机体持续运动的能力。与体育运动员机体形态结构、系统器官的机能水平、运动素质水平、能量物质贮备、基础代谢水平，心理因素与意志品质以及外界环境等都密切相关。据竞技体育技能类项群理论研究表明，体能在体育运动员的竞技能力构成中居于重要地位，是体育运动员能否在专项竞技运动比赛中取得优异运动成绩的关键因素。

篮球体育运动员的体能是以三大功能系统为能量代谢活动的基础，通过骨骼肌的活动所表现出来的运动能力。体育运动员体能水平的高低是由身体形态、生理机能、运动素质三个方面决定的，身体形态与生理机能是体能的物质基础，身体素质是体能的外在表现。因此，体育运动员的体能水平是力量、速度、耐力、灵敏和协调等运动素质综合表现的结果。现代篮球运动的项目特征决定着这些身体素质对该项目的贡献是不同的，表现在体育运动员不同的位置分工、项目的整体要求。因此，现代篮球运动的体能表现出一定的项目特征。

（一）篮球体育运动员的形态特征

田麦久先生主编的《项群训练理论》对篮球等同场对抗球类项目体育运动员的形态特征描述为“身材高大、健壮、肌肉细长并且富于弹性、脂肪层薄、臀部肌肉紧缩上收以及踝关节围度小、跟腱清晰、足弓高等”。篮球运动是巨人的游戏，现代篮球体育运动员身高的特殊作用越显重要，篮球体育运动员身材越来越高已成为一种必然的发展趋势。高度和体重的增加是为了提高控制和支配球的能力，有了身高，篮下控球就有优势，在实施进攻战术体系中才能有效地发动快攻，提高掩护质量及篮下攻击能力。

（二）篮球体育运动员的机能特征

身体的机能水平是体能结构的基础环节，机能的水平和状态促进且制约着体能的发挥。身体素质是体能的集中体现，也是反映体能水平的重要指标。对体育运动员身体素质的诊断测试沿用了多年来冬训中一直运用的身体素质的测试内容和评分标准。而现行的机能测试能更准确地反映身体素质的状态。身体机能测试主要包括以下方面的指标：

1. 呼吸机能；
2. 心血管系统的机能与血红蛋白的含量；
3. 血清睾酮；
4. 有氧代谢与无氧代谢机能。

（三）篮球体育运动员的素质特征

国际上的篮球强队，各个位置上的体育运动员都具备出色的身体素质，随着比赛强度不断加大，对体育运动员的身体条件提出了更高的要求，必须具备全面的身体素质才能够适应、满足高强度、强对抗比赛的需求。现代篮球运动对体育运动员的体能有非常高的要求。

体能水平是身体素质综合表现的结果，体育运动员个体之间存在较大的差异，表现出体能水平的主导作用。身体素质具有个体差异性：有的体育运动员力量好；有的体育运动员速度快；有的体育运动员耐力出众；有的体育运动员属于综合型，没有过于突出的身体素质，但是较为全面。

由于构成体能的各个素质之间具有相互迁移性，为了较为准确地阐述清楚现代篮球运动的体能特征，现将篮球体能分为专项力量、专项速度、专项耐力、专项灵敏和专项柔韧五个部分。

1.专项力量素质

从理论上讲，篮球运动是一项不允许身体接触的项目，但在具体实践中，身体对抗无时、无处不在，且呈现越来越激烈的趋势。现代篮球运动的对抗表现在体能、技战术，心理与智能等多层面的综合对抗上，其中身体对抗是各种对抗性的最高形式。因此，力量是篮球体育运动员专项对抗能力、专项速度、专项技术等各个方面的基础与保障。从力量的整体效应看，现代篮球运动要求体育运动员具备高度发展的全面力量训练水平，身体的各个部位都要进行力量的强化训练，发展各个运动环节的肌肉力量，达到提高整体力旦的目的；从动作结构、发力特点讲，必须具备出色的弹跳力、躯干肌力、上肢力量；从力量性质讲，必须具备爆发力、快速力量耐力。

篮球运动对于体育运动员身体不同部位的力量有不同的要求。把体育运动员的身体分成上肢、核心区以及下肢三部分，体育运动员在比赛中跑动、跳跃、投篮时下肢的蹬伸、支撑、急停、转身等动作的快速变化主要依靠下肢部分的力量，股四头肌、大腿后侧的肌群、小腿的有关肌群起着重要的作用。同时膝关节周围的肌腱、韧带等的坚韧性、灵活性也非常重要。体育运动员起动时快速、有力地蹬地，变向时的侧向蹬地以及急停时的制动都要求非常高的起动力、爆发力。核心区部分主要包括腰腹、背及臀部区域，该区域是连接上、下肢的枢纽。体育运动员需要上下、左右、前后不断地改变运动方向，调节身体的重心，保持对抗下的滞空能力，以保证在失去重心情况下的完成技术动作的有效性，因此对于核心区的力量有严格的要求。上肢部分直接实现攻守的抢球与投篮得分。传接球、运球、投球、拼抢等技术动作的有效运用需要手指、手腕、上肢肌群的力量以及灵活性。

2.专项速度素质

速度素质是指人体或者局部肢体快速移动、快速完成动作以及快速反应的能力。速度素质是篮球体育运动员重要的运动素质，被称为篮球运动的灵魂，对于体育运动员整体竞技能力的提高与改善有重要的作用。在运动实践上主要表现为反应速度、动作速度及移动速度。加速度、加速跑的速度是体育运动员速度的核心，而不是绝对速度。技术的精确性以及动作速度是篮球项目的基本目标，二者之间关系紧密。篮球项目中的速度是在特定动作中应有爆发力的标志。现代篮球运动要求体育运动员具备快速的位移速度，在时间规则的允许范围内（如 3 s、5 s、球从后场推进前场的 8 s 以及总进攻时间的 24 s），同时在对手积极防守的情况下，能够利用速度从赛场的某一点移动到另一个位置，获取有利的形势，达到一定的战略、战术目的。现代篮球运动更加强调各个环节的衔接，突出一个快字，即进攻速度快、攻守转换快、防守反击快。在篮球技术的运用方面更加强调在位置的基础上提高运用技术的速度，要求运球快、传球快、投篮的出手速度快。各个环节之间衔接紧凑，比赛速度快，几个攻守转换之间基本没有休息时间，对体育运动员的速度耐力要求非常突出。这种速度耐力是高强度下的、最大加速度运动重复更多次的运动能力。速度耐力为速度素质和灵敏素质提供了代谢基础，能够保持较长时间。现代篮球运动的速度素质所需要的快速发力特征与许多运动技巧有内在的联系，最能够显示速度力量的应用原则。

3.专项耐力素质

专项耐力是有机体为了获取专项成绩而最大限度动员机能能力，以克服专项负荷所产生的疲劳的能力。依据运动中氧代谢的特征，耐力可分为有氧耐力与无氧耐力。现代篮球运动的速度加快且对抗加剧，对无氧耐力的要求提高。体育运动员首先要具备良好的无氧耐力，即具备长时间反复进行高强度运动的能力。由于技术动作与间歇进行交替，对体育运动员的有氧耐力有很高的要求。现代篮球运动在比赛中动作没有统一的标准，动作方式与数量比较广泛，不能确定比赛所要承担的负荷，甚至比赛总时间也无法准确确定，所以现代篮球运动需要相当大的耐力储备。

4.专项灵敏素质

专项灵敏素质是指根据专项的需要，与专业技术有密切联系的、适应变化的外环境的能力。灵敏素质具有明显的项目特征，球类体育运动员的灵敏表现为针对外界刺激变化，能及时准确地变换动作及做出反应的能力。篮球项目的灵敏是指急停、变向、再加速的能力。灵敏素质比简单地获取和保持速度更加重要。现代篮球运动在灵敏素质上强调减速能力及随之而来的减速—加速耦合能力。依据运动的次数与运动方式的组合不同，灵敏素质可分为闭合性灵敏与随机性灵敏。在预先设计好的动作中表现出的灵敏是闭合性灵敏，在随机运动中表现出的灵敏是随机性灵敏。现代篮球运动强调随机性灵敏。

5.专项柔韧素质

专项柔韧是指符合专项需要、满足专业技术需要的人体关节在不同方向上的运动能力以及肌肉、韧带等组织的伸展能力。关节的活动范围是由多种因素决定的，包括结缔组织的构造，有机体的活动状况、年龄、性别等。现代篮球运动的比赛负荷加大、对抗更强等因素造成攻守技术的运用难度增加，技术的运用甚至超出了关节的活动范围，超出了肌肉的最大伸展能力。柔韧为短时间急剧的对抗提供了缓冲的空间。现代篮球运动中许多动作的目的是控制空间，赢得空间，创造攻守的优势条件。在实际比赛中，对抗肌和周围组织的伸展为主动肌的收缩提供了空间，为肢体末端能够达到的空间提供了范围。现代篮球运动要求体育运动员具备良好的柔韧素质，增加关节运动的幅度，提高运动水平，同时减少肌肉、骨骼系统的损伤。

三、篮球体育运动员体能训练的内容、方法与手段

(一) 篮球体育运动员的力量训练

1.篮球体育运动员力量训练的特点和要求

人体要发挥最大力量和最大爆发力，不是某一环节的问题，而是各运动环节、各工作肌群间的协调配合与共同用力的综合结果。篮球体育运动员的力量素质具有全面的特点，要求上肢、下肢、腹部、背部肌群均衡发展，主动肌、对抗肌和协同肌都要加强训练。

篮球体育运动员的力量训练要符合篮球运动的专项特点。例如，下蹲的力量性质与篮球专项的急停起跳力量相差甚远。篮球体育运动员的膝关节损伤通常不是伸膝力量不足造成的，而是缓冲力量（退让力量）不足造成的。篮球体育运动员的力量训练要注意选择肌肉收缩方式与篮球专项运动相一致的练习手段。力量训练要力求选择与篮球运动技术结构相一致的动作方法，并力求将体育运动员的最大力量、快速力量转化为专项力量能力，即专项跑跳能力和对抗能力。

2.篮球体育运动员力量训练的方法

(1) 常用的训练方法

①最大负荷法。主要采用大重量进行训练，即最大负荷量的90% –100%的负荷做1–2次练习，其做8–10组练习可很好地发展最大力量。

②金字塔训练法。使所负重量不断增加，直到极限，这样训练力量可快速增长。

(2) 快速力量常用的训练方法

①大负荷训练法。这种训练方法不但能使最大力量得到提高，而且能使中枢神经系统发放的冲动强度大幅度提高，能最大限度地激活运动单位，尽可能达到目的和同步的活动。

②中小负荷训练法。一般采用这种方法可以使肌肉产生快速收缩，但是这种方法产生的刺激强度还不足以诱发足够的神经冲动发放频率完成全部单位的缉获。因此，大负荷优于中、小负荷训练法，但中、小负荷的训练是力量训练很好的补充。

③大幅度训练法。增加体育运动员练习动作的用力距离，在训练中可通过改进

动作技术和发展身体各部位关节柔韧性来实现。

④超常训练法。肌肉先进行快的离心收缩，紧接着爆发性地完成向心收缩，这对提高体育运动员的支撑能力、快速力量有着其他训练方法无可比拟的独特训练效果。

(3) 腿部力量与弹跳力训练

①减负杠铃做半蹲或全蹲，一般为最大负荷的80%左右，重复3–4次，慢蹲快起，躯干正直，防止塌腰翘臀，注意保护。

②肩负最大负荷量的40% –50%的杠铃在软地或地毯上做半蹲跳8–12次，做4–6组，跳起要快，脚踝要绷直。

③肩负最大负荷量40% –50%的杠铃做箭步交换腿跳。

④徒手或负重，做单腿深蹲起。

⑤徒手或肩负做单足或双足的各种连续跳、多级跳。

此外，前脚掌、脚弓、踝关节和小腿肌群的爆发力对篮球体育运动员的弹跳力也很重要，可以通过负重(95%)提重、跳栏架、原地双脚跳起摸篮板来提高。

3.篮球体育运动员力量素质训练应注意的问题

(1) 力量训练的方法、手段应与专项动作特点紧密结合。侧重于动力性练习，要与速度、弹跳、灵敏等素质和篮球技术的练习结合进行，使力量成为活力。

(2) 在力量训练中，要注意集中与分散安排相结合，避免局部负担过重，注意大小肌肉群平衡发展。注重速度力量的训练与发展，同时要考虑体育运动员特点、年龄、性别；训练程度，做到有针对性地合理安排。

(3) 力量训练时要注意安全，防止伤害事故。在负重练习前要充分做好准备活动，训练时集中精神，要掌握正确的动作方法要领，循序渐进，加强保护。力量训练不宜在疲劳状态下进行。

(4) 力量训练要坚持经常性和注意训练间歇。力量增长快，停训后消退也快。每周安排1–2次力量训练，可以保持力量素质；每周安排2–3次力量训练，可以增长力量素质；每周3–4次力量训练，可以显著增长力量素质。可以用“超负荷训练”获得超量恢复，达到迅速发展力量的目的。

(5) 力量训练中要注意练习安排的顺序，速度力量练习应安排在力量耐力练习前面进行。

(6) 力量训练后，要特别注意使肌肉放松。肌肉在力量训练后产生酸胀感，肌肉酸胀，肌纤维增粗现象的反映，也是力量增长的必然但应采取积极措施消除肌肉的酸胀感，以利于减少能量消耗，并更好地保持肌肉弹性。训练时要按身体不同部分的肌肉交替穿插进行，同时注意安排放松练习。训练后要采取按摩、淋浴等必要的恢复手段，培养体育运动员自我放松的习惯。

（二）篮球体育运动员的速度训练

1.篮球体育运动员速度特点及训练要求

篮球的跑不同于田径的跑。跑时既要看同伴，又要看对手；既有跑步，又有滑步；既有向前跑，又有向后跑；既有正着跑，又有侧着跑。这些都对篮球体育运动员的速度训练提出了不同的要求。

篮球运动的速度特点表现为以下几方面：

(1) 连续反复的快速冲刺；

(2) 身体重心低，反复变速交向；

(3) 起动速度快，在短距离内能发挥最大速度能力，长时间变速能力强。

篮球运动速度的特点决定了篮球体育运动员不仅需要 ATP-CP 供能能力，而且要求提高糖酵解供能能力。

起动速度、加速跑速度和速度耐力是篮球体育运动员速度训练的重点。因为篮球场只有 28 m 长，15 m 宽，所以要清楚地认识到影响这类速度的主要因素是躯干的固定平衡力量，髋、膝、踝关节的爆发力及上肢的摆动力量。根据篮球运动速度的特点，篮球体育运动员的速度训练应要求；

(1) 着重发展动作的频率；

(2) 培养体育运动员对时空的反应判断能力，以提高反应起动速度；

(3) 快速跑动应与技术动作协调；

(4) 速度训练应安排在训练前期进行。

2.篮球体育运动员速度训练的方法

篮球体育运动员的速度训练要与其他手段相结合进行，如与发展最大力量、速度力量和完善动作技术（起动、滑步、急停等）结合；专项（动作）速度必须与专项技能的完善相结合。篮球体育运动员的速度训练应着力于提高场上的起动和快跑以及无氧供能能力。

(1) 小步跑、后踢腿跑、高抬腿跑、交叉步跑、后退跑或原地快速中突然改变为加速跑。

(2)10 m、20 m、30 m、100 m 加速跑或变速跑。

(3) 根据教练员手势或信号，做传球或运球的快速起动和急停。

(4)5-8 m 往返跑或全场四点折回跑。

(5) 快速运球上篮或全场运球 3-4 次上篮。

(6) 两人一组站在端线外，前后相距跑 2-3 m，根据信号，前面的队员快速运球上篮，后面队员全力追赶，尽可能追上，将球抢到手，或干扰他的动作。

(7) 传球或远球的接力赛。

(8) 两人一组端线开始，全场三步上篮，往返 2–4 次为一组。

(9) 多种脚步动作的转换练习。

(10) 队员站在端线外，教练员向前场传高吊球或地滚球，一人迅速起动加速跑，接球上篮。

(11) 合理的负重力量练习。

3.篮球体育运动员速度素质训练应注意的问题

(1) 速度素质应结合篮球专项的特点才能奏效，教练员首先要了解自己专项速度的特点看看自己专项是以哪一类速度为主，以哪一种表现形式为主。

(2) 发展篮球体育运动员速度素质应注意其年龄特征。

(3) 注意合理安排篮球体育运动员速度素质训练的顺序与时间。

(4) 注意以发展力量和柔韧性来促进篮球体育运动员速度素质。

(5) 注意进行速度练习时人体要处在适宜的工作状态。

(6) 发展篮球体育运动员速度素质应重视肌肉放松。

(7) 正确预防和消除“速度障碍”。

(8) 篮球体育运动员速度素质训练应结合专项进行。

(三) 篮球体育运动员的耐力训练

1.篮球体育运动员的耐力特点及训练要求

篮球体育运动员的耐力素质主要以糖酵解的供能形式为主，因此篮球体育运动员的耐力训练要以最大乳酸能和机体耐酸能力的训练为主，有氧供能的训练为辅。有氧供能的训练是糖酵解供能训练的基础。有氧供能能力强，体育运动员在比赛和训练中的恢复能力就强。但是，必须认识到无氧供能和无氧—有氧混合供能是保证篮球体育运动员在比赛中保持长时间快速运动能力的物质要素。

根据篮球运动耐力的特点，篮球体育运动员耐力训练的要求主要有以下几种：

(1) 篮球体育运动员的耐力训练首先要提高有氧耐力水平；

(2) 篮球体育运动员的耐力训练要突出专项耐力；

(3) 准备阶段前期应更多地发展有氧耐力，准备阶段后期及赛前阶段则着重发展无氧耐力；

(4) 篮球体育运动员的耐力训练要长年进行。

2.篮球体育运动员耐力的训练方法

发展篮球体育运动员一般耐力的途径是提高体育运动员的摄氧、输氧及用氧能力，保持体内适宜糖原和脂肪的储存量以及提高肌肉支撑体育运动员器官对长时间负荷的承受能力。发展一般耐力经常采用持续匀速负荷和变速负荷的方法，负荷强度一般应控制在接近无氧代谢的强度，心率控制在 160 次 / min 左右。

（1）持续负荷法

发展篮球体育运动员专项耐力训练要特别注意专项总体代谢特点，一般以发展非乳酸性无氧耐力为主，采用 95% 左右强度，心率可达 180 次 / min 的训练方法，重复组数可达 5-6 组，重复次数宜比组数少些。

（2）间歇负荷法

这种训练方法主要提高有氧代谢水平，心率控制在 160 次 / min 左右，其方法有匀速跑、变速跑、超越跑、折返跑。这种训练方法为有氧和无氧混合代谢。负荷采用 50% 左右的有氧和 50% 左右的无氧，心率上限为 28 次左右 / （10 s），间歇时间是在没有完全恢复的情况下再进行下一次练习。方法有 400 m 跑、100 m 快速跑、100 m 放松跑，反复进行，40 s 左右的各种连续跑，重复进行。

（3）重复负荷法

这种训练方法主要提高无氧代谢水平，负荷的最大心率达 28 次 / （10 s）以上，组间休息 5 min，心率下降至 15 次 / （10 s）左右再进行下一次的练习。方法有 5-10 组 400 m 计时跑，不同强度的重复练习。

3.篮球运动耐力素质训练时应注意问题

（1）篮球体育运动员耐力素质训练中有许多单调重复的训练方法，难以使体育运动员的耐力得到较好的发展。因此训练方法的选择及其所占百分比要根据篮球这个运动项目的代谢特点来确定；还要根据个人的训练状态和队员在场上的位置、任务以及耐力训练的各个重点目标来确定。

（2）篮球体育运动员的个人意志控制能力也决定着耐力素质的发展。个人意志控制能力越高、越稳定，越有利于克服自身体内以及外部的不利因素而承受较大负荷，从而提高体育运动员的耐力素质。因此，教练员在训练中必须掌握现代耐力训练对篮球体育运动员所必需的心理学知识，懂得提高体育运动员心理负荷能力的方法。

（3）有氧代谢供能是所有供能系统的基础。通过训练增强篮球体育运动员有氧代谢能力，在初期应以增强心肺功能为主。对具有一定训练水平的体育运动员，应以增强在进行篮球运动时骨骼肌利用氧的能力为主，提高肌肉自身工作的耐力。

（4）篮球体育运动员在进行耐力训临时，身体承受的负荷较大，因此每次训练后都要采取积极有效的恢复措施和营养手段，并养成良好的生活习惯。吸烟严重影响体育运动员的有氧耐力，所以篮球体育运动员应严格禁止吸烟。

（5）篮球体育运动员身体训练中运用心率监控运动负荷，能充分体现个人对运动负荷的反应差异，有利于教练员区别对待，也易于体育运动员自身掌握和应用。因此提倡体育运动员用心率自我监督进行耐力素质训练。

（四）篮球体育运动员柔韧素质的训练

1.篮球体育运动员柔韧素质特点及训练要求

柔韧是指体育运动员关节韧带屈伸旋转的活动范围和肌肉拉长的幅度。它取决于关节的骨结构，以及跨过关节的韧带、肌腱、肌肉和皮肤的伸展性和弹性。发展柔韧素质对篮球技术的掌握和发挥有着积极的促进作用。柔韧素质好还可以减少运动损伤，对提高其他素质也有密切关系。因此，必须重视柔韧素质的训练，特别是青少年时期是发展柔韧素质的最好时期，更要注意加强柔韧素质的训练。

篮球专项柔韧训练要早期专门化。柔韧训练应该从少儿时期开始改善关节的灵活性，提高韧带、肌肥的弹性和肌肉的伸展性。篮球柔韧素质训练要与其他素质结合进行，特别是要与力量素质训练结合，使肌肉、韧带柔而不软，韧而不僵，刚劲有力，使关节的活动灵活自如。

2.篮球体育运动员柔韧素质的训练方法

（1）两手手指交叉相握，手心向前做压指、压腕动作，手臂向下、向前、向上充分伸展。

（2）两手手指交叉相握向上伸直，身体向左或向右充分伸展。

（3）两臂做不对称大统环转肩动作，在背后一手从上往下，另一手从下往上，两手在背后做拉伸练习。

（4）并腿直立，上体前屈，手摸脚或地面；或身体侧转用手摸异侧脚脚跟。

（5）两腿交叉直立，上体前屈手摸脚或地面。

（6）两腿开立，髋关节向前送，手摸脚跟。

（7）两腿前后开立，两脚跟着地做弓箭步向下压腿。

（8）在地板上做“跨栏步”拉压腿、胯。

（9）左右弓箭步练习，手放在脚上，连续左右弓箭步练习。

（10）两人背对背站立转体击掌练习。

（11）利用器材或同伴相互之间做压肩、拉肩、转肩背和各种压腿拉腰、背及全身伸展练习。

3.篮球体育运动员柔韧素质训练时应注意的问题

（1）循序渐进，持之以恒

柔韧素质的发展是需要意志的练习，练习时痛感强，见效慢，停止训练便有所消退，只有待之以恒才能见效。初次练习时易见效果，第二天再练习时有痛感，第一次练习获得的效果几乎全部消退，柔韧水平差于第一次练习前的效果。这是由于肌肉被拉长、回缩力增加的原因，因此应继续将其慢慢拉开，消除痛感。经过一个时期的练习后，该长度的伸展已适应，应进一步拉长肌肉和牵拉肌腱，以增强回缩力。因为柔韧练习本身就是由不适应到适应逐步提高的过程。

(2) 专项柔韧性练习要因项、因人而异

柔韧性练习必须根据专项特点和练习者的具体情况安排。例如，跳跃项目的体育运动员主要要求腿部和筋部的柔韧性，游泳体育运动员主要要求踝关节和躯干的柔韧性，体操体育运动员主要要求肩、筋、腰、腿部的柔韧性。因此，在全面发展身体各部位柔韧性的基础上，要重点练习本专项所需要的几个部位的柔韧性。另外，在进行柔韧素质练习过程中必须视练习者具体情况进行区别对待，突出针对性和应用性。

在运动训练中，虽然各项对柔韧性都有一定的要求，但一般来说没有必要使柔韧性的发展达到最大限度，柔韧性的发展程度只要能满足专项运动技术的需要就可以了。

(3) 柔韧素质的发展应与力量素质的发展相适应

柔韧的发展应是在肌力增长前提下的发展，而肌力的增长又不能因肌肉体积的增长而影响关节活动幅度。力量练习是发展肌肉的收缩能力，柔韧练习则发展肌肉的伸展能力。因此，力量结合柔韧的练习对提高肌肉质量是最为有效的方法之一，既能达到力量和柔韧的同时增长，又能保证关节灵活性的稳固。

(4) 柔韧素质的发展要兼顾相互关联的身体各个部位

在有些动作中，柔韧性不仅仅表现在一个关节或某个身体部位，而是牵涉到几个相互关联的部位。例如，采用“桥”的练习来发展腰部柔韧性就是由肩、脊柱、髋等部位的关联所决定的。因此，在练习过程中对这几个部位都应该进行发展，倘若忽视某一部位就有可能出现伤害事故。如果发现某一部位稍差，就应立即采取措施使其得到改善。另外，也可通过其他部位的有效发展使其得到补偿，这样做可以使各部位的柔韧性得到发展，保证专项运动训练的需要。

(5) 柔韧素质练习要注意外界温度与练习时间

外界温度过高或过低都会影响到肌肉的状态和伸展性。一般来说，当外界温度在18℃时，有利于柔韧的发展，因为肌肉在这个湿度下，伸展性较好。温度过高，肌肉紧张或无力都会影响伸展性。例如，跳高体育运动员每做完试跳之后，总要穿上衣服，目的在于保持体温，使肌肉处于良好的状态。

在一天之中，任何时间都可以进行柔韧性练习，只是效果不同。早晨柔韧性会明显地降低，所以早晨可做一些强度不大的“拉韧带”的练习。在上午10时至下午

6时，人体能表现出良好的柔韧性，可进行一些强度较大的柔韧性练习。

(6) 柔韧性练习之后应结合放松练习

每个伸展练习之后，应做相反方向的练习，使供血供能机能加强，有助于伸展肌群放松和恢复。例如，压腿之后做几次屈膝练习，体前屈练习之后做几次挺腹挺胯动作，下腰后做几次体前屈或团身抱膝动作等。

(7) 柔韧素质的发展要从小培养

我国体操界、武术界、技巧界体育运动员的柔韧性练习都是从小开始的，并在这方面积累了丰富的经验。从小发展的柔韧素质，由于是在人体自然生长发育的过程中实现的，因此能得到保持和巩固，不易消退。此外，柔韧素质发展的敏感期是5-10岁，所以在此期间要抓紧练习，并在10岁以前使柔韧素质得到较好的发展。

(8) 柔韧练习时要防止受伤

柔韧练习主要是运用各种方法拉长人体各关节的肌肉、韧带的长度。但如果不注意科学的方法，非常容易出现肌肉拉伤事故。因此，要提高柔韧练习的最终效果，必须要防止在练习时受伤。一般在柔韧练习前，可做一些热身活动，减少肌肉的粘滞性；在拉长肌肉的过程中，不易用力过猛，特别是在被动柔韧练习时，教练员施加的外力要循序渐进，并及时注意体育运动员的练习反应，以便合理地加力与减力，保证柔韧练习的正常进行。

第三节　网球体育运动员的体能训练

一、网球运动的项目特征

网球运动同乒乓球、羽毛球运动一样，同属于持拍隔网对抗性项目，比赛赛制以三盘两胜或五盘三胜制为主，体育运动员在场上的比赛时间从一小时到三四小时不等，甚至还会更长，比赛时间往往是不可知的。网球比赛又是由许多个短暂时间的剧烈运动和间歇性休息组成的，因此，可以说它是一项持续时间较长的有间歇性的体育运动。同乒乓球和羽毛球相比，网球球体较大，重量较重，球速较快，体育运动员必须快速移动以赢得充分的击球时间，这样才能击出高质量的球。

网球运动在技术上要求体育运动员充分重视发球和接发球技术，必须掌握多变线路的击球能力和准确的击球落点。网球项目战术的发展趋势使底线打法得到了很大的改进，体育运动员将采用更加灵活多变的战术，更加注重以大力发球和击球线路的变化造成对方回球失误或创造良好的进攻时机，同时也要求体育运动员拥有较强的奔跑能力。网球运动的步法虽然没有羽毛球那样严格，但是由于网球比赛场地大，体育运动员需要前后左右奔跑，更重要的是要具有急起、急停、快速变向的能力，才能保证到位击球。另外，网球比赛的场地还有硬地、红土场、草地的区别，体育运动员要适应在不同场地上的跑动。如在红土球场因场地材质不同，体育运动员击球的回合次数较之在其他场地上要更多一些。体育运动员在快速冲刺过程中，还要随时完成各种击球动作，加之心理负担较重，因而动作节奏性较弱，应变性较强，完成动作时身体重心较低，肌肉常处于紧张状态。

二、网球体育运动员的体能特征

网球体育运动员的体能特征可以简单地概括为身材高大，最大力量和爆发力较好，具有很好的耐力水平。

(一) 网球体育运动员形态特征

虽然网球、乒乓球和羽毛球都是隔网对抗项目，并且都是手持球拍进行比赛，但是对于体育运动员的身体形态要求有较大的差异。在这三个项目中，乒乓球体育运动员对身高的要求最低，而网球则要求体育运动员身材高大。从国际赛场来看，网球体育运动员大型化的趋势明显，特别是欧美体育运动员普遍身材高大，男子体育运动员最高已经达到 2 m 以上，女子体育运动员也有多人在 1.90 m 左右。网球体育运动员身材增高的趋势反映了网球运动对体育运动员力量、速度、耐力等素质有更高的要求，以适应网球运动场地大、活动范围广、运动负荷大的特点，这是与乒乓球、羽毛球项目的显著区别之一。

(二) 网球体育运动员机能特征

由网球运动的供能特点所决定，网球运动的 70% 是靠磷酸原供能系统供能，20% 的能源供应来自糖酵解系统，而仅有 10% 来自有氧代谢供能系统。而一场网球比赛所需的能量基本上取决于对攻时间的长短。在短时间的对攻中（5–10 s），出现疲劳征兆少，因为在每分之间的间歇时间或交换场地的时间内，磷酸原供能系统消耗的能量可以得到恢复；在较长的时间对攻中（10–15 s 至 l–2 min），疲劳征兆增多，由于得不到充分的休息时间，有乳酸的堆积；而在整场比赛中（1–4 h），在每一个动作后的恢复期（每分之间的间隙时间或交换场地的时间）使用有氧代谢供能。

因此，网球运动是一种非周期性不规则的、以无氧代谢为主、有氧与无氧混合供能、大小强度和快慢速度交替的运动项目。

（三）网球体育运动员素质特征

技战能主导对抗性项群项目的体育运动员普遍具有灵敏性好、反应速度快、动作速度快、爆发力好，心理素质好等特点，但是也各有不同之处。

1.专项速度素质

网球场上的运动大多数是短距离的移动，往往是在事先无准备或准备不足的条件下，从动态中改变方向的移动，移动方向随机多变，大多界于2–6 m之间（最长14 m，平均为4 m）。移动形式大多采用分腿垫步、跨步、跑步、交叉步、冲刺步等形式。主要移动的方向为侧向、向前和向后。体育运动员主要通过视觉感受器接受各种刺激（如各种不同性质的来球、对方的站位等），然后根据本人技术和战术的需要，经过瞬间复杂的思维与判断，迅速采取行动。在这整个反应过程中，不仅时间非常短促，而且体育运动员所遇到的情况也非常复杂。所以网球体育运动员的专项速度素质应着重于反应速度和动作速度。

由此可见，网球运动所需要的专项速度的特点是身体的移动和击球不是周期性的动作，在比赛中运动动作的先后顺序没有固定的规律。此外，一个动作完成后到下一个动作开始前有一定的间歇时间，使运动的肌群可以得到收缩和放松的交替变化，因而能够持续较长时间且不易产生疲劳。从上述特点中可知，专项速度是网球比赛中体育运动员取胜的基本条件，而这种速度素质在实践中应首先得到发展。

2.专项灵敏素质

网球体育运动员的专项灵敏素质是体育运动员的运动技能与各种素质在运动过程中的综合表现。只有在运动技能熟练之后才能表现出来，这是通过大量训练的基础上大脑皮质的灵活性和可塑性提高的结果。灵敏素质主要表现在移动时快而有效的起动、迅速变换动作和变换方向的能力方面。协调肌肉运动，使肌肉具有适时地以适当的速度和强度进行合理运动的能力及短时间内发挥体育运动最佳效果的能力。它要求体育运动员在极短的时间里有良好的判断能力，并且在完成动作过程中能准确、协调地处理好自己身体各部位及合理的人球关系。

在现代网球运动中，快速爆发力和高度的灵敏性是职业网球选手取胜的关键。比赛时对方来球落点时左时右、或高或低、时前时后、或快或慢，体育运动员必须具有较好的灵敏协调性才能打好球。网球体育运动员所需要的灵敏性是在比赛中遇到突然变化的情况下，随机应变地采取快速、协调行动的能力，需要有力量、速度和柔韧的保证。因此，专项灵敏素质对动作的技战术效果起着不容忽视的作用。

3.专项力量素质

根据网球运动的特点，速度力量和力量耐力是网球运动的主要专项力量素质。

而网球体育运动员的力量是以爆发性用力为主的，网球运动的技术动作很多都需要爆发力来完成，如各种移动需要腿部爆发力，发球时需要上肢和腰背的爆发力。据有关统计显示，世界优秀网球选手在高水平的网球比赛中，发球和击球的球速可以达到200 km / h以上（约60 m / s）。网球体育运动员击球的爆发力不仅与身体各部位协调发力有关，也与其上臂爆发力水平有关。提高上臂爆发力水平对体育运动员完善技术水平、提高击球速度和运动成绩有着重要的意义。

能够产生有爆发力的移动的体育运动员可以快速地到达预定位置并做好击球准备，打出质量更高的球。而且，速度爆发力能够使体育运动员具有一定的速度把球击得更远。在顶尖水平网球比赛中，10个来回球只需要15 s左右，而且每得1分平均约有4次变线。在网球场上的冲刺距离界于2–6 m之间。因此，起动的爆发力和动作速度的爆发力对一名网球选手术说尤为重要。

4.专项耐力素质

网球体育运动员的专项耐力是指速度耐力和力量耐力。速度耐力是指人体在较长时间内，能够保持快速运动的能力。力量耐力是指人体在较长时间内，保持高度用力的能力。网球体育运动员的专项耐力需要的是连续抽杀或持续挥臂的力量耐力以及步法移动的速度耐力，比赛中主要体现在长时间的位置移动和连续挥拍的扣杀、相持迂回等方面。网球运动所需要的耐力是一种强度经常处于变化中并与速度紧密结合的专门耐力素质。从大型比赛中的统计看其强度常处于变化中，而且变化的幅度还常取决于对手技术水平高低和进攻能力的强弱，这是网球专项耐力素质的特点之一。其次，这种专项耐力素质还要始终与速度相结合、相适应，如果开始几场或几天的速度好，而后几场或几天的速度不好，那就会大大降低比赛成绩。由于比赛时间较长，体育运动员大脑皮层长期处于紧张状态，对于神经系统的要求很高，这是网球专项耐力的特点之二。

5.专项柔韧素质

柔韧素质的好坏不仅取决于人体结构方面的变化，而且取决于神经系统支配骨骼肌的机能状态。在网球比赛中，一些技术动作对身体的柔韧性提出很高的要求，如发球、高压球、大力扣杀、大范围跑动扑救球等，这主要体现在肩拉得开、胯有开度、躯干伸展。发展柔韧素质是使中枢神经系统调节对抗肌的协调性得到改善，可以提高肌肉紧张与放松的能力，使肌肉更加协调，这样可以大大增加肌肉的活动伸展度。

网球体育运动员的专项柔韧素质突出表现在网球运动所特殊需要的髋、腰、膝、腕关节活动幅度以及上下肢肌肉和韧带的伸展能力上。它对于网球体育运动员掌握和提高技术动作（尤其是高难度技术动作）、避免运动创伤和发展其他身体素质都有重要的作用，如肩关节柔韧性好的体育运动员有助于发球速度和击球速度的提高。因此，网球专项柔韧素质的训练应着重发展肩、腰、能三个关节部分及周围肌肉韧带的活动能力。

三、网球体育运动员体能训练的内容、方法与手段

在体能训练中，身体素质的训练是体能训练的核心，通过身体素质的训练，可以改善身体形态，提高机体机能。体育运动员身体素质的提高也反映出机能水平的提高，这是承担比较大的运动负荷和进行技术训练、提高技战术水平、取得优异成绩的根本保证。同时，体能训练还有助于培养体育运动员勇敢顽强、吃苦耐劳的战斗意志品质。

(一) 网球体育运动员的力量训练

虽然在网球运动中，上肢力量和耐力在击球效果及避免受伤中起着很重要的作用，但下肢力量同样应该得到重视，在整个训练过程中应该得到保证。通过增加肌肉力量和耐力，体育运动员即使在比赛结束时也能够像开始时那样在场地中快速移动。

有适当的力量作基础，不但能够使体育运动员在场地中自由移动并击出好球，而且力量训练能够减小身体结构及功能上的不对称性，使体育运动员免受伤病的困扰。

1.上肢训练

(1) 杠铃抓举练习

以最大力量的70%左右的重量进行训练，每组练习2–4次，练习2–4组。要求动作协调，并以比较快的动作来完成，发展爆发力。

(2) 杠铃卧推练习

以个人最大力量的60% –70%的重量进行训练，每组练习8–12次，练习4–6组，发展上肢肌肉的耐力和使肌肉增粗。

(3) 杠铃曲肘上举练习

以个人最大力量的30% –40%的重量进行训练，每组练习6–8次，练习3–5组，发展肱三头肌及上肢爆发力。要求以较快的速度完成。

(4) 俯卧撑练习

每组练习15–20次，练习4组，发展上肢力量。

(5) 引体向上练习

双手抓住单杠，双手相距46–50 cm。引体向上，尝试让下巴接触单杠。回到

起始位置。以较快的速度来完成。要求腰部要协调用力，稍稍用力伸展背部。不要前后摆动身体。向上时吸气，向下时呼气。每组练习 8–12 次，练习 2–3 组。

（6）哑铃卧推

躺在长凳上，双脚平放在地上。双手握住哑铃向上伸直，手掌相对。手臂弯曲使哑铃下降到胸部两侧，双臂靠近身体。用同样动作轨迹把哑铃推向起始位置。手臂必须总是靠近身体。向下时吸气，向上时呼气（练习 3 组，每组分别做 12 次、10 次、10 次）。

（7）站姿杠铃推举

将杠铃举至胸部，双手与肩同宽。腿部和臀部保持不动。肘部略低于杠铃。将杠铃举至头部上方至手臂伸直，放下至胸上部。注意：两次重复动作之间，杠铃由胸部支撑而不是手臂。挺胸，向上时吸气，向下时呼气（练习 3 组，每组分别做 12 次、10 次、10 次）。

2.下肢练习

（1）跨步练习

跨步练习是一种适合网球运动的特殊练习方式。体育运动员双脚同肩宽站立，可以在颈部放一实心球，用双手抱住，以增加运动的阻力。保持躯干直立，向前跨一步，慢慢地降低身体重心。前腿膝关节弯曲成近 90°。对于膝关节曾经有过损伤的体育运动员，弯曲不能超过 45°–60°。从体育运动员的视角来看，膝盖在任何时候都不能超过脚尖。到达最低的位置后，体育运动员再用力支撑身体回到初始位置。可以向自己的正前方做跨步练习，或 45° 斜线（向左或向右）进行，以增加在网球中的应用。

（2）蹲坐练习

将实心球放在脑后，或体育运动员手提哑铃，下蹲的同时保持躯干直立。膝关节弯曲至接近 90°，使膝盖与脚趾前端在同一条线上，注意每次动作到位时要略有停顿（练习 3 组，每组 25–30 次）。

（3）深蹲跳起

直立，双臂交叉放在胸前，抬头，背部挺直，双脚相距 40 cm。下蹲直到大腿与地面平行（或更低）。抬头，背部挺直，双臂稍向外。向上跳起，利用大腿发力，马上下蹲并再次跳起。向上时吸气，向下时呼气。练习时也可在背部扛着杠铃或用双手持哑铃（练习 3 组，每组练习 15–20 次）。

（4）杠铃前跨步

将杠铃放在背部上方，手握杠铃，抬头，背部挺直，双脚相距 15 cm。左腿向前跨步，使大腿与地面基本平行。尽量保持右腿挺直，退回到起始姿势。前跨步时吸气，退回时呼气。用右腿重复练习（每条腿分别练习 2 组，每组练习 15–20 次）。

（5）负重深蹲练习

以个人最大力量的 85% –95% 的重量进行训练，练习 2–4 组，每组练习 2–4 次。下肢力量。练习时注意要有保护。

3.躯干练习

击球过程中，体育运动员在一定程度上都要用到腹部的肌肉，所以为提高水平并避免受伤，加强腹部肌肉的力量就显得很重要了。

（1）负重仰卧起坐练习

手持 5 kg 杠铃片于头后，连续做仰卧起坐，练习 2–3 组，每组练习 10–15 次。

（2）腹部静力练习

体育运动员仰卧。脚抬起放在椅子或盒子上，使两膝成 90° 。双手放在脑后或交叉放在胸前。双手只是将头和颈部支撑住，而不用将头往上抬。弓身，直到两肩离地。没有必要弓到胸部与大腿接触的程度，因为在练习的开始阶段腹部的肌肉就能够得到锻炼。保持平衡，持续时间 1–2 min。组数为 3–5 组，每组间歇时间为 60–90 s。

（3）屈膝仰卧起坐

把双脚用仰卧起坐板束带固定或让同伴按住双脚。膝部弯曲 45° ，手臂交叉放在胸前，后仰起到背部下方接触到仰卧起坐板。坐起，同时注意腹部肌肉。躺下时吸气，坐起时呼气。练习 1–2 组，每组练习 25–50 次。为避免肌肉力量不平衡而导致的受伤，必须使后背肌肉力量与腹部力量相平衡。

（4）背肌动力练习

身体成俯卧，压住双脚，两手抱头起。练习 3–5 组，每组动作练习 20–30 次，每组间歇时间为 60–90 s。

（5）背肌静力练习

压住双脚，两手抱头起，离地面 30–40 cm，持续时间 1–2 min。练习 3–5 组，每组间歇时间为 60–90 s。

躯干的旋转运动在体育运动员接反弹球和发球时都起着至关重要的作用。当身体能够更快地控制旋转时，击球将变得更有效。增大使躯干旋转运动的肌肉的力量并增加转动的幅度能够产生更有效的击球。增大转动幅度意味着需要在更长时间内增加力量。这对于更有力地击球是有帮助的。

进行躯干的旋转运动练习时应选择较小的阻力（典型的为自身体重或用一个 2–3 kg 的健身球），重复多次。因为在所有网球运动方式中，躯干肌肉都起着重要作用，所以如不通过重复练习来提高其耐力，则容易受伤。

(6) 腹内外斜肌练习

因为网球运动包括大量重复的旋转运动，所以训练腹内外斜肌就显得很重要了。体育运动员仰卧于地面，左侧膝关节弯曲使脚平放在地上，右侧膝关节也弯曲，并使脚后跟放在前侧膝盖上。双手放在脑后，但不必用力将头往前抬。弓身，使抬起膝盖的另一侧的肘关节能够与膝盖接触。换另一侧，重复练习。组数 2–3 组，每组练习 20–30 次。

(7) 坐姿哑铃转体

手持哑铃放在肩部，坐在长凳一端，双脚扎实着地。将躯干转向右侧，之后左旋，仅旋转腰部。不要侧向移动头部，保持背部挺直，抬头。向右转时吸气，向左转时呼气。此动作也可以采用站姿，练习 1 组，每组练习 25–50 次。

(8) 躯干静态平衡

体育运动员手臂与腿伸直俯卧。手臂和腿抬起或伸直，保持 1–5 s。这个练习还可变为左手和右腿同时抬起，然后换为右手和左腿抬起。通过改变手或腿的抬起，使躯干处的肌群被迫保持脊柱的稳定。此练习能够锻炼脊柱周围的肌群及臀部的肌肉力量。

(二) 网球体育运动员的速度训练

网球比赛中，要求判断快、反应快、起动快、移动快、击球动作快。因此提高神经系统兴奋与抑制过程中的强度对提高速度素质有帮助，对于发展速度也是有利的。所以在训练中应采用正确的方法来训练下肢、躯干、上肢、前臂内旋等诸肌群的快速工作能力。

1. 各种跑的专门练习

各种跑的专门练习包括短时间的快速后蹬跑、高抬腿跑、交叉跑、小步跑等。

2. 各种短距离的快速跑练习

各种短距离的快速跑练习包括 15–30 m 听信号起动加速跑、上下坡跑、上下楼梯跑等。

3. 短距离折返跑练习

短距离折返跑练习即指在网球场边线间的折返跑。要求起动要快，到边线时的急停要突然，并能快速地回跑。

4. 挥臂练习

根据自己的节拍、速度进行徒手挥拍练习。或者投掷羽毛球、网球练习，强调“鞭打”动作，以提高挥臂速度耐力素质训练。

(三) 网球体育运动员的耐力训练

网球运动过程中，在红土场地上，大多数得分一般在 10 s 以内，而在硬地场，平均每次得分一般在 5 s 以内。在这段时间内，体育运动员还要注意四周的变化，每一次这样短时间的爆发运动都是无氧代谢。很显然，无氧代谢训练是非常重要的。

但是这并不意味着体育运动员可以忽视有氧代谢训练。在网球比赛中，每得 1 分之间都有 25 s 左右的休息间隔，每一局之间都有 90 s 的休息时间。如果体育运动员的有氧代谢能力很差，那么在每次得分与每一局之间所消耗的能量很难得到恢复，在比赛结束时，也更容易感到疲劳。具有很强的有氧代谢能力的另一个好处是使体育运动员具有更好的耐力。因为比赛可能会持续很长时间（4 h 以上），这将帮助体育运动员迅速得到恢复。因此，有氧代谢能力同样是很重要的。

此处介绍一种提高有氧与无氧代谢能力的训练方式——间歇练习。间歇练习包括周期性的练习与间歇性的休息。可以通过调整训练的距离、训练的间隔、两次训练间恢复间隔与训练的次数来重点练习有氧代谢能力或无氧代谢能力。网球体育运动员应该经常进行 5–10 s 的焕发运动，然后是 25–30 s 的休息，这样才接近于这项运动的要求。训练的密度需要根据每个体育运动员的具体情况做出调整。

(四) 网球体育运动员的柔韧素质训练

通过伸展练习来增加柔韧性能够帮助体育运动员避免受伤，享受网球运动并能够增加比赛过程中所需要的运动幅度。

瑞典学者伦斯特伦指出，灵活性（这里所说的灵活性实际上说的是柔韧性）是指关节周围的软组织——肌肉、肌腱及周围软组织等的伸展程度。提高灵活性的训练步骤与安全措施大致可归纳如下：

1.训练步骤

(1) 在伸展训练之前，热身 3–5 min，直到略微出汗，使身体温度提高。

(2) 在伸展的时候，做慢速的、平滑的运动，同时深呼吸。深深地吸一口气，当伸展到感觉有点疼的位置时呼气；然后慢慢回到放松状态。维持正常呼吸 10 s，然后在进一步伸展的同时呼气，再一次到达感觉有点疼的位置。保持 10–20 s，重复 3 次。

(3) 如果伸展时受伤或者有一种滚烫的感觉，那么就是伸展得太过了。

(4) 伸展到个人的极限位置。

(5) 首先拉伸两侧的肌肉。

（6）不要固定关节。

（7）不要反弹。

（8）先伸展大的肌群（如大腿或小腿肌肉），每天以相同的顺序重复。

（9）伸展身体最不灵活的地方。相反，不要只伸展最灵活的地方，因为这样可能降低关节的稳定性，加剧肌肉间的不平衡。

（10）每天坚持，并且保持每天的时间一致。避免在早上伸展，因为这是灵活性最差的时侯，理想的伸展练习时间是在有氧运动以后。

2.安全措施

在网球比赛中大多数下肢受伤实际上是慢性的，发生在反复快速起动、急停与变向的情况下。伸展下肢末端的肌肉对避免急性与慢性的损伤的发生以及关节处于极限位置时的保护是很关键的。

（1）膝关节—高抬腿运动：身体直立单腿弯曲，抱住膝关节上面大腿内侧。慢慢抬起膝关节至胸前保持一定时间。

（2）跟腱伸展包括以下两种方式：身体平卧，单腿伸直，抬起贴着躯干，用手逐渐增加拉伸程度，使脚趾背屈以拉伸小腿；身体成坐姿，一腿盘曲，另一腿伸直，通过向前屈体使胸部靠近大腿，同时保持背部伸展，脚趾充分背屈。

（3）股四头肌伸展：单腿站立，一手扶墙。另一只手抓住另一只脚的脚踩拉向臀部使膝关节弯曲。保持背部平直，臀部收缩，尽可能地使膝关节朝下正对着地面，不要指向外面或使膝关节扭曲。

（4）腹股沟拉伸；将一只手放在膝关节以上，另一只手放在另一侧臀部。脚趾指向前方，慢慢地使膝关节弯曲，直到腹股沟区感到伸展，使身体重心移到脚的内侧。

（5）臀部伸展；右手扶墙站立，中心集中在右腿，左腿交叉于右腿前。慢慢地朝墙壁送髋。离墙越远越能增加拉伸程度。

（6）小腿伸展：一侧膝关节伸直后蹬地，脚后跟着地，脚趾指向前方，另一侧膝关节向前弯曲。身体前倾，背部挺直。然后慢慢弯曲后腿，脚后跟离地5 cm，向墙的方向倾斜，此时感觉到脚后跟附近得到拉伸；后腿也可保持伸直状态，前腿膝关节慢慢向前弯曲，后腿脚后跟不离开地面，此时感觉到后腿小腿肌肉得到拉伸。

（7）肩关节柔韧训练练习：扶杠压肩、双人压肩、扩胸振臂、上肢前后绕外导。

（8）站立体前屈练习：两脚分立，两手抓住踝关节，上体下压保持静止。

（9）弓步压腿练习：两脚前后分开，成前弓步姿势，身体下振，两腿交换进行。

（10）跪立体后屈练习：跪在地上，向后屈体。

（11）各方向的踢腿练习：侧踢腿，后踢腿。踢腿时要求腿伸直，支撑腿脚跟不能离开地面。

第四节　田径体育运动员的体能训练

田径运动是由人类生存生活、生产劳动基本技能的走、跑、跳、逐步形成和完善的以个人为主的现代运动竞赛项目。国际业余田径联合会《田径手册》对田径运动的定义是“径赛和田赛运动，公路跑、竞走和越野跑”。无论是以速度和力量为主的短跑径赛和跳跃、投掷项目，还是比赛耐力的中长距离走、跑项目，都要求体育运动员能够发挥最佳体力和顽强的意志，竭尽全力地为创造最好成绩而竞争。其运动成绩客观准确，反映着体育运动员的体能、技术、战术、心理和智能训练的综合效果。使“更快、更高、更强”的奥林匹克格言在田径体育运动员身上得到最完美的展示。

任何一个项目运动成绩的取得，都不是某个单一因素所决定的，而是多种复合因素的综合效应。田径体育运动员比赛成绩的获得也必定是主、客体多种因素的综合效应。当然，主要取决于体育运动员自身竞技水平，其中体能的发展水平是取得体能类项群比赛成败的决定性因素。田径运动本身是体能主导类项目，在一定的技术基础上主要是依靠体育运动员的体能水平决定其竞技能力。

一般认为，体能是以人体三大供能系统的能量代谢活动为基础，通过骨骼肌系统表现出来的运动能力，体能是指人体的基本运动能力，包括身体素质、形态、机能三部分。

构成体能的身体形态、机能、素质三个因素都有各自相对的独立作用，又有着密切联系，彼此制约、相互影响，其中每一个因素的水平都会影响体能整体的水平。三个构成因素、运动素质是体能的外在表现，因此在运动训练中多以发展各种运动素质作为身体训练的内容。人体的形态和机能状态是决定其运动素质水平的基础条件。

田径体育运动员素质训练的内容主要是发展与专项有密切关系且能够促进掌握专项技术和提高专项成绩的身体素质，并针对专项要求来发展体育运动员有机体的各器官和系统机能，大力发展以力量、速度及耐力为主的专项素质以满足比赛的直接要求。专项训练的手段与专项的动作幅度、用力性质、用力顺序和紧张程序应一致或相似。

本节根据田径各项体能训练的特点分为竞走、短距离跑、中长跑、跳跃和投掷五个部分进行说明。

一、竞走类体育运动员的体能训练

（一）竞走类运动的项目特征

1. 竞走项目一段包括 5 km、10 km、20 km、50 km 等项目，是指体育运动员与地面保持接触、连续向前迈进的过程，没有人眼可见的腾空。前腿从触地瞬间至垂直部位应该伸直，即膝关节不得弯曲。

2. 竞走运动属于体能主导周期耐力性运动，比赛距离长、技术要求规范、支撑时间长，易导致严重的局部疲劳，对专项耐力素质要求高要求体育运动员技术动作协调并有良好的节奏。

3. 竞走是一个有效的向前运动的过程，这项运动通过以髋部为支点的杠杆（双腿和双脚）运动和双臂摆动维持平衡来实现。专门的技术要求和判罚标准要求高，是参加比赛最重要的保证。在竞走比赛中，尤其是比赛的后程，正确的竞走技术动作依托于体育运动员的体能状况。

4. 运动成绩评判是以体育运动员完成比赛任务耗费的时间为依据，并运用计量工具予以准确测定评价，客观公正。

（二）竞走类运动的体能特征

1.竞走类项目体育运动员的形态特征

竞走类体育运动员的形态特征应为身材修长、匀称，肩宽胸厚，骨盆较窄，足弓弯曲较大，跟腱明显，膝关节自然伸直，踝关节屈伸幅度大，小腿比大腿长，肌纤维细长、富有弹性。

2.竞走类项目体育运动员的机能特征

竞走类体育运动员中枢神经系统表现为兴奋过程占优势，肌肉紧张和放松能力强，心肺功能要求高。供能系统是以无氧代谢供能和有氧—无氧混合供能为主。

3.竞走类项目体育运动员的素质特征

竞走是典型的周期耐力性项目，要求体育运动员有机体在一定强度下长时间持续工作，需要体育运动员具有良好的有氧代谢能力和专项耐力。体育运动员的速度素质要求也很高，尤其是在战术安排或在比赛最后阶段是取得优异成绩的保证。竞走体育运动员的肌肉力量要求在长时间内发挥小量的用力，即竞走体育运动员应按其特点把力量素质和耐力素质结合起来，否则随着距离的延长，步幅会减小。竞走体育运动员的柔韧性和关节的灵活性尤其是髋关节的灵活性为步幅和技术正确性提供保障。

(三) 竞走类体育运动员的体能训练的方法与手段

1.竞走类体育运动员的力量训练

(1) 一般力量

一般力量训练指发展体育运动员全身各部位力量，主要包括符合专项技术的用力肌群的训练，以腿部、腰部、髋部、腹部、背部为主部位肌群，还包括臀肌肌群、股二头肌肌群、小腿和足关节屈肌群、肩关节和肱二头肌等。要求不同部位肌肉在完成不同练习时肌力和内协调性得到提高。

经常选用的训练方法如下：丘陵地跑——发展腿部力量耐力；连续跳跃练习——发展腿部力量耐力，如连续单腿交换向上跳、连续跨步跳；连续蛙跳——发展腿部与整体的协调力量；综合力量练习——发展整体力量和速度力量耐力及协调能力。在体育运动员的训练中，身体素质训练是整体训练结构中一个组成部分。因此，训练负荷数量、训练负荷强度、训练负荷密度的加大或减小都要与同期专项运动能力训练协调一致，这样才能有效地促进整体运动能力的提高。

(2) 专项力量

由于竞走体育运动员要连续较长时间或很长时间地进行以下肢为主的重复动作，因此在全面发展体育运动员力量素质的前提下，对体育运动员下肢肌群的力量耐力和支撑器官 (腿和踝关节) 的力量能力要求更高。

因此，训练中力量训练主要是力量耐力和支撑器官的训练。提高体育运动员的力量耐力应主要通过对血液循环和呼吸系统机能的改善来发挥毛细血管的作用和肌肉对血红蛋白的利用去发展力量耐力，而不应仅仅依靠提高体育运动员的绝对力量。所以在训练过程中，不宜过多采用过重的杠铃练习，可充分利用自然条件发展体育运动员的力量耐力和支撑器官的功能。

需要强调的是，竞走体育运动员身体中枢部位 (骨盆和躯干) 的稳定性、关节稳定性、髋关节前后运动时的平衡能力、克服自身体重的力量等所涉及的练习手段均应加以重视，特别应把腰、背臀部肌肉的发展和力量的提高作为重点。

一般采用加大难度的竞走练习，如上坡走、山地起伏地段走、适当的跳跃练习 (如两腿交换跳、跳绳)、负重摆臂等。定时向前的动力主要由踝关节、趾关节、髋关节周围肌群收缩产生的水平推力提供。因此可加强支撑腿踝关节、趾关节、髋关节的伸屈力，这也是增加步频和步长的重要因素之一。综合力量练习适合项目特征和个人特点的不同练习内容给予科学安排，其重复次数和组数使体育运动员机体代谢供能达到与专项能力训练相同或接近程度，这样对体育运动员整体力量素质的协调发展极为有利。

2.竞走类体育运动员的速度训练

最大速度是指在一定距离内最快的位移速度，体育运动员最大速度的水平往往是战术安排和比赛最后阶段决定胜负的关键。但最大速度不是竞走项目的决定因素，因此提高竞走体育运动员的速度必须与影响速度耐力水平提高的其他因素同时协调发展。单一的最大速度提高的速度训练（同短跑体育运动员一样的速度训练），即使获得了最大速度的提高，其速度转化为速度耐力的比率也是很小的。竞走体育运动员既需要非乳酸无氧代谢供能的训练，也需糖酵解无氧代谢供能训练。这两种速度的同时改善才能促进体育运动员速度耐力水平的提高。

发展非乳酸能的速度能力是耐力项目的特殊需要，是在体育运动员有机体处在一定量乳酸堆积的条件下发展体育运动员的最大速度。实践中，教练员一般将最大速度的训练安排在专项训练负荷后待体育运动员有机体内乳酸含量尚未恢复时进行，如越野跑后，选用 200 m 左右距离的间歇跑。竞走体育运动员发展速度素质一般采用接近专项、短于专项、大强度的竞走练习，并强调发展体育运动员的动作速率和节奏感。除采用专门练习外，还可以安排高频小步走和原地快速摆管的模仿竞走练习、连续快速的仰卧摆腿练习以及各种加速走和坡度走练习等。

3.竞走类体育运动员的耐力训练

肌肉长时间地持续工作是竞走项目的最大特点。耐力是竞走体育运动员的基本素质。耐力是基础，可直接反映出一名体育运动员能源物质贮存量的大小、有氧代谢能力的高低及运动器官抗疲劳能力的强弱。因此，发展耐力应放在首位，并贯彻训练始终。

（1）一般耐力

一般耐力泛指体育运动员完成长时间工作的总体能力。因此，提高体育运动员的摄取氧、运输氧及利用氧的能力，保持体育运动员体内适宜的糖原及脂肪的储存量，提高肌肉、关节、韧带等支撑器官对长时间负荷的承受能力，以及加强体育运动员心理调控能力，改进体育运动员在疲劳状态下充分动员机体潜力，坚持继续工作的自我激励是发展体育运动员一般耐力的基本途径。

针对竞走项目的特点，对体育运动员呼吸系统和心血系统的机能要求高。一般认为，长时间的单一练习既能发展机体的有氧代谢的能力，又能发展进行该项运动主要工作肌群及关节、韧带的工作耐力。而长时间变换内容的练习则减轻了局部运动装置的工作负荷，着重培养体育运动员有氧代谢的能力。小强度、长时间是发展一般耐力训练的负荷特点。

竞走体育运动员一般耐力主要训练方法如下：长时间单一运动练习，持续走、跑；变换的运动练习；法特莱克、爬山、自行车、游泳等。由于竞走和中长跑均为周期耐力性项目，具体方法手段可借鉴中长跑训练部分。

(2) 专项耐力

专项耐力是一定距离内发挥出尽可能高的平均速度走完全程的能力，它是竞走体育运动员专项成绩的一个重要标志。发展专项耐力是竞走体育运动员训练的核心问题，主要取决于体育运动员有氧代谢能力、体内能源物质的储存、支撑运动器官承受长时间工作的能力以及体育运动员对疲劳的耐受程度等方面。专项耐力训练既要对机体产生最大刺激作用，又要使体育运动员在短期内得以恢复，同时配以必要的医务监督和营养保健措施，定期检查体育运动员各种生理变化，避免伤病和过度疲劳的产生，只有这样才能使训练负荷的能力及运动成绩逐年提高。无论使用何种方法，关键是围绕合理技术进行训练并控制好训练强度与训练量之间的关系。竞走体育运动员的专项耐力主要通过提高有氧—无氧混合能力来提高，一般采用比赛或略高于比赛的速度，而训练的距离采用主项或接近主项距离的大强度间歇、重复、比赛训练法等。要求训练条件与比赛相同或在特定方面难于比赛。

4.竞走类体育运动员的柔韧素质训练

竞走体育运动员的柔韧素质直接影响竞走体育运动员的步幅和技术，尤其是髋关节的柔韧性和灵活性。采用身体各个环节肌肉、关节的主动和被动的大幅度伸展和牵引练习，通常安排在准备活动和主要练习之间。练习时注意缓慢地进行并逐步加大动作的范围。根据竞走体育运动员的特点，在练习时提高体育运动员的肩、髋、膝、踝等关节的柔韧性和灵活性，适当增加身体围绕垂直轴转动的幅度，提高肌肉紧张和放松能力，以改善动作的协调均衡性，协调能力。柔韧素质训练一般采用垫上或肋木的静力拉伸练习，在最大动作范围姿势下保持 5–30 s；原地或行进间动力性练习；原地的模仿竞走转肋、两手支撑转蹦跳等练习。竞走体育运动员的协调、柔韧素质及协调能力的训练不是单独进行的，要与专项技术训练结合并贯穿于体育运动员训练的全过程。由于竞走和中长跑均为周期耐力性项目，体能方法手段也可借鉴中长跑训练部分。

二、短距离的类体育运动员的体能训练

(一) 短距离跑类项目特征

1. 短跑类项目一般包括 60 m、100 m、200 m、400 m 跑及 4 × 100 m 和 4 × 400 m 等项目，是田径运动径赛中距离最短、强度最大的项目，要求人体运动器官和内脏器官在大量缺氧的情况下完成极限强度的运动项目。

2. 短跑类项目是体能主导类速度性项目，速度能力是其竞技能力的主要决定因

素。全程的成绩取决于反应速度、加速度和保持最高速度的能力以及技术的质量。在不同距离的项目中，三者的构成比例虽有不同但都是三种表现的完整结合。其中400 m可视为较长段落的短跑，速度耐力的作用尤为重要。而100 m对起跑的快速反应能力和爆发力要求极高，体现为反应速度与动作速度的完美结合，在极短时间内达到最大位移速度并维持快速的最大用力至终点。接力短跑体现每个体育运动员的单跑速度，以及传、接棒技术。

3. 跨栏跑一船包括男子110 m、女子100 m和男、女400 m栏四个项目。跨栏跑是短距离跑的一种特殊形式，是指跨越障碍的短跑，是一项在固定条件（栏高、栏距）限制下，依靠加快步频提高全程跑速的非对称的周期性径赛项目。它是田径项目中技术性强、动作较为复杂，对速度、力量、柔韧、灵敏、耐力等素质及全身协调配合要求较高的项目。运动成绩是由体育运动员的栏间跑速度、过栏技术以及跑跨结合技术决定的，主要取决于速度、力量、一般和专项耐力、技术、节奏、髋部的灵活性、协调性和平衡能力以及精神集中能力等因素。

4. 短距离跑类项目肌肉工作是属于（肌肉活动）动力性工作，以肌肉的爆发用力起跑、极大强度的途中跑和最大用力冲刺跑完成全部过程。工作部位以下肢为主，包括大小腿的肌群，上肢和躯干肌肉虽不产生动力但在运动过程中起着保持姿态和平衡的重要作用。

5. 短距离跑类项目竞赛规则相对简单，运动成绩是以体育运动员完成比赛相应距离的最短时间为依据，运用计量工具予以准确测定评判，客观公正。

（二）短距离跑类体育运动员体能特征

1.短距离跑体育运动员形态特征

优秀体育运动员身高存在个体差异，一般身体匀称结实；肌肉富有弹性，成束形；皮下脂肪较少，瘦体重相对较大；小腿稍长于大腿，大小腿长比最好小于95%；踝围较小，跟腱较长，人体肌肉收缩的作用力集中，有利于踝关节的蹬伸；臀部上翘，臀后、骨盆的纵轴短，肌肉用力时发力集中。脚趾齐且较短，这样的体育运动员跑步时做功少，向前性好。跨栏体育运动员除与短跑体育运动员相似外一般要求下肢长与身高比大，大腿长与身高比小，有利于跨越栏架和跑过栏间距。

2.短距离跑类体育运动员机能特征

由于短跑运动的特点，要求其对抗肌收缩与舒张快速交替活动，因此，神经过程灵活性高，兴奋过程占优势，但由于兴奋与抑制过程转换频繁，使得大脑皮层神经细胞易疲劳。短距离项目时间在60 s左右，以无氧代谢供能为主，包括磷酸原系统供能和糖酵解系统供能。项目不同两者所占比例不同。50 m、60 m、100 m和直道栏项目，磷酸原系统供能占主要部分；200m、400 m 和 400 m 栏则是无氧糖酵解系统供能为主，要求无氧耐力较强，有较强的心血管和呼吸系统功能。

3.短距离跑类体育运动员素质特征

短距离项目素质特点为身体素质全面发展的基础上，保证速度素质的不断提高。由于这些项目都要求体育运动员以自身的力量克服体重，克服静止状态使自己迅速产生快速位移运动，因而力量的发展与提高对速度素质的提高和挖掘起重要作用，另外柔韧性、灵活性以及一般耐力也很重要。如跨栏体育运动员的城关节灵活性及肌肉的柔韧性对掌握合理的跨越栏架技术有很大的影响。各项素质全面发展必须有助于体育运动员动作频率的提高与动作幅度的增加。

(三) 短距离由类体育运动员的体能训练的方法与手段

训练中提高体育运动员体能的关键在于根据项目特点、体育运动员训练阶段划分、个体差异等正确地选择训练内容，优选适合体育运动员具体情况的训练方法和手段。当前短距离跑类项目表现出训练内容的广泛性和专项性密切结合、训练方法手段相对集中以及训练方法手段选用最佳匹配（合理地组合训练手段）的特点。在训练过程中，训练内容的选择体现在一方面要与决定体育运动员竞技能力水平的主导因素——速度素质紧密结合。训练方法和手段主要选用发展体育运动员爆发力、动作速度、反应能力及动作幅度为主的练习。另一方面训练要解决专项技术的需要。如跨栏项目中“蹬摆配合”，以及跑与跨、跨与跑结合的练习。训练手段的合理组合有助于充分发挥各手段的综合效应（整体效应），如短跑体育运动员采用跑—跳、跳—跑的组合训练，用跑的专门练习然后过渡到加速跑等。

1.短距离跑类体育运动员的力量训练

提高短距离跑项目体育运动员速度不仅要重复专项练习，而且要提高体育运动员力量。肌肉力量的性质、状态直接影响专项素质。如肌肉最大力量与反应速度及加速跑相关；肌肉爆发力与加速跑和最大速度相关；肌肉力量耐力与后程速度相关。

(1) 速度力量的训练

速度力量与加速跑、最大速度跑的能力关系最为密切。在发展基本力量的同时，应着重发展速度力量。在力量和速度两个因素中，只要其中一个或两个因素提高，速度力量就会得到提高，实际上训练中提高力量相对比提高速度容易。因此提高速度力量的练习方法主要是采用发展力量的练习，在力量练习的同时应注意加快频率。

速度力量练习方法主要采用超等长的力量练习，如用最大速度做垂直跳 30 s，单足跳 30–50 m；立定跳远，三级跳远；三级跳箱练习（用单足跳上、跳下），单足跳下台阶；跳深练习等。不同练习内容对练习的组数及每组重复次数有不同的要求。速度力量练习也可采用近似短跑运动结构的专门练习，如体育运动员的快速小步跑、原地快速交换踏步、原地高抬腿跑等练习；在外部有利条件下完成高频练习(如下坡跑、顺风跑、缩短步长跑的高频率跑)；陆上划臂练习；减阻蹬踏练习等。

(2) 力量耐力的训练

力量耐力与终点跑保持速度能力关系最为密切，特别是200 m、400 m、400 m栏的体育运动员。力量耐力兼有力量和耐力的双重特点，既要求肌肉具有较大的力量，又要求肌肉能够长时间地坚持工作。短路项目不仅对体育运动员力量的大小有较高要求，对有氧代谢能力和能坚持长时间工作的经济实效的运动技术也有很高要求。通过力量耐力训练可提高体育运动员毛细血管和肌红蛋白的数量，改进运输氧的功能，提高无氧负荷的能力，从而延缓或减少速度下降的程度。

发展力量耐力的主要途径一般包括持续训练法、间歇训练法、循环训练法、重复训练法等训练方法，主要通过克服自身体重或负小重量的持续跑、跳跃等练习来实现。以及不同短距离的跑的练习；负重抗阻力练习，如负重弓箭步走、高抬腿弓步换腿跳、托重物跑和跳，各种跳跃练习，负重与不负重的双脚跳、单脚跳、水平跳、垂直跳等手段来提高体育运动员的力量耐力。

2.短距离跑类体育运动员的速度训练

速度素质是指人体快速运动的能力，包括人体快速完成动作的能力、对外界信号刺激快速反应的能力以及快速位移的能力。短距离跑类项目这三种速度素质在运动实践中既有区别又有联系，移动速度是由不同的单个动作速度(如途中跑中的后蹬速度、前摆腿动作速度、摆臂速度等)组成；而反应速度往往是移动速度的开始(如起跑)。但反应速度快，动作速度和移动速度并不一定快。

短距离跑类项目体育运动员的速度训练主要包括反应速度、加速度和最高速度。速度训练的效果在很大程度上取决于速度练习距离的选择、练习量的掌握以及恢复时间的控制。实践证明，体育运动员从静止开始到加速到个人最高速度一般需要5–6 s时间，因而速度训练的最佳距离应选择在30–80 m。由于速度训练对神经肌肉系统的要求较高，只有在神经系统高度兴奋状态下进行练习，才会取得好的效果。因此，速度训练应严格控制练习量及恢复时间的安排。练习次数一般为4–10次，恢复时间应保证体育运动员能够快速完成动作并能得到恢复，才进行下一次练习。

(1) 反应速度

短距离跑体育运动员的反应速度主要取决于人的感受器(视觉、听觉)、其他分析器的特征以及中枢神经系统与神经肌肉之间的协调关系。反应速度素质受遗传效应影响较大，此外，不同的信号刺激、不同的动作准备、不同机能状态、不同强度、接受刺激的感受器数量不同等因素都会影响体育运动员反应速度的表现程度。

反应速度训练常用的方法有信号刺激法（即利用突然发出的信号提高体育运动员对简单信号的反应能力）和运动感觉法。其练习手段有移动目标的练习及选择性练习。

（2）动作速度

短距离跑体育运动员的动作速度主要受中枢神经系统兴奋与抑制的转换速度和神经—肌肉协调性的影响。提高动作速度常用的方法有利用外界助力控制体育运动员的动作速度，减小外界自然条件的阻力（如顺风跑），利用动作加速或利用器械重量变化而获得的后效作用发展动作速度，借助信号刺激提高动作速度等。

（3）移动速度

短距离跑类项目移动速度主要取决于步长和步频，但并不完全取决于步长和步频的对应关系。全程的动作频率和动作幅度状况的改善以及两者之间的合理组合能保证体育运动员获得更快的移动速度。一般提高动作频率的途径有两种：一是提高中枢神经系统兴奋抑制转换的速度；二是增强肌肉的收缩力量与放松能力。加大动作幅度的途径有三种：一是提高肌肉质量；二是改进动作技术；三是改善柔韧性。提高移动速度有两个基本途径：一是提高体育运动员力量（见力量部分）；二是重复专项练习。

重复跑是提高移动速度最主要的手段。负荷强度采用90% -100%以上的大强度的各种形式跑或利用降低条件的反复跑训练使体育运动员机体动用 ATP-CP 能源物质，达到发展非乳酸供能的无氧能力。训练强度应是变化的，防止速度障碍。负荷量（持续时间）6-15 s 左右。练习重复次数可以多，但必须以不降低训练强度为原则，如4-5次，练习组数视体育运动员的具体情况而定，水平高多些，水平低少些。间歇时间包括次间间歇和组间间歇，队间间歇一般包括短时间歇和长时间歇两种安排方式：

①短段落间歇安排，如距离 30-60 m，间歇时间 60 s 左右，目的在于使机体动员 ATP-CP 供能。

②较长段落长间歇安排，如 100-150 m，间歇时间 120 s 以上，目的是保证机体 ATP-CP 能源物质通过休息得以恢复。

组间间歇一般时间较长，如间歇 5min，以利于下一组练习。训练以积极性休息为主。

3.短距离跑类体育运动员的耐力训练

短距离跑体育运动员需要具有在大量缺氧条件下以高速度持续跑完全程的能

力，在各项比赛中，后程减速造成步长缩短、频率减慢和技术变形等现象，均是其速度耐力不足的表现。通过训练可使体育运动员尽可能长时间保持最高速度和尽量减少最高速度下降的幅度。造成速度下降的原因主要是中枢神经受高频刺激所产生的疲劳。

因此，训练应以无氧糖发酵解供能为其物质基础，训练方法应选择导致产生最大乳酸的原则，采用极限下速度加大负荷的重复练习。一般采用负荷强度较大，强度为 80% –90%，心率达 180–190 次 / min。负荷量：一次练习的时间为 1–2 min 之间，控制在 300–400 m 或 200–600 m，重复次数不必过多，3–4 次即可，以保持必要的训练强度为原则。重复组数的原则是使体育运动员在最后一组也基本能保持所规定的负荷强度，而不应下降得过多。练习的重复组数应视体育运动员的训练水平而定，一般为 2–5 组。间歇时间安排有两种做法：一种是次间间歇时间以恒定不变，如每次练习之间休息 4 min；另一种是逐渐缩短次间间歇时间，采用这种方式可保持每次练习以后使体内乳酸堆积，达到较高值。这个值便可以成为下一次练习机体乳酸的起点值，并使下一次练习时乳酸达到更高的含量，从而达到训练的目的。注意：由于这种安排方法练习密度大，运动疲劳深刻，训练时要谨慎。次间间歇时间为 3–5 min，以利于恢复。组间间歇时间一般要 10–15 min。

4.短距离跑类体育运动员的柔韧和灵敏素质训练

短距离跑体育运动员主要体现动力柔韧和灵敏素质，柔韧和灵敏的水平要依据专项的需要，并有一定的柔韧储备，过分发展可能导致关节和韧带的松弛和变异，影响专项力量和技术发挥。柔韧和灵敏素质训练一般采用以下几种方法：徒手体操、各种压腿、踢腿、摆腿和劈腿练习；武术基本功；负重和不负重的各不同方向的踢腿和绕腿练习；利用栏架做负重与不负重的向内、向外绕练习；跨栏和跑的各种模仿练习；肩负杠铃的弓箭步走，负轻杠铃的连续弓箭步抓举；小腿负沙袋连续在栏侧做提拉起跨腿的练习等。

三、中长跑类体育运动员的体能训练

（一）中长跑类运动的项目特征

1. 中长跑是中距离跑和长距离跑的总称，一般包括 800 m、1500 m、3000 m、5000 m、10000 m 跑等项目。

2. 中长跑运动属于体能主导类的周期耐力性项目，距离较长，强度居于次最大强度，并以克服自身体重、较长时间多次重复相同动作为技术特征。体育运动员跑动过程中保持高速能力、跑步技术的经济性、战术能力、冲刺时的最大速度是影响体育运动员在不同距离项目上成功与否的共同因素。当前，随着竞技水平的提高和比赛竞争的激烈，对体育运动员速度水平的要求也越来越高。

3. 中长跑运动对意志品质要求高。体育运动员在训练以及比赛中抵抗疲劳对人体极限的挑战，要求体育运动员有坚强的意志，尤其是在比赛后程往往更是意志品质的较量。

4. 运动成绩评判是以体育运动员完成比赛任务耗费的时间为依据，运用计量工具予以准确测定评价，客观公正。

（二）中长跑类体育运动员的体能特征

1.中长跑类体育运动员的形态特征

中长跑体育运动员一般身高个体差异较大，中跑体育运动员身高略高于长跑体育运动员，一般低于田径其他项目的体育运动员；身体匀称结实、肌肉富有弹性，成束形，皮下脂肪较少，瘦体重相对较大；下肢长，小腿相对较长，前摆时步幅大；踝围较小，跟腱较长，人体肌肉收缩的作用力集中，有利于踝关节的蹬伸；臀纹线高，臀部上翘，臀厚，骨盆的纵轴短，肌肉用力时发力集中，脚趾齐且较短。

2.中长跑类体育运动员的技能特征

中枢神经系统机能特点表现为神经过程灵活性较高，机能稳定性较高，大脑皮层神经细胞较快产生疲劳。中长跑对心血管系统和呼吸系统功能要求高，在比赛过程中植物性机能不能适应运动机能的要求，机能变化不能很快提高，而在比赛临近终点时，植物性机能变化可达到最高水平。心脏每搏输出量大，血红蛋白含量较高。反映指标主要是心率、血乳酸、血压、每分输出量等。能量代谢以无氧代谢供能和有氧—无氧混合供能为主。

3.中长跑类体育运动员的素质特征

中长跑属于体能周期性耐力项目，其竞技能力主要是由身体素质决定，其中发展有氧代谢系统供能是中长跑体育运动员身体训练的基础内容，也是发展无氧酵解供能水平的前提条件。速度耐力是决定中长跑体育运动员竞技能力的最重要因素。同时，相对力量和力量耐力也不可忽视，其体能训练应主要针对发展体育运动员的糖酵解系统、有氧氧化系统、协调能力、力量耐力、意志品质训练等。

（三）中长跑类体育运动员体能训练的方法与手段

1.中长跑类体育运动员的力量训练

中长跑体育运动员要不间断地连续较长时间或很长时间地多次重复单一动作。体育运动员的活动均是由肌肉的收缩产生的动力作用于支撑面（地面）的反作用力使人体在水平方向上向前移动。因此，体育运动员的力量素质尤其是下肢力量是极为重要的。在任何情况下，力量尤其是力量耐力是中长跑体育运动员的重要基础。其中对下肢肌群的力量耐力和良好的支撑器官（腿和踝关节）力量能力的要求更高。因此，力量训练主要是力量耐力和支撑器官（肌肉、韧带、软组织、关节等）的训练。

利用循环训练安排全身力量协调发展的练习不仅可以提高体育运动员各部位肌肉功能的发展，而且还可以改善提高体育运动员的内脏功能。值得注意的是，提高体育运动员的力量耐力应主要通过对血液循环和呼吸系统机能的改善，发挥毛细血管的作用和肌肉对血红蛋白的利用去发展力量耐力，而不应仅仅依靠提高体育运动员的绝对力量。在训练过程中，应充分利用自然条件发展体育运动员的力量耐力和支撑器官的功能，如利用地形条件的上坡跑或软地跑（沙滩、草地、雪地等）来增强腿部肌肉力量。经常选用的训练方法：山地跑——发展腿部力量耐力；连续跳跃练习——发展腿部各关节力量耐力；连续单腿交换向上跳、连续跨步跳——发展腿部力量耐力；循环力量练习——发展整体力量、速度力量耐力及协调能力。

另外，腰背部力量的协调发展对跑步的正确技术的重要作用不可忽视，可采用肋木悬垂举腿（直腿或屈腿）、垫上腹肌两头起、背肌等练习。

2.中长跑类体育运动员的速度训练

现代中长跑被认为是速度耐力项目。速度耐力是长时间维持一定较高速废水平的能力，最大速度是指在一定距离内最快的位移速度，体育运动员最大速度的水平往往是战术安排和比赛最后阶段决定胜负的关键。但最大速度素质不是中长跑项目的决定因素，因此提高体育运动员的速度，必须与影响速度耐力水平提高的其他因素同时协调发展。单一的最大速度提高的速度训练，如同短跑体育运动员一样的速度训练，可能获得最大速度的提高，但其速度转化为速度耐力的比率很小。中长跑体育运动员既需要非乳酸无氧代谢供能的训练，也需要糖酵解无氧代谢供能训练。这两种速度的同时改善才能促进体育运动员速度耐力水平的提高。

发展非乳酸能的速度能力是耐力项目的特殊需要，是在体育运动员有机体处在一定量乳酸堆积的条件下发展体育运动员的最大速度。实践中，教练员一般安排在专项训练负荷后待体育运动员有机体内乳酸含量尚未恢复时，全力进行最大速度的训练，如越野跑后，选用 200 m 左右距离的间歇跑。中长跑体育运动员发展速度素质一般采用接近专项、短于专项、大强度的竞走练习，主要采用短距离的重复跑、加速跑、行进间跑和变速跑等。

3.中长跑类体育运动员的耐力训练

耐力素质的发展是耐力项目专项训练的重要组成部分，不同代谢供能耐力训练目的不同，训练方法也不同，但又必须和专项能力训练融为一个整体。

(1) 一般耐力

一般耐力是体育运动员有机体各器官系统机能的综合，是在不同项目中表现出专项耐力的基础。其任务是在一般身体训练的过程中有计划地对影响耐力的各个因素进行影响，扩大有机体进行一般工作的机能能力，建立提高负荷量的条件，并利用素质转移的效果为发展专项耐力打下基础。根据中长跑项目的特点，一般耐力训练与提高心血管、呼吸系统机能有紧密联系，适宜高强度、长时间、连续工作的能力就是“有氧耐力”的表现。“有氧耐力”的任务一是建立提高运动负荷的前提条件，二是产生耐力向专项练习转移的效果。

①持续训练法。有两种典型的练习形式，即匀速持续训练和变速持续训练。应用特点是平均强度不大，负荷时间相对更长，以有氧代谢系统供能为主。一组练习的持续负荷时间至少应为 10 min。负荷强度心率指标平均为 160 次 / min 左右。持续训练法是中长跑体育运动员训练过程中广泛用于发展耐力素质训练方法。

②乳酸阈值训练。乳酸阈值是反映人体有氧工作能力的重要生理指标，其值越高，人体有氧工作能力越强。乳酸阈强度通常为 4 mmol/L 左右，大约为最大摄氧量的 60% –80%，但由于乳酸代谢存在较大的个体差异，其值在 1.4–7.5 mmol/L 之间，因此一般认为个体乳酸阈强度是发展有氧耐力训练的最佳强度，以此强度训练，可使体育运动员在长时间内进行练习，从而提高氧代谢供能能力。值得注意的是，个体乳酸阈值可训练性较大，有氧能力提高后，其训练强度应根据新的个体乳酸阈强度来确定。

③法特莱克训练。源于瑞典的速度游戏。训练主要是利用自然环境如田野、树林、沙地等进行走、慢跑、快跑的练习，体育运动员根据自己感觉，以不同配速跑，其主要依据是时间，而不是距离。恢复时间不预设。体育运动员应该不仅有力量、耐力，还要有速度和配速技巧。法特莱克训练的优点是在自然环境中提高体育运动员的基础耐力能力，有利于体育运动员体力分配、肌肉放松以及协调灵敏能力的提高。其不足在于教练员或教师对训练量和强度的控制有一定难度。训练中根据体育运动员从事的项目而规定训练总时间，一般在 40–90 min。

还有其他一些方法手段发展体育运动员的一般耐力：如长时间进行的其他周期性运动，如速度滑冰、划船、自行车等；反复做克服自身体重的练习；坚持较长时间的抗小阻力的练习；循环练习等。

(2) 专项耐力

专项耐力是体育运动员有机体为了获取专项成绩而最大限度动员机能能力克服专项负荷所产生的疲劳的能力。中长跑项目的专项耐力特点是用尽可能高的平均速度通过全程，主要采用接近专项的运动距离以及运动强度安排练习内容。其主要方法是间歇训练法、重复训练法等。

乳酸是周期耐力项目体育运动员的大敌。从训练的生物学角度分析，在运动时，乳酸积累导致机体疲劳或机能衰减是影响运动能力的主要因素之一。但大量积累乳酸可刺激机体对酸性物质的缓冲和适应，从而提高糖酵解供能能力。最大强度运动 30 s–15 min，属于非乳酸和糖酵解混合供能，其中糖酵解供能起主导或重要作用，中长跑比赛属于这种情况。因此，中长跑体育运动员既需要非乳酸无氧代谢供能的训练，也需要糖酵解无氧代谢供能训练。这两种速度的同时改善才能促进体育运动员速度耐力水平的提高。

4.中长跑类体育运动员的柔韧训练

柔韧素质直接影响中长跑体育运动员的步幅和技术，尤其是下肢关节的柔韧性和灵活性。根据体育运动员的特点，采用身体各个环节肌肉、关节的主动和被动的大幅度伸展和牵引练习，有针对性地提高体育运动员的肩、髋、膝踝等关节的柔韧性和灵活性，适当增加身体围绕垂直轴转动的幅度，提高肌肉紧张和放松能力，以改善动作的协调均衡性，协调能力。

发展肩部、腿部、臀部和脚部的柔韧性主要手段有压、搬、劈、摆、踢、绷及绕环等练习。发展腰部的柔韧性主要手段有站立体前屈、转体、甩腰及统环等练习。一般采用垫上或肋木的静力拉伸练习，在最大动作范围姿势下保持 5–30 s；原地或行进间正踢、侧踢等动力性练习；徒手或轻负重交换跳。

5.中长跑类体育运动员的灵敏训练

灵敏素质是指在各种突然变换的条件下，体育运动员能够迅速、准确、协调地改变身体运动的空间位置和运动方向，以适应变化的外环境的能力。其能力的提高对体育运动员改进技术，培养好的节奏及提高运动中的放松能力均有帮助，对越野跑训练和比赛更为重要。

中长跑类体育运动员的灵敏训练主要采用以下方法：让体育运动员在跑、跳当中迅速、准确、协调地做出各种动作，如快速改变方向的各种跑、各种躲闪和突然起动的练习，各种快速急停和迅速转体的练习；各种调整身体方位的练习，如利用体操器械做各种较复杂的动作等；专门设计的各种复杂多变的练习，如立卧撑、十字变向跑及综合变向跑等；各种改变方向的追逐性游戏和对各种信号做出复杂应答的游戏等。

四、跳跃类运动的体能训练

（一）跳跃类运动的项目特征

1. 跳跃项目一般分为远度项目（如跳远、三级跳远）和高度项目（如跳高、撑竿跳高），是人体运用自身能力或借助特殊的器械，通过一定的运动形式，使身体腾超最大的高度或远度的运动项目。

2. 跳跃类项目是动力性工作，混合性练习，既有周期性练习（如助跑阶段），也有非周期性练习（如踏跳、腾空、越杆、落地等一系列动作）。其共性特征是“助跑快，着地快，起跳快”。

3. 跳跃类项目属于体能主导类快速力量性项目，速度素质和爆发性用力的能力是其竞技能力的主导因素。体育运动员要在很短的时间内最大限度地创造出最大的起跳爆发力，既要有很快的速度. 又要有很大的力量，并把两者有机地结合起来。因此体育运动员要具有良好的爆发力量、绝对速度、较好的弹跳性和柔韧性及跳跃技能。

4. 运动成绩评判以体育运动员完成比赛的远度和高度为依据，运用计量工具予以准确测定评价，客观公正。

（二）跳跃类体育运动员的体能特征

1.跳跃类体育运动员的形击特征

跳跃类体育运动员一般身材修长；在人体成分中，瘦体重较大，脂肪较少；下肢较长，大腿相对较短，小腿较长；一般踝关节围度较小，跟腱较长，跳高尤为突出，人体肌肉收缩的作用力集中，有利于踝关节的蹬伸。部分项目由于其特点（如撑竿跳高），要求体育运动员指距较长以提高握杆点，增加摆动半径，结杆以更大的压力，有利于越过更高高度。上肢和躯干肌肉发达，躯干趋桶形。撑竿跳高体育运动员对这一指标要求较高。一般臀纹线高，臀部上翘，臀厚，骨盆的纵轴短，肌肉用力时发力集中。

2.跳跃类体育运动员的机能特征

中枢神经系统机能表现为神经过程灵活性较高，体育运动员对感官机能要求较高。跳跃类项目非周期性部分踏跳、腾空、过杆、落地等动作都要求头部姿势正确，因为头部位置改变，刺激本体感受器，反射性引起身体肌紧张重新分配，产生状态反射，从而保障动作的完成。靠视觉判断步点、起跳点和踏板的距离。各器官机能的变化不大，次于短跑。跳高试跳次数越多，对心肺机能的要求越高。能量代谢特点是运动持续时间短，主要由磷酸原系统供能。虽然爆发力较大，但总的能量消耗不多。对能源储备、呼吸、循环系统影响皆不大，恢复较快。

3.跳跃类体育运动员的素质特征

跳跃项目完整技术一般包括助跑、起跳、腾空（过杆）和落地。但每个项目的运动形式和要求又有所不同，因此对运动素质的要求也存在一定差异。但跳跃类项目专项素质主要集中在速度、力量以及灵敏柔韧等能力上。其中速度能力是短跑的速度和加速能力。短跑速度与跳跃成绩之间存在显著的相关性。如跳远体育运动员所跳远度的2／3是由助跑速度决定的，是决定跳跃项目成绩的直接决定因素。所跳远度的1／3是由起跳垂直速度获得的，是影响跳跃成绩的间接相关因素。力量能力是指在助跑速度基础上取得良好跳跃必要的高度，需要专项的反应跳跃力量与周期性运动助跑快速转变为非周期性运动起跳的有效的转换能力。灵敏能力则是指体育运动员肢体协调配合以保持空中的身体平衡。

（三）跳跃类体育运动员体能训练的方法与手段

随跳跃类项目竞技水平的不断提高，体育运动员体能训练的内容也不断扩展与更新。其主要表现为训练内容更具有专项的特点，即围绕直接促进掌握技术和提高专项成绩的身体素质的强化；素质训练内容也尽量和专项动作幅度、用力性质、用力顺序与时机等相似或一致；素质与技术训练相结合训练内容序列安排更加科学合理等。

1.跳跃类体育运动员的力量训练

（1）发展相对力量

跳跃项目运动是克服自身体重的能力的项目，一方面要求体育运动员具有较大的最大力量，另一方面还要求体育运动员体重不能过大，即要求体育运动员具有良好的相对力量。因此要求跳跃体育运动员保持较低的体脂水平，对下肢肌肉质量的要求也较高。

通常采用肩负杠铃全蹲或半蹲跳的练习，以及用各种方法上举杠铃和壶铃的练习。应采用85%以上的负荷强度，以动员尽可能多的运动单位工作，以减少肌肉功能性的肥大，达到在控制体重增加的前提下增大绝对力量的目的。

（2）发展速度力量

发展速度力量的目的是提高与体育运动员专项速度和专项技术有密切关系的力量素质，速度力量取决于肌肉收缩的力量和肌肉收缩的速度，据项目的特点应重点发展由着地到快速蹬伸的能力。主要途径是提高最大力量和缩短表现出最大力量所需的时间。跳跃类项目需要体育运动员具备速度型爆发力，要求体育运动员在速度较快的动作中以及克服外界阻力小、用力时间短的动作中能表现出很大的优势。

一般采用在快速助跑中进行多级跳及发展速度型爆发力的练习。各种跳跃练习是指在最短的时间内完成规定的次数，即定次数短时间的完成。在一定时间内完成较多的次数，即定时间多次数的完成等练习。负重抗阻力的专门练习是指专门练习的动作结构和肌肉的工作状态要和专项技术以及比赛时的动作相似。超等长收缩练习是指采用各种踏跳练习（如连续跳跃栏架、跨步跳等）和跳深练习。

在一定速度要求情况下，要求在动作形式和用力特点上与专项动作接近。为使体育运动员一开始就有较快的水平速度，可采用带助跑的各种起跳和跳跃练习，如30-50 m左右的跨步跳、单足跳，并以两种方式进行，一种是努力加大每一跳的远度，争取以最少的跳次完成练习的距离；另一种是在保持较大动作幅度的前提下，尽量加快蹬摆速度、加快动作频率和跳的速度（可计时或计步数）。注意专项技术练习也是发展专项弹跳力的重要手段，要体会利用助跑速度增强效果的技巧。

2.跳跃类体育运动员的速度训练

跳跃类项目主要表现在技术动作复杂、协调性要求岗、动作结构规格化情况下，要求体育运动员最大限度地（或接近最大限度地）表现出动作速度素质。跳跃体育运动员的速度主要体现在助跑和动作中，体育运动员必须具备在短距离中发挥出高速度的能力和专项所需的特殊节奏，还要求体育运动员在短暂的起跳时间内和在很快的水平速度中爆发性地发挥出尽可能大的力量，这种对爆发力的要求与其他项目有明显区别，即对体育运动员的助跑速度、起跳时肌肉收缩的动作速度和完成助跑转化起跳瞬间的肌肉收缩速度要求较高。因此，训练的主要任务是提高绝对速度和动作速度以及使二者有机的结合。在此基础上完善快速、准确的助跑是跳跃体育运动员速度训练的主要任务。

另外，不能忽视上肢力量和技术动作对跑速的影响。跑是上下肢协调配合的周期性运动，因此摆臂动作的质量（摆动方向、力量、速度以及频率）对腿的动作质量有很大影响。

（1）发展位移速度

跳跃体育运动员的速度训练可以参考短跑体育运动员的速度训练，以发展和提高步伐为主，并与掌握正确的技术紧密结合，可采用如起跑、行进间最大速度跑、借助外力跑、加快步频跑、加大步幅跑等进行速度训练。但要注意将体育运动员平跑位移速度紧密地和跳跃项目的起跳等衔接起来。由于助跑距离的原因，体育运动员助跑既要快，又要有极高的准确性。体育运动员助跑不仅要发挥出高速度，而且还要有充沛的体力以便在高速中有力地完成起跳，因此训练中更重要的是发展体育运动员在较短距离内快速加速、发挥出最高速度的能力。不同项目助跑也有所不同，应注意速度节奏的训练，以体现跳跃项目速度的特点。发展专项位移速度，各个项目采用的手段因项而异。

跳远、三级跳远项目可在跑道上或跳跃助跑道上，采用比赛的助跑距离、助跑节奏做助跑练习。长距离的助跑练习，助跑距离比正常的助跑距离至少长10 m，且不需从起跳板起跳。它可以让体育运动员集中精力做快速起跳，因为体育运动员在长距离助跑末端的冲刺比正常的助跑距离末端冲刺快得多，对加快起跳极为有利。跳高项目可利用不同半径的回圈跑（半径为5 m、6 m、7 m）、直线进入弧线跑和弯道节奏跑等进行助跑练习。如前30 m逐渐加速，后10 m加快频率地跑。撑竿跳高项目持竿与不持竿的助跑、持竿的助跑插穴起跳、下坡持竿助跑和持竿助跑插穴起跳等练习培养体育运动员的助跑起跳能力。

(2) 发展动作速度的助跑起跳能力

动作速度是指完成单个动作时间的长短，主要取决于由肌纤维类型的百分组成及其面积、肌肉力量、肌肉组织的兴奋性和运动条件反射的巩固程度等因素。应注意将提高动作速度与掌握和保持正确的技术动作紧密地结合在一起。专门性的动作速度训练应与专项比赛动作要求相一致，快速重复各个项目的各种专门练习，发展专项所需部位的肌肉力量。一般可采用徒手或负轻器械的各种专门练习、加助力的专门练习。动作速度训练中，练习的持续时间一般不宜过长。练习与练习之间的间歇是由练习的强度所决定的。

3.跳跃类体育运动员的耐力训练

因为在多次试跳中需要体育运动员达到理想的远度，所以，跳跃体育运动员的专项耐力主要体现在以最大强度重复完成完整比赛动作的能力。训练内容与手段则应以多次重复完成比赛动作或接近比赛要求的专项练习为主。

一般多采用极限或极限下强度完成此类练习。例如，反复完成各专项的技术练习和专门练习，一般完成练习的量要到达最大疲劳为止；在逐渐增加训练负荷量的基础上，适当增加负荷强度，进一步提高内脏器官的功能；大量地进行专门跳跃练习和短中程助跑的专项跳跃练习，全程助跑的专项跳跃练习和连续不断地参加测验和比赛。

4.跳跃类运动类的灵敏、柔韧和平衡能力训练

在跳跃项目中柔韧和灵敏的作用可以增强肌肉的弹性，加大关节活动幅度，保证在完成专项跳跃时进行大幅度的摆动，利于提高跳跃体育运动员节奏控制的能力、动作的高度协调性，以及对防止受伤起保护作用。跳跃项目中平衡能力与空间感觉十分重要，失掉平衡则破坏了跳跃节奏。另外，灵敏平衡和协调性与信心有着直接的联系，在训练和比赛过程中，很多外界刺激都可能使正确的技术遭到破坏。如果体育运动员有很好的灵敏协调能力，就能及时调整姿势或动作。因此对柔韧、

灵敏、平衡等综合能力要求高。

五、投掷类体育运动员的体能训练

（一）投掷类运动项目特征

1. 投掷类项目一般包括标枪、铁饼、铅球、链球等，是指体育运动员用旋转或直线的助跑方式给器械预先加速，然后通过最后用力使器械运行最大的水平空间距离。

2. 投掷项目属于动力性工作，其中铁饼、铅球、链球是由握法、预备姿势或预摆、滑步或旋转、最后用力、身体平衡五个部分组成，这些动作结构均属于非周期性练习。标枪助跑属于周期性练习，投掷部分属于非周期性练习，因此，标枪属于混合性练习。

3. 投掷运动是体能主导类速度力量性项目，以力量为基础，速度为核心，按照严格的用力顺序，使肌肉产生爆发式收缩，以最快的速度、最大的力量把器械投掷出去，所以对肌肉力量和速度要求高。但由于投掷器械本身的重量不同，所以对力量和速度的影响不一样。如器械较轻的标枪项目，对肌肉收缩速度要求就较高。

4. 投掷体育运动员是人体运用自身能力，通过一定的运动形式，将手持的规定器械抛出并尽可能获得远度的运动项目。人体与器械构成一个系统，因此对体育运动员控制器械的能力要求高。

5. 运动成绩评判是以体育运动员完成比赛的远度为依据，运用计量工具予以准确测定评价，客观公正。

（二）投掷类体育运动员体能特征

1.投掷类体育运动员形态特征

投掷类体育运动员一般身材高大匀称，使最后用力的工作距离或旋转半径加长，出手点较高。由于标枪要求体育运动员具有较好的速度素质，能在快速助跑的条件下协调准确地完成投掷动作，因此，标枪体育运动员要求身材更加匀称。上肢和躯干肌肉发达，躯干呈桶型。这对体育运动员投掷用力时更好发探肩带和躯干肌肉力量十分有利。上臂肱二头肌和肱三头肌具有较强的收缩力量。根据项目特点，体育运动员必须将器械持握在手上完成动作，因此手较长：一方面利于持握器械，保持器械稳定；另一方面可适当增加用力的工作距离。

2.投掷类体育运动员机能特征

中枢神经系统机能特点是大脑皮层兴奋过程占优势，反应时间缩短，神经过程具有高度的均衡性。由于动作结构复杂，有旋转、滑步、投掷器械等，在完成这种复杂动作过程中，对感觉器官要求较强，除本体感觉传入冲动有重要作用外，还须有视觉、前庭分析器等的作用。如掷标枪是需要视觉来感知助跑的第一、第二标志线的距离和标枪的飞行；铅球、铁饼和链球投掷时，要求视觉准确判断投掷圈的范围和身体与圈沿的距离。由于运动持续时间短，能量代谢主要是磷酸原系统供能，具有功率输出快、持续时间短、供能总量少及机体恢复快等特点。

3.投掷类体育运动员素质特征

影响投掷类体育运动员运动成绩的主要因素为最大力量、双腿和躯干伸肌肌群的速度力量，以及对投掷进行最后加速的专项投掷反应力量。协调能力也尤为重要，节奏和平衡、定向能力、加速和制动的准确运用，以及旋转过程中有目标的投掷，都需要高水平的协调性。从投掷项目原理分析，决定投掷远近最重要的因素是器械的出手速度。速度是投掷类项目的核心，而这个速度的获得是以绝对力量为前提的爆发力，只有瞬时爆发的最大力量才能获得一个最高的出手速度。掷标枪不仅采用近似跑的技术动作，而且要求体育运动员在全速跑动的过程中流畅、协调地完成投掷动作的投掷项目。掷标枪项目更多的是依赖较长距离的助跑、爆发力和专项投掷力量。

(三) 投掷类体育运动员体能训练的内容、方法与手段

1.投掷类体育运动员的力量训练

投掷体育运动员的力量主要为最大力量、速度力量。在训练计划的安排中，必须注重依据肌肉收缩用力性质和体育运动员特点，以及采用轻重结合、轻重和标准器械的组合训练。采用不同重量的器械进行专项投掷，使体育运动员已具备的能力充分地转化到专项上。投掷重器械可以发展专项力量，投掷轻器械可以有效地发展速度。轻重器械组合训练，可使体育运动员眼的机体接受不同的刺激，防止肌肉僵化，达到提高投掷速度的目的。但是要注意，使用不同重量的器械限度是不能造成明显的技术变形，另外注意在力量训练过程中，不能忽视小肌肉群力量的训练。

(1) 最大力量

最大力量主要是指完成专项技术动作需要的最大力量和最大功率。发展最大力量的主要途径有，加大肌肉横断面，提高肌肉间及肌纤维之间的协调性，以及增加肌肉中磷酸肌酸 CP 的储备量，加速工作中 ATP 的合成速度。一般运用大强度法、极限强度法、静力练习法、变换训练法、金字塔式训练法等发展体育运动员的最大力量。

最大力量一般采用大重量负重抗阻力练习，如运用杠铃、壶铃、哑铃等训练

器械。克服弹性物体的练习，如使用拉力器、拉橡皮带等，依靠弹性物体变形而产生的阻力发展力量素质。也可利用训练组合器械练习，使身体处在各种不同的姿势（或坐、或卧、或立）进行练习，可直接发展体育运动员所需要的肌肉力量，使训练更有针对性。

（2）发展速度力量

速度力量是运动速度和力量的综合表现形式。强调在尽可能短的时间内完成动作，表现出最大的力量。因此除与最大力量决定因素相同之外，完成动作的速度是决定因素。此外，由于不同动作结构、不同强度、不同持续时间、不同重复次数的练习对不同素质的发展有不同的影响，因此，要特别注意完成动作时是否符合专项正确技术的要求。训练中要设计既能使快速力量得到最大的发展，又要使它能在专项比赛中充分利用的动作。

发展快速力量的常用手段如下：一是器械不出手练习，如原地拉胶带、连续转髋、持球连续滑步、扶栏杆转髋、肩负杠铃原地旋转一周、持器械旋转等；二是投掷不同重量器械的专门练习和完整技术结合，采用轻器械、重器械和标准器械的组合练习；三是各种发展肩部肌群、发展腿部肌群、发展躯干肌群等不同肌群的力量练习。

值得注意的是，速度力量训练的效果在很大程度上取决于中枢神经系统保持的兴奋度。因此，在训练中应避免出现疲劳，重复次数不宜过多，组间休息应保证机体基本获得恢复。

2.投掷类体育运动员的速度训练

速度训练是指在有外加负重量的条件下，或技术动作复杂、协调性要求高且动作结构规格化的情况下，要求体育运动员最大限度地（或接近最大限度地）表现出动作速度素质。因此，速度训练主要针对位移速度和动作速度，一般采用短跑、跳跃和快速投掷等练习。这些练习可帮助体育运动员发展将力传到器械上去的速度。在短跑和跳跃的练习中，可增强膝和髋部肌的爆发力，并提供同样的弹性动作，使之在投掷中应用。

（1）发展位移速度

发展体育运动员位移速度一般采用短跑练习，各种跳跃练习以及各种加速跑、冲刺跑、牵引跑、侧向和向后快速移动身体的练习等，距离和重复次数随体育运动员具体情况而定。但由于不同的投掷项目，身体的位移形式也不同，有直线助跑位移、滑步位移、旋转位移，因此发展位移速度的方法和手段也不同，如铅球主要采用连续滑步练习、脚或小腿负沙袋的滑步练习、各种滑步结合最后用力的专门练习、滑步推轻重量铅球的练习。标枪主要采用持枪或不持枪的连续交叉步练习，如

2–3 步助跑掷标枪、5 步或 5 步以上的助跑掷标枪和各种不同距离的持枪助跑练习等。铁饼和链球主要采用不同速度的徒手或持铁饼（链球）的旋转练习、持各种物体（木棍、树枝、带球）的旋转练习等。

（2）发展动作速度

提高动作速度应与掌握和保持正确的技术动作紧密地结合在一起。专门性的动作速度训练与专项比赛动作要求相一致。动作速度的快慢主要取决于中枢神经系统的功能及该部位运动肌肉力量的大小，在训练中则需相应地采用不同手段提高体育运动员的动作速度。大强度的重复训练法是提高体育运动员动作速度的最主要的训练方法。

提高专门速度能力可以通过徒手和采用各种轻器械的快速动作的练习，以及上述所有的最大力量和速度力量训练方法和手段。

教练员常采用利用外界助力帮助体育运动员提高动作速度，如帮助体育运动员前送髋关节。在使用助力手段时，必须掌握好助力的时机及用力的大小，同时还应让体育运动员很好地感觉助力的时间及大小，以便使他们能独立及早地达到动作速度的要求。另外，可利用动作加速或利用器械重量变化而获得的后效作用发展动作速度。投掷轻器械练习和快速技术动作练习可以诱发体育运动员的先天速度能力，如可以采用快速旋转投掷轻器械、快速连续旋转、快速行进间转髋练习、快速出手和鞭打动作的练习等。

3.投掷类体育运动员的耐力训练

（1）一般耐力

几乎可以通过全部身体练习，其中包括专项训练的练习，使体育运动员最大限度地增强各个器官和系统，特别是心脏、血管和呼吸系统的耐力。一般耐力在很大程度上决定着体育运动员有机体的一般工作能力和健康水平。发展一般耐力的常用手段为长时间专项练习，多种变换的、组合的耐力练习，坚持较长时间的抗小阻力的练习，循环练习等。

（2）专项耐力

专项耐力取决于各个器官和系统的专项训练水平及适合投掷项目要求的生理心理能力水平。在疲劳的情况下，体育运动员发挥意志品质的作用而继续工作的能力具有特别重要的意义。专项耐力也与技术、战术的合理性经济性原则性相联系，投掷体育运动员发展耐力的主要途径是多次重复专项练习和部分专门性的练习。只有大量重复那些以改善技术和身体素质为目的和适应比赛条件的练习，才能达到最佳的耐力水平。训练过程中，多采用极限或极限下强度的练习方法。

耐力一般采用反复完成各种专项技术和专门练习；大量进行投不同重量的器械

练习；在逐渐增加负荷量的基础上增加强度的练习；连续不断地参加测验和比赛。

4.投掷类体育运动员的灵敏训练

投掷体育运动员要求有很好的平衡、节奏控制的能力。而灵敏素质对动作的高度协调性、对保护和保障田径体育运动员的安全是很重要的。在训练和比赛过程中，很多外界刺激都可能使正确技术遭到破坏。如果体育运动员有很好的灵敏性，就会恢复平衡，调整姿势或动作，不至于影响运动成绩。凡与这些专项动作结构接近的各种练习，均能促进灵敏性的发展。这主要是指让体育运动员在非正常情况下，完成他们所熟悉的动作练习。如在改变助跑距离和助跑速度，就会给体育运动员造成一些不太习惯的条件，这就要求体育运动员改变动作以适应这种不太习惯的条件，这就需要运用他们的灵敏性。

注意结合力量训练发展灵敏性，如果适时地增加力量，则较容易克服这些动作过程中的阻力，而且较大的力量使肌肉可以进行更快速的收缩，从而获得更快的速度，同时，也增加了灵敏性。还可以通过各种运动技能的学习和体验来有效地提高灵敏和协调性，如各种运动游戏、球类活动、体操、技巧、游泳，以及田径运动中的各种跑、跳、投练习等。

5.投掷类体育运动员的柔韧训练

投掷类项目的柔韧性训练基本上采用拉伸法，分为动力拉伸法和静力拉伸法。在这两种方法中又都有主动拉伸和被动拉伸两种不同的训练方式。身体各个环节肌肉、关节的主动和被动的大幅度伸展和牵引练习通常安排在准备活动和主要练习之间。具体训练内容根据体育运动员个体情况而定。一般采用肩关节柔韧练习，徒手和带重物做双肩向前或后的绕环的练习，徒手压肩等。

腰部和髋部练习采用站立体前屈、转体、甩腰及绕环、交叉步跑、正面大步转髋、负重弓箭步走等。不仅要加强柔韧性，还要注意发展各个环节的伸展性和肌肉的弹性，根据专项特点，优先发展肩部和躯干部位的柔韧性。注意柔韧性练习必须经常进行。

第十三章 体能训练的医务监督

要获得体能训练的最佳效果，除了训练过程本身的科学化之外，还包括医务监督、运动营养、运动训练设施等诸多因素，这些因素对体能训练的目标起着重要的支持作用。合理、科学的医务监督能够降低运动性疲劳、运动性疾病对体育运动员造成的伤害，有效延长体育运动员的运动寿命。体能训练医务监督的内容重点应该包括以下几个方面。

一、区别生理与病理的界限

体能训练是一种以发展身体机能潜力和使机能潜力得到最大发挥为目的的大负荷训练，是人体在困难条件下，长时间、高强度、大负荷持续工作能力的训练，它突出对人体各器官和机能系统的超负荷适应训练。这种训练有可能会改变生理极限，需要进行病理和生理界限的鉴别诊断。研究区别生理与病理的诊断方法是医务监督的一项重要内容。

二、体育运动员身体机能状况西医学评定

通过形态检查和机能测试，对体育运动员身体机能状况进行综合评定，这种检查可在不同的阶段和不同的状态（如安静状态训练过程、恢复过程）下进行，除阶段性的定期检查外还可进行动态观察和比较。

三、运动性疾病的防治

运动负荷超出了人体的生理限度就会导致病理状态。运动性疾病与训练的量和强度有密切关系，常见的有过度训练、过度紧张、运动性贫血、运动性血尿等。定期进行身体机能检查，及时发现潜在的功能障碍是预防运动性疾病的有效措施。

四、伤病后训练的恢复

体育运动员患各种疾病（如流感、肝炎、心肌炎等）和运动损伤后开始恢复训练的适宜时机、训练内容和运动量的掌握，能否参加比赛以及参加比赛的项目和时机，这些问题的合理处理对巩固伤病疗效、恢复体能及进一步提高运动成绩，都有重要的作用。

五、运动性疲劳的消除

体能训练引起的精神疲劳和身体机能的下降，是人体为维护正常的功能做出自我保护的一种生理现象。如不采取有效措施及时消除疲劳，则可能产生机体调节的紊乱和过度疲劳。消除疲劳的基本方法有心理法、理疗法、运动放松法和饮食调节法等。

第一节　运动性疲劳程度的判别

自 1880 年意大利生理学家 Mossn 研究人类的疲劳开始，运动性疲劳的研究已有近 130 年的历史。根据疲劳发生的原因和表现可以将其划分为生理性疲劳（躯体疲劳）和心理性疲劳（精神疲劳）；根据疲劳发生的部位，生理性疲劳又分为中枢疲劳和外周疲劳。目前，多数研究是围绕着生理性疲劳展开的，而针对心理性疲劳的研究相对较少。生理性疲劳往往导致机体结构成分和功能的改变，而心理性疲劳则导致机体行为和情绪的改变。

疲劳是运动训练的必然结果，如何科学准确地判别疲劳程度是科学训练的一个重要环节。判断晚了，导致过度疲劳，甚至是损伤；判断早了，运动负荷不足，不能够实现运动训练效果的最佳化。

一、自我感觉

运动性疲劳首先表现为自我感觉到疲倦或者疲惫，主观上要求休息。当体育运动员自我感觉到有运动积极性下降，呼吸紊乱、口干舌燥、心悸、恶心、全身乏力、头部昏沉、动作迟钝、脚步沉重，甚至动作僵硬、失调、肌肉痉挛或疼痛、食欲不振、睡眠不好等症状时，说明已处于疲劳状态。由于运动项目、运动性疲劳产生的原因以及体育运动员自身状况的不同，处于疲劳状况的体育运动员的自我感觉各不相同。

二、身体检查

可以通过观察体育运动员运动训练后身体的反应对其疲劳状况进行判断，比如脸色苍白、眼神无光、表情淡漠、连打哈欠、反应迟钝、情绪改变；动作准确性、协调性、节奏性紊乱；比赛时技术发挥不好、运动成绩明显下降等。这时结合相应的一些身体指标检查特有助于对体育运动员疲劳程度的判断，例如血压下降、体温升高、心率加快等。

近年来，研究人员运用中医理论对优秀体育运动员出现的运动性疲劳症候进行调查研究，将运动性疲劳的各种症状归纳总结为三种类型，即形体疲劳、脏腑疲劳和神志疲劳。

(一) 形体疲劳

形体疲劳主要指肌肉、肌腱和韧带、骨和关节的疲劳。疲劳症状有肌肉酸痛、发紧、发硬，肌腱、韧带和肌肉压痛广泛，动作不协调、僵硬，脉搏多弦；关节处肌腱、韧带和骨疼痛，有压痛、微肿或不肿等。

(二) 脏腑疲劳

脏腑疲劳主要指大负荷运动训练或比赛后机体脏腑功能失调和下降。疲劳症状有脾胃功能失调、食积阻滞、食少腹胀、口淡无味、厌食；面色淡白、气短懒言、头晕目眩、舌淡脉弱、心悸腰酸、神疲乏力；女性月经失常等。

(三) 神志疲劳

神志疲劳主要指体育运动员的精神和情志的改变。疲劳症状有失眠不寐、精神不振、困倦厌训等。

三、生理生化指标检测

体育运动员的自我感受反映了其疲劳状况，但是主观感受到的疲倦不能够准确反映人体内疲劳状况发生的程度。通过检测体育运动员不同组织、器官和系统的生理功能指标以及生物化学指标的变化，能够更加精确地量化体育运动员的疲劳状况，有助于体育运动员疲劳程度的判断。

(一) 判断体育运动员疲劳程度的生理机能指标

1.运动系统的指标

(1) 肌肉力量和耐力

肌肉力量和耐力下降是肌肉疲劳的主要特征，可在训练前后或次日凌晨检测肌肉力量和肌肉耐力的变化及恢复程度，由此对疲劳的程度和恢复情况进行评价。肌肉力量评价的常用检测指标是最大随意收缩力，而肌肉耐力可以通过测量定量重量负荷的持续时间或重复次数进行评价。肌肉疲劳的程度与肌肉力量和肌肉耐力下降的程度成正比。

（2）肌肉硬度

肌肉疲劳时收缩机能下降，而且放松能力也下降，表现为肌肉不能充分放松，肌肉硬度增加。

（3）肌电图

肌电图（Electromyography，EMG）是肌肉兴奋时所产生的电位的变化，也可反映肌肉兴奋收缩程度，运动过程中的 EMG 变化可确定神经系统和骨骼肌的机能状态，通过 EMG 可反映出肌肉是否疲劳。神经肌肉系统疲劳时，肌电图的一般特征为积分肌电值增加，肌电功率谱的高频成分减少，低频成分增加，即肌电功率谱左移。

2.心血管系统的指标

（1）心率

心率是评定运动性疲劳最简易的指标，一般常用基础心率、运动后即刻心率和恢复期心率对疲劳进行评价。

基础心率是基础状态下的心率，即在清晨起床前，体育运动员处于清醒、静卧状态时的心率，一般用脉搏表示。身体机能正常时，基础心率相对稳定；如果大运动负荷训练后，经过一夜的休息，基础心率较平时增加 10 次 / min 以上，则认为有疲劳累积现象。如果连续几天持续增加，则应调整运动负荷。

可采用遥测心率方法测定运动中的心率变化，或用运动后即刻心率代替运动中的心率。按照训练—适应理论，随着训练水平的提高，完成同样运动负荷时，心率有逐渐减少的趋势。通常情况下，如果完成同样强度的定量负荷运动心率增加，则表示身体机能状态不佳。

人体进行一定强度运动后，经过一段时间的休息，心率可恢复到运动前状态。身体疲劳时，心血管系统机能下降，可使运动后心率恢复时间延长。因此，可将定量负荷后的心率恢复时间作为疲劳诊断指标，如在 30 s 时间内进行 20 次深蹲的定量负荷运动。一般心率可在运动后 3 min 内恢复到运动前水平，而身体疲劳时，这一恢复时间则会明显延长。

（2）心电图

心脏疲劳时，心电图（Electrocardiogram，ECG）会发生改变，如 T 波下降或倒置，S-T 段下移，心律不齐等。

（3）血压体位反射

大运动负荷训练后，植物性神经系统调节机能因疲劳而下降，使血管收缩与舒张运动的调节发生障碍。血压体位反射主要是测定心血管系统的调节机能，其方法如下：

①受试者呈坐位姿势，静息 5 min，测定安静时的血压。

②受试者仰卧并保持卧姿 3 min。

③测试人员推受试者背部使其恢复坐姿（不能让受试者自己坐起），立即检测血压，并每隔 30 s 检测一次，共持续 2 min。如果在 2 min 内血压完全恢复即为正常，2 min 内恢复一半以上为调节机能欠佳，2 min 内完全不能恢复为调节机能不良。

3.感觉与神经系统指标

（1）反应时

反应时间（Reaction Time，RT）简称反应时，又称为反应潜伏期，是指从接受刺激到机体做出反应动作所需的时间，即刺激与反应之间的时间间隔。RT 可分为简单反应时（Simple Reaction Time，SRT）和复杂反应时（Complex Reaction Time，CRT）。疲劳时 RT 明显延长，特别是 CRT 延长更明显，表明大脑皮层分析机能下降。

（2）闪光融合频率

闪光融合是以闪烁的光作为视觉刺激，当其达到一定的频率所引起的心理效应，称为闪光融合现象。对于刚刚产生闪光融合感觉的闪光频率，叫做闪光融合频率（Flicker Fusion Fre-quency，FFF）。疲劳时由于视觉机能下降，FFF 也下降，故可通过测量比较运动前后 FFF 值来判断疲劳的程度。

（3）皮肤空间阈值

疲劳时触觉机能下降，机体辨别皮肤两点最小距离的能力下降。疲劳时其阈值较安静时大 1.5 倍以上为轻度疲劳，如果大 2.0 倍以上为重度疲劳。

（4）脑电图

脑电图（Electroencephalogram，EEG）是脑神经细胞电生理活动在大脑皮层或头皮表面的总体反映。EEG 可反映中枢神经系统机能状态，一般安静状态下慢波极少，而在运动后出现疲劳时，EEG 中慢波明显增多，表明大脑皮层抑制过程占优势。

4.呼吸系统指标

呼吸系统指标通常可以用呼吸肌的疲劳来衡量，采用肺活量计，连续测定 5 次肺活量，每次间隔 30 s。如果 5 次肺活量值连续下降，说明存在呼吸肌疲劳现象。

（二）判断体育运动员疲劳程度的生化代谢物质指标

1.血液指标

血红蛋白（Hemoglobin，Hb）俗称血色素，是红细胞中一种含铁的蛋白质。Hb 的主要生理功能是运输氧气和二氧化碳，并对酸性物质起缓冲作用，参与体内酸碱平衡调节。Hb的含量对体育运动员的运动能力影响很大，对耐力体育运动员的专项素质尤为重要。我国普通人群Hb含量为男性120–160 g/L，女性110–140 g/L，体育运动员基本也处于这一范围。在训练和比赛期间，体育运动员的Hb含量受营养、运动负荷和休息等因素的影响。因此，Hb是评定体育运动员机能状况最常用的指标。一般情况下，在大运动量训练初期，机体对大运动量不适应，Hb下降，这是由于红细胞的破坏增多，Hb的生成和破坏平衡失调造成的。一般坚持训练三周后，体育运动员对运动量逐渐适应，Hb回升，有的体育运动员甚至出现超量恢复，这时体育运动员机能状况良好。如果体育运动员Hb持续下降或处于较低的水平（下降10%–15%），则表明体育运动员处于疲劳状态，如果下降达到20%或更高，则表明体育运动员处于过度疲劳状态，应及时补充营养，调整运动量。

2.尿液指标

正常成年人尿中蛋白质含量极少，人体一天尿中排出蛋白质的总量在150 mg（一般为2–8 mg / 100 mL以内，采用常规方法不易检查出来，故称为尿蛋白阴性。运动会引起一些人尿液中蛋白质含量增多。这种由于运动引起蛋白质含量增多的尿，被称为运动性蛋白尿。运动后尿中蛋白质排出的数量可以作为评定体育运动员身体机能状况、运动负荷强度和数量的指标。运动后尿蛋白的数量与运动量有关，尤其与运动强度关系密切，同时也与体育运动员身体机能状况有关，因而可用尿蛋白出现的数量评定运动量，特别是评定运动强度。在运动实践中应用尿蛋白指标可以评定一次训练课的负荷量，也可以评定身体机能状况及恢复情况。一般采集运动后约15 min的尿液观察运动后的变化，以评定运动负荷的大小或机能状况，运动后4 h或次日晨取尿，观察疲劳及恢复状况。体育运动员运动后比原来负荷后的尿蛋白含量突然增加3–4倍，但相对恢复较快，在运动后4 h左右，是体育运动员疲劳的表现；如果体育运动员的尿蛋白连续几天在训练后增加3–4倍，晨安静时连续几天处于较高水平或持续升高，则表明体育运动员过度疲劳。但是，尿蛋白的个体差异较大，因此在使用该指标判断体育运动员疲劳程度时更适合体育运动员的自身前后对照。

3.内分泌系统指标

（1）血清睾酮

睾酮是人类三种主要的分泌型雄性激素中活性最高的一个。睾丸组织分泌睾酮的功能受下丘脑和脑垂体（腺垂体）分泌的激素调节和控制。雄性激素的生物学功能广泛，主要是促进副性器官的发育，并调节性腺机能，此外还能促进组织摄取氨基酸、核酸和蛋白质的合成、肌肉和骨骼的生长及磷酸肌酸的合成，刺激促红细胞生成素的分泌，增加肌糖原储备，维持雄性攻击意识等。运动训练对人体形态和机能产生刺激作用，人体逐渐适应而出现运动能力提高的过程中，雄性激素起着重要的作用，因此测定体育运动员血清睾酮值有重要的意义。一般来说，体育运动员身体机能状况良好时，血清睾酮处于较高的水平，机体的合成代谢旺盛，能够迅速恢复，可以继续大强度的运动训练，以获得更好的训练效果。当体育运动员血清睾酮持续出现明显下降时，如较正常水平下降15%–20%，则是运动性疲劳的表现，如果体育运动员早晨安静时血清睾酮水平下降25%–30%，则说明体育运动员处于过度疲劳状态，这时应该考虑体育运动员有血清睾酮相对不足和下丘脑—垂体—性腺功能下降的可能。由于血清睾酮水平的个体差异较大，因此仅用某一次血清睾酮检测结果来评价体育运动员血清睾酮水平是不全面的，应该注意积累资料进行纵向的对比研究。

(2) 血清皮质醇

皮质醇是由肾上腺皮质分泌的一种糖皮质激素，在垂体产生的ACTH（促肾上腺皮质激素）的作用下，在肾上腺皮质细胞线粒体内合成，皮质醇的生物学功能是参与物质代谢，维持机体糖代谢的正常进行，保持血糖浓度的相对稳定，促进肝外组织蛋白质的分解，抑制氨基酸进入肝外组织，使血液中氨基酸含量上升，加强糖异生作用，促进四肢的脂肪组织氧化分解。由此可见，皮质醇是一种促进机体分解代谢的重要激素。在运动训练中，血清皮质醇是代表机体分解代谢快慢的指标。一般认为，当体育运动员运动后血清皮质醇仍然保持较高的水平，如持续升高20%左右，就会导致机体分解代谢过于旺盛，将导致疲劳。有人认为血清皮质醇的变化往往是一过性的，而且变化幅度很大，因此一般不单独使用皮质醇指标，多与血清睾酮等其他指标共同使用，说明体育运动员的机能状况。

(3) 血清睾酮 / 血清皮质醇

在运动训练实践中，可以定期检测体育运动员安静状况时血清睾酮与血清皮质醇的比值，用于监控体育运动员的机能状况。可以在阶段性训练前检测晨起数值，作为监控的基础值；然后，在阶段性训练过程中根据实际需要定期检测层的数值，与基础数值进行比较，反映体育运动员机体总的合成代谢与分解代谢的平衡状况。如果血清睾酮 / 血清皮质醇的值出现大幅度下降，则有可能是体育运动员体内的分解代谢大于合成代谢，将会导致体育运动员疲劳状况的出现，需要对体育运动员加强营养补充，调整训练负荷，促进恢复，避免过度疲劳的出现。有芬兰学者认为，当血清睾酮 / 血清皮质醇的值持续下降，并且下降超过了30%，或者此比值小于0.35×10^{-3}，则可以诊断为过度疲劳。我国学者的研究认为，血清睾酮 / 血清皮质醇的值下降25%是运动性疲劳的表现，下降30%或者持续下降为过度疲劳。由于体育运动员血清睾酮和皮质醇水平受多种因素的影响，因此在运动训练实践中常结合其他反映运动性疲劳或过度疲劳的指标来共同判断体育运动员的机能状况。

四、心理学指标检测

“心理疲劳”这一词最早出现于20世纪70年代美国的一篇小说中，用来形容服务行业工作者厌倦工作后出现的种种表现。后来被美国心理学家 Feudenberger 引入心理学来描述心理健康保健领域中工作人员在压力下的反应。由于影响心理疲劳产生的因素很多，目前也没有心理疲劳的公认概念。扬州大学体育学院教授颜军将运动性心理疲劳定义为由于体育运动员长期集中于重复性的单调且大强度训练和比赛情况下所造成的一种心理不安和疲劳感。北京体育大学刘方琳等人将心理疲劳在性质上做了两种划分：“真性”心理疲劳和“假性”心理疲劳。认为“真性”心理疲劳是伴随着由于过度训练引起的生理疲劳而出现的，是一种真实的心理上的疲劳感和无力感。“假性”心理疲劳主要是由生理疲劳以外的其他因素造成，包括常规训练竞赛因素和常规训练竞赛以外的因素。日本学者中西光雄认为心理疲劳是由于进行工作（运动）使工作效率降低，出现疲劳感觉及身心功能处于降低状态的现象。医学心理学研究表明，心理疲劳是由于长期的精神紧张、压力、反复的心理刺激及恶劣的情绪作用逐渐形成的。

从以上对心理疲劳的解释来看，心理疲劳不仅仅是由身体能量的消耗引起的，也是人主观体验的一种倦怠。长期的定式作用势必造成体育锻炼的紧张程度较大，练习方式的简单重复也易造成心理上的厌倦和疲乏，最终发展成心理疲劳。

如何通过分析运动性心理疲劳的表现症状，选择比较灵敏、客观的指标来判断运动性心理疲劳将对科学合理地指导运动训练和比赛产生很大的效益。目前，评定心理疲劳的指标和方法很多，大致可归纳为三类；观察评定、主观感觉评定和客观指标评定。

（一）观察评定

所谓观察评定主要是指在训练过程中教练员（或队医）注意观察体育运动员的各种表现，从而合理地安排和调整训练内容与训练负荷的评定方法。有研究指出，当体育运动员在训练中表现出反应迟钝、精神恍惚、情绪烦躁、思维混乱、不可名状的恼怒和沮丧、肌肉松弛、肌群协调不良、动作缓慢不活泼，均可能是心理疲劳的表现。观察评定是一种在实际运动训练中容易操作的方法，但也存在问题，其评定的尺度很难掌握。其次，有的研究人员容易将运动量、运动负荷、运动强度、运动数量等概念混用，可能对心理疲劳现象的观察造成不正确的评定。

（二）客观指标评定

RT 是评价人类活动的一个重要变量，是心理生理学实验中最普遍采用的心理活动指标之一。它可以测定大脑皮层的兴奋和抑制功能，分析人的感觉、注意、思维、个性差别等各种心理活动。

有研究者指出脑电的波形可较明显地反映出心理疲劳时反应迟钝、判断失误、注意力不集中、厌倦训练，并伴有神经系统症状。

计算机化的内隐认知实验是监测心理疲劳的新设想。有研究者利用计算机化的内隐认知实验对人的身体自我观念进行了有益的探讨，研究首次发现：第一，采用受试者身体图片作为刺激，可以对受试者的身体自我观念做出评定；第二，计算机实验评定出的内隐身体自我观念与自陈量表评定出的外显自我观念具有中等程度的负相关，说明两者测量的是不同观念；第三，内隐身体自我观念对生活满意感有一定的预测能力，说明这一观念具有一定效度。

由于目前的技术、资料和经验的限制，运用 EEG、计算机实验进行一次性测试的评价价值有限，测试与分析技术复杂，还有待进一步探索；RT 的测定结果容易受到被试者配合程度的影响。总的来说，哪种或哪些方法检测心理疲劳更为可靠和有效，仍有待探索。但不论采用哪种方式检测心理疲劳，有两个原则是必须遵循的：第一，检测应该是长期进行的；第二，评定主要是个人化的，也就是说，对测试结果的评定应以自身对照为主。

第二节　常见运动性疾病

运动性疾病是指机体对运动过量或缺乏，不适应或训练安排不当，引起机体内环境紊乱或原有的内环境紊乱加剧，发生身体机能异常或疾病，甚至生命活动障碍而出现的症状和体征。

一、过度训练

(一) 概念

我国学者认为，过度训练是运动负荷与机体机能不相适应，以至疲劳连续积累而造成的一系列功能紊乱或病理状态。过度训练在各个运动项目的训练中都可见到，更多见于力量、速度、耐力素质的训练中。过度训练的发生与以下因素有关。

1. 连续大运动量训练，缺乏必要的间隙。

2. 运动量增加过快。

3. 伤病后训练开始过早和（或）训练量过大。

4. 缺乏全面训练基础。

5. 生活制度的破坏。

（二）症状

1. 神经精神症状

神经精神症状有睡眠障碍（失眠、多梦、易惊醒等）、头痛、头晕、无训练欲望、心情烦躁、易激怒、记忆力下降等。

2. 心血管系统症状

心血管系统症状有体育运动员诉说心悸，心慌、胸闷、气短、心前区不适、心律不齐等。可出现晨脉加快，运动后心率恢复慢。血压的变化与运动项目有关，一般项目体育运动员的血压未见明显变动，而举重、投掷等力量性项目体育运动员安静状态和运动负荷后血压常明显偏高。

3. 消化系统症状

消化系统可出现食欲下降、恶心、呕吐、肝区疼痛等症状，严重时可出现胃肠道功能紊乱。个别体育运动员可出现上消化道和（或）下消化道出血症状。

4. 运动成绩和体重下降

个人项目中运动成绩下降比较明显，负荷能力下降，尤其是员大负荷能力和最大乳酸水平下降明显。集体项目体育运动员常表现为反应迟钝、动作不灵活和协调能力下降等。

5. 运动系统

运动系统的症状常表现为肌肉持续酸痛、压痛、肌肉僵硬，易出现肌肉痉挛、肌肉微细损伤等。当下肢过度训练时可出现过度使用症状——表现为疲劳性骨膜炎、小腿间隔综合征、张力性骨折、跟腱周围炎等。

6. 全身和其他系统症状

过度训练的体育运动员常诉说全身乏力、体重下降，易发生感冒、腹泻、低热、运动后蛋白尿、运动性血尿、运动性头痛等，甚至易患肝炎等传染病。

上述症状的轻重常与运动量大小，特别是运动强度的大小有密切关系。开始时仅在大运动量训练后出现，若未及时采取措施，则症状逐渐加重，在中、小体育运动员训练后也可出现。

（三）诊断

过度训练的诊断指标主要有以下几个：

1. 体重

成年体育运动员在大运动量训练后，体重持续下降（休息、进食后不恢复）超过正常体重的 1／30（人工减重除外）是诊断过度训练的重要依据之一。

2. 心血管系统

安静时心率较正常时明显增加。一般认为心率较平时增加 12 次／min 以上应该引起注意。过度训练的体育运动员心电图可能出现 ST–T 改变（ST 段明显下降超过 0.075 MV 被认为是诊断过度疲劳的重要参考指标）及各种心律不齐，如室性早搏、阵发性心动过速以及各种传导异常等心电图变化。过度训练的体育运动员可能出现贫血，但有时只表现为血色素水平较平时降低，但并未达到贫血的标准。此外，在血液检查时还发现体育运动员白细胞计数减少，特别是淋巴细胞减少，免疫机能低下，抵抗力低下，容易感染各种疾病。

3. 泌尿系统

表现为尿蛋白阳性，有时可出现血红蛋白尿或血尿。

4. 消化系统

消化系统过度训练的体育运动员在运动时可出现有侧肋部痛，有时会出现个别体育运动员肝脏肿大，但是肝功能一般正常。

5. 内分泌系统

女性体育运动员可出现月经紊乱，严重时出现闭经。由于应激引起的皮质醇升高，而促性腺激素抑制，导致睾酮／皮质醇升高。而促性腺激素抑制导致的睾酮和皮质醇的比值的变化是过度训练的敏感指标。睾酮／皮质醇比值为 0.03 或者更小则可以确定为过度训练，但还应该根据其他临床表现来判断。

6. 免疫系统

过度训练同样也会影响机体的免疫系统，使体育运动员易受感染，内分泌系统也会出现应激反应。早期出现肾上腺素、去甲肾上腺素和肾上腺皮质激素的升高，继而使这些激素的水平下降。

除上述症状外，还可出现讨厌或害怕专项训练，见到专项训练场就出现恶心、呕吐等症状。进行体检时，在过度训练的不同阶段，有时候可以看见心电图上心肌缺血性改变，心脏急性扩大、心肺功能下降、贫血、胃肠功能紊乱等现象，因此过度训练不等同于过度疲劳。

（四）预防措施

1.合理安排训练负荷

制订训练计划一定要考虑体育运动员机体的可接受性和个体的特点，恰当规定训练任务，尽可能地安排轻松有趣的训练内容，采用多种多样的训练方法和手段。

2.加强训练中的机能评定

在训练中密切体育运动员、教练员、医务人员之间的联系与合作，运用医务监督手段督导体育运动员的训练过程，在大强度训练中做好体育运动员的机能评定，体育运动员必须详细记录对每次训练的主观感觉。另外还可通过对各种生化指标的定期检测来分析判定体育运动员负荷的适宜程度，预防运动损伤事故的发生。

3.培养体育运动员自我诊断的能力

体育运动员通过长期的运动训练能摸索出一套自我控制的方法，因为他们常常处于训练最佳状态与过度疲劳的边缘。自我控制能力也就是自我诊断的能力能及时地感知过度训练的早期信号，并及时采取措施，有效地预防过度训练。

4.避免过度训练

在训练方面要特别注意避免容易引起过度训练的高危险训练模式，包括没有充分恢复的连续比赛，或在一系列比赛之间没有足够的恢复时间；突然增加训练量或训练强度，而不循序渐进；使用单一的训练模式，导致某一肌群或某一能量系统的疲劳延续；生活中的应激因素增加，如睡眠不足，营养不良等。

5.加速疲劳的消除

促进疲劳消除的措施有生理学的、物理学的、药物的、心理的等。常用的措施有营养物质的补充，包括蛋白质、维生素和微量元素等的补充；保证足够的睡眠和休息，宜采用各种积极性休息的措施来消除精神的和体力的紧张（放松性旅游、听轻音乐、温水浴、桑拿浴、按摩等）。

(五) 治疗

治疗基本上围绕四个方面进行：

1. 消除病因；
2. 调整训练内容和（或）改变训练方法；
3. 加强各种恢复措施；
4. 对症治疗。

多数过度训练的体育运动员经过治疗后可以恢复健康。

二、过度紧张

过度紧张是指体育运动员在训练或比赛时，体力和心理负荷超过了机体的潜力而发生的生理紊乱或病理现象。它在一次剧烈训练或比赛后立即出现成几次训练或比赛后发生。一般过度紧张多发生在训练水平低、经验较少的新手身上，也可发生在因伤病中断训练较长时间后重新恢复训练的体育运动员身上，有时也发生在受激烈精神刺激后的高水平体育运动员身上。

(一) 过度紧张的类型

过度紧张的类型较多，轻重程度差异很大，可涉及某一系统或几个系统。

1.单纯虚脱型

这一类型比较多见，多发生于短跑和中长跑体育运动员。在剧烈训练、尤其比赛后即刻，赛跑者出现头晕、面色苍白、恶心、呕吐、大汗淋漓等现象。轻者卧位休息片刻后就会逐渐好转，重者被迫卧床休息 1–2 天才能缓解。多数发生者神志清醒，能回答询问。

对单纯虚脱型的处理主要是卧位休息、保温，可饮用热水或咖啡。较重者可吸氧、静脉推注葡萄糖等，以加速恢复。这一类型多见于训练水平不高或已间歇训练一段时间突然参加比赛的体育运动员。预防单纯虚脱的关键是要遵守循序渐进的训练原则。

2.昏厥型

昏厥型表现为在运动中或运动后突然出现一过性的意识障碍。清醒后诉说全身无力、头痛、头晕，可伴有心、肺功能降低的症状。常见的昏厥有以下三种情况：

(1) 举重时昏厥。做大重量挺举时，由于胸腔及肺内压突然剧增，造成回心血量减少，致使心脏排血量锐减，造成短暂的脑供血不足，可见到持续 20–30 s 的昏厥状态。

(2) 重力性休克。多见于径赛体育运动员，尤其多见于短跑、中跑体育运动员，有时自行车和竞走体育运动员也可见到。体育运动员在进行运动时，四肢血管大量扩张，循环血量比安静时增加很多倍。这时依靠肌肉有节奏的收缩和舒张以及胸廓的吸引作用，血液可以正常向心脏回流。当运动者突然停止运动时，下肢肌肉对血管的收缩作用突然停止，出现血液淤滞在下肢，造成循环血量明显减少，血压下降，心跳加快，使中枢神经血液供应减少，出现脑缺血而造成昏厥。

(3) 强烈刺激后引起昏厥。这种情况经常发生在参加重大国际性比赛的高水平体育运动员身上。其表现为紧张剧烈的比赛后体育运动员突然意识丧失。有的体育运动员在剧烈比赛后，在直立位下可发生一过性虚脱或昏厥。这是由于强烈的神经反射使血管紧张性降低引起急性广泛性的周围小血管扩张、血压下降，从而导致脑部血液循环不足而引起昏厥。一般在受到强烈刺激发生昏厥后，可让体育运动员平卧休息，头可稍低，迅速进行初步的检查 (脉搏、血压、体温，心电图等)，排除可能的外伤后，应给予吸氧、静脉注射高张葡萄糖 40–60 mL、注意保暖、迅速运送到附近医院做进一步处理等措施。

3.脑血管痉挛型

脑血管痉挛型表现为体育运动员在运动中或运动后即刻出现一侧肢体麻木，动作不灵活，常伴有剧烈的头痛、恶心和呕吐。

4.急性心功能不全和心肌损伤

急性心功能不全和心肌损伤表现为运动后出现呼吸困难、憋气、胸痛、心跳加速成节律不齐、血压降低等症状。运动后出现急性心功能不全和心肌损伤的表现较多，有的可出现急性心力衰竭，有的为心肌梗死，较轻者可出现心肌缺血、心肌轻度损害。有的急性心功能不全和心肌损伤的发生是运动直接所致，有的是在原有心脏病（风湿性心脏病、病毒性心肌炎、肥厚性心肌病、马凡综合征、冠状动脉先天发育畸形等）的基础上发生的。

对运动后出现急性心功能不全者，在现场应给予吸氧，心脏起搏等急救处理后，立即送往医院进一步抢救。

（二）过度紧张的预防

1. 做好体育运动员的身体检查，在体育运动员集训前或参加激烈比赛前，应进行全面深入的体格检查，以排除各种潜在性疾病，如心血管系统、消化系统等。

2. 严格遵守循序渐进的训练原则，避免缺乏训练或训练不够者参加训练和比赛，对因故中止的训练者，恢复训练时要从小运动量开始，逐步增加训练强度。

3. 加强训练时的医学观察，尤其对新体育运动员和少儿体育运动员，要注意他们在训练场上的反应，及时调整运动量。对年老体育运动员的运动训练要重视个别对待，应坚持健身原则，不应过分追求比赛分数和成绩。

三、运动性猝死

世界卫生组织规定，未能预期的、非创伤的、非自杀性的，从症状或体征出现后 6–24 h 内的死亡称猝死，30 s 内称即刻死亡。运动性猝死是指运动中或运动后 6 h 内发生的非创伤性突然死亡。有报道，足球、橄榄球、曲棍球、篮球、举重和体操体育运动员在训练和比赛中发生冲死的。

（一）运动性猝死的机理

运动性猝死病例中绝大多数都有器质性疾病存在，其中以心血管疾病最为常见，约占 70% –80%，其次为脑血管疾病、中暑和药物滥用等。在此重点介绍体育运动员心脏猝死。运动诱发原有心血管疾病的病情突然加重，使心脏不能搏出血液而发生猝死，一般见于三种情形。

1. 严重心律失常。室性心动过速、心室扑动、室颤和室性停搏引起心室收缩快而无力甚至心室完全失去收缩能力。

2. 急性左心泵衰竭。心肌斑片状坏死或纤维化减少心输出量，发生休克。

3. 心脏动脉瘤的破裂。

常见的易致猝死的器质性疾病有冠心病、心肌病、心肌炎、心脏畸形（如心尖动脉瘤和三尖瓣低位）、风湿性心脏病、脑溢血、蛛网膜下腔出血、急性胰腺炎等。有时运动性猝死也见于心脏无器质性病变的“健康人”中，这是由于神经源性心脏停博所致。强烈的运动性应激原引起机体植物神经功能严重紊乱，促使肾上腺素能和胆碱神经介质大量释放，同时激发心脏抑制—血管扩张反射，从而损伤心脏搏动和血管舒缩活动，发生猝死。

（二）运动性猝死的诊断

1. 有运动过量史。

2. 运动中或运动后 24 h 内有胸骨后或心前区与呼吸运动无关的持续性疼痛，常向颈部、臂或上映放射；脉搏细弱、血压降低，心率快，心音低，心律不齐、休克，心力衰竭；偏瘫、昏迷；神志突然丧失、大动脉搏动消失，心音消失、呼吸停止和瞳孔固定散大。

3. 运动中或运动后数秒、数分钟内来不及出现症状就发生猝死。

（三）运动性猝死的预防

1. 运动前进行严格的身体检查，排查可致猝死的器质性疾病患者，特别是冠心病人。

2. 运动训练安排要遵循系统性、全面身体训练和专项运动训练相结合、区别对待等原则。训练要适合不同年龄、性别的解剖生理特点。

3. 密切注意猝死的先兆症状。

①神态或动作的改变。瞬间凝视、短暂意识丧失、呼吸突然减慢、双手紧握拳而凝视。

②心绞痛顽固而严重。

③心律失常。心跳极度缓慢，30–50 次 / min 或伴有血压降低；室性早搏大于 5–6 次 / min，或呈二、三联律。

①备用预防猝死的药物，如心得舒、阿司匹林、生脉散等。

四、运动性血尿

健康人在运动后出现一过性的血尿，虽经详细检查但找不到其他原因的，这类血尿称为运动性血尿。运动性血尿仅为运动后血尿的一部分。血尿可表现为镜下血尿和内服血尿。由于镜下血尿易被忽略，因此以肉眼血尿求诊者较多见。

（一）影响因素

1. 运动项目。各项运动都可以见到运动性血尿。

2. 负荷量和训练强度。运动性血尿的发生与身体负荷量和（或）训练强度的加大、过快有直接关系。所以运动性血尿多见于运动新手突然加大负荷量、训练强度后以及运动比赛季节和冬训开始阶段。对诱发运动性血原来说，训练强度过大比运动持续时间过长更为重要。身体局部负担过大，如腰部动作过多、跳跃训练（蛙跳、蹲跳、向上跳、单足跳等）量过大和大强度的长跑是运动性血尿的重要诱因。

3. 身体适应能力。有时体育运动员完成的负荷量并不大，但因身体适应能力下降，完成原先的负荷量后就易诱发血尿，所以有的学者强调，运动性血尿可能为体育运动员发生过度训练的一个症状。

4. 外界环境因素。在寒冷（冬泳后）和高原条件下训练体育运动员易出现血尿，其确切原因尚待阐明，可能与寒冷、低氧环境对身体肾脏的刺激有关。

（二）运动性血尿的发生原因和机理

运动性血尿的发生原因和机理还未完全清楚。多数学者认为其发生原因主要与下列因素有关。

1.外伤

运动时肾脏受打击、挤压或牵扯都可造成肾组织或血管的微细外伤。这时出现血尿较多见。膀胱壁外伤假说仅适用于发生运动性血尿的部分体育运动员身上。这一说法完全不适用于女子，因为她们的膀胱解剖关系是与男子不同的。

2.肾血管收缩造成的缺血

运动时全身血液的重新分配，肾上腺素和去甲肾上腺素分泌量的增多，造成肾血流量减少，肾血管收缩，发生肾脏部位的缺血、缺氧和血管壁的营养障碍，出现红细胞外溢，形成运动性血尿。

3.肾脏位置的下移

长跑体育运动员由于肾周围脂肪较少，在直立位下连续长时间的蹬地动作，使肾脏的位置下移，肾静脉与下腔静脉之间的角度变锐，可发生两静脉交叉处的扭曲，引起肾静脉压增加，造成红细胞漏出，出现运动性血尿。当体育运动员跳跃较多时，尤其是在踏跳力量大，同时腰部猛烈的屈曲和伸展动作时，易造成肾脏或肾脏部位组织、血管的挤压、牵扯或扭曲，甚至损伤。这几方面的综合因素引起运动性血尿。

（三）诊断

有人提出运动性血尿的六个临床特点：

1. 正在训练的体育运动员或健康人在运动后骤然出现血尿，其明显程度多数与负荷量大小有密切关系。
2. 除血尿症状外，不伴随全身或局部特异性症状和体征。
3. 男体育运动员多见，尤以跑、跳和球类体育运动员多见。
4. 各项肾功能检查、血液检查和 x 射线检查均正常。
5. 绝大多数人（约 95%）的血尿持续时间不超过 3 天。
6. 血尿可在多年内反复出现，但一般预后良好。

（四）预防和治疗

1. 遵守运动训练的科学原则，负荷量和训练强度要循序渐进，避免骤然加大负荷量和训练强度，做好全身和腰部的充分准备活动。
2. 合理安排训练和比赛时的饮水方案，在剧烈训练和比赛过程中适当补充水分。运动中调整好步速。
3. 注意外界环境的变化，避免过度训练。
4. 对体育运动员运动后出现肉眼血尿者，不论有无主诉应暂时停止运动训练，进行必要的检查。对无特异性主诉的镜下血尿的体育运动员可采取边训练边检查的办法，尽快做出较明确的诊断。对运动性血尿者，除合理调整和安排负荷量外，可试用一般止血药物。由于运动性血尿的原因还未完全清楚，药物治疗均为对症性或试验性的。必要时要停止一段时间剧烈运动，一般血尿可消失。

五、运动性腹痛

运动性腹痛是指体育运动员在运动时因生理或病理原因发生的腹部疼痛症状，而在平时则不出现腹痛或腹痛不明显。运动性腹痛是体育运动员的常见症状，是妨碍运动成绩提高的重要因素。

（一）常见原因

腹内疾病包括病毒性肝炎（急、慢性肝炎）和肝炎后综合征。肝炎引起腹痛的机理一般认为与肝被膜受炎症刺激或牵扯、肝实质在炎症充血或痛感提高以及静脉内压力增加或血流郁滞等原因有关。胆道疾病包括胆石症、胆囊炎、胆管炎、胆道蛔虫等，其中以无菌性胆道感染较为多见。胆道疾病引起疼痛的机理与胆道平滑肌的痉挛性收缩、腔道过度膨胀以及炎症或出血的刺激等因素有关。肝胆疾病者在运动时，尤其在剧烈运动时，由于内脏血管的收缩、缺氧状态及新陈代谢产物的刺激，更容易出现腹痛。

腹外疾病常见的有右下肺炎、胸膜炎、肾结石以及脂肌疾病。有关资料表明，在腹外疾病中，体育运动员的腹直肌慢性拉伤往往容易被忽略。

体育运动员的运动性腹痛中，约有1/3的人疼痛原因不明。在这些疼痛原因不明的体育运动员中，有某些诱发因素存在，如运动时呼吸节奏不好、运动速度增加过快、运动前饮食量过多或饥饿等。

（二）症状和特点

运动性腹痛的部位多数发生在右上腹部，呈钝痛，有的还出现左上腹部或下腹部疼痛，这种腹痛往往具有以下特点：体育运动员感到腹痛已较久，从几个月到数年不等；大多数人在安静时不痛，运动时才痛；疼痛程度与运动量大小和运动强度成正比，一般活动量小、慢速度运动时疼痛不明显，随着运动量的加大，运动速度加快和运动强度的增大，疼痛才逐渐加剧；有的体育运动员仅在比赛时出现疼痛，而平时训练时疼痛不明显，经减慢运动速度，减小运动强度、做深呼吸或按压腹部后疼痛可减轻；少数体育运动员因疼痛难忍被迫停止比赛，此情况多见于田径、马拉松、公路自行车等项目的体育运动员；除腹痛症状外，一般不伴随其他特异性症状；个别体育运动员腹痛时伴随无力、胸闷、下肢发沉等症状；用保肝等药物治疗往往无效。

（三）预防和治疗

因腹内或腹外疾病所致的腹痛要针对原发疾病进行相应的治疗（药物、理疗、局部封闭等）。对仅在运动时加快速度后才出现腹痛的体育运动员，首先要加强全面身体素质的训练和专项运动的技术、战术训练。观察说明，当体育运动员全面身体素质训练不够时往往容易出现运动性腹痛。

遵守训练的生理原则包括运动量的增加要循序渐进。激烈运动前既不要吃得过饱，不要吃平时不习惯的食物，又不要空腹参加运动；要做好充分的准备运动等。冬天参加长跑或自行车比赛时，不要在未经活动前就脱掉运动外套。

运动中要调整好动作与呼吸节奏。

运动中出现腹痛后，不要马上停止运动，可适当减慢速度，调整呼吸与动作的配合节奏，用手按压疼痛的部位。若这些方法无效，可服用颠茄、阿托品等解痉药物，若疼痛剧烈难忍时应立即停止运动。

六、运动性中暑

剧烈运动时机体产生的大量热量不能及时散发而积聚在体内，可以使体温升高到40℃甚至更高，特别是在闷热、潮湿的环境中这种情况更易发生，从而可能导致运动性中暑。运动性中暑主要发生在青少年人群和耐力训练中。一些年轻的体育运动员中暑的自我感觉不明显，可能因处理延迟而导致严重后果。

(一) 运动性中暑的分类和症状

根据发生的机制，运动性中暑可分为热射病、日射病和热痉挛三种。

1.热射病

热射病是发生在高热环境中的一种急性疾病。机体产热与散热是相适应的。当外界温度在35℃以上，尤其超过了皮肤温度（32–34℃）时，由传导和辐射散热的方式受到阻碍，此时散热依靠汗蒸发来实现。在空气湿度和温度相对高的条件下，空气又不流动，仅有的蒸发散热方式也会受到影响。这时如果运动量很大，体内产热较多，散热量小于产热量，热量在体内积聚，使体温明显升高，有时可升至41–42℃，从而影响生理活动，加上高温环境下体内水盐代谢失调，引起热射病。

热射病的症状轻重不等，轻者仅表现为虚弱状态，重者发生高热和虚脱。热射病一般发病急，体温上升，脉搏及呼吸加快，重者可引起昏迷，体温高达41℃以上，脉搏极快而呼吸短促，最重者可因心力衰竭或呼吸衰竭而致死。

2.日射病

日射病是由于日光直接照射头部引起机体的强烈反应。强烈的日光对缺乏保护的头部的照射可使脑组织充血、水肿，其表现为呼吸和周围循环衰竭现象。体温升高可能不明显，但会出现头痛、头晕、眼花、兴奋性增高，重者可昏睡。检查时脉搏细速、血压降低等。

3.热痉挛

大量出汗后，单纯补水而氯化钠（盐类）丧失过多，引起肌肉兴奋性增高，发生肌肉疼痛和强直性收缩，称为热痉挛。轻者只是对称性肌肉抽搐，重者则大肌肉群也发生痉挛，并呈阵发性。负荷较重的肢体肌肉最易发生痉挛。

（二）中暑的预防

1.合理安排训练

在夏季炎热季节时安排好训练时间，每次训练一段时间后，至少休息 10 min。饭后延长午休时间，保证充足的睡眠，避免夏季最热的时段（10：00—16：00）在阳光直射下进行训练。即使是模拟参赛地炎热气候而进行的适应训练，也应该逐步提高运动负荷和高温环境下的驻留时间，以减弱机体热应激反应的剧烈程度，避免体内热休克蛋白的过度衰减。

2.饮食保障

选择一些可以促进食欲的食物，以保证能量的需求。特别注意蛋白质的补充不可缺乏，但也不可过量。因为蛋白质的特殊动力作用可以产生更多的热。及时加强水、无机盐、维生素（特别是维生素 B_1、B_2、C）的补充，以保证心血管功能的稳定。

3.做好个人防护

保证个人有效的睡眠时间，包括夜晚和午休时间。在阳光直射下训练要戴防护用品，如遮阳帽、浅色且通气性好的衣服，或戴专门的降温帽等。不要赤裸上身和头部参加体育运动训练，避免阳光直射，以免造成日射病。如果是在高温环境下比赛，则除了必要的适应训练外，防护用具、少量多次饮水是非常必要的。不要服用利尿剂、促红细胞生成素等违禁药物。

4.做好医务监督

教练员和体育运动员，特别是队医，应该掌握先兆中暑的症状、轻型中暑的合理处置以及重症中暑现场急救措施。体育运动员训练结束后应测一次体温，以预防延迟性中暑的发生。常备解暑药品和添加药物成分的清凉快科。

5.预防为主

加强预防中暑知识的宣传。虽然在环境温度高（如 34℃以上）的情况下进行训练容易导致运动性中暑的发生，但已经有资料表明，即使在 25℃的环境中，剧烈运动加上湿度大、出汗少，也有可能造成中暑。在高温和（或）湿热环境中，运动训练后，即使没有中暑症状，也应该采取一些预防措施。很多患者是在运动或体力活动结束后的几个小时内发病的，这种情况更具突然性。

（三）中暑的处理

有中暑先兆的体育运动员应暂时脱离高温环境，并予以密切观察。当体育运动员发生中暑时，应就地采取以下措施：将患者移到阴凉处，去除衣服，向患者喷洒大量的自来水并用扇子扇风，排空粪便，立即用车送到医院进一步救治。高温患者的降温方法很多，常用的物理方法有如下几种。当体温降到38–38.5℃时，应停止降温，以免发生低温超射现象。

1.浸水法

这种方法可因过度地降低皮肤温度而导致寒战和皮肤血管收缩而影响降温效率。要克服这种局限，可以采用降温同时进行皮肤按摩的方法。

2.蒸发法

这种方法是通过不断地把水泼到皮肤上，同时用蒸发器或扇子来保持皮肤温暖干燥，从而促进水分蒸发。但所泼的水应该使用温水。

3.冷敷法

冷冰放在患者颈部、腋窝、腹股沟处的大血管上可以显著降低体温。局部冰袋冷敷与蒸发法同时应用效果要更好一点。

第三节　体能训练后恢复的措施

在竞技体育运动不断发展的今天，运动训练计划的安排愈来愈系统化、科学化，而恢复手段是必须考虑在内的一个重要组成部分。疲劳在竞技体育的训练或比赛中是客观存在的普遍现象，没有训练就没有疲劳，而没有恢复就没有提高。只有解决好训练—疲劳—恢复对立统一的矛盾，才能不断提高体育运动员的体能和运动技术水平。

根据运动性疲劳产生的机制和疲劳的分类，消除疲劳的途径和方法如下。

一、人体的自然恢复过程

休息是消除运动性疲劳的最基本方法，同时也是最好的自然恢复手段。其目的是排除剩余的代谢物质，补充运动过程中的消耗。人体最好的休息方式就是睡眠。良好充足的睡眠是消除运动性疲劳的一种最直接、最有效且经济的方法。人体睡眠时大脑皮层的兴奋过程降低，体内分解代谢处于最低水平，而合成代谢过程则相对较高，有利于体内能量的蓄积。疲劳后机体最需要的是休息，睡眠不足会妨碍身体恢复。所以，建立良好的睡眠习惯将有助于更快恢复。成年体育运动员在平时运动训练期间，每天应有8–9 h的睡眠；在大运动量和比赛期间，睡眠时间应适当延长。青少年体育运动员的睡眠时间应比成年体育运动员的长，必须保证每天有10 h的睡眠。

二、教育学恢复手段

教育学恢复手段是体育运动员恢复的基本措施之一，它包括了在训练的各个阶段确定的生活制度、负荷安排、休息时间等。教育学恢复措施首先是各练习项目之间、各训练课之间、各不同运动负荷时期等的休息间隔时间的变化，主要表现在无论是在一次训练课中还是在单元训练计划中、单元训练计划之间和年训练计划等周期中，都应该是波浪式的安排运动负荷，及时调整运动训练的量和强度，变换练习内容，改变训练环境和手段。

三、运动训练学恢复手段

（一）动态休息

动态休息是相对静态休息而言的，通常情况下动态休息是安排在间歇训练的各个练习之间或持续时间在十几到几十分钟的运动之后。动态休息能够有效地维持机体的血液循环速度，加快代谢产物的消除，从而有效地促进身体机能的恢复。研究发现，动态休息的生理学作用与动态活动的强度大小有关，动态休息的活动强度在30%–45% VO_{2max}之间消除血乳酸的效果最好。

（二）整理活动

整理活动是一种常用的积极性恢复手段，是指在正式身体练习后所做的一些加快机体功能恢复的较轻松的练习。整理活动是消除疲劳，促进体力恢复的一种良好方法。剧烈运动后进行整理活动可减少肌肉的延迟性酸痛，有助于消除疲劳，可使肌肉血流量增加，加速乳酸利用；可使心血管系统、呼吸系统仍保持在较高水平，预防激烈活动骤然停止可能引起的机体功能失调。

做整理活动时量不能大，尽量缓和、放松，使身体逐渐恢复到安静状态。整理活动的内容主要包括一些深呼吸运动和全身性放松练习，且要有针对性，使运动中主要负荷部位的肌群得到充分放松。整理活动应包括慢跑、呼吸体操及各肌群的伸展练习。整理活动的时间应该根据运动中的负荷量与强度来安排，一般为5–15 min。

四、理疗恢复手段

（一）水疗法

水疗包括蒸汽浴、热水浴、桑拿浴、空气浴等多种形式，通过提高体温，促进血液循环、消除代谢产物以达到尽快消除疲劳、恢复体力的作用。水疗的水温以40℃左右为佳，持续时间以 10–20 min 为宜。

1.温水浴

训练后进行温水淋浴是最简单易行的消除疲劳的方法。温水浴可促进全身的血液循环，调节血流，加强新陈代谢，有利于机体内营养物质的运输和疲劳物质的排除。水温为 40℃ ±2℃为宜；时间为 10–15 min，勿超过 20 min。训练结束半小时后，还可进行冷热水浴。冷水温度为 15℃，热水温度为 40℃。冷水淋浴 1 min，热水淋浴 2 min，交替 3 次。

2.桑拿浴

桑拿浴是指利用高温干燥的环境，加速机体血液循环，使人体大量排汗，从而能及时排出体内的代谢产物。桑拿浴一般不要在运动结束后即刻进行，以免造成脱水和加重运动疲劳。

（二）吸氧疗法

短时大强度运动项目训练或比赛后，利用高压氧舱，在 2–2.5 个标准大气压下，吸高压氧 5–10 min，从而使血氧含量增加，血液中二氧化碳浓度降低，pH 值上升，提高组织氧的储备量，对疲劳的消除有显著的作用。

（三）电磁疗法

电磁疗法是利用电磁刺激振动肌肉放松的方法，改善血液循环，促进能源物质和电解质等功能物质的合成与转运，减少能量消耗和加速代谢产物的消除，促进机体的恢复。

五、中医药理疗

（一）中医药物调理

应用中医药调理的目的在于提高机体抗病能力、改善代谢调节能力、促进疲劳的消除，改善训练效果。通过中药补剂提高体育运动员的免疫能力，对加速疲劳消除有良好的作用。目前，消除运动性疲劳的中药主要分为三种形式：复方中药、单味中药与中药单体。复方中药主要依据中医理论以补益、调理、清法为治疗原则，涉及的脏腑主要是脾、肾和肝，其功能侧重于协调平衡身体机能和恢复运动能力。单味药（西洋参、红景天等）和中药单体（人参皂等）侧重在某一方面作用比较明显，尤其是中药单体的使用上类似于西药，对提高运动能力有一定作用。

(二) 按摩疗法

按摩是加速消除运动性疲劳的有效手段之一。目前常用的按摩方法有机械按摩、水压按摩、气压按摩和人工按摩。通过按摩不仅能促进大脑皮层兴奋与抑制过程的转换，使因疲劳引起的神经调节紊乱消失，而且还可以促进血液循环和淋巴循环，加强局部血液供应，促进代谢产物的排出，加速运动性疲劳的消除。按摩的部位可根据运动项目的特点和疲劳程度而定，一般将按摩的重点放在运动负荷最大的部位，采用人工按摩时肌肉部位以揉为主，穿插使用按压、搓和运拉；按摩开始和结束时用推摩和擦摩的手法。按摩可在运动结束时与整理活动一并使用，也可在运动结束洗澡后或晚上临睡前进行。

第十四章　体能训练中的营养与恢复

第一节　营养素与体能训练

一、糖类

从体育运动员训练后的营养补充内容看，糖类属于主要能量物质，运动过程中和运动后必须随时予以补充。糖是维持人体生命及运动能力的主要能源物质，体内糖类物质在有氧及无氧状态下，均能分解，产生出能量，供人体运动之用。糖是运动中常用的也是必要的营养补充。补糖还有提高体育运动员自身免疫力的功效。研究发现，运动过程中和运动后补糖，能使血糖浓度保持正常水平，可起到稳定免疫系统功能的效应。作为消除疲劳必须补充的能量物质，糖的补充不仅可以恢复体内血糖浓度，及时恢复肌糖元的储量，还是防治中枢神经疲劳的重要物质。运动消耗的大量神经能量通过体内糖的补充，可以迅速恢复，从而保持大脑的清醒，中枢神经机能也得以提高。

二、蛋白质

蛋白质属于运动过程中的高消耗物质，身体部分能量消耗，各种器官系统及运动中受损肌肉的修复等，无一不与之有联系。人体骨骼肌中存在大量的不同种类的氨基酸，氨基酸对肌肉的生长发育和修复起到至关重要的作用。极限运动中，氨基酸还是主要的供能物质之一。

三、脂肪

脂肪是人体长时间运动的主要能量来源，也是比糖和蛋白质更高的能量源泉。但摄取过多会导致身体肥胖，影响人体参加运动，经常食用麦芽油可增加运动的耐久力，这是因为麦芽油含有亚油酸，它可以变成肌糖元储存起来，另外麦芽油中含有较多的维生素 E 和植物固醇。运动能促进脂肪代谢，脂肪在氧供应充足时，是人体长时间运动的主要能源，运动能降低血糖含量，减轻体重，特别是降低体内脂肪的比例。

四、水

一个体育运动员在训练或比赛的任何阶段，水都是其关键的营养因素，脱水是不能取得最佳成绩的。众所周知，当脱水现象严重时，甚至会危及生命。研究表明，当失水占体重2%时会降低调节体温的能力，但该失水量对运动能力似乎无重大影响，然而，当失水占体重3%时，就可降低肌肉收缩的持续时间；当失水占体重4%时，体力可受到相当程度的影响；当失水达6%时，甚至会产生危及生命的并发症。

五、维生素

维生素对促进健康和取得优异的运动成绩有积极的作用。但许多人错误地认为，过多地摄取维生素是无害的。其实并非如此。脂溶性维生素A、D、E、K摄取过量就有毒性作用，这是由于该类维生素在体内积蓄过多的缘故。水溶性维生素家在体内不易储存，因而摄取量超过机体需要量时，多余的通常会随尿排出。

六、矿物质

丰富多样的平衡膳食是矿物质既充足又安全的来源。一般来说，增补矿物质并不能增强体力。钙的重要生理功能包括：调节肌肉的收缩和舒张，维持神经冲动的传递；参与凝血过程；与许多激素的分泌和激素释放因子有关。氯和钠的主要来源是食盐。体育运动员运动时大量出汗，盐分丢失较多，缺盐时合软弱无力，容易疲劳，严重时会发生肌肉痉挛、恶心、头痛等。钾存在于细胞内，起着维持细胞内适宜的渗透压、酸碱平衡和营养素出入细胞的转移等作用，并且参与糖原和蛋白质代谢，维持细胞内某些酶的活性。

第二节　身体素质与营养

一、耐力素质与营养

（一）耐力素质训练的运动营养学因素

正确的饮食对耐力体育运动员的运动水平起着重要的作用。这一点人们在几个世纪前就认识到了，但正如我们对有效训练手段的不断认识、不断提高一样，近年来对饮食的作用这个问题的研究也不断加深。为了能有效并成功地完成训练，耐力体育运动员首先应是健康的，因而其饮食最低也应达到“健康饮食”的标准。下面为美国国家权威科学机构推出的饮食目标；

1. 为避免体重增加，只摄取要消耗的能量，如减体重，应减少能量摄入，增加能量消耗。

2. 对复合碳水化合物和植物糖的消耗，从摄入能量总消耗的28%增加到48%。

3. 对机体内糖原的消耗，从占总耗量的45%降到10%。

4. 对全脂的消耗，从占总能耗的40%降到30%。

5. 对饱和脂肪的消耗降到占总能耗的10%。

6. 对胆固醇的消耗减到300 mg / 天。

7. 每日对盐的摄入约为5 g，以限制钠的摄入。

（二）耐力素质训练的营养特点

近年来，随着科学的发展，各国专家已重视从营养角度去解决耐力项目中人体能量供应的问题，以促进这些项目成绩的进一步提高。如前所述，在耐力性运动中，人体是靠碳水化合物提供能量的，时间特别长的耐力负荷则由脂肪酸提供能量。因此，碳水化合物对提高运动成绩起着极为重要的作用。碳水化合物以两种形式储存在人体内，一种是糖原，储存在肝和肌肉中，另一种是葡萄糖，随血液进行循环。糖原的补充来自合适量碳水化合物的食物或饮料。因此，在训练期，特别是大强度训练期，一定要吃高碳水化合物的饮食，以补充糖原储量，尤其是在赛前的几个星期和比赛的前夕。补充足够的体液对于耐力项目的训练有着重要的意义，充足的体液可以保证向组织输送氧气，促进废物的排除及排汗，并可以调节体温。充足的体液还可加速细胞中葡萄糖的酵解和转化为糖原。食物成分的组成，即脂肪、蛋白质及糖类须有合适的比例。苏联的医学专家扎列斯基认为对女子中长跑体育运动员来说，这三者的比例应如下：蛋白质为15%，脂肪为25%，糖类为60%。其比例关系应随训练过程的实际状况而有所变化。事实上，由于耐力项目体育运动员各自所从事的专项不同，他们的物质代谢与热量消耗是不相同的。中长跑体育运动员与马拉松体育运动员相比，更需要力量性素质，因此应增加食物中的蛋白成分，蛋白成分有益于肌肉力量的增加。对中长跑体育运动员来说，更重要的是糖类，因为糖类是中长跑体育运动员从事强度性工作的主要能量来源，而马拉松和竞走体育运动员的食物中应增加脂肪含量，因为马拉松与竞走体育运动员不能过多地进食，而脂肪可以保证提供足够的热量储备，以便体育运动员完成持续的大运动量训练。从事耐力项目的体育运动员运动强度小，时间长，大量的流汗增加了铁的耗损量。美国的一项研究报告指出：极度的流汗可使体内铁的耗损提高一倍。因此耐力项目体育运动员，特别是中长跑体育运动员患贫血症的比例较高。国外研究认为，由于缺铁而造成的血红蛋白含量减少会使负荷耐力时间减少。血红蛋白含量减少 1.9 g / 100 mL，会使负荷耐力时间减少 29%；当血红蛋白含量增加 1.6 g / 100 mL 时，耐力负荷马上增加 23%。缺铁不仅影响血红蛋白的合成，同时使许多重要的酶的活性下降，并易使体育运动员在运动负荷后产生过量的乳酸血症和早期疲劳。国内外许多文献已报道，对体育运动员补充铁剂，可使体育运动员血红蛋白浓度改善或提高，并提高运动成绩。

二、力量素质与营养

(一) 糖类

对力量型项群一般不主张赛前专门补糖，通常情况下成人每日每千克体重约需 4–6 g，体育运动员需 8–12 g。摄入蔗糖过多时，对身体有许多危害，举重体育运动员更要注意，以防产生肥胖病。我国的膳食习惯是多糖膳食，糖在膳食中的比例较高，一般在膳食热量充足的情况下就不会缺糖。因此，一般情况下，没有必要在膳食之外再另补充糖。

(二) 蛋白质和氨基酸

蛋白质与人体运动能力密切相关，如肌肉收缩、氧的运输与储存各种生理机能的调节等。此外，氨基酸可为运动时能量消耗提供 5% –10% 的能量。力量型运动使蛋白质分解加强，同时活动肌群蛋白质的合成也增加，并大于分解的速度，因而肌肉粗大，使肌体对蛋白质的需要量增加。运动实验表明：运动前后供给蛋白质，对改善肌肉的质量和力量有良好的效果。若蛋白质摄入不足，不仅直接影响训练效果，还会造成运动性贫血，但若摄入过多，不但对肌肉粗大和提高肌肉功能没有良好作用，而且对正常代谢也有不良影响。成年体育运动员每千克体重需 1.8–2 g 的蛋白质。体育运动员的蛋白质供热量可为一日总热量的 15% –20%，来源中最好有 1 / 3 的优质蛋白质。含蛋白质较多的食物有肉类、鱼类，其含量一般为 10% –30%；奶类为 1. 3% –3. 8%，蛋类为 11% –14%；豆类为 20% –49. 8%，坚果类为 15% –26%；谷类为 6% –10%，薯类为 2% –3%。蛋白质的供给除植物蛋白质外，还应给予一定比例的动物性蛋白质。

(三) 脂肪

脂肪虽不是快速力量项目的能源物质，但它还是组成机体的成分，也可促进脂溶性维生素的吸收和利用。每日膳食中有 50 g 脂肪能基本满足人体的需要。一般认为脂肪应占每日热能供应量的 17% –20%左右，不宜超过 30%。力量项目体育运动员的脂肪供给应多用植物油，饱和脂肪酸应少于 10%。

(四) 维生素

力量型项群体育运动员所需主要维生素为；①维生素 B_l，能促进能量代谢，维护神经系统的机能等。体育运动员的维生素 B_1 的供给量规定为训练期 3–5 mg / 天，比赛期 5–10 mg / 天。②维生素 B2 的促进参与蛋白质的代谢及保持神经系统的正常功能。体育运动员的维生素 C 的供给量一般为训练期 2 mg / 天，比赛期 2.5–3 mg / 天。③维生素 C 可提高体育运动员的竞技能力，提高 ATP 酶的活性等。体育运动员维生素 C 的供给量一般为训练期 100–150 mg / 天，比赛期 150–200 mg / 天。④维生素 B_3 在糖、脂类和蛋白质代谢中起至关重要的作用。成人每日需求量为 15–20 mg。⑤维生素 B_6 力量素质有很大的关系，成人每 g 需求量为 2 mg 左右。

(五) 无机盐和水

与力量型项群有密切关系的无视盐与水：①钙可维持神经肌肉的正常兴奋性，成年男女每日需求量为 600 mg。据研究报道，我国体育运动员普遍存在钙摄入不足的问题，应注重从富钙的食品中摄取，如奶制品、蔬菜、豆类、海带、小虾米等均含丰富的钙。②磷与能量代谢和神经肌肉活动有密切关系，磷酸盐的补充能加强体内的磷化过程，有可能改善运动的力。磷缺乏时，可引起 ATP 和磷酸肌酸水平的降低，肌肉能量代谢受损。体育运动员磷的每日需求量为 2.0–2.5 g，在能量消耗大或神经高度紧张的情况下，每日需磷 3.0–4.5 g。磷广泛存在于蛋类、肉类、鱼类、豆类中，绿色蔬菜中含磷量也较高。③锌是许多金属酶的组成成分或醇的激活剂，目前已知与锌有关的酶有若干种，锌与核糖核酸、脱氧核糖核酸和蛋白质的生物合成等有关。成人每日需 2.2 mg，以膳食中吸收率为 20%计算，每日供给锌量为 15 mg。锌主要来源于动物性食物、谷类与豆类等。体育运动员对锌的需求量大小尚缺乏研究，估计比正常人高，体育运动员宜从含锌丰富的食品中摄取。④氯化钠与肌肉活动关系密切，缺乏时肌肉软弱无力，易于疲劳。成人每日需氯化钠 8–15 g，在天气炎热或剧烈运动大量出汗的情况下，氯化钠的需求量增加，排汗 1 L，约需补充氯化钠 3 g。⑥水是人类生存最重要的营养素之一，脱水对力量运动项目的运动能力无明显的影响。成年人每日每千克体重需水 40 mL。

四、体能恢复饮食必须遵循的原则

随着竞技运动水平的不断提高，体育科研已经渗透到运动训练的各个方面，从技术、战术、体能到疲劳恢复。国际上也越来越重视体育运动员营养的研究，而我国在这方面的研究才刚刚起步，相关成果和资料尚不多见。本文参阅了国际上大量相关研究成果，提出了不同项目体育运动员的合理饮食结构和标准，为我国体育运动员科学制订运动食谱提供了依据。

体育运动员饮食是恢复和提高机体工作能力的重要手段之一。饮食在体内完成两个特别重要的机能：及时补充体能和补偿生命活动过程中所消耗的可塑性生物活性物质。体育运动员的饮食与普通人的饮食一样，除了应符合平衡饮食的一般原则外，还应有其自身的特点。平衡合理的营养是取得良好运动成绩的前提，虽然从本质上来讲没有什么可以直接提高运动成绩的营养，但不合理的饮食会明显改变体育运动员的机能状况，导致过早地疲劳和体能下降，影响运动成绩，甚至有损健康。因此，教练员必须十分重视体育运动员的营养，注意学习和掌握必要的营养学知识，善于在日常的训练工作中运用这方面的知识。一般认为机体对能量和食物的需要取决于人的年龄、性别、生理状态、身体活性、气候条件及其他因素。很显然，高水平体育运动员在训练和比赛时身体负荷强度极大，肌肉和神经系统以及心理的消耗远远大于普通人，因此，能量和食物的需要量也必须高于普通人。

总体说来，体育运动员的饮食在服从于平衡、合理的一般原则下，还应遵循以下一些原则：

1. 饮食的营养必须全面，除了要满足身体对热能的需要外，还应充分提供水分、维生素、矿物质和纤维素等，并注意兼顾动物性和植物性食物的搭配。

2. 体育运动员的饮食选择，不仅应补充消耗体能的食物，而且应选择能促使其提高运动能力、在紧张的训练后能加速恢复过程、并有助于防止过度紧张和过度疲劳发生的食物。

3. 体育运动员饮食的安排必须要有针对性，要根据体育运动员的专项特点、身体状况和神经、心理负荷特点以及不同的训练阶段和比赛实际，并因人而异选择相应的饮食。

4. 尽可能利用饮食因素来调节体育运动员的体重，保持最佳工作能力以及项目级别所必须控制的体重。

5. 体育运动员的饮食要少而精，美味可口，易于消化吸收，不能给消化道造成负担。

第三节 训练后的恢复与营养

体能训练主要包括力量训练和速度训练，对于恢复与营养的结合是教练和体育工作者应该具备的基本知识，根据学生的年龄阶段，教师应及时做出调整，使运动员身体保持在最佳状态。

体能的恢复主要依靠运动量的调整、理疗、按摩等。营养对学生的训练、机能状态、体力适应、恢复过程以及运动性疾病有着密切的关系。作为教师，了解一些营养的基本知识是非常必要的。

一、恢复措施

(一) 整理活动

整理活动是消除疲劳，促进体力恢复的一种有效措施。进行放松练习，能使人更好地由紧张的运动状态过渡到安静状态。运动后内脏器官还得继续高水平的工作，以补充运动时缺少的氧，如果不做整理活动，而突然停止，身体的静止姿势会妨碍强烈的呼吸，影响氧的补充；同时因为影响了静脉回流，心输出量骤然减少，血压急剧下降，会造成暂时的脑贫血，产生一系列的不舒适感，甚至出现重力性休克。整理活动能促进肌肉放松，消除乳酸堆积，所以它是非常重要的。体育运动的整理活动以呼吸体操和伸展练习为主，可消除肌肉痉挛、减轻肌肉酸痛和僵硬程度，对预防运动损伤的发生也有良好效果。

(二) 物理疗法

1.水浴

温水浴是简单易行的消除疲劳的方法，可促进体内营养物质的运输和机体代谢废物的排出。水温为42℃左右，时间10–15 min。

桑拿浴有镇静，使肌肉、组织、关节充血的作用，还可大量排汗。具体做法是在60–80℃环境中，停留10–20 min。

2.按摩

按摩是消除疲劳的重要手段，可分为人工按摩、机械按摩、水力按摩和气压按摩。一般在训练后进行，按摩部位应根据项目特点和疲劳情况而定。在进行肌肉人工按摩时，应以揉捏为主，适当配合搓、抖、扣打和踩法。先按摩大肌肉，再按摩小肌肉，一侧按摩后，再按摩另一侧。臀部、大腿后侧等肌肉丰厚的部位，可重按压。在环跳、足三里、三阴交等处点穴，有助于减轻肌肉的酸痛反应。

3.睡眠

睡眠能消除疲劳，促进体力恢复。睡眠时大脑皮层兴奋降低，体内代谢较低而合成较高，有利于能量的积蓄。

4.营养和药物

运动时所消耗的物质要靠饮食中的营养物质来补充，安排好膳食有助于恢复过程。在体育运动训练之后，身体消耗较大，应及时补充糖和蛋白质、无机盐和维生素。中草药、营养补剂、保健品和运动饮料有调节中枢神经系统的功能，如三七、蜂王浆、人参、鹿茸等对养血补气效果很好。

5.心理恢复

对于心理疲劳，应调节大脑皮层的机能从而达到消除疲劳的目的，如气功、意念疗法、放松练习、欣赏舒缓的音乐、练习瑜伽等。

二、营养措施

（一）一般营养措施

1.水和电解质的补充

补液主要指水和电解质的补充。在训练和比赛时，由于体温的升高，过量的排汗，引起脱水及体内电解质（主要有钠、钾、钙、镁等离子）的丢失，从而造成血容量减少，心脏负担加重。电解质的丢失会影响细胞膜电位，使神经兴奋传递出现障碍，从而使运动员的运动能力下降。因此运动员必须采取合理的方法及时补液。补液主要选用含糖和电解质的等渗饮料，以少量多次为好，一般运动前补充400–300 mL，比赛中暂停时可补液150–300 mL，运动后补液也更少量多次，以免造成胃部不适。

2.糖的补充

糖代谢具有耗氧量小、供能效率高等特点，是运动中有氧、无氧供能的主要能源物质，也是大脑的主要能源，糖摄入不足不仅会严重影响运动员的训练质量和运动能力，同时会影响其他物质的正常代谢。糖在人体内主要以肝糖原、肌糖原的形式存在。人体血液中血糖浓度必须保持一定的水平，若血糖浓度下降就会引起中枢疲劳。因此，必须高度重视运动员体内糖原的储备与运动后的恢复，以便保证运动员长时间运动的能力。有研究表明，赛前适当补充含糖饮料，能够有效节省肌糖原消耗，推迟疲劳发生的时间，提高运动能力。

3.碱性物质的补充

安静时，人体血液正常 pH 值为7.35–7.45。在运动员大负荷运动后，由于乳酸等代谢产物的堆积，导致血液 pH 值下降，机体内环境平衡遭到破坏，糖酵解中的磷酸果糖激酶活性被抑制，使糖代谢供能过程减慢，影响运动员机体功能。所以运动员必须及时适量补充碱性盐来中和酸性物质，促使机体内环境的平衡，从而有效地消除疲劳，恢复体能。

4.抗氧化剂的补充

适量补充抗氧化物质有利于减轻疲劳，增强耐力，防止运动损伤和炎症。目前大量的研究表明，运动员在长期大负荷运动时，体内会产生大量的氧自由基，会使细胞膜的脂质过氧化反应加强，破坏细胞膜的通透性，从而导致运动员的运动能力下降。因此运动员在训练期间应对抗自由基类运动营养补充品的使用引起足够的重视。补充抗氧化剂以对抗运动中生成的大量自由基是延续运动性疲劳的发生、促进运动后疲劳的消除和身体机能的恢复的重要手段之一。

（二）特殊营养补剂

1.乳清蛋白

乳清蛋白是从牛奶中提取出来的蛋白质，乳清蛋白是一种优质高效的蛋白，可以为大多数运动员所选用——既包括力量型项目，如举重、柔道、摔跤等项目运动员，也包括耐力型项目如马拉松、长跑等，同时足球、游泳、自行车等体能型项目运动员都可选用。

2.螺旋藻

螺旋藻是地球上最古老的微生物之一，是天然食物中蛋白含量最丰富的。螺旋藻不仅能提供优质的高蛋白，还能提供机体所必需的脂肪酸。此外，螺旋藻还具有造血功能。耐力型项目（如竞走、长跑等）运动员，由于运动时间比较长，往往机体红细胞破坏较多，补充螺旋藻对血红蛋白的合成有帮助，对机体疲劳恢复极为有效。

3.牛磺酸

牛磺酸广泛分布于动物组织细胞内，在鱼贝类中含量十分丰富。补充牛磺酸能使机体 MDA 含量显著降低，阻止 SOD，GSH 的下降，有效地抑制脂质过氧化，保护细胞膜，提高机体的抗氧化能力。

4.谷氨酰胺

谷氨酰胺是免疫系统必需的代谢基质。运动时机体代谢速率增加，谷氨酰胺消耗增多，导致机体免疫球蛋白合成减少，巨噬细胞吞噬力下降。尤其是当运动员过度训练时，血浆中谷氨酰胺含量大幅降低，这种降低会造成肌肉蛋白质合成减少、机体免疫功能低下。因此，补充谷氨酰胺对提高机体免疫力是有帮助的。

结束语

随着社会的进步和经济的发展，竞技体育运动和大众体育身体锻炼日益从社会发展的边沿走向中心，而体能训练和体能锻炼在竞技运动和大众体育中越来越受到重视。就竞技运动而言，运动训练科学化程度的提高促进了现代竞技运动水平的不断提升。运动训练从综合训练到单项的专门化训练，再到综合训练，其中体能训练作为各项目运动训练的核心内容倍受重视。除田径以外的其他球类项目以及技能类项目，开始配备专职的体能教练员。就大众体育运动的发展而言，随着休闲时代的来临，人们余暇时间的增多，体育锻炼正在成为人们的健康生活方式。体能训练是大众的健身基本内容，日益受到重视。尤其是针对我国学生体质近20多年来持续下降，科学的体能训练显得尤为重要。为此，我们特编写本书。

体育教育是教育的重要组成部分，学校体育是贯彻党的教育方针、实施素质教育、培养全面发展社会主义接班人的重要方面。引用《关于深化教育改革，全面推进素质教育的决定》的话，“健康体魄是青少年为祖国和人民服务的基本前提，是中华民族旺盛生命力的体现。学校教育要树立健康第一的指导思想”。增强青少年体质、促进青少年健康是关系到国家和民族未来的大事，一个国家繁荣昌盛的最根本因素是人力资源，而对于任何一个个体来说，最基础也是最重要的因素是身体素质。学校体育是打好身体素质的基础，课堂教学是促进青少年身“全面发展的主要阵地。每位体育教师都肩负着教育、教养和教学的责任。

体育教学方略是体育教师专业素养和专业能力在教学实践过程中的具体体现，反映教师在教学过程中的有效性和灵活性。具体地说，是把施教的科学和艺术融为一体。因此，体育教师弄清教学方略的概念、特点和意义等问题，对自己的发展和促进课堂有效性有着极其重要的意义。本书在这里着重对体育教学的重要因素进行了阐述，并对体能训练以及体能恢复进行了大致的概述，旨在勾勒出体育教学工作的粗浅框架，其后续研究工作仍将任重而道远。

参 考 文 献

[1] 吴长稳 . 地方高校普通大学生体质调查分析 [J]. 延安教育学院学报，2011.

[2] 何国锋 . 快速提高女生仰卧起坐成绩之方法研究 [J]. 音体美园地，2011.9.

[3] 任平社 . 不同运动项目对学生体质影响的研究 .[J]. 体育科技文献通报，2007.6

[4] 朱红香 . 公共体育选项课教学研究及改革对策 [J]. 高师理科学刊，2007.

[5] 潘前 . 试析大学男生耐力素质发展与体育选项课的关系 [J], 吉林体育学院学报 ,2009.

[6] 刘根发 . 体育选项课程对大学男生体质健康影响的研究 [J], 山东体育学院学报 ,2008.

[7] 郑笑容 . 健美操课特点及课堂教学探讨 [J], 温州职业技术学院学报 ,2004.

[8] 杨玲 . 影响三峡大学体育选项课学习效果的因素与对策研究 [J]. 武汉体育学报，2007.

[9] 茅鹏，严政，程志理 . 一元训练理论 [J]. 体育与科学，2003.

[10] 茅棚 . 运动训练新思路 [M]. 北京：人民体育出版社，1994.

[11] 朱懿奇 . 高校体育选项对校园体育文化的影响 [J]，潍坊教育学院学报，2009.

[12] 李涧 . 运用体育手段促进高职大学生心理健康 [J]. 重庆科技学院，2009.

[13] 胡吴进，牟顶红，关晓印 . 江西省独立学院体育选修课调查研究 [J]. 体育成人教育学刊，2007.

[14] 王瑞元，任建生等 . 运动生理学 [M]. 北京：人民教育出版社，2002.

[15] 吴立柱 , 司鹏巧 . 普通高校“课内外一体化”课外体育活动管理模式研究 [J]. 山东体育学院学报 ,2007.

[16] 刘剑 , 胡跃红 , 陈亮 . 大学体育课程与课外体育活动对接研究 [J]. 体育世界 ,2009.

[17] 许瑞霞 . 论体育选项课对大学生终身体育意识的培养作用 [J]. 现代商贸工业，2009.

[18] 张美玲 . 体育选项教学中情感目标的培养 [J]. 新课程，2009.

[19] 周乐在 . 辽宁省普通高校体育选项课成绩评价的研究 [J]. 东北师范大学，2010.

[20] 梁健辉 . 对普通高校排球选项课教学的探讨 [J]. 内蒙古师范大学报，2012.

[21] 荀清华等，“三自主”分层教学模式探讨以西南科技大学健美操教学为例 [J]，成都体育学院学报 .2007.

[22] 徐颂峰 . 体育课程“课内外一体化”教学模式的构建与校园体育文化建设 [J]. 南昌教育学院学报 ,2010.

[23] 丁海勇，李有强 . 美国“以课程为中心”的概念体育理论及其发展 [J]. 上海体育学院学报，2011.

[24] 白炳贵 . 拓展体育学科的育人价值 [J]. 教育与教学研究，2003.

[25] 毛振明，吴键，马铮 . 体育教学模式论 [J]. 体育科学，1998.

[26] 刘刚 . 浅析对“快乐体育”的几点认识 [J]. 北京体育大学学报，2007.

[27] 王润平，薛茂青，肖东君等 . 新时期体育课程质量的发展性评价 [J]. 体育学刊，2005.

[28] 范运祥，夏漫辉，马卫平 . 体育课堂教学有效性的问题及其诊断与矫正 [J]. 体育学刊，2013.

[29] 吴康宁 , 吴瑞霞 . 关于“课内外教育教学一体化”的实验研究 [J]. 教育研究 ,1994.

[30] 苏利香 . 用新课程理念改革课外体育活动 [J]. 甘肃联合大学学报 (自然科学版),2008.

[31] 洪小勤 . 课内外一体化模式与学校体育可持续发展 [J]. 安徽体育科技 ,2002.

[32] 陈月亮，赵玉华 . 体能系统结构要素间相互关系的理论研究 [J]. 武汉体育学院学报，2009.

[33] 孙学川 . 现代军事体能探索解放军 [J]. 体育学院学报，2001.

[34] 天文学，田学礼 . 体能与体能训练的系统结构分析 [J]. 安徽体育科技，2009.

[35] 陈月亮，王旋 . 体能概念研究综述 [J]. 体育科学研究，2009.

[36] 全国体育学院教材委员会审定 . 运动生理学 [M]. 北京人民体育出版社 ,2012.

[37] 凌青东 . 辽宁省普通高校大学生体质现状及影响因素研究 [M]. 吉林 : 东北师范大学 ,2007.

[38] 田麦久 . 运动训练学（体育学院通用教材）[M]. 北京：人民体育出版社，2000.
[39] 杨世勇 . 体能训练学 [M]. 成都：四川科学技术出版社，2002.
[40] 李鸿江，王保成等 . 学校体能教程 [M]. 北京：北京体育大学出版社，2003.